憲政中國

社會主義憲政研究

社會主義憲政研究

秦前紅、葉海波

憲政中國叢書

CITYU HK
PRESS

鳴謝

本叢書名「憲政中國」由王燕民先生題字，謹此致謝。

國際統一書號：978-962-937-294-1

出版

　　　香港城市大學出版社
　　　香港九龍達之路
　　　香港城市大學
　　　網址：www.cityu.edu.hk/upress
　　　電郵：upress@cityu.edu.hk

The Study of Socialist Constitutionalism
(in traditional Chinese characters)

First published 2017
Second printing 2018

ISBN: 978-962-937-294-1

Published by
　　　City University of Hong Kong Press
　　　Tat Chee Avenue
　　　Kowloon, Hong Kong
　　　Website: www.cityu.edu.hk/upress
　　　E-mail: upress@cityu.edu.hk

Printed in Hong Kong

目錄

總序

一

社會進步、制度發展、歷史演進總是遵循一定規律的。「規律」者，「天下大勢」也。

約在一百年前的 1916 年 9 月 15 日，孫中山先生於浙江海寧「三到亭」（現名「中山亭」）觀潮時題寫：「世界潮流，浩浩蕩蕩，順之則昌，逆之則亡。」（一說於 1920 年下半年，孫中山在上海應黃文中所請，為其《日本民權發達史》一書譯稿題寫。）

縱觀世界近現代史，我們可以歸結所謂「天下大勢」、「世界潮流」為：社會不斷走向自由、民主、開放、文明，專制政府逐步退場，民權保障不斷提升和完善。故，順勢而為應是發展之不二法門。

論到政治與憲政制度之發展，大勢乃是公權力在膨脹的過程中，同時受到來自憲法與制度之限制與束縛，權力之間既分立又互相制衡；與此同時，公民權利之範圍得以持續拓展，權利保障體系亦得到民主憲法之加持鞏固。此即憲政「大勢」。

二

近代中國以降，仁人志士、體制內外有遠大抱負之有識之士，清晰看到國家之落後與衰敗，深切體認發展與進步之必要，屢屢推動改

良、改革，乃至革命，於是乎就有了洋務運動、君主立憲、辛亥革命，進而建立中華民國及中華人民共和國。無論改良與革命，都旨在改造一個落後國家，建立一個新型國家，這都是順應孫中山先生所謂之「潮流」。

三

從大勢觀之，中華人民共和國歷史在前進與徘徊、希望與失望、痛苦與歡樂中交替演進。時至今日，她仍然在尋覓一條「中國道路」。重要且令人欣慰的是，歷史仍在持續進步中。共和國歷史的演進既堅守中國本體自有之DNA，又吸納人類文明社會發展之普世經驗與進步要素。

憲政（constitutionalism），無疑就是這樣一種普世經驗與進步要素。

四

2012年11月，執政黨中國共產黨召開「中國共產黨第十八次全國代表大會」，不久即提出「中國夢」藍圖。緊接着在12月初，中國總書記習近平在中國憲法30周年紀念大會上突出強調「憲法的生命在於實施，憲法的權威也在於實施」這一論斷。2013年新年伊始，輿論界、思想界漸有將「中國夢」解讀為「憲政夢」之勢。

孰料，好景不長。此後意識形態風向左右搖擺不定，思想界逐步走向撕裂，難以凝聚並達成共識。進入5月下旬，執政黨之一黨刊《紅旗文稿》，刊發首都一法學教授的奇文〈憲政與人民民主制度之比較研究〉，旗幟鮮明地反對憲政。剎那間，該文迅即發力，「攪得周天寒徹」。各大黨報黨刊跟進造勢，社科各界 —— 特別是法律界、政治

學界，還有馬列主義研究學者，甚至是哲學學者——紛紛亮明觀點，排隊站隊，加入這場時約兩年的大論戰。

經過若干波跨界論爭後，基本形成了以下幾種學術觀點與流派：反憲政主義派、自由主義憲政派、社會主義憲政派、國家主義憲政派及儒家憲政派。此外，還有以政治憲法學途徑參與論戰的憲政主義流派。儘管不同學者對以上觀點與學派分類或名稱可能持不同意見，但是在宏觀方面沒有異議。

時至今日，學術論戰的高潮業已退去，因為有關當局似有定論，當然那不是學術性質的定論或大多數知識人的共識，而是某種意識形態的勝利。然而，這場論戰的意義非凡且深遠。

五

編輯出版《憲政中國》叢書的初衷是：第一、發表主要學派代表人物之代表作，用以記載這場不久前發生的論戰；第二、保留學術歷史文獻，傳承歷史記憶；第三、積累資訊，為將來繼續論戰有系統地儲備知識。

最後，回應文首：追隨大勢，推進憲政，開啟新局！

朱國斌

香港城市大學法學教授

2016夏於香港獅子山下

　　社會主義憲政的理論研究既包括對實存的社會主義憲政實踐的總
結與分析，同時又蘊涵着對本質上屬於一種新型憲政的未來發展的前
瞻性思考。作為社會科學研究的一個構成，這種研究不僅是一種方
法性的活動，更是一種創造性的活動。按照弗雷德·克林格的定義：
理論是一組描述有關現象的系統觀點的思維產物（概念）、定義和命
題。這種系統觀點，是採用說明各種變量之間的關係的方法予以說明
的。這種理論的目的則在於解釋和預測某種現象。[1] 從方法論的角度
言之，我們認為社會主義憲政的研究應該採行以下幾種研究途徑：

　　價值研究。社會主義憲政研究應注意價值與規範的整合與互動。
作為一種規範體系，靜態的憲政並非絕對是和價值無涉的。不同的憲
政思想和理念對於規範的構造會產生不同的影響。簡言之，「想要借
規範來規整特定生活領域的立法者，他通常受規整的企圖、正義或
合目的性考量的指引，它們最終又以評價為基礎。」「不管在時間（＝
法適用）的領域，或是在理論（＝教義學）的範圍，法學涉及的主要是
『價值導向』的思考方式。」[2] 在意識形態的基礎上，我們可以對憲法

1　參見［美］貝蒂·H·齊斯克（Zisk, B. H）著，沈明明等譯：《政治學研究方法舉隅》（北
　　京：中國社會科學出版社，1985），頁30–31。

2　［德］卡爾·拉倫茨（Larenz, K）著，陳愛娥譯：《法學方法論》（北京：商務印書館，
　　2005），頁94–95。

社會主義憲政研究

的應然規範作出評論與估價，並進而了解馬克思主義的憲法觀與資本主義憲法觀的本質和區別。價值研究能夠指引憲政應然面的演變，把握不同憲政類型的理論淵源。同時，憲政價值形態先定了，也可以減少憲政建設的成本。

　　歷史研究。所謂歷史研究，就是遵循歷史發展的順序，探尋歷史現象的基本線索和內在規律，揭示歷史發展的必然性，以考察過去，說明現在，預示未來。恩格斯(Friedrich Engels)曾說：「歷史從哪裏開始，思想進程也應當從哪裏開始，而思想進程的進一步發展不過是歷史過程在抽象的、理論上前後一貫的形式上的反映。」[3] 歷史研究強調針對過去已發生的憲政現象的描述與分析，並解釋涉及過去已發生事件的當代憲政現象。歷史研究的優點在於：「歷史研究不僅豐富了事實，而且使我們得以創造或檢驗通則。它還擴展視野、改進觀點，而且發展一種『歷史感』，即對歷史時間的態度。我們逐漸理解看似獨立明顯歷史事件之間的聯繫關係。我們認為目前情境乃植根於過去，而且歷史是過往的政治，政治是當下的歷史。」[4] 歷史研究是把握憲法變遷規律的一種十分重要的途徑。歷史研究同時也是地域的、空間的、民族的研究，它使理論研究本身不脫離特定的「歷史與社會的環境」。正如著名的人文主義學者薩義德(Edward Said)所言：「即使一個理論的產生也是植根於歷史和社會的環境，有時是偉大的危機，因此，要了解理論時，重要的是把它看成是來自一種存在的需求的(an existential need)東西，而不是一種抽象的東西。」[5] 歷史研究還可以從發

3　《馬克思恩格斯選集》（第2卷）（北京：人民出版社，1972），頁122。

4　David Marsh & Gerry Stoker著，陳菁雯等譯：《政治學方法論》（台北：韋伯文化事業，1998），頁6。

5　朱生堅：〈薩義德坐標〉，《中國圖書評論》第11期（2006），頁26。

生學的角度促使我們重視本土的憲政資源，避免蹈入西方憲政單極主義的陷阱。

　　制度研究。制度研究可劃分為傳統制度研究與新制度主義研究兩種。前者最早可溯及古希臘歷史學家、號稱「史學之父」的希羅多德（Herodotus）對希臘戰爭的研究。亞里士多德（Aristotle）在《政治學》和《雅典政治》中，曾以當時各城邦的政治制度為對象，對各種政體和政治原則進行了比較研究。在近代，制度一直是各門社會科學包括法律學研究關注的焦點之一。傳統制度研究強調憲法是一種既存的政治法律現象，也是表達政治文化和政治結構的普遍手段。這種研究方式重在以法制的方式調查主要的政治制度，並透過該制度的運作過程來觀察該制度在各階段的變化，它確立了人民和整體社會間的聯繫，藉以作為各國憲法制度的比較基礎。傳統制度研究強調「制度」作為社會內獨立的變量，反映出「國家中心」的觀點。正如愛克斯坦（Harry Eckstein）所言：「制度途徑關涉到兩個要加以強調的向度。一個是公法研究，因此稱之為法制的（legal）；另一方面則涉及政府組織，所以是正式的（formal）。在研究涉及正式政府組織的公法時，如研究『憲法』的結構時，這兩個向度就會結合起來。」[6] 新制度主義研究將傳統制度的意蘊以經濟學的概念加以世俗化，它一方面繼承了舊制度研究方法，另一方面又突破了就制度論制度的方法，主張制度與人的動機、行為有着密切的內在聯繫，認為制度的基本功能在於提供一個穩定的激勵機制，使得努力工作能夠得到相對報償，有助於個人效用的增加。新制度主義強調國家和政治機構的自主性以及政治和社會有機體之間的相互依存與影響，認為政治制度和政治組織是影響歷史進程的重要力量。新制度主義採行集體主義的方法論，主張集體結果取

6　Harry Eckstein, "On the 'Science' of the State," in *Daedalus*, Vol. 108, No. 4, (Fall, 1979), 20.

決於集體行動（政治系統或政治組織本身也是一種政治行動者）的行為，政治制度和政治組織在塑造個人行為動機和偏好方面發揮着重要作用。新制度主義對制度的界定不僅包括正式的制度，也擴及非正式的制度與實踐機制。根據新制度主義的主張，憲法秩序可以理解為由憲法和其他最重要的基本制度所構成的環境，憲法秩序對於制度供給的影響在於：憲法秩序可以鼓勵新制度的實踐，也可以從根本上壓制它；憲法秩序為新制度創造了空間，它以對政體和基本經濟制度的規定來界定供給新制度的可能方向與形式；憲法秩序還決定了改變現有基本制度環境的可能性與難易程度。憲法同時也是制度需求的一個變項，由於憲法秩序是政權的基本原則，它決定了制度需求的領域與方向，借此影響着制度需求。與憲法秩序一致的制度需求有可能轉為現實需求；而與之不一致的需求，儘管其外在利潤很大，也不可能轉為現實需求。當此種不一致的狀況達到使憲法秩序成為現實需求的阻礙的時候，也就會產生改變憲法秩序的潛在需求，甚至導致政權與社會的變遷。[7]制度主義研究可以幫助我們分析：資本主義憲法與社會主義憲法這兩種不同階級本質的憲法，何以對不同的社會問題採用不同的解決方案；社會主義的憲法為什麼能解決資本主義憲法所未解決的問題；社會主義憲法為什麼可以借鑒資本主義憲法的某些制度設計與制度安排；社會主義憲法面對社會現實的變化，應如何進行制度創新與完善等問題。

　　世界主義的研究。憲政是地域的、空間的、歷史的、具體的，同時它也具有普適的、世界的品質。這是因為憲政作為一種人文主義的制度關懷，要服務於人類所共有的問題意識與人性尊嚴。「人文主義的本質，就是把人類歷史理解為不斷的自我理解與自我實現的過程」，「人文主義是努力運用一個人的語言才能，以便理解、重新解

7　參見王耀生：《新制度主義》（台北：揚智文化，1997），頁120–124。

釋、掌握我們歷史上的語言文字成果，乃至其他語言和其他歷史上
的成果」。[8] 世界主義的研究，可以克服歷史主義和民族認同在內的各
種「政治正確」立場和取向所包含的褊狹與危險，因應全球化給憲政
帶來的挑戰。「我相信，知識分子的重大責任在於明確地把危機普遍
化，從更寬廣的人類範圍來理解特定的種族或民族所蒙受的苦難，把
那個經驗接上其他人的苦難。只是肯定一個民族被剝奪、迫害、屠
殺、取消權利、否認政治存在，而不同時把那些慘狀與其他人的相似
苦難相聯繫，這是不夠的。這絕不意味着失去歷史的特殊性 (historical
specificity)，而是防止在一個地方所吸取的受迫害的教訓，可能在另
一個地方或時間被遺忘或違犯。」[9] 憲政的世界主義研究，還有助於解
釋憲政作為一種政治文明的範式，為什麼可以相互借鑒、引入；也在
可能的情況下，促使憲政與文化、社會、歷史的實際情況相互協調。
同時，在文化的意義上，也可以保障憲政發展模式的多樣化，而不是
用所謂先進的、經典的、權威的憲政來取代、遮蔽其他憲政的發展。
世界主義的研究尤其重視比較手段的運用，強調以各國憲法或者不同
類型的憲法作為比較研究的對象。但比較研究的手段也有很多弱點，
比如比較研究耗時費力，受比較研究的資料限制，因而造成比較研究
的成果有限；比較研究難以擇取科學的比較坐標，容易將不可比較的
東西生硬地比較；單純的數字資料量化比較，會導致得出膚淺的表徵
式啟示，使比較結論本身缺乏實質的文化內涵。是故著名的比較憲法
學家芬納 (Samuel E. Finer) 就主張比較研究應該與歷史研究、制度研究
結合起來。他認為：不同國家的制憲者，都有不同的關注。他們之所
以要撰寫一些新的國家大法，無非要對一些被視為轉變了的環境作出
反應，否則他們大可以沿用舊法。所以，所有的憲法都包含一些自傳

8　朱生堅：〈薩義德坐標〉，《中國圖書評論》第11期（2006），頁26。

9　同上註，頁27。

和個性的成分。這些特徵在序言裏，尤其是過渡條款中十分明顯，但在正文裏面，這些特徵比較隱秘。除非我們用比較的研究方法，否則他們是不會呈現出來的。不同的歷史產生不同的關注，不同的關注產生不同的重點。[10] 比方說，社會主義國家的憲法通常有一個較長的序言，也通常鮮明地宣告國家的性質，這些特殊關注反映了社會主義國家的獨特問題。

體系研究。這種研究將憲法視為整個政治法律系統的構成要素之一，研究其在整個法律體系中所處的地位、意義以及它對整個法律體系的運轉如何作用和影響等。它同時也研究整個法律體系影響憲法的程度、法律體系與憲法之間的關係，其目的在於觀察和了解以憲法為核心的法制體系是否協調、和諧，憲法的變遷是否影響到法制體系的均衡穩定，如何尋求解決之道，等等。

從終極的角度而言，所有方法的運用都服務於人對問題的關照。「周雖舊邦，其命維新。」過去數十年間，中國展開各項改革，建立市場經濟，促進經濟大發展，這同時也提出國家發展的新命題。完善憲法，實施憲法，維護憲法權威成為基本共識和時代要求，社會主義憲政的命題噴薄而出。社會主義憲政研究是橫亙在國人面前的一項宏大事業。前路漫漫，求索為艱。如果本書的研究能為後來者的研究提供一些有益的借鑒，我們便於願足矣。

---

10 See Samuel Edward Finer (ed.), *Five Constitutions* (Brighton: The Harvester Press, 1979), pp. 21–22.

CHAPTER
第一章

憲政發展與當代中國

社會主義憲政研究

　　憲政首先是西方式的思想、制度與實踐，並且在西方社會面臨的時代挑戰中不斷演化。勾畫憲政的發生史，是認識憲政和實踐憲政的認知前提。但對憲政發展脈絡的勾勒，可能面臨一種類似現代性的兩難困境：「任何複雜的東西都是無用的，任何簡單的東西都是錯誤的。」本章最重要的目標乃是提出西方憲政某些基礎性的問題，並且勾畫出若干憲政發展的「地圖」，儘管這些「地圖」可能是不完備的或不準確的，卻有可能提供有益的指導。正如英國著名法律學者馬丁‧洛克林 (Martin Loughlin) 所說：「我們需要一幅地圖來指導自己在法律的領地上穿行。即使一幅地圖從總體上看是不準確的，它也能提供一定的指導，因為在沒有地圖的情況下，人們無法規劃或組織自己的旅程。地圖甚至可能既是錯誤的，又是富有啟發性的。無論如何，擁有一張不完整或不準確的地圖總好於根本沒有地圖。」[1]

一、西方憲政發展的基本脈絡

　　關於什麼是憲政，中西學者從不同的角度做了不同的界定。有的認為：「憲政就是這樣一種思想，正如它希望通過法治來約束個人並向個人授予權利一樣，它也希望通過法治來約束政府並向政府授

1　〔英〕馬丁‧洛克林 (Loughlin, M.) 著，鄭戈譯：《公法與政治理論》（北京：商務印書館，2002），頁55。

權。」[2] 有的認為:「憲政就是民主政治、立憲政治或者說憲法政治。它的基本特徵就是用憲法這種根本大法的形式把已爭得的民主事實確定下來,以便鞏固這種民主事實,發展這種民主事實。」[3] 張友漁先生認為:「所謂憲政就是拿憲法規定國家體制、政權組織以及政府與人民相互之間權利義務關係,而使政府和人民都在這些規定之下,享受應享受的權利,負擔應負擔的義務,無論誰都不許違反和超越這些規定而自由行動的這樣一種政治形態。」[4] 美國現代憲法學者路易斯・亨金 (Louis Henkin) 認為:「憲政意味着政府受制於憲法。它意味着一種有限的政府,即政府只享有人民同意授予它的權力,並只為了人民同意的目的,而這一切又受制於法治。它還意味着權力的分立以及避免權力集中和專制的危險。憲政還意指廣泛私人領域的保留和每個人權利的保留。……另外,憲政也許還要求一個諸如司法機構的獨立機關行使司法權,以保證政府不偏離憲法規定,尤其是保證權力不會集中以及個人權利不受侵犯。」[5] 無論學者用什麼樣的措辭來定義憲政,憲政的本質都指向權力和權利。基於這種概念層面的共識,學者對憲政的特徵進行了探討。如龔祥瑞先生認為憲政有兩個特徵:一是立憲政府 (constitutional government),這種政體不是個人專制和人治,而是實行法治;二是政治運作是在憲法、法律規則下展開的,這種規則既來自於統治階層的自我限制 (auto-limitation),也來自被統治階層的社會控制,政治運行受制於嚴格的監督。謝維雁認為憲政的基本特徵有四個:一是憲法規制,一個政治社會必須存在確定的憲法,且憲

---

2 〔美〕斯蒂芬・M・格里芬(Griffin, S. M.)著,劉慈忠譯:〈美國憲政:從理論到政治生活〉,《法學譯叢》第2期(1992)。

3 張慶福主編:《憲法學基本理論》(北京:社會科學文獻出版社,1994),頁56。

4 張友漁:《憲政論叢》(上冊)(北京:群眾出版社,1986),頁100。

5 〔美〕斯蒂芬・M・格里芬(Griffin, S. M.)著,劉慈忠譯:〈美國憲政:從理論到政治生活〉。

法具有最高權威，有憲法而後有憲政；二是人權優越；三是權力自律；四是民主代議。[6]

　　按照台灣學者荊知仁的研究，導致將國家、社會的基本原則編撰於一種單一的文獻中的那種實質憲法與形式憲法的劃分，係於啟蒙時代的理性氣氛中獲得最終的形態，但成文憲法與立憲主義的發生並不一致。最早實行立憲主義的民族是希伯來，在他們所主張的神權政制中，統治者與被統治者同樣受上帝戒律的限制，並絕對賦予其專斷權力。希臘人曾在短暫的兩個世紀裏，創造了光輝的政治文明。希臘所有的政治制度均反映出他們深深厭惡集中和專斷的權力，以及他們瘋狂地信仰民主的原理：國家權力最廣泛地分屬不同的官吏、機構或地方長官之手，並以各種巧妙的方法加以限制。其中最著名的是官吏由抽籤決定；規定短暫的任期及輪換；官吏不得重選，全體公民都可出任公職等。羅馬共和政制是充分實行憲政而又沒有染上過度民主的錯誤的一個古典例證。羅馬共和國最典型的特徵表現為一種複雜的政治制衡：機構的各種內在控制，諸如較高級及最高級的地方長官各不統屬，任期一年，並禁止連任；機構之間保持各種相互控制，目的在於使各權力持有人發生連鎖作用，例如護民官對其他機構甚至前任執政官、地方長官的合法行為加以仲裁，參政院參與官員的任命等等。以文獻記載而使民主憲政的最後勝利顯得莊嚴的歷史，是在美洲大陸開始的。成文憲法提供了一種架構，其後幾代人都利用此種架構使政治程序徹底民主化。[7]憲法的成文化開創了近代立憲主義的時代。以憲法作為憲政敘述的主要載體，近代憲法表現為兩種類型：

　　第一種類型是作為近代市民革命的成果出現的、以資產階級為主要領導者的近代立憲主義型市民憲法。該類型憲法的主要特徵是：(1)在立憲精神上追求「用憲法制定政治和社會的基本形態，同時要

6　參見謝維雁：《從憲法到憲政》（濟南：山東人民出版社，2004），頁113–117。

7　參見荊知仁主編：《憲法變遷與憲法成長》（台北：中正書局，1984）頁17–23。

求施政必須遵照憲法。這種憲法的基礎是人們對自由、平等的渴求和對亂施束縛、歧視的權力以及對執政者不信任的心理」。[8](2)在人權保障方面，既強調人權作為一種與生俱來的權利，不受包括立法在內的任何權力侵犯，又要求個人自然權利的行使，不得侵犯他人的人權，並且立足於當時時代的需要，把以財產權、勞動自由、營業自由等為表現形式的經濟自由權作為人權保障的基礎性權利。人權之平等保障僅意味着「法律無論在給予保護的場合，還是給予處罰的場合，應該對所有的人一視同仁」(《法國人權宣言》第6條)。這種平等僅為形式上的平等。(3)在主權原理上，既摒棄「君主主權」，又反對「人民主權」，而主張「國民主權」。這種主權原理的特色在於：主權作為整體以單一、不可分、不可讓予的形式專屬「國民」，各個成員不分享任何主權，也沒有參與行使政治管理的固有權利；主權的所有與行使相分離，國家意志由「國民代表」來決定；通過選舉技術的操作，既排除舊特權階層進入國民代表機關，又排除民眾參與政治，等等。[9](4)在政權組織形式上主張權力分立制，即將國家的權能按照性質分成立法、行政、司法三種，各由不同的機關分擔，在各機關之間保持一種制約與平衡的關係。(5)在國家結構形式上，奉行地方自治的原理。為了給資本主義的發展提供統一的市場，近代市民憲法建立了中央集權優越下的地方自治制度。憲法承認地方公共團體的存在，但地方公共團體自治的原則、內容等交由普通法律具體規定。(6)為了體現權力制約、權力有限的立憲主義精神，將軍隊和戰爭置於憲法的規整之下，並且建立以議會為中心的管理體制。有關軍隊統率權、宣戰權的規定都體現了這一特徵。

---

8 ［日］杉原泰雄著，呂昶等譯：《憲法的歷史——比較憲法學新論》，(北京：社會科學文獻出版社，2000)，頁22。

9 同上註，頁31-34。

　　第二種類型是名義性的或外表立憲主義型的市民憲法，這種憲法以1850年普魯士憲法為典型。普魯士憲法反映了後進的資本主義向立憲體制過渡的特徵，具有濃郁的轉型政治痕跡。其具體特色如下：(1)確認君主立憲體制。憲法相對於國王及其政府之間的關係而言，不是國家機關權力行使的授權規範，而僅作為例外的禁止或限制規範。(2)規定並保障普魯士人形式上的自由與平等權利，如法律面前的平等、禁止創設身份上的特權、人身的自由、住所不受侵犯、罪刑法定主義、財產權不受侵犯、公用徵用的事前補償、信教自由等。但這些權利與自由不具有固有、天賦的人權意義，在政治上不能與立法權對抗，並可以通過法律加以限制。(3)在國家政體與政權組織形式的安排與設計上，體現君主主權的原理。憲法規定行政權專屬國王、大臣和文武官員的任命權、軍隊的統率權、宣戰與媾和權、條約的締結權盡歸國王；立法權由「國王和兩院共同行使」；司法權要由「以國王的名義」，並服從法律權威的獨立的法院行使。在行政與立法、司法的權限劃分上，採行「扣除」主義，即在整個國家活動中扣除實質意義的「立法」與「司法」後，其餘均屬行政，乃至於賦予國民權利或免除其義務的權利也被劃歸行政的範圍；立法的邊界被嚴重侵蝕，實質的權力分立並不存在。(4)在中央與地方的關係上，名義上規定地方事務由地方公共團體決定，但地方公共團體的實際形態由體現國王意志的「特別法規定」。地方公共團體擔當的事務根據中央政府監督方式的不同分為「固有事務」與「委託事務」。對前者，中央政府從合法性的角度進行監督；對後者，中央政府在合法性監督之外還要進行合理性監督。(5)在軍事權上，關涉軍事的基本問題寫進了憲法，但軍事權的運作以國王為核心：國王獨立享有統率權，不受國務大臣副署的限制；國王有權任命所有的武官；國王行使宣戰、媾和的權力無須議會同意；國王有權決定軍隊的建制與規模。

　　以 1917 年蘇俄革命和 1919 年的魏瑪憲法頒佈為標誌，西方憲政步入了現代時期。按照學者胡橋的總結，現代西方憲政呈現出三大基本趨勢：社會化、人權化、司法化。社會化是西方憲政發展與變革的基本立場和根本動力，它使憲政的發展成為可能；人權化是西方憲政發展與變革的軸心和根本原因，它使憲政變成了現實；司法化是西方憲政得以運轉的根本手段或唯一手段，它使憲法由「死法」變成「活法」。[10] 日本憲法學者杉原泰雄以現代市民國家的憲法文本為基礎，具體論述了現代市民憲法的特徵：[11] (1)在資本主義的框架內引進社會國家的理念，追求保障包括工人階級在內的一切國民過着真正人的生活，克服近代立憲主義憲法以自由權為中心的人權保障的弊端。這種憲法理念的轉變具體體現在：首先積極限制社會經濟強者的經濟自由權，比如限制所有權的絕對性，強調所有權伴隨義務，其行使應有助於公共福利。其次，正面規定社會經濟弱者的社會權，比如生存權、受教育權、勞動權、老弱病殘受保護權等。(2)為了消弭階級鬥爭的危險，謀求將人民的權利要求內化於體制之中，現代憲法加強了對人民參政權的保障。多數西方國家的憲法都引進普選制和直接民主制，對國民知情權的保障也更加具體。(3)傳統人權保障的強化。在平等權方面，更加重視男女權利的平等，明文禁止性別歧視；在自由權方面，強調完善對人身自由權的程序保障，同時也保障公民的文學、藝術、科學、學術、教育等精神自由權；在受益權方面，除了繼續規定傳統的受審判權利、損害補償請求權和請願權等受益權外，還增加了國家賠償請求權、刑事損害補償請求權等權利。(4)在議會、

---

10 參見胡橋：〈20世紀西方憲政的基本走勢〉，載何勤華主編：《20世紀西方憲政的發展及其變革》（北京：法律出版社，2005），頁8。

11 參見［日］杉原泰雄著，呂昶等譯：《憲法的歷史——比較憲法學新論》，頁114–145。

議員與選民的關係上，出現了由「議會主義」到「議會制民主主義」的
轉變，這表現在：選民對議會和議員的影響力逐漸加強，議員更加重
視踐履對選民的承諾；政黨在議會內對議員的約束增強。(5)政體與
政權組織形式的基本形態發生了重大變化。在立法方面，由於引進了
社會國家(福利國家)的概念，立法不再單純成為以一切國民為規整對
象的活動，而為了促進實質平等，立法不得不以特定的國民或一部分
國民為對象。例如對社會經濟弱者保障其社會權，對社會經濟強者的
經濟自由權進行積極的限制等等；行政權的膨脹導致的「行政國家」
的普遍化、委任立法的大量出現、行政司法的不斷加強等，都是行政
權擴張的具體表徵；在司法方面，適應保障人權和加強法治的需要，
違憲審查制度在各國憲法中得到普遍確認。[12] (6)地方自治得到進一
步加強。其主要表現在於憲法本身不僅承認地方公共團體的存在，而
且還明確承認居民自治和團體自治。[13] (7)在軍事問題上，鑒於第二
次世界大戰給人類造成的不堪苦難，很多二戰後新制訂的西方憲法都
明確規定放棄戰爭與和平解決國際爭端的原則；接受為了保障人權而
對國家主權進行必要限制的原則；宣佈遵守國際法，並在憲法中確認
處理憲法與國際法關係的原則；遵循民主主義的要求，將宣戰、媾和
等有關軍事的最基本問題交由代議機關決定。

關於憲政演進的規律，還有的學者從憲政行為結構類型學的角度
進行了總結，認為：「憲政規律是憲政制度構建及其運作過程所具有
的普遍屬性和一般特徵，是站在世界發展史的角度，從紛繁複雜的憲

---

12 現代違憲審查已經表現出一種新的趨勢：在審查主體上，美國模式下的許多國家呈現歐洲模
式下違憲審查機構專門化的趨勢，使違憲審查在判例法作用下逐漸凝聚為普通法院的一個專
門和獨立的職能。在審查程序上，歐洲模式則引進美國模式普通司法訴訟的傳統，使違憲審
查程序走向司法訴訟化。而這又是基於對構築既控制公共權力又保障權力高效運行的憲政制
度理性化的選擇。這是違憲審查發展規律的精髓所在。參見李龍：《憲法基礎理論》(武漢：
武漢大學出版社，1999)，頁302。

13 法國1946年憲法和德國1949年基本法等都對居民自治、團體自治的具體內容做了規定。

政現象和憲法規範中離析出來的憲政共性，體現為立憲規律、行憲規律和護憲規律。」[14] 在立憲規律上，這些學者認為儘管民主和人權問題始終是憲法的出發點和歸宿，但不同時代立憲的基點和重心各不相同，大致經歷了人權立憲—政治立憲—經濟立憲的漫長過程，並向知識立憲過渡，反映出憲法變遷的內在規定性。

人權立憲類型的出現與當時憲法要直面和解決的問題密切相關，[15] 16至18世紀所出現的典型的資產階級憲法大致都可以歸入此種類型。其根本原因在於，當時社會經濟進步「把擺脫封建桎梏和通過消除封建不平等來確立權利平等的要求提到日程上來，這種要求就必定迅速地獲得更大的規模。……這種要求就很自然地獲得了普遍的、超出個別國家範圍的性質，而自由和平等也就很自然地被宣佈為人權」。[16] 英國不成文憲法是由不同時期的憲法性文件所組成的。1689年頒佈的《權利請願書》在《自由大憲章》的基礎上，更明確地肯定公民的人身自由。它規定：「凡自由人除經其同儕之合法審判，或依國法外，皆不得加以拘捕、監禁，或剝奪其營業權，各項自由及自由習慣，或置諸法外，或加以放逐，亦不得以任何方式加以毀傷。」它還規定：「任何人除經法律正當程序之審判，不論其身份與環境狀況如何，均不得將其驅逐出國。或強迫離開所居住之采邑，亦不得予

---

14 李龍、汪習根：〈憲政規律論〉，載《李龍文集》（武漢：武漢大學出版社，2006），頁401。

15 弗里德里希認為，憲法和憲政的核心目標是保護政治社會中具有尊嚴和價值的自我，這種自我優先的觀念最終引發了自然權利觀念，憲法的功能因此也可以闡釋為規定和保護人權。對憲政的探求，乃是「對個人自我的神聖性深刻體認的一種表現」。莫菲認為，憲政主義在把人類尊嚴確定為核心價值時，採取了一種道德客觀主義或道德現實主義的形式。這種理論假設人性尊嚴的本質是客觀存在的，可以發現的。參見夏勇：《憲政建設──政權與人民》（北京：社會科學文獻出版社，2004），頁8。

16 《馬克思恩格斯選集》（第3卷）（北京：人民出版社，1972），頁145。

以逮捕、拘禁,或取消其繼承權,或剝奪其生存的權利。」[17]在《權利請願書》之後頒佈的《人身保護法》、《權利法案》,則進一步固化了英國公民的自由、平等權利。法國1791年憲法直接把1789年的《人權宣言》作為序言肯定下來。該序言共17條,第1條和第2條將人權的內容分解為自由、平等、財產、安全和反抗壓迫等五種權利。1793年法國憲法又將該宣言擴大為35條,並將「共同幸福」作為一切權利的前提,強調了人身自由與法律面前人人平等的重要性。在美國制憲之初,關於憲法文本是否應該規定公民權利構成重大的制憲爭議。1791年10條人權修正案的生效被認為是對人民要求的正確回應,也是對立憲規律的一種「補課」。[18]

政治立憲對應於一次世界大戰後,「人民主權」或「國民主權」原則全面入憲,公民政治參與普遍化。德國1919年魏瑪憲法是此種憲法範型的肇始者,它在資產階級憲法發展史上第一次全面確認了「國權出自人民」的憲法原則,並在憲法的第二編「人民之基本權利與基本義務」中將該原則具體化。社會主義憲法的出現標誌着世界立憲史上第一次真正實現了人民立憲,1918年蘇俄憲法將《被剝削勞動人民權利宣言》作為憲法序言,則是政治立憲的重要標誌。政治立憲還導致其他發展中國家或西方憲政後行國家在立憲時更多採行保障公民基本政治權利的樣式。

經濟立憲指涉憲法發展的一個特定歷史階段。在該階段中,各國制訂或重新修改的憲法,以確認、引導和保障本國的經濟發展為中心內容,以至於呈現出「憲法之經濟化,或由政治憲法至經濟憲法」[19]的

---

17 姜士林、陳瑋主編:《世界憲法大全》(上卷)(北京:中國廣播電視出版社,1989),頁1128。

18 李龍、汪習根:〈憲政規律論〉,頁402–403。

19 梅仲協:《二十世紀之科學:第三輯——法律學》,轉引自李龍、汪習根:〈憲政規律論〉,頁405。

發展態勢。經濟立憲大致對應於二戰後世界各國開始的立憲浪潮。據荷蘭學者亨利・範・馬爾賽文等人的統計，在157部國家憲法中，使用「經濟組織」、「經濟結構」、「經濟制度」、「經濟秩序」、「經濟政策」等詞彙的憲法便有84部，涉及公共利益或一般利益的有96部。[20] 經濟立憲出現的原因在於：現代市場經濟較之於傳統市場經濟更強調政府這一隻「看得見」的手的干預和調控作用；憲法對經濟全球化的回應；各國為提升自己的國際地位或改變不合理的傳統國際秩序，不得不在憲法中確認經濟資源保護和發展經濟的國策等內容。總覽經濟立憲的狀況，大致可細分為三種類型：其一是以保護經濟資源和經濟所有制形式為重點，埃及憲法為其示例；其二是以規定經濟制度和國家建設的基本方針與措施為重點，中國1982年憲法為其代表；其三是系統綜合地規定經濟問題，其中葡萄牙憲法表現得尤為突出。

知識立憲，是李龍、汪習根教授直面當下知識經濟迅猛發展的態勢所提出的一個頗具前瞻性的預測。他們認為知識立憲意指在知識經濟浪潮衝擊下，憲法和憲政的中心將從傳統的工業經濟轉向知識經濟，「要求憲法全面確認知識經濟的戰略地位，並為知識經濟的發展提供法律指引和法律保障，從而構建有序、高效的知識經濟法律秩序；實現憲法的經濟社會功能」。[21]

行憲規律總是圍繞着政治權力的運行展開。而權力在社會生活中通常被視為對外部世界產生效果的事件或動源，它幾乎不可避免地有主觀評價的色彩。權力概念之所以容易混同和含糊不清，來源於三種用法，這些用法將概念混雜、融合或重疊成相應的詞語和含義。最普遍的用法是將權力作為影響、控制、統治的同義語，導致看起來權力

---

20 參見〔荷蘭〕亨利・範・馬爾賽文（Maarseveen, H. Th. J. F. van）等著，陳雲生譯：《成文憲法的比較研究》（北京：華夏出版社，1987），頁70、129。

21 李龍、汪習根：〈憲政規律論〉，頁407。

具有這些詞語的某些或全部不同色彩。另外一種用法是將權力作為個人具有的屬性或品質，權力可能被視為人民追求的、甚至人類奮鬥的基本目標，因而產生了涉及人類本身性質的人類基本動機問題。還有一種用法是將權力與社會文化環境聯繫起來加以考察，認為既然在一切大規模的複雜的「文明」社會裏，權力在群體之間分配不均，這些社會的文化就會反映和體現這種不平等。[22] 政治權力架構的設計，乃是以政治權力的歸宿主體和政治權力的行使主體間的二元互動關係作為立基點，這種架構設計的最根本的制度形態部分，構成憲政的核心內容。古典憲政理論多從控權、限權的角度來看待憲政的功能，但卻不能解釋為什麼由於權力「形式」的擴展、分類，使權力不能在邏輯上作為一個特定的機制來處理；不能解釋在社會互動過程中這種機制為什麼帶來其他個人、單位或集體的行動；不能解釋為什麼雖然「主權在民、權力在民」，但掌握最多選票資源的中下層階級其實最終還是把權力交給了社會上層階級；也不能解釋具有強制色彩的權力與權利到底如何界分。經過漫長的歷史演變後，「行憲之內容與中心不僅在於控制政府權力、防止專制統治，更應超越對專橫地行使國家權力予以控制的傳統理論，而通過憲政設計與憲法運行來保障國家權力的運行，以實現經濟效率、民主管理，以及其他社會價值，達到控權與保權的統一，以一個既受限制而又高效運行的政治權力系統來最好地維護人民權利」。[23] 這是行憲規律的本質所在。

　　護憲是維護憲法權威、實施憲法監督、開展違憲審查等活動的概稱。從世界憲政史發展的角度而言，護憲規律基本上以三種形式為表徵：其一，違憲審查活動，從自發到自覺以至制度全面理性化；其

22　參見秦前紅：〈評法權憲法論之法理基礎〉，《法學研究》第1期（2002）。

23　李龍、汪習根：〈憲政規律論〉，頁409。

二，違憲審查主體，從無組織到有組織以至監督組織專門化；其三，違憲審查方式，從多重混合審查模式趨向於司法訴訟程序化。[24]

二、近年中國「憲政」問題論爭

從辭源學角度考查，漢語中「憲政」不同於「憲法」一詞「出口轉內銷」的產生路徑，構詞與形成受到現代日語的直接影響；「憲政」現代意義的注入是在近代開眼看世界的第一批中國人，以及其後的資產階級改良派、革命派和共產黨人手中持續進行的。從最初黃遵憲在《日本國志》中所述的「立憲政體」，到梁啟超筆下以立憲法、開國會、權力分立和責任內閣制為標誌的「憲政」；從孫中山在《建國方略》中描述的人民掌握政權、政府掌握治權、政權控制治權的「憲政」，到毛澤東在《新民主主義憲政》中對「憲政」作出「民主政治」的定義；在不同歷史階段和政治派別的認知與構想中，「憲政」在其內涵、根本屬性和具體設計等方面都有所區別，但法治、民主、限制公權和保障私權等關鍵要素卻是相通的。

中國共產黨視自己為孫中山先生開創的革命事業「最堅定的支持者、最親密的合作者、最忠實的繼承者」，在建立政權之前，中共及其領導人對孫中山先生有關國民主權、民主和普選、言論自由和出版、集會、結社自由等諸多憲政要素的思想都表達了認同和支持。在共產黨建立政權後，「無產階級專政」或「人民民主專政」取代了「憲政」的話語地位，但並不意味着「憲政」被列為政治禁忌或學術禁區，不能講、不能提，也不代表着新中國拒斥實行或建設憲政。1949年

---

24 參見李龍、汪習根：〈憲政規律論〉，頁411以下。

社會主義憲政研究

以來,「憲政」一詞在國家正式文獻中出現的典型例證至少有兩個:一是1954年9月15日,劉少奇在一屆全國人大一次會議上所做的〈關於中華人民共和國憲法草案的報告〉中,將五四憲法草案的提出表述為「中國近代關於憲法問題和憲政運動的歷史經驗的總結」;[25] 二是2008年3月8日,吳邦國委員長在十一屆全國人大一次會議上代表常委會向大會報告工作時,將2004年修憲把黨的十六大確定的重大理論觀點、重大方針政策載入憲法,並在憲法中明確國家尊重和保障人權、依法保護公民的財產權和繼承權等舉措,表述為「充分體現了黨的主張和人民意志的統一,成為中國憲政史上又一重要里程碑」。[26]

進入新世紀以來,隨着「依法治國,建設社會主義法治國家」被寫入憲法,學界對於中國語境下「憲政」概念、制度建構及實現路徑的討論也有所增加。其中當然不乏爭論,否定憲政與支持憲政的學者各自表達觀點,討論氛圍相對較為平和,並未形成雙方尖銳對立的局面。2004年修憲後,否定憲政的聲音有所表露,其中較為有代表性的觀點認為「憲政最初發源和形成於英美,是西方自由主義的政治主張和制度安排」,「毛澤東等老一代無產階級革命家在抗日戰爭時期講『憲政』,是有特定歷史背景的」,「西方敵對勢力和海內外自由化分子無不力主憲政,為什麼?就是因為他們把憲政看作是最有可能改變中國政治制度的突破口,作為圖謀推翻四項基本原則的政治策略和途徑」等等,並且認定「憲政問題的提出和討論不是一個純學術的問題,這裏面有必須警惕的國際背景和政治企圖」。[27]

---

25 劉少奇:〈關於中華人民共和國憲法草案的報告〉,中共中央文獻研究室編:《建國以來重要文獻選編(第五冊)》(北京:中央文獻出版社,2011),頁402。

26 吳邦國:〈全國人民代表大會常務委員會工作報告〉,中共中央文獻研究室編:《十七大以來重要文獻選編》(北京:中央文獻出版社,2009),頁331。

27 王一程、陳紅太:〈關於不可採用「憲政」提法的意見和理由〉,《理論研究動態》第11期(2004)。

　　對此，當時許多憲法學者對憲政否定説進行了批駁，其中較有
代表性的是許崇德先生2008年發表的〈憲政是法治國家應有之義〉一
文，他在文中重申了毛澤東對「憲政」即「民主的政治」的定義，直指
以極其革命的面目出現、打着反「西化」的旗幟的極「左」思潮，危害
中國憲法的尊嚴及其實施。他認為，「極『左』思潮的推動者否定憲政
的提法沒有任何一點站得住腳的根據。這種故意撇開我國的社會主義
憲法，片面地把『憲政』定義為資本主義，然後編造出『憲政』提法會
招致西化的神話，誤導輿論，欺蒙領導，其意欲揮舞大棒重啟反右派
運動的作派很不合時宜」，「宣佈『憲政的提法，不是學術問題，而是
政治問題』，這種拋出大帽子堵住天下人之口，想用獨家文章鼎定乾坤
的派頭是不能令人折服的」。[28] 該文發表一個月後，全國人大常委會工
作報告中即明確使用了「憲政」一詞，憲法學者們也「乘勝追擊」，紛紛
發表意見批駁否定憲政的論調，為憲政正名。一個典型的例證是，在
學術界頗具影響的《法學》月刊，在2008年第3期和第4期連續組織
筆談，共有25位知名教授發表以支持「憲政」為主題的文章。[29]

　　經此番對「憲政」問題的集中闡揚，使得肯定憲政説在往後數年
裏相較於否定憲政説，在法政學界處於絕對優勢的地位。其後，仍有
學者繼續對中國憲政問題進行研究並發表成果。譬如林來梵教授考察
中國「憲政」學説史源流，認為毛澤東「憲政是民主的政治」的典範性
定義是以當時政治現實為基礎，以實現政治利益為目的的政治話語；
而在國家建制完成之後，如何在憲法規範的框架之內適當且有效地限
制公共權力，以保障人民的基本權利，並由此賦予政治權力的正當

28　許崇德：〈憲政是法治國家應有之義〉，《法學》第2期（2008）。

29　這25名知名教授是：何勤華、李步雲、韓大元、任進、周永坤、周偉、楊海坤、杜力夫、文
　　正邦、李林、王立民、莫紀宏、周葉中、林峰、董茂雲、喻中、鄒平學、童之偉、董和平、
　　秦前紅、鄭賢君、朱福惠、程潔、范忠信和張千帆。

性，則是中國憲政的歷史課題。[30] 然而，2013年爆發的「憲政」問題爭論，雖然否定憲政論者的核心觀點可謂老調重彈，亦無幾位真名實姓的否定論者出面論辯，但此次爭論觀點矛盾對立程度、牽涉政治背景複雜程度、影響之廣、歷時之長，皆為歷次爭論之最，堪為一次中國憲政問題的「大討論」。

2013年4月，中共中央辦公廳發出《關於當前意識形態領域情況的通報》(中辦發〔2013〕9號文件)，該通報將包括「宣揚西方憲政民主」在內的7個問題列為「當前意識形態領域值得注意的突出問題」，認為「西方憲政民主有着鮮明的政治內涵和指向」，「宣揚西方憲政民主的要害，在於把黨的領導與憲法和法律實施對立起來，以西方憲政民主否定黨的領導、取消人民民主，實質是要否定我國憲法及其確立的制度和原則，最終實現改旗易幟，把西方政治制度模式搬到中國」。當然，此處必須注意的是，該通報並未將矛頭直指一般意義上的「憲政」，而是在否定和批駁「西方憲政民主」。

或許是為了與該通報相呼應，《求是》雜誌社主管的《紅旗文稿》雜誌2013年第10期(5月25日出刊)刊登了中國人民大學法學院教授楊曉青題為〈憲政與人民民主制度之比較研究〉的文章。該文重提「憲政話題已不是一個單純的學術論題，而是必須回答的現實的政治問題」的論調，在細數憲政與人民民主制度的若干「區別」，以及論述毛澤東並不認為人民民主制度可以稱為「憲政」的理由後，作者認定「作為西方現代政治基本的制度架構，憲政沒有普適性，其關鍵性制度元素和理念只屬資本主義和資產階級專政，而不屬社會主義人民民主制度」，「人民民主制度與憲政是兩種本質不同的政治制度」，「人民民主制度絕不可以稱為『社會主義憲政』」。[31] 而中共中央宣傳部主

30　林來梵、褚宸舸：〈中國式「憲政」的概念發展史〉，《政法論壇》第3期（2009）。

31　楊曉青：〈憲政與人民民主制度之比較研究〉，《紅旗文稿》第10期（2013）。

管的《黨建》雜誌2013年第6期（5月27日出刊）發表了署名為「鄭志學」，題為〈認清「憲政」的本質〉的文章，該文認定「憲政」一詞「無論從理論概念來說，還是從制度實踐來說，都是特指資產階級憲法的實施」，「『憲政』主張指向非常明確，就是要在中國取消共產黨的領導，顛覆社會主義政權」，並且「不能把『憲政』作為我國的基本政治概念，以落入其背後隱藏着的『話語陷阱』」。[32]

其後一段時間，在海內外具有一定政治指徵意義的報紙《人民日報》海外版連續三天刊載署名為「馬鍾成」的文章〈「憲政」本質上是種輿論戰武器〉、〈美國憲政的名不副實〉和〈在中國搞所謂憲政只能是緣木求魚〉，此「倒憲三部曲」在內容和邏輯上頗顯連貫性。作者認為「憲政只屬資本主義，和社會主義無法兼容」，「所有這些憲政論述，構成了一個完整的理論『陷阱』：由於『資本主義憲政』一時難以被全黨全民接受，於是各類『社會主義憲政』理論紛紛出現」；[33] 認定「美國的憲政之『名』，完全不符合憲政之『實』」，「美國憲政學者及其中國附庸們所宣揚的那種全面民主、自由並體現天意的『憲政』，在現實中是不存在的」，「憲政概念體系是美國迷惑人民大眾、維護自身專制統治的神話，也是美國壟斷資本寡頭及其在華代理人用來顛覆中國社會主義制度的信息心理戰武器」；[34] 認定「社會主義憲政」理論較之於自由主義憲政具有更大的迷惑性，因為「社會主義憲政」理論「曲解」中國憲法，將「公民基本權利保障條款」解讀為「全世界所有立憲國家公認的憲理」，「社會主義憲政」理論「污蔑」憲法中規定的「人民民主專政」條款是「以階級鬥爭為綱」思想的體現，其實質「就是要按照美國憲法來修改中國憲法，顛覆『人民民主專政』的國家政權，打着『民

---

32 鄭志學：〈認清「憲政」的本質〉，《黨建》第6期（2013）。

33 馬鍾成：〈「憲政」本質上是一種輿論戰武器〉，《人民日報》海外版2013年8月5日。

34 馬鍾成：〈美國憲政的名不副實〉，《人民日報》海外版2013年8月6日。

社會主義憲政研究

主的旗號』恢復資產階級專政」,「只要將中國共產黨建設成一個真正
的為人民服務的政黨,保障人民根本利益的社會主義憲法和法律就能
得到徹底的貫徹和實施。而搞所謂的憲政,則只能是緣木求魚」。[35]
此外,亦有否定憲政論者在學術刊物上發表類似論調,比如認定「國
內的一些憲政鼓吹者正是按照資本主義憲政的本質要求,在中國宣揚
憲政民主、倡導憲政改革的,其目的是要虛化、削弱乃至最終取消共
產黨的領導,引導中國放棄社會主義道路,實質是要在中國確立資本
主義憲政制度。因此,憲政決不能成為『中國夢』,更不能成為中國政
治體制改革的目標模式」等。[36]

　　不難看出,相較於此前幾次「憲政」問題的爭論,這次以〈憲政與
人民民主制度之比較研究〉的發表為標誌,否定憲政論者突然挑起的
爭論,借助中央傳達有關文件,以及運用重要宣傳平台及其官方背
景的政治勢能,直接將本來可以理性討論的學術問題政治化,把支
持「憲政」的討論置於與官方意識形態、政治制度和發展路徑的對立
面,試圖讓任何支持「憲政」的討論都背上沉重的政治包袱而無法進
行,以此狙擊憲政在中國的討論和發展。這些論者選擇在執政黨貫徹
十八大重要決策,即將討論全面深化改革若干重大問題的前夕拋出上
述論調,不僅讓社會公眾感到疑惑和彷徨,更讓法政學界的絕大多數
學者感到錯愕與難以接受。

　　老一輩憲法學家對此思潮憂慮甚深。憲法學泰斗許崇德先生通過
各種渠道重申〈憲政是法治國家應有之義〉和〈憲政是社會主義的必然
選擇〉兩篇文章中的核心觀點。他指出,把「憲政」片面地定義為資本

35　馬鍾成:〈在中國搞所謂憲政只能是緣木求魚〉,《人民日報》海外版2013年8月7日。

36　汪亭友:〈對西方憲政論的評析〉,《思想理論教育導刊》第3期(2014)。

主義的專利，無視中國的社會主義憲法，認為實行「憲政」就會招致西化的觀點極為荒謬。「憲政是法治國家的應有之義，是社會主義的必然選擇，而建設憲政社會主義是中國特色社會主義發展的必然要求，這一點毋庸置疑」，「『西化』這個說法不能被隨心所欲地用來做深化改革的攔路石，更不能用滿天亂飛的『西化』帽子來嚇唬人」。[37]在他看來，社會主義憲政就是實行「保持國家統一、民族團結、經濟發展、社會進步和長治久安的政治」，也可以說社會主義憲政是「符合我國國情，在國家經濟、政治、文化和社會生活中發揮重要作用，保障我國改革開放和社會主義現代化建設順利進行」的民主政治。[38]他還意味深長地呼籲：「憲法學的理論觀點來源於實踐，又須要回到實踐中接受實踐的進一步檢驗，在實踐中完善和發展。在這個過程中，應充分重視和利用我國自己的法律文化資源，對博大精深的中華傳統法律文化作出新的發掘整理，對那些有利於法治建設的積極因素進行科學梳理，使之成為憲法學中國精神的要素」。[39]

　　李步雲教授在此次爭論中態度鮮明地批駁了反憲政的觀點，直指反憲政的主張「錯誤地影響到決策部門」，其錯誤根源是「對黨的領導和社會主義不自信；對廣大知識階層和廣大人民群眾不相信；是背離了馬克思主義的基本原理，大搞形而上學」，[40]而「我們要實現法治，就要毫不含糊地堅持憲政理論和原則」。他重申了憲政包含人民民主、依法治國、人權保障與憲法至上的「四要素論」，並認為「民主、法治、人

37　許崇德：〈憲政是社會主義的必然選擇〉，《憲政社會主義論叢》第二輯（西安：西北大學出版社，2011），頁462。
38　許崇德：〈憲政詞辨〉，載《法學雜誌》第2期（2008）。
39　許崇德：〈憲法學研究要彰顯中國精神〉，《人民日報》2013年10月20日。
40　李步雲：〈走中國特色的社會主義憲政之路〉，《人民論壇》2月上（2014）。

社會主義憲政研究

權是憲政這一現代進步政治形態的實體內容，憲法至上是憲政的形式要件。憲政的理論觀念與制度設計，都是共性與個性的統一」。[41]

郭道輝教授一針見血地指出，「他們表面上反憲政，指斥所謂憲政姓資，實際上是否定我國現行八二憲法中蘊含的人民民主與人權、法治因素；也違反黨的十八大強調要運用法治思維治國理政的精神，仍然堅持『以階級鬥爭為綱』和人治、黨治的習慣思維，來觀察和處理國家和社會事務。他們反『資』是假，維護權貴資本主義是真」。[42]

爭論之初，莫紀宏研究員從詞源和「名實」角度考察了中國語境下的「憲政」，得出「『憲政』在當下中國是已經發生的社會現象，是一種客觀存在的事實」的結論，並認為「如果在學術上簡單地否認或迴避這一歷史事實，那麼，『憲政』一詞就無法在科學的意義上繼續探討下去了」。[43] 同時，他還提出應當將目前關於「憲政」概念的爭議分為「名相之爭」與「實相之爭」的觀點，認為「『名相之爭』涉及到『憲政』概念是有獨立內涵的獨立詞還是僅僅作為漢語長句的縮寫；『實相之爭』在於如何賦予『憲政』概念相應的價值內涵」。莫紀宏研究員認為，「由於『憲政』概念在近百年的演變史中已脫離了原先的概念『名相』，成了目前學術界使用過度泛化的概念，無法產生概念上的基本共識；由於『名相之亂』導致了『實相之亂』，『憲政』價值從法律事實到『夢想狀態』，已經成為人云亦云的麻煩概念」，「為不因『憲政』概念上的無謂之爭影響了當下的憲法實踐，可以在學術上暫時『去憲政』，圍繞着『依憲治國』的價值理念，札札實實採取一些維護憲法權威、加強憲法實施的制度舉措，以此來全面推進依法治國基本方略的貫徹落

41 李步雲、張秋航：〈駁反憲政的錯誤觀點——兼論憲政概念的科學內涵及意義〉，《環球法律評論》第1期（2013）。

42 郭道輝：〈當前反憲政思潮評析〉，《共識網》，http://www.21ccom.net/articles/sxwh/shsc/article_2013061285396.html

43 莫紀宏：〈「憲政」詞源溯〉，《環球法律評論》第5期（2013）。

實」,「爭論不清楚的問題可以先放一放,全面推進依法治國基本方略更需要實幹家」。[44]

在爭論爆發的2013年,肯定憲政的憲法學者至少兩次通過公共媒體或學術刊物集中發聲。第一次集中發聲是當年8月通過《人民日報》社旗下的《人民論壇•學術前沿》,張千帆教授、王振民教授、苗連營教授和秦前紅教授分別撰文,[45] 對「憲政」、「依憲執政」、「依憲治國」、「憲法權威」等概念進行闡釋。張千帆教授認為,「憲政與法治一樣,不僅沒有『姓社姓資』之分,而且對於中國社會穩定和執政黨的長期執政均發揮無可替代的作用」,「反憲政會產生破壞憲法效力,助長憲法虛無主義;顛覆政體合法性,使執政權力喪失法律根基;破壞社會穩定,動搖長期執政的社會基礎等至少三個方面的危害,從根本上看,反憲政只會誤國誤民,滋生專制獨裁」。[46] 王振民教授提出,「把實施憲法政治與黨的領導對立起來,是極其錯誤的。不依憲治國,不依憲執政,其結果一定是既破壞了法治,也違反了黨的根本路線方針政策。我們不僅要談憲政,而且還要建設憲政,要建設比資本主義憲政更優越的中國特色社會主義憲法政治」。[47] 苗連營教授則認為,「憲政的價值取向與憲政的制度建構是兩個層面的問題,只有在對憲政的普遍性意義有深刻領悟的基礎上,才能使具體的憲政機制具有更大的生命力和適應性,也才能真正推動憲法文明的不斷發展、創新和超越」;憲政中國化「不僅是憲法文本的不斷完善和憲政理念的與時俱進,同時表現為各種政治法律制度在中國大地上的建構與實踐」。[48]

---

44 莫紀宏:〈憲政的「名」「實」之辯〉,《吉首大學學報(社會科學版)》第5期(2013)。

45 參見本書附錄一:〈中國共產黨未來長期執政之基——憲法共識下的依憲執政、依憲治國〉。

46 張千帆:〈捍衛社會主義憲法的生命與權威:駁「憲政姓資」論〉,《人民論壇•學術前沿》第15期(2013)。

47 王振民:〈憲法政治:開萬世太平之路——中國共產黨如何走出歷史周期率〉,《人民論壇•學術前沿》第15期(2013)。

48 苗連營:〈世界憲政文明體系裏的「中國色彩」——憲政中國化語境中之普遍性與特殊性辨析〉,《人民論壇•學術前沿》第15期(2013)。

　　第二次集中發聲則是通過當年10月14日出版的《財經》雜誌（十五年紀念版），韓大元教授、秦前紅教授、[49] 林來梵教授和胡錦光教授分別撰文，為社會主義憲政正名。韓大元教授提出了「摸着憲法過河」的命題，他認為，「改革開放依然是『未竟的事業』，應當以憲政堅固憲法制度，順着憲法過河，遵循憲政精神，實現從『摸着石頭過河』向『摸着憲法過河』的飛躍」，並且「在多元化的國際背景下，我們更要珍惜中國特色社會主義憲政取得的成就，理直氣壯地宣傳實踐中的中國憲政實踐，防止憲政成為西方社會的專利品，賦予憲政更豐富的社會主義元素」。[50] 林來梵教授認為，「有關憲政的爭論，可歸結為一種意識形態上的紛爭。但是，任何對憲政概念的斷說，都不能僅從具有主觀性的政治偏好出發，而應首先發掘那些已然凝聚在現行憲法之中的規範精神，審視現行憲法在轉型期中的發展趨向」，不僅應將憲法作為「鎮國之法寶」，而且還應將憲法作為「治國之大典」，這「就是中國當今憲政發展的題中應有之義」。[51] 胡錦光教授則提出，憲政有民主、法治、人權三個基本要素，要回答中國是否需要憲政的問題，首先要回答憲政所要解決的核心命題在中國是否存在的問題，即「國家權力是否需要憲法保障和限制」，而不可否認的是，當前中國社會在發展過程中存在着國家權力濫用的現象。他認為，當下與改革開放之前有巨大差異的社會背景，這「既對依憲執政提出了訴求，也使得憲政的三個基本要素更為成熟」。[52]

49　參見本書附錄二：〈正名社會主義憲政：社會主義憲政的概念與問題〉。

50　韓大元：〈正名社會主義憲政(1)：「摸着憲法過河」〉，《財經》（十五年紀念版）2013年10月14日。

51　林來梵：〈正名社會主義憲政(3)：轉型期的憲法與憲政〉，《財經》（十五年紀念版）2013年10月14日。

52　胡錦光：〈正名社會主義憲政(4)：論憲政的基本要素〉，《財經》（十五年紀念版）2013年10月14日。

　　此外，在這場爭論中，諸多憲法學者也持續撰文肯定憲政。例如，在這場爭論中為闡揚社會主義憲政論貢獻卓著的童之偉教授就撰文指出，八二憲法奠定了中國實行憲政的基礎，實施八二憲法，就是在落實憲政。他將八二憲法與主要憲政要素的密切關係概括為八個方面，即八二憲法創制過程本身是一次憲政改革；八二憲法確認的「一切權力屬人民」原則奠定了憲政的基礎；八二憲法明示黨權受限制，為落實憲政創設了關鍵憲法依據；八二憲法充實了基本人權或公民基本權利的保障；八二憲法確立了代議民主的根本形式和普選原則；八二憲法將軍隊系統地納入了國家體制；八二憲法本身是分權體制，權力制約原理在其中亦有所體現；八二憲法增強了司法獨立保障；八二憲法確立了以違憲審查為核心的憲法監督制度框架。「只要全面有效實施從八二憲法發展而來的現行憲法，中國就能建成社會主義憲政」。[53] 焦洪昌教授直指反憲政的文章在形式上有兩個共同特點，「一是在概念的使用上，對於意識形態，或曰傳統社會主義理論一系有著非常執着的偏好；二是貫徹始終的『階級鬥爭』思維模式，用意識形態的思維模式來裁剪和評價所觀察到的制度規則現象，也就是所謂『技術問題的政治化』」。他還認為，「憲政的具體內容及其最終命運，在很大程度上取決於每一位公民對待自由的態度。憲政和國家富強無關，卻和公民自由息息相關」。[54] 劉連泰教授分析了1921年以來中國共產黨歷次全國代表大會報告中所包含的憲政話語，並認為「中國共產黨屬行憲政，在報告中使用憲政話語，卻不明確提出『憲政』概念，彰顯了中國共產黨低調踏實的工作作風」，[55] 胡錦濤同志「依法治國首先要依憲治國，依法執政首先要依憲執政」，習近平同志「把權力

53 童之偉：〈八二憲法與憲政〉，《炎黃春秋》第12期（2013）。

54 焦洪昌、馬驍：〈憲政的婆媳之爭〉，《山東科技大學學報（社會科學版）》第2期（2014）。

55 劉連泰：〈中國共產黨全國代表大會報告中的憲政話語〉，《交大法學》第4期（2014）。

關進制度的籠子裏」，都是對憲政通俗形象的表達。謝維雁教授認為，「如果説中國夢即憲政夢確有不妥，那麼説憲政夢是中國夢的組成部分應該是不為過的。我們現在不是要否定憲政，而是要思考如何實現憲政。走中國特色的憲政之路，是必然的選擇」。[56]

值得關注的是，這場發生在法政學界的爭論，也引起了其他學術領域學者的關注。比如，歷史學家楊天石教授就撰文指出，反憲政論者對毛澤東的〈新民主主義的憲政〉一文按其主觀意志「曲加解説」。他認為，1949年以來，中共領導人不斷發起修訂憲法，其次數之多，相隔時間之短，世所罕見，而談論「憲政」的言詞也不多，其原因「不在於蘇、中兩國領導人未能達到楊曉青等教授所已經達到的覺悟高度，認為『憲政』姓『資』，而在於他們重立法，重修法，對貫徹、實施、樹立憲法權威未予重視」。[57]而經濟學家張維迎教授則撰文主張，「如果中國不進行真正的政治體制改革，不實行憲政民主，靠單兵突進的經濟改革無法走下去，不可能建立起真正市場經濟」，他將理據概括為四點：其一，憲政和憲法為政權的正當性和權威性提供一個基礎；其二，憲政是民主的基礎，在民主之前先建法治先建憲政是最重要的；其三，實現憲政對所有人都有好處，或者説是所有人的利益所在；其四，私有產權是市場經濟的基礎，也是公民自由的保障，保護私有產權須要落實憲政。[58]

從上述回應中不難看出，這些主張都是肯定「憲政」這一概念的，而且都並不認為憲政天然「姓資」，認為憲政完全可以與當代中國、與社會主義制度相容，中國未來的發展與穩定都必須依靠憲政。

---

56 謝維雁：〈憲政所要解決的問題及其中國式理解〉，《理論與改革》第6期（2013）。

57 楊天石：〈與楊曉青教授、鄭志學同志商榷〉，《鳳凰網》，http://blog.ifeng.com/article/28195891.html

58 張維迎：〈市場經濟需要憲政〉，《炎黃春秋》第9期（2013）。

當然，在對憲政與當今中國、與社會主義制度兼容與發展的概括上，除了「社會主義憲政」以外，還有學者提出了「中國特色憲政」、[59]「中國特色社會主義憲政」[60]、「中國特色的社會主義憲政」、[61]「憲法政治」、[62]「憲治」[63] 等概念。應當説，這些概念在實質上並未有根本差別，多是在具體的制度設計和改革先後次序的構想等方面有所差異。

在肯定憲政的學者出面反擊，以及 2014 年 10 月中共十八屆四中全會作出全面依法治國的部署，重申「依法治國，首先是依憲治國；依法執政，關鍵是依憲執政」的命題後，反憲政論者又提出了將依法治國、依憲執政與「憲政」劃清界限的觀點，強調必須抵制西方憲政思潮的影響和侵蝕。[64] 法政學界內部也出現了類似觀點，比如，提出「如果按法學界朋友們所説，憲政就是依照憲法治國，那當然沒問題。但現實沒有這般單純，在當下中國『憲政』大有來歷，這背後包含着一個政治盤算」，以憲法司法化為指徵的「憲政」與「主張依法治國、依憲治國顯然不是一回事」。[65] 又如，「我國的依憲執政絕不是西方資本主義的憲政，兩者存在着涇渭分明、不容混淆的根本區別。簡單地將我國依憲執政類比於西方資本主義國家的憲政，在法理上是

---

59 參見姜明安：〈論中國特色憲政〉，《理論界》第2期（2014）。

60 參見楊建順：〈2014中國邁向特色社會主義憲政之路——從四中全會《決定》看2014年度憲政思潮〉，載《人民論壇》1月下期（2015）。

61 參見胡錦光：〈理直氣壯地承認並堅持中國特色的社會主義憲政〉，載《人民論壇》2月上期（2014）。

62 參見王振民：〈憲法政治：開萬世太平之路——中國共產黨如何走出歷史周期率〉，載《人民論壇‧學術前沿》第 15 期（2013）。

63 參見張明軍：〈從憲法到憲治：法治中國建設的政治邏輯——從毛澤東《新民主主義的憲政》談起〉，《學術月刊》第5期（2015）。

64 參見王曾：〈依法治國、依憲執政與「憲政」是兩碼事〉，《光明日報》2014年11月17日；馬鍾成：〈依憲治國、依憲執政與西方憲政的本質區別〉，《紅旗文稿》第23期（2014）等。

65 房寧：〈「憲政」背後包含着政治盤算〉，《環球時報》2014年12月15日。

站不住腳的」。[66] 當然，也有不少從事馬克思主義研究的學者贊同社會主義憲政概念及其發展路徑，例如，有馬克思主義理論研究者就認為，「與其再次將憲政打入『禁宮』，不如用『中國特色社會主義憲政』引領國內思潮，只有這樣我們才能疏通廣大民眾心中的『憲政情結』，牢牢掌握意識形態主導權，以中國特色社會主義的理想信念有效抵制『和平演變』的思想侵襲」。[67]

此外，在肯定「憲政」的回應聲中，除了上述社會主義憲政論者（稱為「社憲派」）的觀點以外，也出現了自由主義憲政論者（稱為「泛憲派」）、儒家憲政主義論者等的不同主張和相互爭論，這亦是此次爭論的一大特點。從主張上看，「泛憲派」與「反憲派」的交集似乎要更多些，因為他們都強調，憲政產生於西方資本主義語境，是資本主義發展的產物，社會主義制度和現行憲法下的中國從無憲政，也不可能實行憲政，但在中國未來將向何處去的設想上二者截然不同。在這場爭論中，「泛憲派」認為，「有這麼幾個人將問題挑明了，也許有一定的好處」，「這至少讓人知道，有些東西是不能兼容的，它需要我們更清楚地知道，如果中國要實行社會主義、共產主義，那麼我們能否將憲政同時作為並行不悖的目標？」[68]

「泛憲派」認為，「我國現行的憲法除了這些民主性條款以外，還有一些有利於專制統治的內容。如序言裏的四項基本原則，條文裏的人民民主專政、堅持公有制為主體、按勞分配為主體、國營經濟是國民經濟的主導力量等。多少年來，這些憲法內容一直是執政當局施政的基本方針，也就是說，憲法的這些內容一直是在實施着的」，「這

66 莫紀宏：〈我國依憲執政不同於西方資本主義憲政〉，《人民日報》2014年11月13日。

67 鍾俊：〈論憲政爭論中的解放思想與話語主導權——抨擊「憲政」無助於抵制「和平演變」〉，《理論與改革》第5期（2014）。

68 周兆呈：〈對談賀衛方——中國憲政爭議〉，《共識網》，http://www.21ccom.net/articles/zgyj/xzmj/article_2013060484851.html

當然不是人民群眾呼喚的憲政民主」。[69] 從此次爭論當中及近年「泛憲派」的主張上看，其核心觀點可以歸納為：在憲法上否定國家「領導」權為共產黨所固有，要求實行多黨自由公平地競爭的體制；要求司法獨立於政黨，武裝力量實行非政黨化；主張實行「權力分立」的政治制度，「構建分權制衡的現代政府，保證立法、司法、行政三權分立」；要求「落實言論自由、出版自由和學術自由，保障公民的知情權和監督權。制訂《新聞法》和《出版法》，開放報禁」，「杜絕以言治罪」；以及要求「推進土地私有化，切實保障公民尤其是農民的土地所有權」，等等。[70]

「社憲派」代表人物童之偉教授對「泛憲派」的批評可謂精準直接。他認為，「泛憲派」的主張「其實是拿掉憲法對社會主義和中共領導地位的確認，也就是要中共放棄固定執政地位，容許多黨競爭」，「就內容而言，這不是改革而是革命，就形式而言，已不是修憲而是重新制憲。這完全不現實，泛憲派也從來沒有論述過達到這個目標的現實道路」。基於這種立場，「泛憲派人士在爭取憲政的過程中必然只能進行意義比較有限的消極批評，不可能提出有憲法根據的建設性意見或建議」。[71] 而官方相關表述雖將「社憲派」和「泛憲派」放在一起，但只明確地批評「泛憲派」及其主張。比如，「與一些認同『社會主義憲政』的提法，認為這個提法有利於強化憲法權威、推進依法治國的學者不同，有些人主張的『憲政民主』有着確切的政治內涵和指向，就是西方那一套制度模式。他們攻擊我國『有憲法，無憲政』、『共

---

69 杜光：〈憲政是擺脫危機的最佳選擇〉，《愛思想網》，http://www.aisixiang.com/data/64557.html

70 參見童之偉：〈近年來中國憲政道路之爭評說〉，《中國憲政網》，http://www.calaw.cn/article/default.asp?id=11055

71 童之偉：〈泛憲派須消除對憲法和憲理的誤解——答賀衛方教授〉，《新浪博客》，http://blog.sina.com.cn/s/blog_6d8baa340101h7pc.html

社會主義憲政研究

產黨一黨執政不具合法性』、『黨大於法』,等等,這哪裏是要履行憲法、實施憲法,分明是要否定、反對我國的現行憲法,是要壓我們進行他們所期望的『政治改革』,根本目的是要取消共產黨的領導、改變我國的社會主義制度」。[72]

對於「反憲政派」、「泛憲政派」和「社憲派」的主張,童之偉教授總結出了三方在兩個方面的根本差別:一是對中共執政之憲法地位和中共黨權的態度不同。「反憲政派」認為中共應該始終享有絕對的和無限的權力;「泛憲派」不承認中共不經競爭性選舉長期執政的憲法資格;「社憲派」則主張承認或至少不否認中共長期執政的憲法正當性,但要求明確黨權範圍並規範其行使程序。二是對現行憲法之公民基本權利保障條款的態度不同,「反憲政派」基本上主張維持一些憲法基本權利保障條款近乎被置於緊急狀態下凍結起來、不發生實際效力的現狀;「泛憲派」強烈要求保障基本人權,要求基於人權保障的「普世標準」或歐美標準對公民基本權利提供保障;「社憲派」則以現行憲法為根本依託,要求盡快全面有效實施憲法的公民基本權利保障條款。[73]

在此次爭論中,一些「當代儒家」也借機再次闡發了他們的「儒家憲政」主張,以求獲得認同,但實際效果似乎極為有限。儒家憲政論者認為,「憲政不只是抽象的規則、程序,現實地有效運轉的憲政在人的行為方式中,在人際關係中,在民情中」,「儒家至少可以同時為現代憲政秩序提供三個根本要素:道、制度、人」,因而「儒家憲政論是一個橫跨歷史學、經學、政治哲學、法哲學等多個學科的學術新範式,同時也具有明確的實踐指向」。他們認為,「儒家憲政」至少具有三個理論指向,「從義理上說,儒家之政治規劃是憲政的;在歷史

---

72 秋石:〈鞏固黨和人民團結奮鬥的共同思想基礎〉,《求是》第20期(2013)。

73 參見童之偉:〈近年來中國憲政道路之爭評說〉,《中國憲政網》,http://www.calaw.cn/article/default.asp?id=11055

上，儒家致力於建立憲政之諸制度，並取得一定成果；中國可行而健全之憲制模式就是儒家憲政」。[74] 還有論者認為，「儒家憲政包涵了根源性的政教關係、共同體治理體系、政體架構、政治主體性與認同等基本憲制維度，而致力於使公共權力的運行符合憲制規則之精神」，「提倡一種開放、理性而彰顯公共價值的憲制會話，在與古人、西方和各種思想進路的對話中促成積極的共識，而這又有賴於一種儒家公民人格的形成和拓展」。[75] 也有論者提出，「儒家的基本概念有其整體的表達方式，即強調動態過程、重視民本、趨向人文、要求道德實踐，具有天下為公、大同世界的理想，因此特別關注發展人性的善端，提出和建立一套基本原則與價值系統來引導、規範國家權力。可以說，儒家對人、文化、社會和天下的認識中潛涵着一種根本的憲法與憲政思想。如何賦予它一個外在的理性的規範形式，將其轉化為一個現代化國家的基本法典及治理法則，是憲政儒家必須面對的課題與挑戰」。[76]

　　針對儒家憲政論的「申說」，有不少學者提出商榷意見。例如，有論者認為「儒家與憲政是否能夠實質性勾連，須要先對何為現代憲政這一前提性概念進行澄清，才能論及儒家與憲政間的關係問題。儒家憲政論者忽視了憲政本身的複雜性」，[77]「作為文化形態的儒學在『治道』層面上或許可以為憲政建設提供有限度的技術支撐，但二者分屬完全不同的制度安排和規則體系，存在着文化基因上的非兼容性。當復興儒學的文化意向試圖轉向恢復儒教『王官學』地位的權力訴求時，標榜復古更新的『後新儒家』就由學術上的荒誕走向政治上的反

74　姚中秋：〈儒家憲政論申說〉，《天府新論》第4期（2013）。

75　任鋒：〈儒家憲政的傳統與展望〉，《天府新論》第4期（2013）。

76　成中英：〈儒家潛涵的憲法與憲政思想〉，《天府新論》第4期（2013）。

77　錢繼磊：〈當下中國新儒家之憲政訴求及其省思〉，《濟南大學學報（社會科學版）》第3期（2015年）。

動，所謂『儒家憲政』既是對憲政的踐踏，也是對儒學的歪曲。」[78] 也有論者直指，「憲政才是中國政治發展的方向，而儒家適於私人領域的道德修養和心性調適。儒家憲政主義者試圖在中國傳統與憲政之間尋求某種必然性的聯繫，這就未免過於僵化，並且脫離了現實」，[79]「當代儒家試圖通過論證『儒家憲政』在歷史上曾經存在以證明其正統性，試圖通過論證它能解決當代問題來證明其必要性。可是，這兩種論證都是成立不了的，而這正好説明『儒家憲政』不僅是不必要的，而且從來也沒有存在過，它只是一些論者的腦中幻想或誤區而已」。[80]

　　在此次爭論爆發兩年多以後的 2015 年，韓大元教授、周葉中教授和童之偉教授三位著名憲法學家同時撰文闡發社會主義憲政。韓大元教授認為，在法治成為社會共識的背景下，我們須要堅持社會主義憲政的理念，放棄既得利益，告別「人治」的時代，依靠法治贏得民心。他總結道：「靈活運用馬克思主義的原理和方法論，全面把握社會主義憲政的本質與內涵，努力尋找其中的合理元素，並將其納入中國特色社會主義理論體系，構建中國特色社會主義憲政理論，這是社會主義憲政的理論邏輯」；「破除資本主義憲政的糟粕因素，落實憲政蘊含的主人翁意識和參與精神，不斷提升憲政的品位和層次，這是社會主義憲政的實踐邏輯」；「落實憲法，厲行法治，實行社會主義憲政，將依憲執政由理念具體化為一項項制度，才能真正維護憲法的權威性，提高深化改革、推動發展、化解矛盾、維護穩定的能力，這是社會主義憲政的制度邏輯」。[81]

78　李憲堂：〈儒學與憲政的非兼容性──評儒家憲政派的理論謬誤〉，《天津社會科學》第4期（2015年）。

79　金莉：〈論儒家憲政主義的理論建構與現實困境〉，《人民論壇》第32期（2013年）。

80　劉東超：〈「儒家憲政」只是時代錯置的幻想〉，《中國社會科學報》2014年12月22日。

81　韓大元：〈當代世界憲法體系中的社會主義憲政〉，《法學》第8期（2015年）。

周葉中教授提出，樹立憲法權威，全面提高憲法實施水平，堅持走中國特色社會主義道路，建設中國特色社會主義憲政，是實現「四個全面」戰略佈局的必由之路。他認為，中國特色社會主義憲政是以中國特色社會主義憲法為前提，以中國特色社會主義民主政治為核心，以中國特色社會主義法治為基石，以中國特色社會主義人權保障為目的的政治過程與政治形態。中國特色社會主義憲法、民主、法治、人權是構成中國特色社會主義憲政的基本要素。中國特色社會主義憲政的特徵則表現為「以黨的領導、人民當家作主和依法治國有機統一為根本原則；以堅持和完善人民代表大會制度為核心的憲政體制為中心內容；以中國共產黨領導的多黨合作和政治協商制度、民族區域自治制度、特別行政區制度、基層群眾自治制度等政治制度的貫徹落實為重要表現；以實現人民的美好生活為根本使命」。[82]

童之偉教授分析了從資本主義憲政一統天下到出現社會主義憲政與其並存的一條由九個要素或環節組成的軌跡，提出「應看到社會主義政法制度與西方憲政的差別和對立，但不能因此否定它們的歷史聯繫和研究兩者間關係的必要性」，「憲政是社會主義不能不有所繼承的遺產，抽象籠統肯定或否定憲政都沒有實際意義，而且抽象籠統否定憲政給人以當事方輕率割裂、否定自己的理論和歷史追求的觀感」。他認為，社會主義憲政的核心內容，是「希望國人承認或至少不否認中國共產黨執政的憲法正當性，同時主張憲法明確中共黨權範圍、規範黨權行使程序」。[83]

在這三篇觀點鮮明、極有分量的論文刊登後，旋即引起了學界廣泛的贊同，與此同時，也未見有關方面出面批評或壓制。由此可見，這番「憲政」問題的爭論從某種意義上看也不單純是件壞事，通過肯

---

82 周葉中：〈論中國特色社會主義憲政建設的必要性與必然性〉，《法學》第8期（2015）。

83 童之偉：〈釐清憲政與社會主義關係的基本線索〉，《法學評論》第5期（2015）。

定憲政，特別是鮮明支持社會主義憲政的學者的呼籲和闡發，使社會公眾辨明了是非，凝聚了法政學界的心力。經過此番爭論，在推進國家治理現代化和「四個全面」的背景下，加緊研究和建設社會主義憲政，應當也正在成為當代中國社會的「最大公約數」。

CHAPTER

第二章

社會主義憲政的基本內涵

在人文社科話語體系中，憲政指涉的是一種關於國家權力良性運作的政治思想、狀態或者過程，它追求人權保障的崇高價值。我們在研究這一課題時，面臨兩個無法迴避的事實：一是憲政發源於西方 —— 因此只要我們用「憲政」這一話語來討論問題，就無法迴避西方學者對這一術語的認知和研究成果；二是研究這一課題的目的是為中國憲政建設 —— 在社會主義國家建設憲政 —— 提供理論支持。但無論是在中國還是西方，批判社會主義的論調隨處可拾，視社會主義憲政為謬論者亦不在少數。那麼，社會主義與憲政是否兼容？這是社會主義憲政研究必須回答的追問，而憲政的普適性及其與中國政制和傳統的兼容性問題，以及社會主義憲政的基本內涵，則構成社會主義憲政研究的前置問題基本命題。

一、憲政的指向與底線價值

人類邁入近現代後，西方社會的發展一枝獨秀，取得了舉世矚目的成就。當人們驚嘆西方的繁榮時，更為其精密有序的政治秩序所折服。面對西方現代化的誘惑，反觀本國的積弱積貧，自清末先賢始，我們便堅信走憲政之路，是社會發展使然。將濫觴於西半球並具有極強地域性的憲政視為社會發展必經之路，其預設的一個理論前提是憲政具有普適性，它所蘊含的價值，不僅適用於西方，而且是所有國家的共同追求。這意味着，我們研究憲政這一主題，應該首先明確憲政

自身的價值追求。憲政發端於西方，釐析憲政體現的價值追求，自然
無法拒絕西方語境下的憲政含義指涉。

在經歷過中世紀極端專制和殘酷的統治後，創立一套使公民免受
政府侵犯的憲政制度是西方社會的普遍追求。在傳統上，西方憲政思
想的突出主題，是要設計一些政治制度來限制政府權力的行使。在現
代政治學和憲政理論中，學者在論述憲政時，關注的依舊是有限政府
和公民權利的有效保障。美國華盛頓大學教授丹・萊夫（Daniel S. Lev）
認為，憲政意指法律化的政治秩序，即限制和鉗制政治權力的公共規
則和制度。憲政的出現與約束國家及其官員相關。[1] 香港大學法律系
教授雅施・蓋伊（Yash Ghai）認為憲政意味着政府和立法機關的權力由
憲法界定和限制，憲法享有基本法的地位，以及擁有通過不同形式
的司法審查實施這些限制的權威，這種司法審查可以經由任何感到其
受到了法律或行政行為的侵犯的當事者的請求而開始。[2] 美國學術團
體聯合會主席凱茨博士（Stanley N. Katz）則認為，「任何有意義的憲政
概念必須考慮到『合法性』（國家權力、公共政策和法律的合法性）和
『同意』（人民對政府及其行為的承認和贊同）」。[3]

西方憲政認知的理論淵源之一是自然法思想。在古典自然法學者
眼中，前政治社會時期的人們享有天賦的生命、自由、財產和追求幸
福的自然權利。但這一社會有其致命的缺陷，沒有一套明文規定的法
律為大家所接受，缺少一個依照既定的法律、裁判一切爭執的公正法
官，也沒有權力來支持正確的判決。於是，生活在自然狀態下的人

---

1 參見張文顯、信春鷹：〈民主＋憲政＝理想的政制——比較憲政國際討論會熱點述評〉，《比較
  法研究》第1期（1990）。
2 參見許崇德主編：《憲法與民主政治》（北京：中國檢察出版社，1994），頁286。
3 轉引自何華輝、李龍主編：《市場經濟與社會主義憲政建設》（武漢：武漢大學出版社，
  1997），頁3-4。

們只得「放棄一種儘管自由卻是充滿恐懼和危險的狀況」，相約進入政治社會。人們放棄一個自由的社會並讓渡自己的部分權利形成政治權力，只是為了形成一個自由、和平的生活狀態，「政治權利就是為了規定和保護財產權而制訂法律，以判處死刑和一切較輕處分的權利，以及使用共同體的力量來執行這些法律和保衛國家不受外來的侵害的權利」。自然權利的讓渡，通過人們之間的契約行動實現，憲法就是這一契約的書面形式。政府在行使政治權力時必須按憲法行動，「除了保護社會成員的生命、自由和財產以外，就不能再有別的目的和尺度」。[4] 洛克(John Locke)在強調政府必須按憲法行動的同時，也注意到權力分立對防止政治權力侵犯個人權利的重要意義。它的這一分權思想最終由孟德斯鳩(Montesquieu)加以系統化和理論化。在孟德斯鳩看來，只有立法權、行政權和司法權分立並由不同的機關行使，才能逃脫專制的危險。「當立法權和行政權集中在同一個人或同一個機關之手，自由便不復存在了；因為人們將要害怕這個國王或議會制訂暴虐的法律，並暴虐地執行這些法律。如果司法權不同立法權和行政權分立，自由也就不存在了。」[5] 在自然法的理論中，限制國家權力以保護公民權利是政治社會的存在之基。深受自然法思想影響的1789年法國《人權宣言》因此宣告：「凡權利未獲保障、分權未確立的國家，就沒有憲法。」自此之後，西方國家憲法以分權為核心內容，以保障公民權利為根本宗旨。當國家政治生活完全按憲法這一契約來運行時，呈現在人們眼前的就是憲政。

---

4 ［英］洛克（Locke, J.）：《洛克選集》（第5卷）（倫敦：1823），頁412、339、411。(The Works of John Locke, Vol. 5 [London: printed for Thomas Tegg, 1823])

5 ［法］孟德斯鳩（Montesquieu）著，張雁深譯：《論法的精神》（北京：商務印書館，1987），頁156。

　　近年來，憲政成為中國學者廣為關注的熱點。學界對這一問題也給予了持續關注，學者們紛紛著書立說，從不同的層面和角度來研究憲政，其中較為有代表性的有三種：[6] 一是側重從民主的角度界定憲政。早在1940年毛澤東便指出：憲政就是民主政治。該觀點對學界影響深遠。如張慶福研究員就認為：「憲政就是民主政治、立憲政治或者說憲法政治。它的基本特徵就是用憲法這種根本大法的形式把爭得的民主事實確定下來，以便鞏固這種民主事實發展這種民主事實。」[7] 許崇德教授持基本相同的觀點，認為「憲政的實質是民主政治，再加上形式要件，憲政應該是實施憲法的民主政治」。[8] 後來的學者或者直接從民主的角度界定憲政，或者將民主視為憲政的要素之一。二是從民主、法治和人權三方面來闡述憲政。李步雲在《憲法比較研究》一書中認為：「憲政是以實行民主政治和法治原則及保障人民權力和公民權利為目的，創制憲法（立憲）、實施憲法（行憲）和維護憲法（護憲）、發展憲法（修憲）的政治行為的運作過程，它包含民主、人權和法治三個要素；憲政是一個立憲、行憲、護憲、修憲，以及根據時代要求與憲政實踐要求進一步發展憲法的動態的實現過程。」[9] 李龍和周葉中教授也認為憲政與法治、民主和人權密切相關，「是以憲法為前提、以民主政治為核心、以法治為基石、以保障人權為目的的政治形態或政治過程」。[10] 三是從權力制約、權利保障的角度來闡述憲政。與大多學者將民主與憲政緊密相連不同，這一觀點跳

---

6 參見楊海坤主編：《跨入新世紀的中國憲法學——中國憲法學研究現狀與評價》（北京：中國人事出版社，2001），頁45–54。

7 張慶福：《憲法學基本理論》（上冊）（北京：社會科學文獻出版社1999），頁56。

8 許崇德：〈社會主義憲政的不平凡歷程——新中國第一部憲法頒佈40周年紀念〉，《中國法學》第5期（1994）。

9 李步雲：《憲法比較研究》（北京：法律出版社，1998），頁149–151。

10 李龍：《憲法基礎理論》（武漢：武漢大學出版社，1999），頁144。

出「憲政就是民主政治」的思維模式，從憲政的特殊功能入手界定憲
政。如仇加冕認為，憲政和法治是為克服人治的弊端而建立起來的，
憲政的要義是國家的合法權力最終來自人民的同意，權力最直接來自
於法律的規定，通過限制權力來保護公民的權利不受非法侵犯，憲政
要求建立權力分立和制約機制，憲政要求法治同時具備形式和價值的
合理性。[11]

我們認為，在探討憲政的價值追求時，不應忽視西方憲政歷史為
我們提供的分析材料。憲政發源和繁榮於西方，我們不能漠視西方語
境下憲政的價值追求。反觀近代中國的憲政運動，始於中國的危機之
時，在傳統和現代的衝突下展開，是一種「刺激─反應」式的產物，
憲政只是救國的工具。[12] 由於對民族危亡的理智和情感的雙重關注，
人們最關心的是國家的強盛，「他們把西方憲政本身所提供的那些價
值放在一邊，最感興趣的是：『憲政能為國家富強做些什麼？』」[13] 特
殊的歷史任務和人們認識憲政的思維方式消解了憲政本身的價值。西
方憲政自傳入中國，基本上只具有形式上的內容，在憲政工具主義的
主導下成為一柄完美的工具。這直接導致了近代憲政運動的失敗。故
此，我們不贊成脫離權力限制和權利保障來談論憲政。

另外我們認為也不宜將民主隨意地放在憲政的名目下。儘管民主
與憲政相互關聯，其理念精神、制度框架及運作程序和過程也能夠互
相支持，但是從概念上講，民主與憲政相互之間並無邏輯上的種屬
關係。事實上，「憲政與民主之間存在着重大的差異，民主涉及的是

---

11 參見仇加冕：〈憲政和法治〉，《社會科學家》第1期（1995）。

12 參見文勇：〈制度決定論的貧困：對近代中國立憲政治失敗的原因分析〉，《浙江學刊》第6期
（1999）。

13 參見王人博：〈憲政的中國語境〉，《法學研究》第2期（2001）。

權力的歸屬，憲政涉及的是對權力的限制」。[14] 民主的核心要素是「代表」、「責任」和「公民參與」，民主理論認為承認和保護個人尊嚴和自治的最有效方法是讓人民通過選舉他們自己的代表來管理他們自己。民主還可以從三個層面上來解釋：在意識形態上，人民被假定為政府一切權力的最終來源，是憲法和法律合法性的基礎，民主是一「合法性」概念。在制度層面上，民主是一套創設的制度，如投票制、代議制。在價值層面上，民主被表述為「對民負責」，所以民主政治有時被稱為責任政治。[15] 民主理論與憲政理論的差別是實質性的。民主認為人民比任何個人或團體都有才能和品德，而且人們不會選擇一個專制者來統治自己。而憲政則對人性持不信任態度，認為權力行使者會濫用權力。麥迪遜（James Madison）曾提出一個有意義的問題：「政府的存在不就是人性的最好說明嗎？如果每一個人都是天使，政府就沒有存在的必要了。」漢密爾頓（Alexander Hamilton）更是一針見血地指出：「我們應假定每個人都是會拆爛污的癟三，他每一個行為，除了私利，別無目的。」[16] 沃爾特·莫菲（Walter F. Murphy）總結民主與憲政的區別時說：民主理論家堅持認為，確定明確界限的工作是很專斷的，會受到自我利益的強烈影響。因此，最好不要將這個工作交給公共哲學家去做原則的判斷，而是要交給由選舉產生的官員去做調整，因為經選舉產生的官員與公民有密切的聯繫，並且有能力去討價還價和作出妥協，而憲政理論家相信，在涉及基本權利的問題上，應該取勝的是理性觀點的質量而不是選票的數量；在有爭議的時候，必須通過與漂移

---

14 劉軍寧：《共和·民主·憲政——自由主義思潮研究》（上海：三聯書店，1998），頁126。

15 參見王人博：〈西方憲政的語境、目標和價值〉，高鴻鈞主編：《清華法治論衡》第1輯（北京：清華大學出版社，2000）。

16 張灝：《幽黯意識與民主傳統》（北京：新星出版社，2006），頁30。

不定的公眾態度脫離的機構來運作。[17] 總之，如果把民主理解為是建立在「一人一票」原則上的簡單的多數決定規則（majority rule）；那麼，憲政就是對多數派決策的一些限制，具體說來，是那些某種意義上的自我施加的限制。[18] 民主和憲政雖無清晰的界限，但各自的價值追求是可以分辨的，亦要求建構不同的制度框架和運作規則來實現這些價值。我們認為，憲政與民主應該加以區分，憲政具備一個最低限度的普適性和絕對性價值，即用憲法來劃分和限制政治權力，保護人民的自由。質言之，憲政的指向是權力的運行過程，而目標則是經由權力的制約實現人權的保障。

二、社會主義與憲政的契合

在中國的歷史上，憲政曾被視為西方的腐朽產物而受到敵視和排斥。這固然與當時的政治環境和人們的線性思維方式有很大關係，但卻引出兩個問題讓我們思考：發源於西方的憲政是否能同樣適合於東方的中國？形成於資產階級革命運動的憲政是不是資本主義的專利？從邏輯上講，研究社會主義憲政首先面對的就是社會主義與憲政的兼容性問題。儘管改革開放後中國學者對憲政的研究密度反映了他們對這兩個問題的態度，但這樣的疑問依舊存在，不容迴避。事實上，從法律發生學的角度來看，學者對社會主義與憲政的兼容性這一問題看法不一。就法律的本源問題，歷來有兩種不同的認識模式。一種認為

17　參見［美］參見沃爾特‧莫菲（Murphy, W. F.）著，信春鷹譯：〈法律制度與憲政民主〉，《外國法譯評》第4期（1996）。

18　參見［美］埃爾斯特（Elster, K.）、［挪］斯萊格斯塔德（Slagstad, R.）編，潘勤、謝鵬程譯：《憲政與民主——理性與社會變遷研究》（北京：三聯書店，1997），頁2。

法律是制訂的，人們可以根據時代需要、流行的道德、政治理論和對公共政策的感悟，學習法律發達國家的成功經驗制訂法律來引導社會發展；另一種則認為法律是發現的，只能扎根於本國的經濟政治文化傳統之中。在我們國家這兩種觀點表現為移植論和本土論。移植論者認為後發達國家可以學習並移植發達國家的法律，加速本國法律的發展。如何勤華教授即撰文認為，「法律移植是法律發展的規律之一」，是「世界法律發展的一個基本歷史現象」，「沒有一百年來對外國法律的移植，也就沒有近代中國法」。[19] 法律本土論者向來就不少。如孟德斯鳩就曾說過，「為某一國人民而制訂的法律，應該是非常適合於該國的人民的；所以如果一個國家的法律竟能適合於另外一個國家的話，那只是非常湊巧的事。」[20] 自孟氏以降，西方出現了一種「鏡子」理論，認為法律的每一方面均是由經濟和社會所鑄就，深深扎根於各個特定的社會。故法律移植實屬困難，或者根本不可能。[21] 在中國，朱蘇力被視為這一觀點的主要倡導者。在《送法下鄉——中國基層司法制度研究》一書中，朱蘇力指出：「關於法律移植，我確實認為法律移植不大可能。」[22]

但是，當今社會的現實似乎證明了法律移植論的主張。自從近代憲法在資本主義國家出現以來，各國就紛紛模仿。各國憲法在內容和形式上區別很大，但幾乎都具有如下的特徵：憲法的效力高於普通法律，修改程序異於普通法律，主要規定國家的根本組織，內容劃為三塊，一是個人的基本權利和義務，二是國家最重要機關的組織權限及

19 何勤華：〈法的移植與法的本土化〉，《中國法學》第3期（2002）。

20 ［法］孟德斯鳩（Montesquieu）著，張雁深譯：《論法的精神》，頁6。

21 參見鄭強：〈法律移植與法制變遷——析阿蘭·沃林法律社會理論〉，《外國法譯評》第3期（1997）。

22 朱蘇力：〈自序〉，《送法下鄉——中國基層司法制度研究》（北京：中國政法大學出版社，2001）。

社會主義憲政研究

其相互關係，三是憲法的修改。[23] 總之，一個不容否認的事實是，具有極強地域性的西方憲法的觀念和形式覆蓋了全世界。西方憲政雖具獨特性，但許多經驗在很大程度上反映了現代社會對法治和憲政的根本需求。因此，儘管現代社會各國政治經濟制度、歷史文化傳統各異，但只要採取「民族國家的組織形式、效率導向的市場經濟、非人格化的官僚管理體制，奉行利益導向的形式理性價值觀念」，[24] 就必將選擇法治和憲政。在我們看來，憲政與社會主義有極強的內在關聯，可以說沒有成功的憲政建設，就不會有社會主義，也只有在社會主義國家，才能建立以實質正義為價值導向的憲政。

1. 憲政是建設社會主義的必要條件，也是社會主義的特徵之一

無論是作為一種理論或者理想，還是一種制度或者運動形態，社會主義均表明人類文明發展到了一個新階段。憲政是人類在千百次試錯之後所創造的文明中的少數幾顆璀璨明珠之一，從國家權力行使入手並試圖讓人類在國家權力的關照之下一步步走向全面解放，正是憲政存在的現實意義。顯然，這構成了以解放人類為終極目標的社會主義運動的有機組成部分，是其重要特徵之一。從社會主義中國所處的歷史階段和社會現實來看，憲政也是社會主義建設的必要條件。

首先，只有建設憲政才能實現社會主義的根本價值追求。憲政最根本的價值追求是限制國家權力以保障公民的權利（下文將詳細論述這一問題），社會主義同樣十分關注人權的實現和保障。從人權產生的

---

23 參見王世杰、錢端升：《比較憲法》（北京：中國政法大學出版社，1997），頁2–7。

24 高鴻鈞：〈現代西方法治的衝突與整合〉，高鴻鈞主編：《清華法治論衡》第1輯（北京：清華大學出版社，2000）。

目的來看，人們對人權的推崇，實際上是對自由、平等、追求幸福和財產保障等權利的渴求。歷史上的一切進步運動，都致力於人權的實現和保障。社會主義運動的目的是讓所有的人都充分享有各種權利，建立一個「由社會全體成員組成的共同聯合體……使社會全體成員的才能能得到全面的發展」;「在那裏，每個人的自由發展是一切人的自由的發展的條件」。[25] 從人權的內容看，啟蒙思想家、資產階級革命者反對政治權力對公民生命、自由和財產的恣意剝奪，以及追求的自由、平等和財產權，亦是社會主義的目標。在本質上，社會主義與以往的一切進步運動一樣，以實現和保障人權為價值追求，其區別只在於社會主義從經濟基礎入手，嘗試使這一夢想成為現實的新路徑。

　　儘管從本質上講，社會主義國家的一切權力屬人民，社會主義國家產生和存在的目的是實現和保障人民的利益，但客觀條件決定了在社會主義階段全民不可能直接行使權力，必然存在權力所有者與行使者的分離。如果少數權力行使者具有崇高的道德品行，時刻牢記為公民服務的宗旨，那麼就不必擔心他們濫用職權，對他們的限制就成為多餘。但從古今中外的歷史和現實看，這種哲學王的幻想只有破滅的命運。在資產階級思想家的眼中，人性是邪惡的。這從諸多學者的論述中可以見得。社會主義學者反對抽象地談論人性，認為人的屬性是多方面的，在總體上表現為自然屬性和社會屬性兩個方面。人的自然屬性與社會屬性，以及社會屬性內部的衝突，構成了人性的外在衝突和內在衝突，前者表現為人的感性欲望的滿足與社會關係有序化之間的矛盾，後者表現為各種社會關係之間的衝突。人性在其外在衝突和內在衝突的過程中表現出的具體人性，可能與社會發展的根本利益不一致，這對於無論以何種形式存在的人來說都是如此。[26] 因此，在社

25　《馬克思恩格斯選集》(第1卷) (北京:人民出版社，1972)，頁223–224、273。

26　參見杜承銘:〈論憲政的人性基礎〉，《法學》第4期 (2000)。

會主義國家也會出現權力運行不符合權力所有者意志和授權目的，甚至反過來侵犯權力所有者權利的事實。憲政作為防止這一現象出現的成功政治實踐，必然成為社會主義國家的選擇。

其次，憲政是標識社會主義特徵、建構社會主義政治文明的重要一環。政治文明這一概念，馬克思（Karl Marx）在論述執行權力、集權制和等級制時曾提到，但並未詳細論述。[27]《中國大百科全書·政治學卷》認為，政治文明是由國家構成的社會活動的產物，一般表現為人們在一定社會形態中關於民主、自由、和平、解放的實現程度。政治文明的內容包括國家的政治制度、法律制度和民主制度等多方面。政治、法律、民主制度三者彼此聯繫，互相溝通，協調發展，構成了政治文明的統一體。中國在19世紀中葉已經步入現代化的歷史軌道，在隨後的歷史中，我們不斷地變奏着這一主題，政治文明的轉型則是其核心內容。[28] 政治文明作為政治、法律和民主制度等的綜合體，其核心因素是國家權力的合法性和正當性。人類進入階級社會以來的政治文明史顯示，始終困擾着人們而難以回答和解決的問題在於，政治文明在不斷推進的歷程中始終表現為「剝削階級對被剝削階級的政治統治關係，社會不平等、不公正對社會平等、公正的價值主導格局，少數社會成員對於多數社會成員的權力控制形式。所以，儘管人類社會政治制度的更迭依次表現的是更高的政治文明層次，但政治文明的性質卻沒有出現由於政治文明演進中的量的積累所最終導致的質的變化」。[29]

27　參見《馬克思恩格斯全集》（第42卷）（北京：人民出版社，1979），頁238。

28　參見劉世軍：《近代中國政治文明轉型研究》（上海：復旦大學出版社，2000），頁1。

29　高健生：〈政治文明：20世紀社會主義的實踐思考〉，《馬克思主義研究》第2期（2001）。

　　社會主義國家要建設的政治文明，無論從內容還是類型上講，都試圖與政治文明以往的任何歷史類型有實質區別，成為一種新型的政治文明，它要拋棄少數人對多數人的壓迫，建立一種平等公正的價值主導格局。當現代化被確定為中國的奮鬥目標，特別是現代化建設擴展到政治的、法律的和文化的層面後，社會主義政治文明建設便處於排頭兵的地位。要在社會主義國家實現新型的政治文明，必須使國家權力按照社會主義的本質運行，憲政正是這樣一種制度選擇。憲政作為防止國家權力的行使違背人民的意志，追求少數人利益的一種政治構架和實踐，能夠有效地控制國家權力的運行，是政治文明程度高低的當然評價指標。社會主義憲政體現了社會主義政治文明的價值內核，是中國政治文明轉型得以成功的重要一環，也是社會主義政治文明的標誌。

　　再次，社會主義初級階段與資本主義處於共同的歷史階段和時代環境下，決定了社會主義中國必須建設憲政。根據經典馬克思主義的預測，資本主義後的共產主義分為共產主義初級階段（即我們所謂的社會主義階段）和共產主義階段。但在落後的國家如中國，建設社會主義則必須經歷一個社會主義初級階段。根據黨的十五大報告的論述，這一階段「不是泛指所有的國家進入社會主義都要經歷的起始階段，而是特指在生產力落後、商品經濟不發達的國家建設社會主義國家要經歷的特定階段」。中國正處於這樣的階段。「從歷史的長河來看，資本主義發展的最終前途是進入馬克思描述的共產主義第一階段的社會主義，而社會主義初級階段順利發展的下一站也是馬克思描述的共產主義第一階段的社會。這表明社會主義初級階段與資本主義是共時態的社會發展階段，都是前資本主義社會與共產主義第一階段間的過渡社會形態。」[30] 資本主義和社會主義初級階段處於共同的歷史

30　徐久剛：〈社會主義初級階段理論四題〉，《山西大學學報》（哲社版）第1期（1998）。

社會主義憲政研究

階段，面臨着共同的時代背景，肩負着發展生產力的歷史重任。「初級階段的社會主義建設與資本主義建設的區別，僅在於建設的方向、道路和領導力量方面，而不表現在建設的具體任務或內容上。」[31]

資本主義國家長達幾百年的興盛歷史，充分證明憲政對經濟、社會發展的能動作用。例如18世紀的英國是發達國家，而法國則是發展中國家，這種差距產生的根源在於二者制度上的差別。當時在英法都存在資本主義，但英國在1688年以後就形成了憲政制度，法國則處於專制統治之下。這種制度上的差異，使英國的資本主義是「好資本主義」，即自由市場及政治上沒有壟斷。當時的英國建立了一種共和憲政制度，存在分權制衡，這種制度限制了當權者的機會主義。而在大革命以前，法國的資本主義是一種「壞資本主義」，經濟上有自由，但政治上是人治，是一種壟斷政治。政治壟斷使機會主義盛行，政府部門提供的服務質次價高，還與商人勾結獲得大量壟斷利潤，產生的收入分配既無效率又不公平，限制了市場的容量，有害於經濟發展。只有在憲政制度下，壟斷政治和政府的機會主義才會消除，分配才會盡可能公平，進而增強民眾的購買力促進經濟發展。美國經濟發展後來居上，也證明了這一點。[32] 儘管我們建設的是社會主義國家，從本質上講能夠更好地解放和發展生產力，但我們當前處於社會主義初級階段，生產力發展水平低下，正在建立市場經濟體制，擴大經濟自由，會面臨種種實踐困難。因此，我們應該吸取英美法的歷史經驗，積極利用憲政這一文明財富，促進經濟的迅速發展，追趕民主、文明的時代潮流，促使社會主義順利地邁向共產主義。這一立論表達了憲政工具主義的立場，但只是一種策略。在中國，工具主義憲政觀是阻

31　郭廣迪：〈用邏輯與歷史相統一的方法認識社會主義的本質〉，《華中師範大學學報》（哲社版）第2期（1994）。

32　參見楊小凱：〈資本主義≠經濟成功〉，《南方周末》2002年8月8日B14版。

礙中國憲政建設的歷史原因之一。但正如王人博所言，只有在富強的語境下，憲政才能被導入中國，也只有在富強的語境下，憲政才能繼續為我們所追求。[33] 儘管這不是我們所希望的。

最後，在社會主義中國，憲政建設具有獨特的歷史意義。在中國建設社會主義，意味着在一個具有兩千餘年封建傳統的地域上建立一種全新的社會制度。中國長期的超穩定的封建統治，形成了一整套封建官僚政治。「人治是官僚政治固有的基本特徵或規律。在官僚政治下吏治好壞全繫於官僚一身，甚至國家安危、民族興亡、人民枯榮，最後要看帝王及一小撮大臣的忠奸智愚而定，人民則對之無可奈何。」[34] 在封建中國，合久必分，分久必合，一治一亂似成定律。在這樣的國家建設社會主義，面臨着傳統的種種阻力，其中之一就是如何跳出傳統的周期率問題。1945年在延安時，黃炎培問毛澤東，中共能否跳出「其興也勃焉，其亡也忽焉」的周期率，毛澤東滿懷信心地對他說，我們找到了能夠跳出這一周期率的辦法，那就是民主。[35] 所謂跳出周期率，是指如何防止國家權力腐化導致國家分裂動亂。為此，從建國到現在，中國共產黨都在摸索如何使國家權力執掌者遵從為人民服務、為人民謀幸福的宗旨。在毛澤東時代，整黨整風、黨內批評和自我批評、黨外群眾和民主黨派人士監督等種種措施多管齊下；鄧小平則在確立經濟建設為中心後，強調民主法制建設。自改革開放以來，我們摒棄了運動式的整黨整風、三反五反和「文化大革命」，逐步走上了訴求制度和法律的道路。從總體上講，儘管我們在國家權力的行使和控制方面取得了巨大成就，但並沒有將權力濫用和權力腐敗控制在最低程度。從世界各國的實踐來看，在目前憲政建設

33 參見王人博：《憲法的中國之道》（濟南：山東人民出版社，2003），頁236–266。
34 王亞南：〈再版序言〉，《中國官僚政治研究》（北京：中國社會科學出版社，1981），頁3。
35 參見黃炎培：〈延安歸來〉，《八十年來》（北京：文史資料出版社，1982）。

是相對較好地防止國家權力濫用的嘗試。對於有着悠久權力本位傳統的中國來講，憲政亦不失為真正跳出「周期率」的就近良策。

2. 只有在社會主義制度下才能建立實質憲政

憲政與憲法關係密切，憲法是憲政的前提，憲政是憲法實施的結果。憲法與法治也具有內在的關聯性。在人類歷史上，法治是一種思想，也是一種原則和制度要求，但主要體現為一種價值追求。憲法作為體現和塑造一國客觀價值秩序的首要法律，規定着一國法治的主要價值追求。法治與人治的區別，在於法的權威至上。在現代國家，憲法統帥着一國的法律體系，如果放任憲法被踐踏而得不到遵守，法的統治將淪為空談。從這個意義上講，依法治國首先是依憲治國，法治首先是憲治，憲政是法治的必然結果。一個國家有什麼樣的憲法，奉行什麼樣的法治理念，踐行什麼樣的法治模式，就有什麼樣的憲政實踐。

從思想史的角度來看，法治在古希臘和中國的春秋戰國時期就已經出現，但現代意義上的法治理論及制度安排則是資產階級革命前後的事情。現代法治是人類告別前現代社會邁向現代化過程中的產物，以「理性主義和科學主義作為哲學基礎，與市場經濟、民主政治和多元價值密切相關聯」，是現代西方治理國家、管理社會的主要模式，並為非西方國家所效仿。[36] 儘管西方各國的法治理念和模式有所區別，但現代法治產生的西方背景，以及構成這一背景的文化、歷史、經濟和政治的相似性，使之呈現出一種整體性和階段性特徵，並經歷了從形式法治到實質法治的歷史演變。中國學者高鴻鈞在〈現

---

36 參見高鴻鈞：〈現代西方法治的衝突與整合〉，高鴻鈞主編：《清華法治論衡》第1輯（北京：清華大學出版社，2000）。

代西方法治的衝突與整合〉一文中的研究顯示，[37] 形式法治是在反封
建專制鬥爭中由資產階級思想家首先提出來的，戴雪(Albert Dicey)是
第一人，而法律實證主義則為之提供了理論支持，其後的學者如拉
茲(Joseph Raz)、哈耶克(Friedrich Hayek)、富勒(Lon L. Fuller)和芬尼斯
(John Finnis)的有關論述，強化了形式法治的特徵。從總體上講，儘
管思想家的觀點在細節上極具個人智慧，但總體含義基本一致。形式
法治作為西方法治的第一站，具有自己的獨特性，在現代社會中扮演
着重要的角色，但其理論上的缺陷十分明顯，並受到現實的強力挑
戰。[38] 在20世紀初期，實質法治在學者對形式法治的一片討伐聲中登
堂入室，其始點是1919年的魏瑪憲法和1918年蘇俄社會主義憲法的
制訂。實質法治是對形式法治造成的社會貧富不均、失序對秩序的挑
戰的回應。自此以後，現代法治的理論和實踐在內容和價值上發生
了根本變化，1959年的《德里宣言》是個明顯的標誌。這種變化隨之
波及民法、刑法等領域。在民法上，「契約自由的限制」代替了「契約
自由」，「所有權行使的限制」代替了「私有財產的絕對權利」，「無過
錯原則」補充了「過錯責任原則」。在刑法上，採用「社會防衞主義」，
大量使用「保安處分」。[39] 我們同樣可以在馬克斯·韋伯(Max Weber)、
紐曼(John H. Newman)、莫爾(Thomas More)、沃克(Robert J. Walker)，
特別是羅爾斯(John Rawls)、德沃金(Ronald Dworkin)等學者的論著中
找到實質法治的思想淵源。與形式法治相比，實質法治主張以實在法
之外的正義、道德來衡量和檢測法律，要求法律保護每個人的基本權
利，並從制度安排上糾正形式法治所造成的實質不平等。

---

37 同上註。

38 同上註。

39 參見李龍主編：《法理學》（武漢：武漢大學出版社，1996），頁30–31。

憲政關注的主要是通過制度構架限制政治權力的行使。憲政將這一價值追求訴諸於法律的統治，憲法則擔當起總體制度構架的重任，如1787年美國憲法通篇只規定國家權力。自法治在西方國家確立以來，體現在制度層面和實踐維度的憲政便同時出現，法治建設的歷程也是憲政建設的歷史。與法治的歷史流變相關，憲政也經歷了從追求形式正義到追求實質正義的階段性變化。我們必須注意的是，在時序上，形式法治是西方法治的第一站，隨着自由放任的市場經濟轉向壟斷經濟，法律工具導向的形式法治轉向了價值導向的實質法治。但是，實質法治並沒有代替形式法治，形式法治還是法治的主體，實質法治只是在形式法治的框架內對之加以補充和修正。「在現代民族國家，只要利益導向的市場經濟、科層制的官僚政治和工具理性的價值觀佔據主導地位，形式法治就會繼續成為主導型法治形式，實質法治只能處於一種補偏救弊的地位。」[40] 同樣，與形式法治相適應的形式憲政在當代民族國家居於主導地位，而建立一個完全的實質憲政尚待時日。在我們看來，只有在社會主義制度下才能建立實質憲政。

事實上，經典馬克思主義作家很早就揭示了形式憲政的局限和弊端，他們從現代化的高度剖析了形式憲政的弊端，為社會主義超越形式憲政建立實質憲政開出了一副革命性的「良方妙藥」。馬克思認為，作為現代化進程一部分的形式憲政有其光輝的一面，並曾給予資產階級高度的讚揚，認為「資產階級在歷史上曾經起過非常革命的作用。資產階級在它已經取得了統治的地方把一切封建的、宗法的和田園詩般的關係都破壞了。它無情地斬斷了把人們束縛於天然首長的形形色色的封建羈絆」。[41] 但馬克思認為現代性並非是和諧的整體，矛盾、二律背反貫穿其中。「在我們這個時代，每一種事物好像都包含有自

40　高鴻鈞：〈現代西方法治的衝突與整合〉。

41　《馬克思恩格斯選集》（第1卷），頁253。

己的反面。我們看到，機器具有減少人類勞動和使勞動更具有成效的神奇力量，然而卻引起了饑餓和過度的疲勞。新發現的財富的源泉，由於某種奇怪的、不可思議的魔力而變成貧窮的根源……我們的一切發現和進步，似乎結果是使物質力量具有理智生命，而人的生命則化為愚鈍的物質力量。」[42] 形式憲政向實質憲政轉向的根本動因在於經濟的發展。前者與自由放任的市場經濟相適應，後者則以社會市場經濟為支撐。當現代資本主義國家加強對社會和經濟的干預，社會市場經濟一統天下時，實質憲政卻並沒有隨之取代形式憲政，其根源就在於私有制。盧梭 (Jean-Jacques Rousseau) 在論述不平等的起源時就已經揭示，不平等是建立在私有制的唯一基礎之上的；他認為私有制的出現是一種災禍。[43] 馬克思同樣認為私有制是資本主義剝削制度的支柱，因此他號召說：「哲學家只是以各種不同的方式解釋世界，而重要的在於改變世界」，並認為只有建立全新的社會主義制度才能為實質憲政的實現創造經濟和政治上的條件。

社會主義實踐也證明，社會主義制度的建立，將為實質憲政的實現提供先決條件。這首先表現在社會主義以生產資料公有制取代了私有制，為經濟上的平等提供了前提。「在資本主義生產過程中，勞動者是生產條件（既包括他所耕種的土地，也包括他用來勞動的工具）的非所有者」，[44]「所有權表現為佔有他人勞動的權利，表現為勞動不能佔有它自己的產品」，這種狀況僅僅「是法律上的合理存在，而不是經濟上的合理存在」。[45] 這種「法律上的合理存在」必將導致形式憲政的出現，而作為經濟上的不合理存在，則必然阻止形式憲政向實質

---

42 轉引自郎友興、項輝：〈現代性：來自吉登斯的觀點〉，《浙江社會科學》第3期（2001）。

43 參見［法］盧梭（Rousseau, J. J.）著，李常山譯：《論人類不平等的起源和基礎》（北京：商務印書館，1962），頁44。

44 《馬克思恩格斯全集》（第26卷·III）（北京：人民出版社，1974），頁589。

45 《馬克思恩格斯全集》（第46卷·上）（北京：人民出版社，1979），頁455、293–294。

社會主義憲政研究

憲政的轉化。社會主義制度超越了「私有財產神聖不可侵犯」的狹隘性，建立了以公有制為主體的經濟制度。「如果土地所有權歸人民所有，資本主義生產的整個基礎，使勞動條件變成一種獨立於工人之外並同工人相對立的力量的基礎，就不再存在了。」[46] 這一生產資料所有制的變化，將使資產階級失去剝削的工具，為經濟上的平等創造條件，進而為形式憲政向實質憲政的轉變掃清障礙。

另外，社會主義將建立一種全新的民主制度。從奴隸社會始，國家權力經歷了從所有權與行使權合一到逐漸分離、國家權力所有者從單個主體到多數主體乃至屬全體國民的演變，在這一演變過程中，國家權力同時向社會成員權利轉化和回歸，幾乎所有的現代國家都在憲法中宣佈主權屬人民，公民享有種種政治權利。[47] 現代國家幅員遼闊，人口眾多，要保證主權屬於人民，只能建立某種形式的代議制。所以列寧 (Vladimir Lenin) 說：「如果沒有代議機構，那我們就很難想像什麼民主，即使是無產階級民主。」[48] 社會主義民主是一種全新的民主，充分地闡釋了人民主權的真實含義。無產階級專政的必然發展前途是「專政的對象日益減少，民主的主體日益增多。這種發展趨勢的最終結果總有一天是專政對象完全消逝，全體國民都成為民主的主體」。[49] 社會主義國家的人民代表大會制正是這一新型民主的體現，而且是實現社會主義民主的最基本的形式。民主主體範圍的擴充使人們可以參與協商形成作為共識的法律，所有的人都成為自己的立法者，在法律中體現自己的意志。正如盧梭在《社會契約論》中所言：

---

46 《馬克思恩格斯全集》（第26卷·II）（北京：人民出版社，1973），頁108。

47 參見童之偉：《法權與憲政》（濟南：山東人民出版社，2001），頁306–316。

48 《列寧選集》（第3卷）（北京：人民出版社，1995），頁211。

49 何華輝：《比較憲法學》（武漢：武漢大學出版社，1988），頁135。

「唯有服從人們自己為自己所規定的法律，才是自由。」[50] 顯然，當人民能為自己制訂憲法和法律而法律又能得到實施時，一種體現實質正義的憲政就會出現。

三、社會主義憲政的兩層結構

「社會主義憲政」一詞在學界早有出現，並在兩種意義上使用。一種是指「在社會主義條件下建設憲政」，主要探討的是憲政建設面臨一個什麼樣的社會、經濟、政治和文化條件，具體而言即是在社會主義初級階段如何建設憲政。通用的憲法教科書專列「建設有中國特色的社會主義憲政」一節，就是在這一意義上探討建設社會主義憲政的條件和路徑的。社會主義初級階段是一個擺脫「不發達狀態，基本實現社會主義現代化的歷史階段」，是一個從「農業人口佔有很大比重，主要依靠手工勞動」、「自然經濟半自然經濟佔有很大比重」、「文盲半文盲人口佔有很大比重，科技教育文化落後」、「貧困人口佔有很大比重，人民生活水平比較低」、「地區經濟文化很不平衡」轉變為建立「充滿活力的社會主義市場經濟體制、社會主義民主政治體制和其他方面的體制」，「實現中華民族的偉大復興」的過程。[51] 故此，在中國建設憲政，就是在這樣的條件下建設憲政。

社會主義憲政的另一種用法，是從社會主義與資本主義的本質區別的角度來探討社會主義憲政的含義。如張慶福研究員認為社會主義

---

50 〔法〕盧梭（Rousseau, J. J.）著，何兆武譯：《社會契約論》（北京：商務印書館，1980），頁30。

51 江澤民：《高舉鄧小平理論偉大旗幟，把建設有中國特色社會主義事業全面推向二十一世紀——在中國共產黨第十五次全國代表大會上的報告》。

憲政是與資本主義憲政並列的世界上的兩種憲政之一。兩種憲政相互聯繫，但在生產資料所有制基礎、維護的階級關係和階級利益、形式與內容是否吻合等三方面存在本質區別。[52] 關於社會主義憲政是否具有階級性，認識不一。但學界達成的一個共識是：在社會主義中國建設憲政，自然是建設社會主義憲政。那麼社會主義憲政是什麼呢？與資本主義國家相比，社會主義國家的憲政建設相對落後，社會主義憲政內涵的探討只能是一種應然性研究。在我們看來，社會主義憲政與資本主義憲政一樣，同樣追求憲政的最根本的價值，即用憲法來劃分和限制國家權力，保護人民的自由，但二者存在本質上的區別，屬不同的憲政類型。資本主義社會建立的是一種形式憲政，社會主義國家則要在形式憲政的基礎上建立實質憲政。

形式憲政和實質憲政是憲政發展的兩個階段。二者的分期點，恰是第一部社會主義憲法面世的時候，也是西方形式法治向實質法治轉變的時期。這種時間上的耦合，為我們釐析形式憲政和實質憲政、社會主義憲政和資本主義憲政的區別提供了線索。憲政的價值追求在於限制國家權力的濫用。在現代國家理論中，國家權力所有權與行使權相互分離。所有權屬於人民，行使權為少數官僚階層掌握。憲政具有雙重的價值目標：一是讓國家權力真正為民服務，實現權力為人民所有的價值預設；二是防止少數國家權力行使者專權濫用，謀取個人私利。總的來講，就是要消除國家權力的合法侵犯和非法侵犯。合法侵犯，是指一個集團以國家的名義並以法律所保障的手段合法地佔有另一個集團的自由領地，是一個整體對另一個整體的侵犯。當國家權力被宣佈為人民所有但實質上卻以國家的名義為少數人牟利時，合法侵

---

52 參見張慶福：《憲法學基本理論》（上冊）（北京：社會科學文獻出版社，1999），頁57–61；何華輝、李龍主編：《市場經濟與社會主義憲政建設》（武漢：武漢大學出版社，1997），頁15–16。

犯就產生了。與此相對應的非法侵犯，則指行使國家權力的個體違法
濫用國家權力謀求私利，侵害了社會成員的權利。形式憲政與實質憲
政的區別就在於，前者在試圖消除非法侵犯的憲政建設過程中，卻無
法消除合法侵犯，只是追求一種形式上的公正；而後者則不但要消除
非法侵犯，更要消滅合法侵犯，實現實質上的公正。這也正是資本主
義憲政和社會主義憲政的區別所在。

1. 資本主義憲政只是一種形式憲政，它無法消除國家權力的合法侵犯

　　資本主義社會從封建社會中脫胎而來，「同中世紀制度比較起
來，在歷史上是一個大進步」。[53] 但資產階級建立的是一種反對封建
專權、崇尚法律上平等的形式憲政。「法律面前人人平等」是其最根本
的特徵。形式憲政的完善並不能掩蓋資本主義憲政的局限。恩格斯一
針見血地指出：「法律上的平等就是在富人和窮人不平等的前提下的
平等，即限制在目前主要的不平等範圍內的平等，簡括的說，就是簡
直把不平等叫平等。」[54]

　　事實上，資本主義國家自建立之日起，就是資產階級的國家。從
根本上講，它排斥實質憲政，要精心保護的正是合法侵犯。我們要理
解這一點，就必須深入分析資本主義國家和法律的性質。資產階級革
命的起因是他們創造了國民財富的絕大部分，卻對政治權力無染指的
機會。馬克思和恩格斯曾經談到，在經濟上佔統治地位的階級要想
取得政治統治，必須「以國家的形式組織自己的力量」，同時，「給予

53　《列寧選集》（第3卷）（北京：人民出版社，1995），頁630。

54　《馬克思恩格斯全集》（第2卷）（北京：人民出版社，1957），頁648。

他們自己的由這些特定關係所決定的意志以國家意志及法律的一般表現形式」。[55] 所以資產階級在奪取政權後，就迫不及待地設計一套國家權力體系並制訂各種法律來維護自己在經濟和政治上的統治地位。資本主義社會的那套法律體系，主要是為資產階級服務。馬克思諷刺說：「對於資產者來說，法律當然是神聖的，因為法律本來就是資產者創造的，是經過他的同意並且是為了保護他和他的利益而頒佈的。資產者懂得，即使個別的法律條文對他不方便，但是整個立法畢竟是用來保護他的利益的，而主要的是：法律的神聖性，是由社會上一部分人積極地按自己的意志規定下來並由另一部分人消極地接受下來的秩序的不可侵犯性，是他的社會地位的最可靠的支柱。」[56] 馬克思、恩格斯進一步揭露資本主義法律的階級本質說：「你們的觀念本身是資產階級的生產關係和所有制關係的產物，正像你們的法不過是被奉為法律的你們這個階級的意志一樣，而這種意志的內容是由你們這個階級的物質生活條件來決定的。」[57] 儘管資本主義國家的憲法宣佈主權在民，要建立一個民有、民治和民享的政府，但正如列寧所言，不受限制的政府如果不給有產階級種種特權和優待，就不能管理這樣一個大國，資產階級「政府並不是凌駕於階級之上的，而是維護一個階級來反對另一個階級的，維護有產階級來反對無產階級，維護資本家來反對工人」。[58]

資產階級追求的並自詡為最先進的民主和自由，同樣具有極強的階級性。列寧說：「只要看看現代國家的根本法，看看這些國家的管理制度，看看集會自由或出版自由，看看『公民在法律上一律平等』，

55　《馬克思恩格斯全集》（第3卷）（北京：人民出版社，1960），頁378。

56　《馬克思恩格斯全集》（第2卷），頁515。

57　《馬克思恩格斯選集》（第1卷），頁268。

58　《列寧全集》（第2卷）（北京：人民出版社，1984），頁84。

那就可以看到任何一個正直的覺悟的工人都很熟悉的資產階級民主的
虛偽性。任何一個國家,即使是最民主的國家,在憲法上總是留下許
多後路或保留條件,以保證資產階級『在有人破壞秩序時』,實際就是
在被剝削階級『破壞』自己的奴隸地位和試圖不像奴隸那樣俯首聽命
時,有可能調動軍隊來鎮壓工人。」[59]列寧繼承馬克思、恩格斯的思
想並結合社會現實總結說:資本主義社會,「不管怎樣民主,都是資
本主義國家,都是資本家用來控制工人階級和貧苦農民的機器。至於
普選權、立憲會議和議會,那不過是形式,不過是一種空頭支票,絲
毫不能改變事情的實質」。[60]「在任何一個文明的資本主義國家中都沒
有『一般民主』,而只有資產階級的民主。」[61]

　　總之,資本主義國家、資本主義的法律及其民主憲政制度安身立
命的根據,在於它們能夠滿足甚至放縱資本的增值欲望。資本主義在
本質上只能是以維護資產者權利為價值追求。資產階級設計的憲政模
式,只是在維護資本主義這一本質的前提下的一種自我調適,必然追
求在形式上的整齊劃一,講求一種形式理性。這一點決定資本主義憲
政只能是一種形式憲政。

2. 社會主義憲政是一種實質憲政

　　社會主義憲政不但要防範非法侵犯,更要消除合法侵犯。儘管在
壟斷資本主義時期,資本主義法學家就針對形式憲政的局限提出實質
憲政的主張,試圖救治形式憲政的弊端,但只有在社會主義條件下,

59　《列寧全集》(第35卷)(北京:人民出版社,1986),頁245。
60　《列寧全集》(第37卷)(北京:人民出版社,1986),頁73。
61　《列寧全集》(第35卷)(北京:人民出版社,1986),頁485。

實質憲政才能實現。可以說，社會主義憲政是從更高制度層面超越資本主義憲政的一次革命。無論是作為一種思想、制度還是一種運動，社會主義與以往的思想、制度和運動均存在質的區別。伯爾曼（Harold J. Berman）曾說：「每次革命都可以這樣看待：與其說它造成了破壞，不如說它促成了轉變。每種革命都不得不與過去妥協，但它也成功地產生一種新法律，這種新法律體現革命為之奮鬥的許多主要目標。」[62] 社會主義所制訂的新法律，要體現的正是實現實質公正，從根本上消除合法侵犯，建立實質憲政這樣一個夢想。社會主義的這種價值追求，可以從社會主義國家的使命和社會主義民主、自由的特性中窺見一斑。

在社會主義階段，國家依舊存在。「在資本主義社會和共產主義社會之間，有一個從前者變為後者的革命轉變時期。同這個時期相適應的也有一個政治上的過渡時期，這個時期的國家只能是無產階級的革命專政。」[63] 馬克思的這一論斷，「包含着對國家的承認——直到勝利了的社會主義轉變為完全的共產主義為止」。[64] 但是，國家從一開始就處於被仇恨的處境，其繼續存在的合理性，一方面是生產力的因素，另一方面是它能夠為社會主義的目標和價值服務。巴黎公社革命是人類試圖建立一種全新制度的嘗試。馬克思評價說：巴黎公社革命「不是一次反對哪一種國家政權形式——正統的、立憲的、共和的或帝制的國家政權形式的革命。它是反對國家本身、這個社會的超自然的怪胎的革命，是人民為着自己的利益重新掌握自己的社會生活。它不是為了把國家政權從統治階級這一集團轉給另

62　［美］哈羅德・J・伯爾曼（Berman, H. J.）著，賀衛方等譯：〈導論〉，《法律與革命——西方法律傳統的形成》（北京：中國大百科全書出版社，1993），頁26。

63　《馬克思恩格斯選集》（第3卷）（北京：人民出版社，1972），頁21。

64　《列寧全集》（第28卷）（北京：人民出版社，1990），頁19。

一集團而進行的革命，它是為了粉碎這個階級統治的凶惡機器本身而進行的革命」。[65]在社會主義社會，國家不再為某一個階級服務，而是人類社會邁向共產主義社會的一個工具，當這一夙願得以實現時，國家就趨於滅亡。「隨着階級的消失，國家也不可避免地要消失。以生產者自由平等的聯合體為基礎、按新方式組織生產的社會，將把全部國家機器放到那時它應該去的地方，即放到古物陳列館去，同紡車和青銅斧陳列在一起。」[66]

社會主義要實現自由，首先要「把國家由一個站在社會之上的機關變成完全服從這個社會的機關」，[67]使每個人都成為國家的主人和服務對象而不是它的奴隸。在社會主義國家，國家「權力的來源不是議會預先討論通過的法律，而是來自下面地方上人民群眾的直接創舉，用流行的話説，就是直接的『奪取』」。[68]這從源頭上保證了國家權力的人民性。因而在這個時期，「國家就不可避免的應當是新型的民主（對無產階級和一般窮人的民主）和新型的專政（對資產階級的專政）國家」。在這裏，民主第一次為群眾為勞動者服務，不再是富人的民主。「人民這個大多數享有民主，對人民的剝削者、壓迫者實行強力鎮壓，即把他們排除在民主之外——這就是民主在資本主義社會向共產主義社會過渡時改變了的形態。」[69]

鄧小平對社會主義本質的簡明概括，對於我們理解社會主義憲政頗有啟示。鄧小平在「南巡」講話中指出：「社會主義的本質是解放生產力，發展生產力，消除剝削，消除兩極分化，達到共同富裕。」簡短

65　《馬克思恩格斯選集》（第2卷）（北京：人民出版社，1972），頁411。

66　《馬克思恩格斯全集》（第21卷）（北京：人民出版社，1965），頁197–198。

67　《馬克思恩格斯全集》（第19卷）（北京：人民出版社，1963），頁7。

68　《列寧全集》（第29卷）（北京：人民出版社，1985），頁132。

69　《列寧全集》（第31卷）（北京：人民出版社，1986），頁33、85。

的五句話，從充分和必要條件兩個方面揭示了社會主義與資本主義的本質區別。「解放生產力，發展生產力」是一切新生社會和制度所共有的特徵。無論是封建社會還是資本主義社會，在其新生時代都能很好地發展生產力，也正因為它們解放了生產力，才得以取代舊社會。社會主義作為資本主義後的一個新生社會形態，必須能夠比資本主義更能解放和發展生產力，才能成為歷史潮流。所以生產力條件只是社會主義的充分條件。「消除剝削，消除兩極分化」是社會主義所具有的與以往任何社會根本不同之處。前社會主義社會（原始社會除外）所具有的共同特徵是少數人對多數人的剝削，社會主義堅決反對人對人的剝削。但是公平條件只是社會主義區別於其他社會的必要條件。在上世紀五六十年代，我們追求純而又純的社會主義，結果造成普遍的社會貧窮。正如鄧小平所言，「貧窮不是社會主義」。生產力條件和社會公平條件共同構成社會主義區別於其他社會的充要條件，「共同富裕」是對這兩個條件的高度概括。「富裕」必然要求「發展生產力，解放生產力」，「共同」富裕則要求「消除剝削，消除兩極分化」。所以，「共同富裕」充分體現了社會主義的本質。社會主義共同富裕的本質，決定社會主義社會不是一個特權社會，她反對任何階級特權，國家權力屬全體人民，不會被設計來維護某一階級的特殊利益。社會主義「共同富裕」的本質決定社會主義憲政不保護任何階級的特權，是「社會各階級、階層的共同的憲政，而不是專屬某一或某幾個階級」。[70]

---

70 楊海坤主編：《跨入新世紀的中國憲法學——中國憲法學研究現狀與評價》（北京：中國人事出版社，2001），頁55。

3. 形式憲政是社會主義憲政的應有之義

儘管資本主義和社會主義在面對實質憲政和合法侵犯時態度迥異，但兩者在對待非法侵犯方面沒有什麼本質區別，形式憲政是社會主義憲政的應有之義。在新的社會形態確立後，社會主義與資本主義國家都面臨同樣的問題，即如何防止國家權力行使者濫用職權。在西方，對國家權力行使進行合憲性審查的憲政實踐歷史悠久，成果豐碩。這一價值通過權力分立、獨立的司法和完善的違憲審查制度來實現。這些制度性要素和他們的憲政理念，共同促生了西方的形式憲政。就目前的憲政實踐來看，西方國家關於形式憲政建設的種種經驗和教訓值得我們認真思考。消除非法侵犯是社會主義憲政價值追求的應有之義。鄧小平在反思建國以來的歷史時說：「為了保障人民民主，必須加強法制。必須使民主制度化、法律化，使這種制度和法律不因領導人的改變而改變，不因領導人的看法和注意力的改變而改變。」[71] 他主持制訂的《十一屆三中全會公報》明確宣佈要走法治之路，不允許任何人有超於法律之上的特權。[72] 更為重要的是，鄧小平根據中國的法制建設的實踐，將社會主義法制的原則概括為「有法必依，執法必嚴，違法必究，在法律面前人人平等」。[73] 基於這種共識，「依法治國」被寫進憲法，成為新時期的治國方略。所有這些都表明，堅持法的統治、法律自治、法律面前人人平等，堅持法律的一般性、穩定性和普遍性，實現司法獨立，程序公正，維護個人自由，並不與社會主義的本質相衝突，恰恰是我們應該向西方國家學習的地方。

---

71 《鄧小平文選》（第2卷）（北京：人民出版社，1994）第2版，頁146。

72 參見《三中全會以來重要文件選編》（上）（北京：人民出版社，1982），頁11。

73 《鄧小平文選》（第2卷），頁254。

四、社會主義憲政的核心命題

以馬列主義為思想和意識形態指導的社會主義國家，堅持作為工人階級先鋒隊的共產黨的絕對領導地位。作為領導黨和執政黨的共產黨掌控政治權力，引導國家和社會發展，行使最終決定權，是社會主義國家的根本政治現象。「黨的領導是中國特色社會主義最本質的特徵，是社會主義法治最根本的保證。」[74] 在憲法學的理論框架下，共產黨的領導這一社會主義最根本和最本質的特徵便轉化為社會主義憲政建設中的如下命題：黨國權力關係的平衡。

西方政黨政治的一般原理認為，任何政黨皆為發源於市民社會的公民組織，若要獲取國家政權，必須經由法定的民主程序，證成政黨執政的合法性。因此，多黨競爭選舉是西方政黨政治的常態。社會主義國家政黨的特殊之處在於，經由公民秘密結社而形成的工人階級正常在歷史的洗禮下成為締造、統領新國家和社會建設、獨佔國家執政權的領導黨和執政黨，而其他民主黨派是接受共產黨的領導參政黨。在當下，工人階級政黨成為社會主義國家最重要的公共組織，但時常面臨如下的理論追問和實踐拷煉：(1)執政正當性 —— 共產黨何以是領導黨和執政黨 —— 黨國關係；(2)執政合法性 —— 執政黨和領導黨如何處理與國家機關的關係 —— 黨政關係；(3)執政合理性 —— 執政黨和領導黨如何吸納其他政黨和團體的意願，保證決策的科學性 —— 黨際關係；(4)執政民主性 —— 執政黨和領導黨如何處理黨內意志形成問題 —— 黨內關係。可以說，在作為工人階級先鋒隊的共產黨在完成其歷史使命之前，黨與國的關係，以及黨的權力與國家權力間關係的平衡，便是社會主義國家憲法所面臨的核心問題，社會主義憲政建設便

74　《中共中央關於全面推進依法治國若干重大問題的決定》（2014年10月23日中國共產黨第十八屆中央委員會第四次全體會議通過）。

是如何通過形式憲政的制度裝置，平衡黨與國的權力關係，實現實質意義上的憲政，並最終幫助工人階級政黨完成其歷史使命。由此，社會主義憲政建設便是運用法律和法治的形式科學處理黨國、黨政、黨際和黨內關係，而社會主義憲政的定義可以表述如下：以社會主義憲法為根據，遵循權力制約的核心原則，有效平衡作為工人階級先鋒隊組織的共產黨與國家間的權力關係，人權獲得保障的國家狀態。

1.　黨國關係

　　針對執政的正當性問題，中國共產黨有充分的自覺，並尋求在多個維度建立執政的基礎，如歷史正當性 —— 現行憲法序言陳述了近現代以來中國歷史上發生的重大事件，中國共產黨是這份功勞簿上的常客、意識形態正當性 —— 中國共產黨致力於將馬列主義中國化，形成毛澤東思想、鄧小平理論、「三個代表」重要思想、科學發展觀、習近平系列講話重要精神，描畫工業化、現代化、小康社會、全面發展和和諧社會的藍圖、政績正當性 —— 中國共產黨特別強調中國公民的生存權和發展權，等等。這所有的一切努力，最後轉化為中國共產黨黨章的一句話：中國共產黨是中國工人階級的先鋒隊，同時是中國人民和中華民族的先鋒隊，是中國特色社會主義事業的領導核心，代表中國先進生產力的發展要求，代表中國先進文化的前進方向，代表中國最廣大人民的根本利益。在憲政主義的語境下，這句話不可只作描述主義的解讀，而必須與執政正當性相關聯作規範主義解讀，[75] 即「中國共產黨應是中國工人階級的先鋒隊，同時應是中國人民和中華民族的

75　參見楊海坤：〈中國走向憲政之路 —— 兼論「三個代表」理論和我國憲法發展〉，《安徽大學法律評論》（2001）。

先鋒隊，應是中國特色社會主義事業的領導核心，應代表中國先進生
產力的發展要求，應代表中國先進文化的前進方向，應代表中國最廣
大人民的根本利益」。其間的邏輯結構是，只有「三個代表」，方才是
先鋒隊。因此，中國社會主義憲政建設應遵循規範主義的技術路徑將
「三個代表」規範化，即明確「三個代表」的規範效力及違反這一原則
的責任，並成立黨內和黨外人士聯合組成的審查機構行使審查權，糾
舉一切違反「三個代表」的行為，交由黨的代表大會處決，在條件成熟
時建立更完善的黨內法規文件的司法審查機制。[76]中國共產黨內《立
法法》要求黨內法規不得抵觸憲法和法律，是一個值得關注的進步。

2. 黨政關係

黨政關係涉及政黨如何具體的掌控國家權力的問題。在西方國
家，執政黨採用政府吸納政黨模式，通過進入國家機關、在國家權力
的關鍵崗位上安排本黨黨員，以實現對國家權力的控制。社會主義國
家實行政黨吸納政府模式，在政府之外另設一套政黨機制，與各級政
府並列，並將政黨的人頭和觸角 —— 政黨的下級組織 —— 佈滿政府內
部，在黨員控制政府職位的前提下，黨政同立，政黨直接處理國務。
這種模式使得政府成為政黨的附庸，政黨吞噬政府。黨政事實不分，
黨權盛於政權，國家權力運行機制不暢，管治效率低下。中國共產黨

---

76 在國際上，亦有少數國家將政黨內部規章納入憲法法院審查範圍。如泰國憲法第47條第3
款、第4款規定：「屬某一政黨的眾議院成員、政黨執委會成員或政黨成員，如果其數量不少
於政黨組織法規定的人數，並認為其政黨的某一決議或規章違反憲法規定的眾議院的身份或
義務，或違反以國王為元首的民主政府機制的根本原則，則這些人有權將該決議或規章交由
憲法法院裁決。如果憲法法院認為該決議或規章確實違反以國王為元首的民主政府機制的根
本原則，則該決議或規章失效。」中國有學者亦有此主張。參見湯嘯天：〈「治黨從嚴」與憲
法訴訟〉，載《江蘇行政學院學報》第6期（2002）。

十三大報告已經明確地指出這一點，並要求「黨政分開」，「改革黨的領導制度，劃清黨組織和國家政權的職能，理順黨組織與人民代表大會、政府、司法機關、群眾團體、企事業單位和其他各種社會組織之間的關係，做到各司其職，並且逐步走向制度化」。[77] 當然，在共產黨領導國家的語境下，這種「分開」本質上可能是一種「分工」，即職責區分而形成的組織分離。

3. 黨際關係

黨際關係關涉二個議題，其一是多黨合作機制的法制化。中國共產黨與其他民主黨派通過人民政治協商會議的機制展開多黨合作，中國共產黨曾先後制訂《中共中央關於堅持和完善中國共產黨領導的多黨合作和政治協商制度的意見》、《中共中央關於進一步加強中國共產黨領導的多黨合作和政治協商制度的意見》及《關於加強人民政協工作的意見》等黨內法規，規範多黨合作制度，多黨合作法制化應當將實踐中行之有效的經驗規範化，並特別地建立協商意見公開和說明理由制度，對以各民主黨派為主的非執政黨組織在民主協商中提出的意見，中國共產黨必須以正式的形式作出是否採納的說明，並將決定公之於眾。

黨際關係法制化的另一議題是公民組建新黨的問題。現行憲法保障公民的結社自由。根據結社自由權的一般原理，公民自然享有組建政治性組織的基本權利。值得深究的是，在社會主義憲政秩序下，公民政治結社的界限何在？這一問題的實質是中國共產黨的領導與公民

---

77 趙紫陽：《沿着有中國特色的社會主義道路前進——在中國共產黨第十三次全國代表大會上的報告》，載《中國共產黨歷次代表大會數據庫》，http://cpc.people.com.cn/GB/64162/64168/64566/65447/4526368.html

社會主義憲政研究

結社自由的界限關係。現行憲法將中國共產黨置於憲法〈序言〉中，扭轉1975年憲法和1978年憲法的做法。對於這一結構上的安排，存在着對峙性解讀。一種觀點認為，〈序言〉中「中國各族人民將繼續在中國共產黨領導下」內涵着中國憲法的第一根本法則——中國人民在中國共產黨領導下，中國共產黨享有終極、無限的政治決斷權，並立於憲法，俯視憲法的實施。[78]「政黨決斷論」承認現行憲法確認、保障中國共產黨的領導地位，並當然要求這一根本法則得以實施。這一觀點是「序言有效力論」的續版。「序言有效力論」同樣承認中國共產黨的領導具有規範的效力，但認為「序言」效力的發生方式有別於正文中的規範。另一種相當對立的解讀認為，1982年憲法「序言中有三處提到『中國共產黨領導中國各族人民』，都是用的敘述性語言，講述歷史事實和展望未來，並不是法律規定。」[79] 因此，「我國現行憲法（1982年憲法）並沒有明確規定國家由中國共產黨領導。」[80] 這一觀點事實上認為憲法「序言」與正文中的規範有別，不具有法律的效力，反對將中國共產黨的領導等同於「中國共產黨凌駕於國家和人民之上」。「序言無效力論」面臨嚴重的法理挑戰，這意味着憲法「序言」中所有的規定均無效力，包括宣告憲法具有最高法律效力的表述。

我們認為，憲法「序言」並非無效力，將中國共產黨的領導置於「序言」部分，表明中國的制憲者開始努力融入世界憲政主義的潮流，不在憲法正文部分寫上政黨的名稱。但若將之理解為制憲者放棄中國共產黨的領導，則相當武斷。[81]「彭真在寫作序言時，採用了敘述性而非規定性的語言，在法律適用的時候，也就留下了靈活處理的餘

---

78 參見陳端洪：《制憲權與根本法》（北京：中國法制出版社，2010）；陳端洪：〈論憲法作為國家的根本法與高級法〉，《中外法學》第4期（2008）。

79 參見高鍇：〈關於黨的領導：1982年憲法的重要修正〉，《炎黃春秋》第8期（2011）。

80 同上註。

81 參見劉榮剛：〈彭真與1982年憲法的制定〉，《人大研究》第9期（2004）。

地。」[82] 現行憲法第一條第二款規定「社會主義制度是中華人民共和國的根本制度。禁止任何組織或者個人破壞社會主義制度」。而在社會主義國家，工人階級的先鋒隊組織居於領導核心，因此，邏輯上，現行憲法禁止任何組織或者個人破壞現行憲法中的執政黨制度。「破壞」作為動詞意指主動的攻擊性、侵害性行為，破壞現行憲法中的執政黨制度僅指推翻中國共產黨的領導的行為，而不包括消極的不承認。這正是結社自由權的界限，即任何新黨不得公然採取推翻中國共產黨的領導的行動。

4. 黨內關係

黨內關係的表象是黨組織與黨員、上下級黨組織間的關係，本質上是黨內強勢黨員與普通黨員的關係。基於政黨作為私法組織的本質，黨員間形成一種契約關係，因而具有平等地位。在黨員數量龐大的情況下，普通黨員只能通過代表作出黨的決議，如何保障黨內意志經由自下而上的程序形成，而不是相反，是黨內關係法制化的關鍵。現代國家的政黨立法，特別是以德國為代表的政黨法，建立了相當有效的系列機制，值得借鑒。[83] 當然，若要黨內民主得到實施，還必須建立黨務公開制度，保障黨員的知情權和言論自由。中國共產黨強調以黨內民主帶動人民民主，中國政黨立法必須着力於黨內民主建設，將之作為政黨的普遍原則。

---

82 參見李湘寧：〈八二憲法：走出革命，走向改革〉，《財經》雜誌第26期（2012）。
83 參見葉海波：《政黨立憲研究》（廈門：廈門大學出版社，2009）。

五、社會主義憲政的中國語境

自改革開放以來，建設法治國家日漸成為全社會共識，1999年法治方略被載入憲法後，建設法治憲政國家遂成為中國國家和社會建設的目標之一。在中國建設憲政，乃是在中國建設社會主義憲政。這一命題可以分解為在「中國」建設社會主義憲政——中國憲政建設的時代背景、在中國建設「社會主義憲政」——中國憲政建設的目標和在中國「建設」社會主義憲政——中國憲政建設的方略與路徑等三個子命題。

1. 在「中國」建設社會主義憲政

「中國」構成了中國憲政建設的生態環境。就當下中國的實象而言，分析中國憲政建設的背景，必須認識到，中國是一個具有悠久歷史文化傳統、正處於社會主義初級階段的社會主義國家。因此，中國憲政建設的文化、經濟和政治背景是在傳統的中國文化與現代化的社會理念的衝突與激盪過程中形成的，傳統與現代交織在一起，共同織就了社會主義憲政建設的中國環境。具體言之，中國憲政建設的文化、經濟和政治背景具有如下特徵和內容。

1.1 文化根基

百年以前，憲政傳入中國，也開始了外來西洋文化和內存的以儒家文化為主導的傳統文化間的激烈碰撞、相互交融的歷史。這一持續至今的文化交流過程，在中國形成一個複雜的觀念和精神體系，其中既有以自由主義為核心、深深影響國人的西方文化，又有型構社會制

度模式的社會主義文化，更有體現於人們舉手投足間的儒家傳統文化。這一社會主義文化為主導，多種文化形態並存的文化傳統，正在逐漸融合成為中國特色社會主義文化，並構成了當代中國憲政的文化根基。中國特色社會主義文化並非無源之水，無本之木，正如十五大報告所言明，它淵源於中華民族五千年的文明史。總之，當下中國的憲政建設面臨着一個多元的文化背景，其中社會主義文化乃是現行憲政制度體系存在的基石因素，西方自由主義的文化與其提供的自由民主憲政模式亦被作為一種制度實踐模式而被談論、研究甚至被倡導，而傳統中國文化多被視為中國邁向現代化的窒礙因素被人們所批判。亦有學者提出「儒家憲政主義」的概念，並從中國傳統文化中尋找中國未來憲政發展的文化基因。在社會主義文化和憲政為主體並處於主導地位的情境下，自由民主文化和憲政，以及傳統文化和儒家憲政均試圖為中國未來的憲政建設走向提供部分知識貢獻，因此，如何識別種種文化對社會主義憲政建設的影響，融合並充分利用多元文化背景下的文化資源，乃是中國憲政建設的一個重大課題。本書第四章將重點探討傳統文化對中國憲政建設的積極意義。

1.2 經濟基礎

憲政體制的確立通常使經濟獲得可預期的長足發展，而市場經濟體制又常常作為憲政體制的伴生物或者前置性制度而存在。憲政體制與經濟轉型和發展間存在不容忽視的關聯。二者間存在着相互「影響」的關係，即憲政作為一種成功的政治體制對於經濟改善和增進具有促進的意義，而經濟改革或者說市場經濟的實踐亦會誘發憲政性的體制改革。經過改革開放的近30年，中國已經確立了社會主義的市場經濟制度，這一制度使個人的價值得到前所未有的宣揚和尊重，也促使國家權力從私人生活領域顯著回撤，並日益使全民達成關於民

主、人權和產權，以及限權的憲政共識。中國市場經濟建設所導引的
種種變化，必將極大地推動當下中國憲政建設。當然，中國是在一個
有着較長自然經濟傳統、還尚未完全建成市場經濟的背景下建設憲政
的，因此，經濟體制改革與憲政建設的關聯，將呈現出更為複雜的關
係。本書第五章將探討市場經濟建設對中國憲政建設的正面影響，並
試圖確立二者的聯結點。

1.3 政治前提

憲政主義表達了對政治權力規制的願望，其為公共權威設定的界
限是不容侵犯的人格尊嚴。憲政主義的聽眾是所有理性自治的個體，
即憲法之下的公民。憲法之下的公民，不僅昭示了憲政主義的聽眾作
為理性自治體而具有的道德主體地位，更暗含着聽眾相互間的差別。
易言之，利益的分殊和可識別性及社會的多元化，決定了憲政主義的
聽眾基礎；而對多元化利益的政治認同和利益主體平等地位的憲法保
護，則構成了憲政的政治前提。近20年的市場經濟建設，既是對社
會多元利益共存的承認，也促進了中國社會的多元化和利益集團間的
對峙。當代中國憲政建設，將會受益於近20年來革故鼎新所誘發的
公民意識、法治觀念、權利訴求和自治組織；而政治層面對社會多元
化的積極回應必將促進多元政治格局的形成，並構成當代中國憲政的
政治前提。當然，中國歷史上較長的官僚政治經驗和心理，在事實上
制約着中國民主政治的發展進程，而中國作為一個大國對秩序和穩定
的需求亦會使中國政治體制改革的每一步必須是慎之又慎，穩之又
穩，這些都意味着中國民主政治建設將是一個極為漫長的過程。在這
個漫長的過程中，中國憲政建設的進程如何與民主政治改革相協調，
是一個極為重大的課題。本書第六章將探討近20年來民主政治的走
向及其憲政價值。

2. 在中國建設「社會主義憲政」

　　「社會主義憲政」是中國憲政建設的目標和理想圖景，憲政發展史和資本主義／社會主義則構成了理解社會主義憲政的兩個維度。如所周知，西方自由民主憲政發展到20世紀初時，便開始引入實質正義規則，試圖通過實質憲政來糾補形式憲政的各種弊病，而社會主義憲政正是在這一歷史時刻產生的。作為一種試圖從根本上解決自由民主憲政之弊病的憲政類型，社會主義憲政屬實質憲政。社會主義憲政所要追求的實質正義，則存在於資本主義與社會主義的本質區別之中，人的全面發展即是這一實質正義的核心規則。質言之，社會主義憲政是一種以人的全面發展為核心價值和原則的實質憲政，當代中國憲政建設自然應當以社會主義憲政為鵠的，並決定着當代中國憲政的實體價值、形式價值和基本主題。

2.1　當代中國憲政的實體價值

　　人是目的而不是工具，這是中西文化的共識。這一共識表達了一種基本的人己觀，體現了人文精神，並塑造了人文憲政。保障人格尊嚴，實現人的全面發展，是社會主義憲政的核心價值和核心權利。當代中國建設的憲政，首先是體現這一人文精神、尊重人格尊嚴、以人的全面發展為終極目標的人文憲政。人文理想對人的價值的表達，天然地要求建立人文憲政制度以消除權力的專斷，而從西方憲政和中國憲政建設的歷程來看，如何協調自由與平等的價值，是實現人文憲政之人文價值的關鍵。當代中國憲政的建設，必須實現對自由民主憲政和社會主義民主憲政的超越，而所有的這些改革與超越皆必須以人的全面發展為依歸。質言之，人的全面發展乃中國憲政的價值基點和核心。

社會主義憲政研究

2.2　當代中國憲政的形式價值

人的全面發展構成了當代中國憲政實體價值的核心和基石，自由、平等和權利在這一價值的統領下共同實現人作為自律主體的道德價值。人的全面發展作為人類社會對憲法的外在性價值要求，構成了憲法的外在道德稟性和社會目的性，這一外在道德稟性還須通過憲法形式的合理化途徑來實現。憲法的形式合理化是從憲法本身，即從憲法的內部來探尋憲法合理性的原則和標準，並指導憲法創生、運作的過程。憲法的形式化原則構成了憲法的內在道德稟性，亦是憲法的形式價值。憲法至上、程序正義和安定性原則，是當代中國憲政應當追求的形式價值。

2.3　當代中國憲政建設的基本主題

憲政是關於公共權力的理念與實踐，它是人類因應生存的需求而逐漸摸索形成的社會治理模式和文明成果。憲政乃是為「人」而產生、存在，並必然隨「人」的境地變化而發展變遷。憲政的價值共識是人之為人的尊嚴，後者也構成了憲政的主旋律。憲政這首高唱人文主義的主打歌，正是通過對權力這個音符的奇妙編織而得以延唱不絕並形成合唱的局勢。如何安放權力這一音符，決定了一國憲政的樣式，也決定了其憲政建設的空間。源於憲政的價值共識並受制於此，建構公權力，實現權力的高效治理並有效地治理(規制)權力，保障人權，便成為當代中國憲政建設的基本主題。自然，公權力的有效安置不僅包括國家權力內部的平衡關係，亦包括黨權與國權的有效平衡。

3. 在中國「建設」社會主義憲政

在明確當代中國憲政建設的特定背景和理想圖景之後，隨之而來的便是如何在當下中國建設社會主義憲政。這正是本書第十至十四章要進行全面討論的問題。這部分試圖從立法、政黨執政、行政和憲法保障四個方面探討當下中國憲政建設中亟需解決的重大問題。

3.1 依法立政是當代中國憲政建設的基礎

在當代中國建設憲政，必然以強國家為潛在目標，實現國家權力的有效治理和人道治理，因而首先應當建立一套符合現代主權國家的規則體系，並保證該套規則的立憲主義性質，這便對立法提出了特定的要求，也使依法立政成為當代中國憲政建設的前提。

3.2 依法行政是當代中國憲政建設的基本要求

憲政作為法治的高級表現形式，集中表現為憲法在國家生活中具有至上和至尊的地位，其早期的法治形態則是法律在國家生活中發揮支配性作用。脫胎於封建社會專制統治之中的法治，其表達的表層價值雖是規範主導，但其深層內涵則是人民意志的張揚。作為表達民意的機構，法治所要求的規則至上，邏輯地演繹為由人民代表所組成的立法機構至上，並使法律保留成為法治的基本原則，而代表封建王權的行政權和行政機構則臣服於法律的統治。因此，在彰顯人民主權的現代國家，依法行政當然地構成了法治和憲政的底線要求。

3.3　依法執政是當代中國憲政建設的核心

　　現代國家幾乎概為政黨國家，政黨在政治生活中全面地掌控着國家權力，是不爭的事實，政黨主治亦是中國當下政治運作的事實和主要特徵，政黨在中國憲政建設中發揮着舉足輕重的作用。可以說，中國百年來憲政建設的成敗得失概與政黨之治糾纏在一起。如何保障並規範政黨政治，使之與立憲主義形成合力，自然是當代中國憲政建設中的一個最艱巨的課題，依法執政遂成為當代中國憲政建設中的核心命題。

3.4　違憲審查是當代中國憲政建設的必備機制

　　憲法是特定價值的固化。在當下中國，無論是人民代表大會制度，還是政黨主治的特殊體制，都在憲法中得到了集中的表達。這些特定制度賴以立基的價值觀念，將會依託這些制度的實施而得到不同程度的實現；而這些制度的運作和實施，則與憲法保障制度密不可分。作為憲法保障制度之核心的違憲審查制度，遂構成當代中國憲政建設的必備機制。

CHAPTER
第三章

當代中國憲政的文化根基

社會主義憲政研究

　　憲政作為立憲主義、立憲政府和立憲秩序的價值和現實形態，不僅僅是一種社會組織形態、制度化模式和規則系統，而且也是一種理性精神和科學意識，因而分屬文化中的制度和精神兩個層面。在結構學的意義上，文化可以橫向解構為物質、制度和精神三個層面，其中精神文化是以心理、觀念、理論形態存在的觀念文化。[1] 憲政作為文化的組成部分，多是顯性文化，其背後還存在着決定其樣式的觀念性隱性文化因素。在縱斷面上，文化則可分為顯形的部分和隱形的部分。[2] 不管憲政是指 "constitutionalism"（立憲主義）還是 "constitutional government"（立憲政府）抑或憲法秩序，均是特定文化的組成部分。文化決定憲政的發生和性質。「任何一項事業的背後都存在着某種決定該事業發展方向和命運的精神力量。」[3] 憲政這一偉大的現代化事業，也是特定文化孕育的結果。正是文化中系統化的觀念性因子，作為文化中的隱性層面，奠定了憲政的文化根基。中國憲政建設發端於清末，當代中國憲政是其延續。百年憲政歷程，亦是中西文化衝突融合的百年。當今中國正在形成以社會主義文化為主導、多種文化並存

1　參見劉進田：《文化哲學導論》（北京：法律出版社，1999），頁292。

2　參見［美］克萊德•克魯克洪（Kluckhohn, C.）等著，高佳等譯：《文化與個人》（杭州：浙江人民出版社，1986），頁8。

3　［德］馬克斯•韋伯（Weber, M.）著，彭強、黃曉京譯：〈譯者絮語〉，《新教倫理與資本主義精神》（西安：陝西師範大學出版社，2002），頁3。

的文化傳統[4]——中國特色社會主義文化。立足於中國傳統文化，吸收西方優秀文化，形成有中國特色的社會主義文化，正是中國當下文化傳統形成的基本特徵，也為政治上層所認同和倡導，如江澤民給《中國傳統道德》一書的題詞即是：「弘揚中國古代優秀道德傳統和革命道德傳統，吸取人類一切優秀道德成就，努力創造人類先進的精神文明。」它淵源於中國幾千年的文明，開眼看世界，構成了當代中國憲政的文化根基。

一、憲政的文化研究及其主題

1. 文化：憲政研究的新視角

自英國人類學家 E‧B‧泰勒（Edward Burnett Tylor）在《原始文化》中從民族學的角度將文化定義為一種包括知識、信仰、藝術、道德、法律、習俗，以及作為一個社會成員的人所習得的其他一切能力和習慣的複合整體以來，[5] 學界對「什麼是文化」這一基本問題的爭論就沒有消停過，據說當今世上關於文化的定義已達二百餘種。[6] 回溯「文

4　有學者指出，中國憲政具有一個多元的文化背景，其中既有傳統文化、西方文化、社會主義文化，還有多樣化的民族文化。參見任喜榮：〈中國憲政的多元文化背景〉，《法制與社會發展》第2期（2001）。湯一介先生曾指出：「『傳統文化』指已成的文化，是過去文化的積存，它是凝固的，是有規定性的」，「而『文化傳統』是指已成文化在現實生活中的流向，是一種活動，是在不斷變化之中，往往呈現為無規定性。」湯一介：〈在有牆和無牆之間——文化之間需要牆嗎？〉，載樂黛雲、［法］勒‧比松主編：《獨角獸與龍——在尋找中西文化普遍性中的誤讀》（北京：北京大學出版社，1995），頁17。

5　參見［英］E‧B‧泰勒（Tylor, E. B.）著，連樹聲譯：《原始文化：神話、哲學、宗教、語言、藝術和習俗發展之研究》（桂林：廣西師範大學出版社，2005）。

6　參見郭蓮：〈國外學者關於文化的定義〉，《大地》第6期（2002）；蕭箑父：〈中國傳統哲學概觀（一個論綱）〉，《武漢大學學報》（哲學社會科學版）第6期（1999）。

化」的詞源譜系，不難發現，"culture" 係由拉丁語 *"cultus"* 演化而來，揭示了人類進化史上的「非獸化」(使「人」與「獸」相分離) 和「去獸化」進程。[7] 毛澤東有詩詞言:「人猿相揖別，只幾個石頭磨過，小兒時節。」[8] 在人類史的開端，人的「去獸化」主要表現為「去自然化」，即人有意識地利用自然界的動植物謀生，以擺脫對自然界動植物式的被動依附。當某個猿獸群體利用自然界中的石頭、枝棒製造生產工具生產生活資料時，猿獸也就進化到了人。正如馬克思所言，「一當人們自己開始生產他們必需的生活資料的時候……他們就開始把自己和動物區別開來」，[9]「正是在改造對象世界中，人才真正地證明自己是類存在物」。[10] 在人異化於自然的過程中，人作為一個類群體的主體地位逐漸型塑而成，進而形成人的「類主體意識」;但在原始社會，個體卻未能立即就獨立於群體並意識到自身的獨立意義，即形成「個人主體意識」。不過隨後的人類歷史可以「個人」為主詞來書寫。特定時空下的人類開始出現分化，人類在異化於自然之後，進入了個人獨立於群體的歷史。這是一個人類不斷「去獸化」的歷史劇本，如梅因 (Henry Maine) 所說，這個劇本描寫了人類從古代社會到現代社會所經歷的一場「從身份到契約」的驚心動魄的運動。[11] 因此，即便學者對何謂文化各持己見，但大概都會贊同蕭父先生的認識，即「文化」一

7　參見周葉中、江國華:〈人權與人文——珠泉商貿城故事與波茨坦磨坊故事比較〉，載中國法學會憲法學研究會、山東大學法學院編:《中國法學會憲法學研究會2005年年會論文集》(B卷)，頁870。

8　毛澤東:《賀新郎・讀史》。

9　《馬克思恩格斯全集》(第3卷) (北京:人民出版社，1960)，頁24。

10　《馬克思恩格斯全集》(第42卷) (北京:人民出版社，1979)，頁97。

11　[英]梅因 (Maine, H. S.) 著，沈景一譯:《古代法》(北京:商務印書館，1996)，頁97。

詞的含義「可以約化為兩字，即『人化』」。[12] 人類人化的歷史揭示了文化所內含的二個歷史話題：人類異化於自然而達致人類的獨立；個人獨立於群體而形成個人自治。當文化的車輪滾過億萬年的時空時，人類早已視自然界為己物，全然忘卻了自己昔日的動植物化生存經歷和自然界中決定其身家性命的風雨閃電、瓜果甘露。科學的進步依舊在擴大人類與自然的距離，使人更容易相信自己並非從猿獸進化而來，而是自然的主人。在改造自然的大舞台中，另一齣劇目也同時上演。人在不停地追問：人與人之間當是何種安排？對這一問題的不斷反思，伴隨着作為個體的人的主體意識的形成。個人主體意識的蘇醒，醞釀了近代以來的種種社會革命和制度輪替，並最終在西方社會首先形成了憲政治理的體制。總之，人化的進程也是文化形成的過程，人類與自然（天人關係）、個人與他人（人際關係）兩對範疇是人化歷程中的關鍵語詞，並最終凝化為對何謂大寫的「人」的發問，其核心部分是「把人視之為人」的意識、觀念和理論。對「何謂人」這一問題的回答（主要表現為關於人性的種種理論），在憲政發生學上具有決定性的意義。質言之，正是在這一問題上的文化分歧，造成了憲政在中西方的不同命運，也為憲政在中西方的發展前景埋下了伏筆。

憲政乃西方的話語和實踐，它隨着殖民國家的堅船利炮一同輸入中國。清末以降，兩次鴉片戰爭的喪權辱國、中法之戰的雖勝尤敗、中日甲午戰爭的再次失利，使沉浸於天國之夢的士大夫猛然驚醒，並發出富國救亡的吶喊。他們學習的對象恰是欺凌國人的西方列強，最先看到的則是西方列強的堅船利炮，遂辦洋務，開學堂，建船廠。洋務運動慘淡經營幾十年，其成果在中日之戰的炮火中卻灰飛煙滅。反思洋務運動，國人方發現，洋務之敗敗在制度。有識之士遂多主張

---

12 蕭箑父：〈中國傳統哲學概觀（一個論綱）〉，《武漢大學學報》（哲學社會科學版）第6期（1999）。

立憲法，開國會，發起維新變法的輿論和運動。直到憲政革新一再受
挫時，他們方才在痛楚中發現憲政背後的精神力量。的確，「文化是
體制之母」。[13] 一個國家的文化傳統和民族精神不僅主宰着其民族整
體和個人的世界觀和行為模式，而且催生了其特有社會體制和制度實
體。在傳統中國與西方國家物質條件並無多大差異的情況下，何以西
方國家最終走上憲政之道，而中國則在人治的陰霾下塵封多時？二者
文化的差異是一個決定性的因素。在西方憲政傳入中國後，為何卻水
土不服，難以立足？還是不同性質文化間的差異決定了憲政移植的命
運。這一中西方間文化的差異，成為中外學者省思中國社會發展和憲
政建設的主詞，亦成為憲政研究的一個新視角。如昂格爾(Roberto M.
Unger)認為，中國沒有產生法治的主要原因，在於中國沒有形成現代
型法秩序的歷史條件，而超驗性的宗教基礎是眾多歷史條件中不可或
缺的一個重要因素。[14] 韋伯則認為，基督宗教中的積極入世的禁欲主
義倫理是資本主義精神的起源。[15] 中國學者王人博教授則指出，中國
學人基於特定的時勢和歷史使命，多以一種「富強為體，憲政為用」
的實用理性主義眼光解讀西方憲政，致使西方憲政的價值內涵被徹底
置換。[16] 除此之外，國際漢學家更對中西文化差異與憲政國家形成的
內在關聯進行了深入的探討。[17] 在1990年代法律文化研究興起後，從

13　[美]勞倫斯•哈里森（Harrison, L.）：〈文化為什麼重要〉，載[美]塞繆爾•亨廷頓、勞
　　倫斯•哈里森主編：《文化的重要作用——價值觀如何影響人類進步》（北京：新華出版社，
　　2002），頁16。

14　參見[美]昂格爾（Unger, R. M.）著，吳玉章、周漢華譯：《現代社會中的法律》（北京：中國
　　政法大學出版社，1994）。

15　參見[德]馬克斯•韋伯（Weber, M.）著，彭強、黃曉京譯：《新教倫理與資本主義精神》
　　（西安：陝西師範大學出版社，2002）。

16　參見王人博：《憲政文化與近代中國》（北京：法律出版社，1997）。

17　參見哈佛燕京學社、三聯書店主編：《儒家與自由主義》等系列著作（北京：三聯書店，
　　2001）。

文化的視角探索憲政相關理論問題,漸漸升溫為一個熱門話題,並以三種路徑進行:一是探討西方憲政的文化背景;[18]二是從文化視角分析中國百年憲政建設之得失,前述王人博教授的《憲政文化與近代中國》一書是其代表;三是探討當代中國憲政建設的多元文化背景。[19]這種基於法律文化視角的憲政研究,提供了憲政研究的新方法,拓展了憲政的理論深度,極大地豐富了憲政知識。

2. 憲政文化研究的雙重主題

儘管憲政的文化研究為憲政研究提供了新視角,但憲政的文化研究不可避免地要沾上不同文化研究範式的各種弊端,[20]並深受文化研究進展的掣肘,而關於文化的種種紛爭,也使憲政文化研究的爭論成為家常便飯。[21]故此,從文化的視角分析憲政,必須建立科學的文化觀。晚清年間,關於中西文化與中國民族命運的討論多有發生,並在實際上形成了西化(這體現在許多知識分子異常堅定的反傳統的態度)和本土化(其中之一是護教主義的心態,即西方有的,我們中國也有)的對峙。[22]細觀這些爭論,它們實際上都立基於這樣的理論預設:憲政在西方文化體系中產生,也只能在西方文化體系中存續,其

---

18 參見汪進元、戴激濤:〈西方憲政的文化底蘊〉,《武漢大學學報》(哲學社會科學版)第6期 (2003);空谷幽蘭:〈論西方憲政道路的文化根基——基督宗教中的人文精神探源〉,《中國法學網》,http://www.iolaw.org.cn/showNews.asp?id=1697;白鋼、林廣華:〈論憲政的價值基礎〉,《中國社會科學研究生院學報》(2002)。

19 參見任喜榮:〈中國憲政的多元文化背景〉,《法制與社會發展》第2期(2001)。

20 關於文化研究,存在「科學史觀」與「文化形態史觀」的範式之爭,後者在中國形成了「戰國策派」。參見張廣智:〈西方文化形態史觀的中國回應〉,《復旦學報》第1期(2004)。

21 參見任喜榮:〈中國憲政的多元文化背景〉,《法制與社會發展》第2期(2001)。作者簡要介紹了兩種值得玩味的反思傳統文化的學術之爭。

22 參見林毓生:《中國傳統的創造性轉化》(北京:三聯書店,1988)。

社會主義憲政研究

深層之處則是所謂的一元文化觀。由此，西化和本土化之爭實際反映了百年中國憲政史上一直存在的憲政訴求與本土情懷的內在緊張，即一方面希求西方的憲政治理體制和人權保障格局，另一方面卻無法在情感上放棄對中國幾千年傳統文化的自豪心理；因此，憲政建設在事實上始終是作為現代化進程的一部分和民族復興之良方而被接納，這進而決定了中國憲政的工具性地位。這種一元文化觀製造了本土文化與現代性間的緊張，並使我們無法正確地對待西方的憲政，失去正確評估傳統文化現代價值的耐心和興趣，更使我們的憲政文化研究徘徊在西方文化與東方文化之間。因此，建立科學的多元文化觀，重新認識憲政文化研究的主題，是當下憲政文化研究的重中之重。

　　在憲政文化的研究中，我們要建立這樣一種務實的文化觀和憲政理論：一方面，以儒家思想為核心的傳統文化未能創造出一套立憲主義的政治體系，這是顯見的歷史事實，但這只是歷史的實踐，並不是理論的邏輯，它不表明中國傳統文化反民主、憲政和人權，[23] 也不意味着傳統文化不支持、不能在未來發展出民主憲政和人權，更沒有堵隔中國傳統文化以其獨有的價值對歐美式現代人權意識補偏救弊的可能；[24] 另一方面，憲政發生於西方文化，但它揭示的是全人類共同的價值，因而是世界性的。立基於這樣的理論認識，我們在憲政文化研究中就應當將西方憲政所揭示的人類價值與西方文化對這一價值的證成邏輯做適當分離，也即將憲政和其文化背景做適當分離。換言之，憲政的價值是普適的，但「達致」的理論邏輯和實踐路徑卻可以是多

23　夏勇教授認為，人權與中國傳統文化沒有根本的衝突。參見夏勇：《中國民權哲學》（北京：三聯書店，2004），頁149–152；張千帆教授認為儒學並不和憲政精神背道而馳。恰恰相反，傳統的禮治正是憲政的一種形式。參見張千帆：〈在自然法與一般法之間：關於「禮」的憲法學分析〉，方流芳主編：《法大評論》（北京：中國政法大學出版社，2001）。

24　參見陳寒鳴：〈試論儒學傳統與現代人權意識〉，載《上饒師範學院學報》（2000）。

樣的。「憲政是全球的也是地方的」這種立論，決定了當下中國憲政的文化研究應當集中在如下兩個主題：

　　一是西方憲政產生的內在理路及其特徵。西方文化率先發展出一套立憲主義的政治體制，進而促成了西方歷史上少見的和平與發展。這使西方模式成為非西方現代化的典範，甚至被誤認為現代性的必經過程。這當然是可以理解的錯誤。但這一錯誤如果促成下面的研究，即探討西方文化是如何產生和證成其憲政治理模式的，那將是一個美麗的錯誤。只要我們校正一元文化觀和線性歷史發展的錯誤認知，擺脫西方中心主義的糾纏，過去關於西方文化與憲政的諸多研究便會成為我們現在進一步研究的基礎和知識積累。在此積累之基礎上，我們現在要集中如下課題的研究：西方憲政揭示了何等的價值？它是如何從西方文化中生成的？其生成的文化資源何在？其理論上的證成邏輯何在？這種憲政的文化證成模式存在何種特徵、缺陷？等等。同時，在研究西方憲政的文化背景這一課題時，我們應當明確地指明是關於「西方憲政」的研究，而不是使用「憲政」這一概稱，如「憲政」的價值基礎等等的表述，因為後者本身具有使西方憲政的證成方式和價值表達成為普適知識的嫌疑。

　　二是中國傳統文化。中國傳統文化是一個複雜的體系，但儒家文化是傳統文化的主流，本書也主要涉及儒家文化傳統對當下中國憲政的意義。至於對憲政的證成，基於多元文化的理論預設，我們認為，各種文化傳統均表達了全球性的共同人類價值，但其表達方式卻是地方性的，這種地方性的表達也可以證成在某一文化中率先形成的憲政。樹立此種憲政文化研究理念尤為重要。眾所周知，中國已經將法治和人權載入憲法，不過它頂多表達了我們對西方憲政揭示的人類普遍價值的認同。當人們在使用「人權」這一相同術語進行表達時，這已經表明他們之間存在共識，即至少他們是不反對人權的。但我們要保持足夠的清醒，即這一法治和人權規範在中國並不具有深厚的文化

基礎，也遠未在中國文化中立足。那麼，該如何揭示或建立憲法中法治和人權的文化內涵呢？我們當然不能選擇西方文化的證成方式，[25]中國傳統文化與西方基督教文化和自由主義傳統絕然不同，中華民族不可能全面拋棄中國傳統文化而全面接受西方文化(倘若如此，「中國人」這一術語將失去身份識別和認同的意義)。[26]因此，利用中國傳統文化的資源證成憲法上的法治和人權，使其在中國立根，便是我們必然的選擇。[27]中國傳統文化對憲政的證成，是一個艱巨課題，它涉及傳統儒家文化的現代化，也關係着中國現代化的成敗和中華民族的未來發展前景。這一課題涉及如下的內容：儒家傳統文化存在哪些因子及其流變？這些因子中，哪些不利於憲政的生成，哪些可以邏輯地推導出憲政的價值？這種儒家文化下的憲政主義與西方基督教憲政主義的差異何在？這種差異對於憲政的未來發展具有何種實際意義？[28]等等。本章「當代中國憲政的文化根基」試圖對這一主題的若干問題做一初步的探討。

25　夏勇教授在其《中國民權哲學》一書〈序〉中發問：「如果説權利的語詞及其相關聯的制度設計初創於西方文化，難道中國人對權利的要求也出自西方文化不成？」夏勇：〈序〉，《中國民權哲學》，頁4。

26　就此，我們反對將中國的憲政之路僅僅定格在基督教憲政主義的範圍之內，並不反對儒家憲政主義的嘗試。

27　事實上，已經有不少學者對此進行了探討，如韓國的咸在鶴和香港的陳祖慰、哥倫比亞大學教授狄百瑞教授等。參見哈佛燕京學社、三聯書店主編：《儒家與自由主義》；陳寒鳴：〈試論儒學傳統與現代人權意識〉；李明輝：〈儒家傳統與人權〉，載黃俊傑編：《傳統中華文化與現代價值的激蕩》(北京：社會科學文獻出版社，2002)。

28　關於這類討論可參見陳名：〈儒家與自由主義——和杜維明教授的對話〉，載哈佛燕京學社、三聯書店主編：《儒家與自由主義》；夏勇：《中國民權哲學》，頁159–163；陳寒鳴：〈試論儒學傳統與現代人權意識〉，等等。

二、中國傳統文化與人權

人權是西方的話語，中國傳統文化並未能發展出人權的理論和制度。個中原因，頗為複雜。一方面，儒家文化傳統具有「歷史文化優先」的意識，[29]其核心範疇「仁」、「義」往往以現實中的先王之法為依據，並未形成一種類似於自然法的永恆價值作為所追求善的背景。儒家文化所申明的「仁」和「義」與現實之間的張力因之縮小，人們改變現實、伸張個人權利的動因和前景也相應縮小。另一方面，中國傳統文化宣揚「存天理，滅人欲」，對個人私利的充分伸張缺少關懷，因此在義利觀上首先推重「義」，即群體價值；在政治生活中主張「仁」、「孝」治天下的德治模式，國家與社會沒有形成西方式的對立，因而不會產生西方式的借助人權與國家相制衡的欲求。除此之外，如夏勇教授所言，中國歷史上沒有發展出現代意義上的人權，較為重要的原因還在於，中國傳統主要借重個人的義務和德治，通過推行人道來實現大同理想，獨特的經濟政治和文化使中國文化中「個體人」和公民觀念有所缺失，等等。[30]但人權發生於西方，「絕不意味着人權概念只能產生於西方，而且只能是西方的，更不意味着人權起源的解釋必定囿於西方人的價值觀方法論」。[31]那種認為中國文化以義務為本位，西方文化以權利為本位，並據此認為人權是西方專利的觀點，經不住事實的拷問，[32]也完全無視儒家文化對國際人權實踐的意義和影

---

29 參見顏世安：〈儒學中的「歷史文化優先」意識及其現代意義〉，載黃俊傑編：《傳統中華文化與現代價值的激盪》（北京：社會科學文獻出版社，2002）。

30 參見夏勇：《中國民權哲學》，頁151–158。

31 夏勇：《人權概念起源》（北京：中國政法大學出版社，1997）。

32 事實上，直到中世紀結束，西方並未出現表示現代「權利」概念的字眼。人權概念的出現就更晚了，它是西方啟蒙運動的產物。參見李明輝：〈儒家傳統與人權〉，載黃俊傑編：《傳統中華文化與現代價值的激盪》（北京：社會科學文獻出版社，2002）。

響，[33] 更忽視了傳統文化試圖邁向現代化的種種努力。[34] 人權產生於西方，但其屬於世界。不可否認的是，中國傳統文化中包含若干思想資源，它們可以與現代「人權」概念接榫，並且在傳統文化的脈絡中為它提出另一種證成方式與詮釋角度。[35] 在承認人權普遍意義的同時，我們應當也可以尋求與西方不同的證成方式，這樣便開放出從中國傳統文化的脈絡去詮釋人權普遍價值，進而構建「中國」人權規範和制度體系的可能，同時也可以使我們在論證人權時避免陷入西方中心主義的泥潭，或抱持護教主義的心態。

人權是一個複雜並不斷發展變化和逐漸豐富的體系。以世界人權實踐觀之，三代人權理論揭示了人權的變化。三代人權論率先由法國法學家瓦薩克 (Karel Vasak) 提出，[36] 其中第一代人權以自由主義思想為根基，注重從法律形式上保障公民權利和政治權利。這一類型的人權賦予國家不干預的義務，是一種免於國家侵害的自由，又被稱為消極自由。[37] 第二代人權以社會主義思想為根基，着重於經濟、社會和文

---

33 1948年通過的《世界人權宣言》大大擴展了法國人權宣言體現的人權觀，並試圖將各大宗教和文化的價值觀融入其中。中國代表張彭春參加了宣言的草擬過程，並且將儒家的價值觀帶入其中。如《宣言》第1條「他們賦有理性和良心」一表述中，「良心」二字正是基於張彭春的建議，為反映儒家價值觀而載入的。參見［美］突維斯（Twiss, S.）：〈儒學對世界人權宣言的貢獻：一種歷史與哲學的觀點〉，載國際儒學聯合會編：《國際儒學研究》（第6輯）（北京：社會科學文獻出版社，1999）。Pier Cesare Bori, *From Hermeneutics to Ethical Consensus among Cultures* (Atlanta: Scholars Press, 1994), pp. 67–70.

34 關於儒家在此方面的努力，我們可以參考狄百瑞教授的《中國的自由主義傳統》（貴陽：貴州出版社，2009）、William Theodore De Bary edited, *Principle and Practicality: Essays in Neo-Confucianism and Practical Learning* (New York: Columbia University Press, 1979) 等著作。另可參見夏勇：《中國民權哲學》（北京：三聯書店，2004），頁17–18。

35 參見李明輝：〈儒家傳統與人權〉。

36 瓦薩克的三代人權論請參見Karel Vasak, "A Thirty-Year Struggle: The Sustained Efforts to Give Force of Law to the Universal Declaration of Human Rights," *UNESCO* Courier, Nov. 1977, 29, 32.

37 關於伯林對自由的二分法，參見［英］柏林（Berlin, I.）：〈兩種自由概念〉，載劉軍寧等編：《市場邏輯與國家觀念》（北京：三聯書店，1995），頁200–201。

化權利。這一類型的人權賦予國家積極作為的義務，體現了公民針對
國家的積極地位，[38] 又被稱為積極自由。第三代人權即所謂的「連屬
權」，它反映了第三世界國家對國際政治和經濟秩序的不滿和挑戰，
包括自決權、發展權和環境權等內容。中國傳統文化對於三代人權的
證成價值，各不相同。如所周知，對於第二代人權和第三代人權，中
國傳統文化具有豐富的思想資源。如中國傳統文化強調人的社會性和
相互關聯性，重視群體福祉，主張政府對人民的教化和關懷，都是中
國傳統文化強調積極自由及終極和諧的思想基礎和表現，它們當然構
成了第二代和第三代人權的基礎。[39] 中國台灣地區學者李明輝認為，
傳統儒家文化中的民本思想，固然與現代意義的民主思想不可同日而
語，其中也不包含第一代人權所含涉的各種權利，但就第二代人權而
言，民本思想因賦予君主保民養民的重要義務，因而能提供豐富的思
想資源。[40] 總之，中國傳統文化中不乏證成第二代和第三代人權的思
想資源，這已成學者共識，亦為實踐所證明。因此，如何立基於傳統
文化，證成第一代人權，[41] 是考量傳統文化的關鍵問題之一。除此之
外，西方人權理念立基於自律個人的根基之上，其外在超越的理論邏
輯特徵，使西方文化在近現代以來偏向價值中立的立場，這不可避免
地造成了人的孤獨空虛感和被遺棄感，中國傳統文化對人自身道德價
值的重視和立論可以彌補西方自由主義的這種缺憾。[42]

---

38 關於耶林內克（Jellinek, G.）的「地位理論」，參見韓大元、林來梵、鄭賢君：《憲法學專題
研究》（北京：中國人民大學出版社，2004），頁268–269。

39 參見李明輝：〈儒家傳統與人權〉；林毓生：《中國傳統的創造性轉化》。

40 參見李明輝：〈儒家傳統與人權〉；陳寒鳴：〈試論儒學傳統與現代人權意識〉。

41 關於人權的證成，有二種方法，一是原教旨主義者的方法，即尋找人權存在的普遍的價值和
道德原則，二是尋求普遍化的方法，即在種種文化內部找到對人權的支持性資源。本文使用
的是第二種方法。

42 參見陳名：〈儒家與自由主義——和杜維明教授的對話〉。

社會主義憲政研究

　　前述中國台灣地區學者李明輝對此曾有較為充分的研究。他從《世界人權宣言》三項理論預設的前二項「普遍人性」、「個人之尊嚴」入手，[43] 在充分客觀分析儒家性善論、人格尊嚴、義利之辨的相關思想之後認為，這三者可以成為論證《世界人權宣言》關於人權理論預設的豐富和有利思想資源。[44] 具體言之，李明輝認為，孟子就「超越之性」而言性善，並承認人性可憑由人「心」去認知，肯定了人所具有的純理知識認知和道德良知體認的認知功能，[45] 而其人禽之辨則繼承並強化了人在宇宙中的特殊地位（所謂天地人並為「三才」）的傳統認知，[46] 但卻是一種否定「人類中心論」式的「存有的連續性」（杜維明語）的自然觀，[47] 因而與《世界人權宣言》所預設的「普遍人性」的三點內涵 —— 一是人性必定是可知的；二是人性可借一平等而普遍的認知機能去認識，此即理性和良心；三是人性基本上有別於自然界的其他部分 —— 是完全相通的。就人格尊嚴而言，中國傳統文化是在其固有的思想和文化脈絡中去肯定它的，並不具有個人主義的意涵，它建立的是在個人與群體間實現平衡的理想人格。這是一種特別的人格主義。[48] 這種人格主義有別於西方的個人主義，但個人主義與人權之間並無本質的關聯，在社群主義的視角下，儒家的人格主義與人權當然

43　第三項理論預設是「民主的社會秩序」。關於人權三項理論基礎的詳細論述請參見R. Panikkar, "Is the Notion of Human Rights A Westen Concept?" *Diogenes*, vol. 30, issue. 120 (December 1982), 75–102.

44　參見李明輝：〈儒家傳統與人權〉。

45　關於這一點的論述，請參見林毓生：《中國傳統的創造性轉化》。

46　「夫大人者，與天地合其德，與日月合其明，與四時合其序，與鬼神合其吉凶，先天而天弗違，後天而天奉時。」朱熹：《周易本義》，《四書五經》（影印本）（天津：天津市古籍書店，1988），頁4。

47　這一點自然使儒家思想能與第三代人權所強調的環境權相融通。

48　參見狄百瑞（W. T. de Bary）：〈從價值系統看中國文化的現代意義〉，載國際儒學聯合會編：《國際儒學研究》（第6輯）（北京：社會科學文獻出版社，1999）。

可以接榫。同時，孟子確立的「仁義禮智」和「仁義內存」之說，表明了人是自律的道德主體，也是對人格尊嚴的肯定。而其「天爵」之說、「義利之辨」，則明顯地表現了康德所言及的人格尊嚴及其絕對意義。另外，傳統文化中「天命」說（即《中庸》中「天命謂之性」），體現了人的超越和絕對的一面。因此，人格尊嚴也可以在中國傳統文化中得到證成。中國學者李存山研究員則從民本思想所表達的政治制度訴求和中國文化的倫理本位的角度，證明了中國傳統文化與第一代人權間的關聯。[49] 夏勇教授認為，「仁」、「義」、「禮」、「智」、「信」在原理上與現代人權原理有許多可溝通之處。[50] 顯然，這些研究，充分揭示了中國傳統文化證成現代人權（特別是第一代人權）的有利思想資源。[51] 這些有利的思想資源，主要體現在儒家文化「仁」的思想之中。[52]

儒家學者一般在三個層次上來討論仁：在形而上學的層次上，仁為天地之理，它是宇宙的法則，決定萬事萬物（包括人）的發展與演化，強調天地萬物與人之間的統一與和諧，仁就是人與天地同心；在心理層次上，仁是人類意識的組成部分，也是全世界的共同意識和普遍性的原則，它內化為人性，人人生而具有普遍性的原則和共同意識而人人平等；在倫理的層次，仁是德行生活的根和源泉，它不但為人的道德生活提供必要的原料，而且也激勵推動人的生命活動。[53]從人的角度而言，我們可以把仁的思想總結為對「普遍人性」（性善）和人之道德主體地位的確證。人之所以具有普遍的人性，是因為人和天地

---

49 參見李存山：〈儒家的民本與人權〉，載《孔子研究》第6期（2001）。

50 參見夏勇：《人權概念起源權利的歷史哲學》（北京：中國政法大學出版社，1992），頁237。

51 如果我們確認這些思想可以成為現代人權證成的邏輯前提，那麼下面的問題就是如何從這些前提中推導出普遍的人權要求。

52 林毓生先生認為，中國傳統文化中「仁」的哲學可以作為基本人權的理論基礎。參見林毓生：《中國傳統的創造性轉化》，頁320。

53 參見姚新中著，趙艷霞譯：《儒教與基督教：仁與愛的比較》（北京：中國社會科學出版社，2002），頁100–101。

萬物都由同一法則產生並受這一法則的指導，這些法則，體現在人身上，就是普遍人性，也是普遍的道德法則。孟子所言：「仁義禮智，非由外鑠我也，我固有之也」，[54] 正是對人之普遍人性的揭示。人所具有的這一普遍人性，是超越於一切的天道的體現，因而具有內在的超越性，這種超越性進而決定了人的絕對尊嚴和平等性。正如基督教義賦予西方社會「人是上帝的肖像」的信念而使人具有至上的榮耀和尊嚴，中國傳統文化中人因為與天同心同道而具有絕對性。[55] 人的這種絕對性決定人只能是目的而非工具，它必然為當代中國憲政構築人格尊嚴的價值基礎。同時，仁義禮智也是普遍的道德法則，它通乎天，卻根植於人心，人就此成為自己所遵循的道德法則的立法者，因而具有絕對的道德主體性地位。人之道德主體性地位的確立，既是人具有絕對尊嚴的必然結論，亦標誌着人是自律體。「為仁由己，而由人乎哉」、「仁遠乎哉？我欲仁，斯仁至矣」等儒家經典之言，[56] 正是對人意志自由的確證。總之，傳統文化中「仁」的哲學內含着人的道德主體性的意涵，即人有善端，也具有內在的天賦的自我修養成善德的能力，這本身即包含着平等和人的尊嚴的現代訴求。道德主體性和意志自由作為人的內在規定性一經揭示，就意味着人可以通過自由選擇來實現自治，它與現代人權和法治的內在邏輯關聯也由此確立。[57] 質言之，在當代中國憲政建設中，國家權力不可辱沒人的高貴與尊嚴，肆意干涉個人的生活，而必須為個人自治留下一個不能被恣意干涉的空間。這正是第一代人權所表徵的目標和價值。當然，在「仁」

54　《孟子•告子上》。

55　所謂「天視自我民視，天聽自我民聽。民之所欲，天必從之」（《尚書•泰誓》），正是民之尊貴和尊嚴的體現。

56　分別見《論語•顏淵》、《論語•述而》。

57　參見何信全：〈儒家政治哲學的前景：從當代自由主義與社群主義論爭脈絡的考察〉，載黃俊傑編：《傳統中華文化與現代價值的激盪》（社會科學文獻出版社，2002）。

的思想確立的和諧理念中，當代中國憲政所尊重的個人自治和自由，「絕不僅僅停留在不受拘束 (the absence of constraints) 的層面上，而是要通過個人對社群的完全參與表現出來的。自由的個人在社群生活裏隨時調整個體行為的能力，體現着個人自治的精髓」。[58] 事實上，中國傳統文化從來就認為，「個人浸潤在社會文化脈絡之中，社群價值乃個人自我身份的構成要素」。[59]

　　另外，值得一提的是，在任何社會中，具有自律本質的人都可能發展成不同道德層面的個體，但這並不能否認人所具有的絕對尊嚴和自由意志，而恰恰是人自由意志的體現。換言之，正因人具有自由意志，人才具有自由選擇權而使不同個體成為現在的模樣。在傳統中國社會，傳統文化對現實人性等級差異的揭示所形成的性三品論（即「聖人之性」、「中民之性」和「斗筲之性」），[60] 與人具有普遍人性、絕對尊嚴及自律這一前提性的抽象信念糾纏在一起。當儒家文化進入政治領域時，人作為道德主體這一抽象信念就有意無意地被性分品論所掩蓋，君王以具有「聖人之性」者自居，對其治下的民眾則以道德不完善者視之，進而忽視民眾及自律主體的本質，而行教化的專斷之權。政治領域的意識形態對文化儒學基本精神的扭曲，使傳統文化中的「自律」悄悄蛻變為「律他」，並為後世歷史上的「保姆」、「訓政」論提供了支持。因此，在當代中國憲政建設過程中，我們尤其要注意，切不可囿於現實人性的等級差異而否定人的絕對尊嚴和自由意志，進而忽視傳統文化的核心價值——後者正是當代中國憲政建設的價值根基。當然，對人格尊嚴的絕對信念並不能也不必否認現實中人性的幽黯，後者是

58　夏勇：〈序〉，《中國民權哲學》，頁11。着重號為原著者加。

59　何信全：〈儒家政治哲學的前景：從當代自由主義與社群主義論爭脈絡的考察〉，頁195。

60　參見周曉明：〈「人」與「天」——前期儒家與自律精神的確立〉，《華中師範大學學報》第5期（2003）。

個體自由選擇的結局，它也足以證明將人權保障的理想寄託在「內聖」的道德修養的基石上，總是不太穩固的。由此，儒家「仁」的哲學對人之道德主體和普遍尊嚴的確認，可以邏輯地證成現代人權的訴求，它當然也不反對通過制度建設來實現這一訴求。

三、中國傳統文化與民主

　　如同人權，民主概念也是西方文化的產物，我們照例在中國傳統文化中找不到這樣的現代概念 —— 這引來無數懷疑中國傳統文化的目光和否定中國傳統文化的論調。但正如白魯恂(Lucian Pye)教授所言，儒家本身沒有創造出民主的歷史事實「並不意味着其價值觀與支持民主的制度不相容」。[61] 在建立分析民主的三個必要條件 (文明規範、社會資本和公民社會) 後，他指出，在文明規範的層面，儒家關於私人關係規範存在「細緻地闡述」，但在非私人關係規範方面卻表現出「惱人的空缺」；在社會資本方面，儒家社會在陌生人之間難以產生基本的信任，它在「名譽的、可信賴的聯合和腐化之間幾乎沒有區別」；在公民社會的層面，它「未能發展出使社會挑戰國家成為可能的制度」，並且「始終未能獲得突破」。儘管白魯恂教授歷數了儒家文化對民主的阻礙因素，但其依然宣佈：「我們最終的結論卻是相當樂觀的：儒家價值可以融受民主體制的運作。關鍵的問題是須要接受不同利益的分開競爭，認識到民主政治的紛紜並不一定導致混亂。衝突和異

61　白魯恂（Pye, L.）著，陳引馳譯：〈儒學與民主〉，載哈佛燕京學社、三聯書店主編：《儒家與自由主義》（北京：三聯書店，2001），頁174。

議必須視為正當的狀態而不是怒氣衝衝爭鬥的先兆」。[62] 西方另一著名政治學家S・亨廷頓 (Samuel P. Huntington) 在《第三波——二十世紀末的民主化浪潮》一書中，論及儒家傳統與現代民主的關係時也說道：「儒家民主也許是一種矛盾的說法，但是，儒家社會中的民主則未必是。問題是：儒家思想中的哪些因素有利於民主呢？在什麼樣的環境下，這些因素用什麼樣的方式，以取代這些文化傳統中的非民主成分呢？」[63] 顯然，白魯恂和亨廷頓沒有否認儒家傳統社會中出現民主的可能性，當然也不懷疑儒家傳統中存在着有利於民主的因素。事實上，無論是歷史上的實踐者，[64] 還是當下的學者，對中國傳統文化與現代民主之內在關聯多抱持肯定的態度，並且已經深入探討傳統文化中對現代民主的支援性資源，以及二者關聯得以實現的外在環境要求和可能的途徑。[65] 總之，我們應當正視傳統文化核心價值與民主的內存關聯。「作為中國兩千多年來的立國之道，儒學與現代民主之間的理論關係，一直是一個重大而又饒有興味的課題。此一課題，不僅關係中國文明與政治的出路，抑且攸關整個東亞儒教文化圈之未來走向。」[66] 在此基礎上，關於中國傳統文化與民主之關聯，我們可以進

---

62 白魯恂（Pye, L.）著，陳引馳譯：〈儒學與民主〉，頁182。聯想到黨中央提出的和諧社會建設理念，我們可以說，關於利益多元化及其表達機制的合理建設已經進入中國領導人的思維深處。

63 ［美］S・亨廷頓（Huntington, S. P.）著，劉軍寧譯：《第三波——二十世紀末的民主化浪潮》（台北：五南圖書出版，1994），頁337。

64 參見夏勇：《中國民權哲學》，頁22–37。

65 夏勇教授提出了新民本說（見氏著《中國民權哲學》第一章），肖濱教授則認為，在儒家傳統－市場經濟－法治框架－現代民主四點一線的基礎上，可通過儒家精神－政治人－現代民主的連結路徑，來實現儒家精神對民主政治的支援功能。參見肖濱：〈儒家傳統如何支援現代民主——對亨廷頓問題的一種解答〉，《學術研究》第5期（2005）。另參見白魯恂著，陳引馳譯：〈儒學與民主〉；李存山：〈中國的民本與民主〉，《孔子研究》第4期（1997）；鄧小軍：《儒家思想與民主思想的邏輯結合》（成都：四川人民出版社，1995）。

66 何信全：《儒學與現代民主・自序》（台北：台灣「中央研究院」文哲所，1997）。

行多路徑的研究，即既可以像白魯恂教授一樣，從制度和社會的層面
來探討傳統儒家社會與民主之關聯，更可以（或許是更重要的）從傳
統文化中找到利於民主生成的思想和理論資源後，依靠理論邏輯的能
力建立當代中國的民主理論。蔣慶先生在其《政治儒學》一書中批評
當代新儒學將西方的「科學」、「民主」作為儒家外王的理想模型，不
但是對「科學」、「民主」的誤解，也必將導致儒學西化的結局。[67] 我
們亦認為儒學的政治理想不可與西方政治實踐和制度簡單同一，民主
是這一政治理想的內容之一而不是全部。

　　中國傳統政治文化是以民本思想為主流的「民學」——[68]它構成
了當下中國民主建設的支援性思想資源。[69] 金耀基在《中國民本思想
史》一書中，將中國的民本思想總結為如下幾個方面：人民是政治的
主體；君王的統治必須獲得人民的同意；保民護民是君王最高的職責
和義務；「義利之辨」旨在限制君王的特殊利益和權利，以保障人民的
一般權利；「王霸之辨」意指君王的一切作為均是為了人民，而不是以
人民為手段；君臣之間並非絕對的服從關係，而是雙邊的相對約定
關係。[70] 論者一般認為，中國的民本思想與現代民主思想不可同日而
語，它充其量是一種與「民享」不衝突的立論，缺失「民有」和「民治」

67　參見蔣慶：《政治儒學——當代儒家的轉向、特質與發展》（北京：三聯書店，2003）。

68　謝扶雅先生認為，「中國五千年來之政治思想，實為一氣呵成，可作一幅整個圖畫來看，
　　因其無非發揮一個『民』字，故全部得稱為『民學』」。謝扶雅：《中國政治思想史綱》（台
　　北：正中書局，1954），頁5。轉引自夏勇：《中國民權哲學》，頁2，注釋（2）。

69　本部分關於中國民本思想的論述，重點參考了金耀基先生的《中國民本思想史》和夏勇教授
　　的《中國民權哲學》等著作。

70　參見金耀基：《中國民本思想史》，（台北：商務印書館，1993），頁8–13。

的基本意涵。[71] 從整個中國政治思想的發展來看，特別是在實際的政治實踐中，民享的理念很少落到實處，民有和民治的制度構架更是極為缺乏。但如果能夠將不同時期的民本思想與君主制的實踐做適當的分離，我們可以認定中國民本思想包含了「民有、民治和民享」的基本意涵。[72] 它不僅在中國的歷史實踐中或明或隱地表現着自己的生命力，如陳顧遠先生認為，中國傳統文化中的民本思想一直發揮着洗滌政治污弊，塑造中華政制類型的作用，[73] 而且與近百年來的民主實踐精神相通。夏勇教授認為，清末「思想和制度的『現代化』，不過是通過西方權利話語向先秦民本學說的某種復歸，而不是借傳統政治術語表達現代觀念」，「我寧願把清末民初的民權訴求，看做先秦民權思想在現時代的一個自然展開」。[74] 所以，夏勇先生說：「民本文化乃是真正的國粹。民本精神不僅是為天下人着想的精神，而且是由天下人為天下人着想的精神。正是偉大的民本精神，塑造了中華文化的特殊性質，支撐了中華民族的傳統文明。」[75]

中國傳統文化中的民本思想，最早體現在「民惟邦本，本固邦寧」的表達中。[76] 這一表達是先秦時期特定政治思想精華的高度濃縮。在先秦時期，政權受命於天，民與天通已經是通行的觀念，如《尚書·泰誓》寫道：「天聽自我民聽，天視自我民視。民之所欲，天

71　參見林毓生：《中國傳統的創造性轉化》，三聯書店1988年版，頁89、286頁。中國台灣學者林安梧則認為，中國的民本思想頂多及於「民有」或「民享」的層次，而未及於「民治」這一層次。但民本並不礙於民權，昔時未能開啟民權，此時代之限制使然，非本質上民本與民權相悖。就根本之論，二者是相通的。參見林安梧：《儒學與中國傳統社會之哲學省察——以「血緣性縱貫軸」為核心的理解與詮釋》（上海：學林出版社，1998），頁148–149。

72　參見夏勇：《中國民權哲學》，頁19。

73　同上註，頁20。

74　同上註，頁26、27。

75　同上註，頁20。

76　《尚書·五子之歌》

必從之。」因此，政治合法性就因民與天通而取決於人民的福祉和人民的意志。倘若統治者不以保民為主旨或者不能保民，也就違背了天性，民便可以推翻統治者。易言之，民具有借天易君的自然權利。民因與天性相通而具有的尊嚴和尊貴，使民成為獨立的人格主體和政治主體。當民作為國家的主人和主體地位確立後，國家便是民的國家，而不是君的國家，政權也是民的政權而不是君的政權，而君之存在則只能是為了民的利益，即所謂「天之生民，非為君也。天之立君，以為民也」。[77] 這一「民本國用」觀念，[78] 在孟子那裏得到了強化，他特別強調天意須由民來體現和表達，因此主張進賢用人要「國人皆曰賢」，決獄施刑要「國人皆曰可殺」。[79] 一言以蔽之，「民為貴，社稷次之，君為輕」。[80] 在先秦時期，基於特定的天人關係觀而產生的君民關係論，使國家與君王、政權與個人得以分離，並確立了國家和人民高於君王、民乃天意表達者的觀念。傳統文化中的民本主義，是個豐富而堅實的體系。一方面，民本思想根植於人的尊貴與尊嚴之中，表達了特定的價值認知。眾所周知，天人合一，萬物同心，人乃是德性的存在，是中國傳統文化的核心思想。這一思想表達了這樣的觀念，即人與天同性（因而是超越的），人與人同心（因而是平等的），進而，人是尊貴的存在，也即人具有絕對的尊嚴和道德主體地位。這正是孟子所言「民為貴」的根本立足點，也是傳統民本主義的可貴之處。另一方面，人作為道德主體性的存在，決定了人至尊至貴，是天下的主人，天下為民之天下，[81] 國家為民之國家，國家和政權之存在

---

77 《荀子・大略》。

78 參見金耀基：《中國民本思想史》，頁59。

79 《孟子・梁惠王下》。

80 《孟子・盡心下》。

81 《禮記・禮運》：「大道之行，天下為公。」

乃以民之利益為旨歸。就現代憲法的基本原則而言，它表達了人民主權的理念，即民主的原則。[82] 這樣的民本觀念，必將構成當下中國民主建設的支援性思想資源。事實上，它從來就是與中國的民主實踐相貫通的。如在清末，它便與特定的歷史實踐相銜接，催生了中國歷史上第一個民主共和國。所以，梁啟超先生説：「要之我國有力之政治理想，乃欲在君主統治之下，行民本主義之精神。此理想雖不能完全實現，然影響於國民意識者既已甚深，故雖累經專制摧殘，而精神不能磨滅，歐美人睹中華民國猝然成立，輒疑為無源之水，非知言也。」[83] 即使是社會主義新中國的人民民主制度建設，也深受這一民本主義的影響。毛澤東同志在建國前夕在〈論人民民主專政〉一文中便指出，除了領導權的問題外，孫中山的民權主義，「是和我們所説的人民民主主義或新民主主義相符合的」。[84]正是通過繼承傳統的民本主義，中國的人民民主建設「從傳統的天道人性觀念裏獲得了不同於西方基督教文化的關於道德正當性的價值論證」。[85]

當然，在確證傳統民本主義與現代民主的內在相通之處後，我們必須認識到，在歷史上，傳統政治實踐幾乎全然地否定了民本主義的訴求，以至於民本主義只是作為傳統政治實踐的對立物而存在，而民本理念的發展也十分艱難和曲折，其核心價值和訴求曾多次被誤解甚至被放棄。如漢儒董仲舒便採用屈民伸君、屈君伸天的理路，在提出君權神授説論證政治合法性的同時，實際上將天人相通替換為天君相通，進而使民眾反抗暴政的天然權利消失殆盡，泯滅了先秦時期民本學説中閃現的一線政治權利之光。此後數千年，能將此民權思想發

82　夏勇教授將這二個方面分別稱之為價值法則和政治法則。參見夏勇：《中國民權哲學》，頁8。

83　梁啟超：《先秦政治思想史》（天津：天津古籍出版社，2003），頁7。

84　《毛澤東選集》（第4卷）（北京：人民出版社，1991），頁1477–1478。

85　夏勇：《中國民權哲學》，頁36。

社會主義憲政研究

揚光大者，寥寥無幾，[86] 後世所熟悉的，不過是「君者，舟也；庶人者，水也。水則載舟，水則覆舟」[87] 的「以民為本」統治術（實際上是君為本）。同樣，在清末民初以西方權利話語表達傳統民本思想的時期，對傳統民本主義的理解也與「傳統」頗不相同。如孫中山、毛澤東等更多地關注如何實現民本主義的民權訴求，而不是從民本傳統中證成現代式的民主。同時，他們對政治自由的理解，也與西方啓蒙學者大異其趣，如將權利主體置重於群體而非個人，從利益而非人格尊嚴來界定權利的性質，偏重於積極自由和權利，對消極自由和權利傾力不多。[88] 這種種轉向，使傳統民本主義更多地是發揮革命道德合法性論證的功能，而未能在中國催生出程序化和制度化的民權制度。傳統民本主義發展的曲折歷程，決定了當下中國民主理論建設的重點是挖掘傳統民本主義關於人格尊嚴和意志自由的價值預設，論證民主與「人是道德主體」這一立論的邏輯關聯，並證明民主作為一種權利和作為制度程序的區別和聯繫。質言之，民主直接根源於個體的人格尊嚴，它基於人格的平等而具有平等的內涵；個人意志自由是民主成立的前提，民主作為一種權利，只是個人意志自由的外在表現，尊重個體的意志自由和選擇，是民主的應有內涵，民主權利具有消極自由的稟性。[89] 因此，民主權利首先是個體不可剝奪的權利，其功能在於實現人的尊嚴，而不是或者說首先不是共同體宏大政治目標和理想實現的方式。人之道德主體性地位所具有的個人意志自由的意涵，決定了民主權利的消極自由特徵，也決定了個人對於公共治理領域所具有的

---

86 夏勇：《中國民權哲學》，頁15。

87 《荀子·王制》。對此經典表述所表達的是民本思想還是君為本的統治術，學者間有分歧。參見夏勇：《中國民權哲學》，頁7，注釋（7）；李存山：〈中國的民本與民主〉，載《孔子研究》第4期（1997）。

88 參見夏勇：《中國民權哲學》，頁31。

89 參見秦前紅、葉海波：〈論民主與法治的分離與契合〉，《法制與社會發展》第1期（2005）。

主體性地位和國家權力所有者身份。這在客觀上要求建立公民政治參與的制度，以實現人民的主權，但人之道德主體性地位同時也設定了人民主權行使的限度，即人格尊嚴的尊重和人權的維護是主權行使不可逾越的界限。總之，民本主義對於現代民主的價值，不僅在於孕育着現代民主的價值根基和制度原則，更在於它決定了現代民主權利的性質和多數權力的限度。

CHAPTER
第四章

當代中國憲政的經濟基礎

社會主義憲政研究

　　憲政體制的確立通常使經濟獲得可預期的長足發展，而市場經濟體制又常常作為憲政體制的伴生物或者前置性制度而存在。憲政體制與經濟轉型和發展間存在不容忽視的關聯。但是，二者間的關係僅限於相互「影響」，而非一方的存在「決定」另一方的產生。不過，這一點並不會減損憲政作為一種成功的政治體制對於經濟改善和增進的意義，也不會否認經濟改革或者說市場經濟的實踐對於憲政建設的誘發功能。經過改革開放的三十餘年，中國已經確立了社會主義的市場經濟制度，這一制度使個人的價值得到前所未有的宣揚和尊重，也促使了曾經無處不在的國家權力從私人生活領域的顯著回撤，並日益使全民達成關於民主、人權和產權，以及限權的憲政共識。中國市場經濟建設所導引的種種變化，必將極大地推動當下中國的憲政建設。

一、兩種決定論的謬誤

　　概觀世界版圖，經濟強勢國家多確立了憲政治理的體制，而憲政較為成熟的國家又多為屬行市場經濟的國家。那麼，這二者間到底具有何種性質及程度的關聯呢？換言之，二者之間是否存在決定性的因果關係呢？對此問題，答案不一。其中的經濟決定論有兩種表現形式：經濟基礎(生產關係)決定論和經濟體制無為論。後者只不過是前

者的邏輯推論。本文在前者的語境中來使用「經濟決定論」一語。[1] 此論和憲政決定論影響較大。

　　經濟決定論在中國具有廣闊的市場，也一直影響着中國的憲政建設。這種在中國根深蒂固的經濟決定謬論，固然與馬克思主義有一定的關聯，[2] 但是，對馬克思主義的斷章取義者應當承擔更大的責任。事實上，馬克思和恩格斯在晚年都對經濟決定論進行了相當程度的修正。[3] 這種糾偏使經濟決定論所闡明的經濟的「決定」作用變成相對的，也即是經濟具有「影響」他事物變化的能力。當前盛行的經濟決定論與馬克思主義對經濟「決定」作用的認識相去甚遠。這一理論認為，經濟無非就是生產關係的總和，經濟的「決定」作用意味着經濟具有「產生」並「規定」他事物的功能，意味着政治和文化系統在性質和發展程度上對經濟的從屬。經濟決定論將經濟視為社會發展的唯一決定力量，因此它否認其他系統在社會發展中的地位，也不承認在一定條件下主體的選擇對社會發展的意義，更不承認政治和文化系統自身存在發展的邏輯。總之，在經濟決定論中，經濟決定了社會的一切，政治和文化對經濟發展亦步亦趨。這一理論同樣認為，憲政體制

1　參見童之偉：〈憲政理論研究應優先突破的一個環節——對經濟基礎、經濟體制作用的再認識〉，《江海學刊》第2期（1995）。

2　1890年，恩格斯指出：「青年們有時過分看重經濟方面，這一部分是馬克思和我應當負責的。」他解釋説，由於論戰的環境，他們在反駁論敵時「常常不得不強調被他們否認的主要原則」，沒有時間、地點和機會來給「其他參預相互作用的因素以應有的重視」。他還批評那些將經濟決定論推向極端的最新的「馬克思主義者」們，説他們「的確也引起過驚人的混亂」。《馬克思恩格斯選集》（第4卷）（北京：人民出版社，1972），頁479。

3　參見周永坤：〈法律經濟決定論評析〉，《法學》第2期（1996）。

社會主義憲政研究

也只是特定經濟基礎的產物。[4] 我們可以將這一論調稱為憲政經濟決定論。

憲政決定論只是近年來興起的一種理論，其主要觀點集中體現在憲政轉軌論中，後者又以 2003 年的一篇廣為傳閱的論文〈經濟改革和憲政轉軌〉[5] 和科爾內 (Janos Kornai) 的長篇論文〈從社會主義到資本主義變化意味着什麼〉為代表。[6] 眾所周知，關於前社會主義國家的經濟改革存在着休克療法的激進轉軌和漸進轉軌兩種方式。俄羅斯經濟轉軌的失敗使「休克療法」面臨眾多指責。激進的經濟轉軌論者如薩克斯 (Jeffrey Sachs) 提出的轉軌初始條件論並不具有很強的解釋力，但激進轉軌論者並沒有放棄這一理論，在俄羅斯經濟形勢出現轉機時，激進的經濟轉軌論者拋出了憲政轉軌論。[7] 憲政轉軌論其實只是休克式經濟改革論的新生版本。憲政轉軌論認為，經濟改革只是憲政轉型的一部分，經濟轉軌的核心是大規模的憲政制度的轉變；歷史證明，憲政作為制度核心，是長期成功的經濟發展的根本。因此，憲政轉軌論者認為，經濟轉軌是後社會主義國家的制度與全球資本主義制度趨同的過程，而不是創造一個本質上不同於資本主義的制度創新過程。[8] 科爾內在提出「體制的特殊品性」這一分析工具後認為，體制的特殊品性是判定經濟社會制度的標準，不同的經濟社會制度會有不同

4　錢福臣教授認為，中國憲政建設面臨着眾多的反憲政基因的阻礙和憲政基因缺失的先天不足，市場經濟則是消除反憲政基因並培養憲政基因的經濟基礎。這是某種程度的憲政經濟決定論。參見錢福臣：〈我國憲政生成的基本障礙、條件與路徑〉，《雲南大學學報》（法學版）第1期（2004）。

5　Jeffrey Sachs、胡永泰、楊小凱著，該文載《經濟學（季刊）》（ China Economic Quarterly ）第4期（2003）。

6　該文載美國《經濟學展望》雜誌冬季號（2000）；Janos Kornai, "What the Change of System from Socialism to Capitalism Does and Does Not Mean," Journal of Economic Perspectives, v.14, no. I (Winter 2000): 27–42.

7　參見曲振濤、劉文革：〈「憲政轉軌論」評析〉，《經濟研究》第7期（2002）。

8　同上註。

的特殊品性，只有社會制度（政治方面）變革成功才會實現和完成經濟體制方面的轉軌。[9]一言以蔽之，憲政轉軌論認為，憲政改革決定經濟轉軌之前景。我們將之稱為經濟憲政決定論。

毋庸置疑，無論是憲政經濟決定論還是經濟憲政決定論，如果僅從憲政與經濟相互「影響」而不是「絕對決定」的關係來立論，當然具有重大的理論和實踐意義：憲政經濟決定論提醒人們，市場經濟體制的確立會為憲政建設培育一些必要的基因，如權利意識、主體地位、多元社會和權力規制，等等；而經濟憲政決定論則提醒我們，經濟轉軌是否成功不能只看短期的經濟發展速度，而要以長期的經濟發展預期為觀察點，這要求經濟轉軌配之以憲政改革，切不可在經濟發展之時放棄憲政的建設。看起來，兩種決定論能夠明確肯定地指出改革的方向和要注意的關鍵性問題。但是，對兩種決定論的認識不能僅僅限於此，它們有着所有歷史決定論的共同特徵，即「以抽掉必要的認識為前提」，[10]因而它們的弱點和謬誤也是明顯的。經濟決定論以經濟為社會發展的唯一動力中心，將所有政治問題和文化問題都化約為經濟問題，消解了政治和文化存在的獨立性，因此其典型的論調是將經濟的影響稱為「決定作用」，而將政治和文化對經濟的影響稱為「反作用」，並認為這兩個系統只是「相對獨立」的存在。憲政決定論將經濟改革視為憲政轉軌的一部分，認為沒有整體性的憲政轉軌便不可能有成功的經濟轉軌，在實質上否認經濟系統存在的獨立性，將憲政制度的建立視為社會發展的核心和決定性因素。因此，憲政決定論和經濟決定論秉持相同的立論方式，即將經濟問題化約為憲政問題，消解經濟系統的獨立存在性，或者相反。質言之，這兩種決定論都

9　參見靳濤：〈憲政改革與經濟轉型內在邏輯的再審視〉，《江西財經大學學報》第5期（2005）。

10　周永坤：〈法律經濟決定論評析〉，《法學》第2期（1996）。

是一種化約主義(reductionism)。[11] 它既可以是一種關於實在的觀點。
此時,「它認為宇宙的所有多樣性都能化約為一種「物質」或是一種能
量,這種物質有一些最基本的物理屬性:延展性、質量、體積(即牛
頓〔Isaac Newton〕宇宙的基本特徵)」[12],也可以是將經驗世界化簡為感
官材料的認識論。化約主義是一種還原論,它試圖將複雜的世界還原
為較簡單明瞭的東西,是一種線性思維方式。這一思維方式將社會系
統中經濟、政治和文化這些原本相互獨立的系統進行排座,並安排它
們之間的因果體用關係。經濟決定論將經濟系統安排在因果關係鏈的
原因端,而將其他系統安排在因果關係鏈的結果端;憲政轉軌論將憲
政體制安排在因果關係鏈的原因端,而將經濟系統放置在因果關係鏈
的結果端。二者對何為因何為果認識不一,但只是歷史決定論的亞種
和化約主義的具體實踐,並無本質區別。這種化約主義的思維方式,
是將複雜的社會簡單化了,雖說其絕對的立論可以提醒我們正確認識
經濟改革和憲政建設,但它同時會導使人們忽視改革的另一些關鍵因
素。如經濟決定論不可避免地會否定憲政改革的重要性和緊迫性而致
使憲政改革的滯後,最終可能導致政治腐敗和政府機會主義嚴重挫敗
經濟改革的局面;憲政轉軌論雖提醒人們應重視憲政改革,但它會誘
使人們否定沒有憲政改革相配套的經濟改革的成就,也不能解釋在威
權體制下經濟的發展和市場經濟體制的確立。總之,這兩種決定論都
有其不可忽視的缺陷,這種缺陷源於它們堅持化約主義的線性思維方
式,否認社會系統的複雜性。

　　事實上,憲政與經濟系統之間只是相互「影響」而不是「決定」。
憲政與經濟系統是相互獨立的系統。人類社會所有的聯合組織都是人

11　「化約主義」一詞在不同的語境中被多樣化地使用,參見〔美〕本傑明・史華慈(Schwartz,
　　B.)著,張寶慧譯:〈論中國思想中不存在化約主義〉,《開放時代》第5期(2001)。

12　同上註。

們聯合起來面對死亡的努力，憲政與經濟都是人類試圖消除這種死亡
威脅的努力和結果，只不過它們要消除的死亡威脅各不相同，這也進
而決定了它們是各自獨立的系統。作為政治系統這一領域的問題，憲
政遵從政治系統運作的基本邏輯，其合法性基礎在於人的尊嚴與國家
權力間的悖論，即人的尊嚴的維護需要國家權力的存在，而國家權力
又往往是人的尊嚴最危險的侵犯者。憲政無須也不必非要從經濟系統
中尋找自身的合法性基礎，這決定了憲政系統的獨立性。相對於憲
政，經濟也是一個獨立的系統。經濟系統首先是人在面對生存威脅過
程中產生的，其基本問題是如何最有效率地解除生存資料的匱乏所形
成的生存威脅。經濟制度的合理性和經濟改革的成效也只能以此標
準 —— 是否有利於生產力的發展和生活水平的提高 —— 來衡量。由此
觀之，當下中國的經濟改革是頗具成效的，而當下中國的憲政建設則
進步空間巨大。當然，憲政和經濟均是開放的系統，其他因素都會對
其具體樣式產生重要的影響。憲政對於經濟的意義在於，憲政體制對
人權和產權的制度性保護，以及對國家主權的適當規制，會鍛造一個
提供可信承諾的政府，並相當程度地扼制政府的機會主義，[13] 從而為
經濟的健康發展提供制度和規則條件，即憲政治理會提供一套「非人
格化的治理規則」，從而消除政府治理中的不確定因素。至於經濟，
特別是市場經濟對憲政建設的影響，學界多認為，市場經濟的法則必
將會推動憲政的建設，[14] 而市場經濟的實施將會培養各階層的平等意

---

13 楊小凱先生曾論及英國和法國在17至18世紀發展的資本主義經濟的差別，它將前者的資本
主義經濟視為好的資本主義經濟，而將後者視為壞的資本主義經濟，因為前者確立了憲政治
理的體制，而後者則否。當然，這一英法的個案只能證明憲政體制對於經濟的意義，並不能
證明憲政體制對於經濟性質的決定作用。參見楊小凱：〈資本主義≠經濟成功〉，載《南方周
末》2002年8月8日B14版。

14 參見李小明：〈市場經濟與憲政相互作用論略〉，《法商研究》第3期（2000）。

社會主義憲政研究

識而形成多元化社會,強化市場參與者的主體意識而形成權利意識,這些最終會促使國家權力在產權和人權面前保持克制。

二、財產權：憲政與市場經濟的聯結點

自人類作為一個整體從自然界中分離而獲得主體性地位之後,個體從整體中分離出來而獲得主體地位,就是人類歷史的重要主題,而如何使個體之主體地位得到充分的尊重和實現,則是人類社會鬥爭的方向。所以,梅因説,人類的一切進步運動,可以歸結為「從身份到契約的運動」。[15] 這一從身份到契約的運動過程,否棄個體對權貴的依附是其基本內容,也是對人格尊嚴的張揚。維護人格尊嚴的過程是與兩種威脅作鬥爭的過程,這兩種威脅一個來自私性個體,另一個則來自公共權力。這兩種威脅的存在,構成了憲政與市場經濟相互聯繫的客觀基礎,而人格尊嚴之維護對財產權保護的內在要求,則構成了二者的聯結點。

1. 作為經濟制度和憲政原則的財產權

人作為一個自然存在物,首先必須維持自己的生命。生命權是其他權利的基礎,生命權賦予人採取行動滿足自身生理需求的權利。人通過勞動從自然界中獲得生存的基本資料,是人從自然界中分離出來

15　[英]梅因(Maine, H.)著,沈景一譯:《古代法》(北京:商務印書館1996),頁97。博登海默説:「梅因的『從身份到契約』的理論,並不是他對法理學作出的僅有的傑出貢獻。」[美]埃德加‧博登海默(Bodenheimer, E.)著,鄧正來等譯:《法理學——法律哲學和方法》(北京:華夏出版社,1989),頁92。

後唯一可能的選擇，也是一種自然的行為，這一必然如此的選擇因為能夠維持人的生命而具有事實上的正當性。在自然狀態下，上帝創造的地上的一切，只是人類的共有物，任何人並非從一出生就具有排斥其他人的私人所有權。通過勞動維持生命這一行為的正當性，不但使以勞動來維持自身生命成為個人的責任，也使勞動成為具有絕對正當性的生存行為和生存手段，進而賦予了勞動者佔有勞動果實的權利，這即是財產權。所以，洛克說：「勞動使它們同公共的東西有所區別，勞動在萬物之母的自然所已完成的作業上面加上一些東西，這樣它們就成為他的私有的權利了。……我的勞動使它們脫離原來所處的共同狀態，確定了我對於它們的財產權。」[16] 在這個意義上，財產權是實現生命權的主要工具。[17] 人類社會的發展證明，個體對財產的佔有和社會對其財產權利的尊重，是維持生命的最有效手段。基於財產權對於生命維持的決定性意義，在各國，對私有財產權的保護首先成為一項經濟制度。除此之外，財產權對於個人自治和人格尊嚴的價值，也使財產權成為政治法律的基本原則。

財產權作為一項經濟制度，首先是一種維持生命的手段。對這一手段正當性的認可與維護，本身即是對生命權的尊重。但是，財產權並非只有在生命權的庇護下才具有正當性，財產權自有其獨立價值。人作為一個生命體的存在，具有生理和精神雙層面的需求。人作為一個具有自由意志的動物，天然地要通過自由表達意志來實現自己的精神存在。個人自治是人的本質體現。確保個人具有一個不容干涉的私域空間，是防範國家和其他社會主體侵犯個人自治的關鍵。財

---

16 ［英］洛克（Locke, J.）著，葉啟芳、瞿菊農譯：《政府論》（下篇）（北京：商務印書館 1964），頁19–20。

17 參見劉軍寧：〈風能進，雨能進，國王不能進——政治理論視野的財產權與人類文明〉，載《愛思想網》，http://www.aisixiang.com/data/6774.html

社會主義憲政研究

產權實際是對個人私域空間的界分和承認，表達了個人自治的價值。「個人財產權的概念意味着個人在社會範圍內自治的正當性，意味着個人有權支配在私人領域內屬個人的物品。」[18] 對個人財產權進行憲法和普通法保護，是確立私域空間之間，以及私域空間與公權力空間的界限，也是在確立人類社會的最基本遊戲規則。財產權對個人私域空間的保護功能，使之成為個人自治的基礎制度。個人自治的確立，是對個人自由意志的承認，而自由意志正是人的本質所在。當一個人可以自由地選擇其生活方式並決定其行為時，他便是一個有尊嚴的存在體。經驗告訴我們，沒有財產權，一個人只有從他人的施捨中尋找生存的機會，個人自然就處於受制於他人或組織，處於服從、被強制的狀態。在此狀態下，個人的生命將一文不值，這也必將摧毀個人的精神自由，進而使人喪失其獨立的人格和尊嚴。所以，沒有財產權，人的生命權將受到減損，個人更不可能存在人格尊嚴和自由意志。財產權對於個人自治、人格尊嚴和人之主體地位的獨特價值，使之成為憲政的基本原則。在憲政發展史上，財產權和生命、自由權並列為三大基本人權，各國在對財產權進行憲法保護時的規範表達方式和保護模式雖有不同，但其核心價值是趨同的，即「財產權保護，不僅是私有財產的制度化與合法化，而且肯定了公民個體獨立人格的價值與尊嚴」。[19] 財產權作為憲政的基本原則，要求憲法對於財產權的保護，必須擴展至生活資料以外的部分。如果說生活資料的憲法保護只是對生命延續的國家承認，那麼，這種國家承認實際上只涉及到人的生理需求方面，而對人之精神存在則否。因此，僅僅承認公民對生活資料的財產權利，實質上是對公民財產權及財產權所體現的人格尊嚴價值

---

18 同上註。

19 范亞峰：〈財產權保護的正義之維〉，載《愛思想網》，http://m.aisixiang.com/data/5780.html

的否定。中國現行憲法 2004 年修正案將公民財產權的範圍擴展，正
體現了國家對公民主體地位及人格尊嚴的承認和保護。

2. 財產權保護與主權構設及約束

市場經濟是參與主體地位平等、意志自由，通過主體間合意來實
現資源配置、商貿合作的經濟體系。財產權是市場經濟的基礎。我們
不能將對個人財產權的保護等同於堅持實行私有制，二者應當做適當
的剝離。私有制並不是市場經濟的基礎，即並不是只有在私有制下才
可能建立市場經濟，但財產權保護進而實現主體平等則是市場經濟
的基礎。[20] 財產權的保護標示着財產主體能夠自由地支配和處理其財
產，也意味着其他主體對他人財產的尊重義務。這一權利和義務的確
立，是不同市場主體間能夠進行討價還價並達成合意，而不是通過暴
力來分配財富的前提。財產權不但是市場經濟的基礎，也是憲政的基
本原則，它構成市場經濟與憲政的聯結點。二者的聯結是以這樣的方
式展開的：一方面，市場經濟賴以立基的財產權作為一項排他性的權
利，需要國家來加以界定，這從邏輯上提出了主權構設的要求；另一
方面，國家權力在確定財產權之間的界限時，也成為財產權最可能的
侵害者，因此，規制主權成為必然。

學界通常認為，洛克的勞動價值論構築了個人財產權的哲學基
礎。這一理論的提出是為了批駁羅伯特·菲爾默 (Robert Filmer) 的「君
權神授論」。羅伯特·菲爾默認為，地上萬物是上帝為所有子民創設
的，為人們所共有，一個人如果主張對某物的財產權，必須獲得全體
的一致同意，而這種同意是不可能的。依此論，個人利用財產來反對

20　參見李小明：〈市場經濟與憲政相互作用論略〉，載《法商研究》第3期 (2000)。

絕對君主權是不可能的。洛克並不否認財產共有論，但個人對財產的佔有並不需要一致同意。他指出，「如果這樣的同意是必要的話，那麼儘管上帝給予人類很豐富的東西，人類早已餓死了」。[21] 的確，一致同意的不可能也就意味着個人通過佔有財產來維持自身生命的不可能。在此前提下，洛克提出了勞動價值論。他說：「誰把橡樹下拾得的橡實或者樹林的樹上摘下的蘋果果腹時，誰就確已把它們撥歸己用。……勞動使它們與公共的東西有所區別……這樣它們就成為他的私有的權利了。……我們在以合約保持的共有關係中看到，那是從共有的東西中取出任何一部分並使它脫離自然所安置的狀態，才開始有財產權的；若不是這樣，共有的東西就毫無用處了。而取出這一或那一部分，並不取決於一切共有人的明白同意。……我的勞動使它們脫離原來所處的共同狀態，確定了我對它們的財產權。」[22] 因此，洛克的勞動理論不僅奠定財產權的正當性，賦予個人佔有財產的正當性，也揭示了財產權所具有的排他性的本質特徵，禁止他人使用我們的佔有物被認為是財產權的力量。[23] 這一理論揭示了財產權問題本身所包括的道德層面的正當性和實證層面的財產權界定及實現問題。一個人是否有權利使用、佔有地球上的物和資源，只涉及財產權的正當性問題。一個人如何才能實際地向他人主張自己的財產權利，是一個不同於財產權正當性的實證問題。財產權的先驗正當性和財產權的現實排他性，是財產權的雙重屬性。

　　生命的維持和生活的改善，決定個體必須佔有財產並促進了個人佔有財產的欲望，但財產權是一項排他性的權利，而財富總是稀缺的，這注定會因財產佔有而發生衝突。事實上，無論是在人口稀薄的

21　〔英〕洛克（Locke, J.）著，葉啟芳、翟菊農譯：《政府論》（下篇），頁20。

22　同上註，第19–20頁。

23　See *Nollan v. California Coastal Commission*, 107 S. Ct. 3141, 3145 (1987).

古代還是在人口爆炸的今天，因自然資源引起的社會衝突可謂層出不窮。那麼，如何才能盡量地減少這些衝突呢？方法有二，即快速的發展經濟或者製造壓力使社會主體尊重他者的財產權。經濟的快速發展建立在人的創造力的釋放這一基礎上，而且同時要求減少財富維護的成本，這些都要求建構一個統一的主權國家，即一個統一行使暴力的組織。「如果在一個可以控制的疆域內建立單一一套暴力組織，其效率是最高的。」[24] 國家的產生正是社會發展需要的結果。製造壓力使社會主體尊重他者的財產權，也必須借助於國家權力。作為一項排他性的權利，權利主體並不能界定自己的權利與他者權利的界限，權利的界定必須借助於一個中立的第三方，而這個第三方對權利的界定要獲得遵從，他就必須具有能讓權利各方都服從的資本。歷史證明，暴力正是使權利主體服從的根本因素，也只有在暴力方面具有比較優勢的國家才能界定財產權。總之，財產權的排他性和財產衝突的現實，構成了國家權力產生的事實前提。以財產權為基礎的經濟體制，在促進國家財富增長的同時，必然要求強化國家的治理能力來維護一個正常的經濟秩序。所以，諾斯（Douglass C. North）說，關鍵問題「是解釋逐漸由國家規定和強制實施的所有權的性質和解釋強制實施的效力；最有趣的挑戰，是解釋結構的變革和所有權在這期間的實施」。[25] 的確，在任何時候，能否建立一個對內能夠絕對地維持社會秩序，對外能夠抵抗財產掠奪者的強大國家，都是個體生命獲得保障的基礎。在種族階層衝突不斷、內無寧日外無獨立的國家，個人生命如草芥，任由踐踏，更談不上個人的尊嚴了。不過，歷史的弔詭之處恰在於，當人類

24 朱琴芬：〈新制度經濟學國家理論及其對我國改革發展的啟示〉，《中共四川省委黨校學報》第1期（2005）。

25 〔美〕道格拉斯・C・諾斯（North, D. C.）著，厲以平譯：《經濟史上的結構和變革》（北京：商務印書館，1992），頁22。

社會發展出國家這一暴力壟斷組織後，財產權獲得了一定保障，經濟得到了快速發展；但經驗也表明，國家也常常成為侵犯財產權，阻礙經濟發展的主要因素。諾斯就曾明確指出：「國家的存在對經濟增長來說是必不可少的，但國家又是人為經濟衰退的根源。」[26] 這即是著名的「諾斯悖論」。這一悖論揭示了國家在財產權保護及社會經濟發展中的矛盾之處。「諾斯悖論」表明，對國家權力的控制是一種現實需要，也具有絕對的正當性。如果不限制政府權力、保護財產權，「公民就只能每天依賴政府官員的信譽生活了。公民擁有的只是特權而不是權利。在政府面前，他們就像懇請者和乞丐，而不是權利所有人」。[27] 但是，這一控制何以可能？我們可以也必須通過種種制度設計來掣肘國家權力的行使，但這些制度必須建立在明確的出發點上。財產權保護正是這一制度建設的出發點。財產權和生命權作為人權的基本內容，是先於國家權力而存在的，財產權的這種先在性構成了對政治權力的先在約束。近現代憲法將財產權寫入憲法，就是對這種先在約束的承認。總之，財產權的排他性和財產的稀缺，決定了社會成員會因為財產而相互衝突進而導致社會的失序，這決定了建立一個統一的主權國家的必然性，而財產權的絕對性和先在性本身亦是對主權的一種限制，這一限制的要求為國家權力對個人財產不斷侵犯的歷史事實所強化。

26　［美］道格拉斯‧C‧諾斯（North, D. C.）著，厲以平譯：《經濟史上的結構和變革》，頁21。

27　［美］凱斯‧R‧孫斯坦（Sunstein, C. R.）著，金朝武等譯：《自由市場與社會正義》（北京：中國政法大學出版社，2002），頁281。

三、社會主義市場經濟與當代中國憲政

　　無論西方國家是否承認，中國已經建立了社會主義的市場經濟體制，基本進入市場經濟社會。[28] 近30年經濟改革逐步建立的社會主義市場經濟，構成了當下中國憲政建設的經濟基礎。

1. 「社會主義」市場經濟與中國憲政

　　中國建立的市場經濟是社會主義市場經濟。「社會主義」這個修飾語並非可有可無，也並非空無一物，它具有實質性的內涵。社會主義市場經濟具有雙重涵義，一是指在社會主義國家，即原先實行計劃經濟體制的國家建設市場經濟，一是指與資本主義市場經濟不同的一種經濟體制。就後者而言，社會主義市場經濟具有的本質特徵是以公有制為主體，以與西方那種建立在私有制基礎上的市場經濟相區別，這集中體現在中國長期的經濟體制變革的實踐中。如果以計劃因素或市場因素調節經濟活動的深廣度為標準，建國以來經濟體制的變革大概經歷了如下四個階段：一是1949年至1956年間，計劃與市場平分秋色；二是1957年至1977年（特別是後10年）間，計劃幾乎控制一切；三是1978年至1992年底，其間先以計劃調節為主，市場調節為輔，後來計劃與市場大致持平；四是1992年底開始至今，市場成為調節社會經濟資源配置的主要手段。[29] 可以說，自建國至今，中國經歷了計劃與市場間的反覆，並最終建立了市場經濟的體制，但這只是經濟體制

28　參見童之偉：〈《物權法［草案］》該如何通過憲法之門——評一封公開信引起的違憲與合憲之爭〉，《法學》第3期（2006）。

29　參見童之偉：〈憲政理論研究應優先突破的一個環節——對經濟基礎、經濟體制作用的再認識〉，《江海學刊》第2期（1995）。

和資源調節方式的變化，其間一大二公的公有制被拋棄，公有制的比重也在社會中不斷下降，但這種變革並沒有改變公有制的主體和主導地位。這種變革方式，與俄羅斯所進行的休克療法的激進改革是完全不同的，後者的市場化過程與私有化相伴隨，直接從社會主義的計劃經濟體制邁向了資本主義的市場經濟體制。總之，中國的經濟改革是從社會主義的計劃經濟體制過渡到社會主義的市場經濟體制，社會主義市場經濟的建立改變了中國社會的生產和經濟關係，但它堅持了公有制的主體地位；這一生產關係領域的變革，直接影響了中國現行憲法文本的內容。這集中體現在以下幾個方面：一是經過四次修改，在保持公有制經濟主體地位的前提下，現行憲法確認了非公有制經濟的憲法地位，如現行憲法第6條、第11條明確規定，在社會主義初級階段，國家堅持多種所有制經濟共同發展的基本經濟制度，非公有制經濟是社會主義市場經濟的重要組成部分，國家保護非公有制經濟的合法的權利和利益並鼓勵、支持和引導非公有制經濟的發展。這些規定體現了經濟領域的變化。二是現行憲法確認了市場經濟的體制。

憲法文本的變化固然是採行市場經濟體制所引起的，但這種變化的深層原因是社會主義本質的認識變化。當理論界和實務界認識到市場不是資本主義國家的專利、計劃不是社會主義的本質，通過市場配置資源是經濟發展的內在邏輯需求時，[30] 社會主義市場經濟對憲政的影響便首先在憲法文本的變遷上得以體現。所以，現行憲法文本的變遷只是糾正了人們過去對社會主義的教條主義認識。據此，我們可以斷定，現行憲法文本的變遷並不是社會主義市場經濟中的「市場經濟」這一因素所引起的，而是其中「社會主義」的成分決定的：在生產關係的層面，「社會主義」的基本要求是以生產資料公有制為社會主義

---

30 在熊彼得看來，社會主義並未向資本主義借用任何事物，兩者都必須借用完全普遍的選擇邏輯。J. A. Schumpeter, *Capitalism, Socialism and Democracy* (New York: Harper and Row, 1950), Ch.16 & 17.

經濟制度的基礎，確保公有制的主體地位和主導作用，這意味着非公有制經濟並非社會主義的公敵，它具有補充作用，這決定了公有制經濟和非公有制經濟在憲法上的地位；在經濟體制（資源配置方式）的層面，「社會主義」並不與計劃或市場中的任何一者發生本質性關聯，這決定了市場經濟最終獲得憲法的認可；在財產權保障方面，過去的社會主義實踐都是將公有財產和私有財產進行差別保護，這也一直被視為「社會主義」的客觀要求，認識到這一點，我們便可以基本理解《物權法》（草案）的平等保護原則違憲觀點，儘管它符合市場經濟的要求。[31] 這也決定了憲法關於公私財產權保護的差別。認識到這一點是十分重要的。我們建設的是社會主義市場經濟，所以我們的憲法變遷是在堅持「社會主義」這一底線要求下的變遷，其變遷的可能內容是最大限度地將社會主義的非本質性特徵排除在憲政改革的「禁區」（「社會主義」的本質特徵構成了改革的禁區，即憲政改革不能放棄社會主義這一點）之外，變遷的速度取決於我們關於「社會主義」的認識靠近「真理」的能力，變遷的限度和空間由「社會主義」的本質特徵所劃定的界限決定。總之，「社會主義」市場經濟不同於資本主義市場經濟的特徵，直接影響了中國憲法文本的變遷。這是社會主義市場經濟作為當代中國憲政建設經濟基礎的第一層含義。

2. 社會主義「市場經濟」與中國憲政

　　社會主義市場經濟作為當代中國憲政建設經濟基礎的第二層含義，是指社會主義市場經濟作為一種經濟體制對於當下中國憲政建設的積極意義。市場經濟作為一種在根本上區別計劃經濟的經濟體制，

31　參見童之偉：〈《物權法［草案]》該如何通過憲法之門——評一封公開信引起的違憲與合憲之爭〉。

建立在特定的「市場法則」之上。這一市場法則即是市場主體身份平等、機會均等和意思自治。市場機制在中國的確立，推動了市場法則在中國社會的普及，並必然推動當代中國憲政建設。[32]

自西方文藝復興以降的人文主義運動，旨在張揚人作為道德主體的尊嚴和主體性地位，將個人從神權和王權下解放出來。這一運動的直接產物是確立了個人的絕對價值和尊嚴，並將之具體化為一系列的基本人權。對先於國家而存在的具有超驗性的基本人權的認同，成為一國表達個體價值，尊重人格尊嚴的標誌，也直接具體化為西方國家憲法中關於人的尊嚴和基本權利的規範內容。眾所周知，在中國，這一直接表達人之尊嚴的「人權」，曾是一個招致災禍的字眼，改革開放前的憲法文本也沒有正式使用和承認這一用語。在這一時期，中國憲法確定的基本觀念是「革命」民主、[33] 權利國賦的基本觀念。在這一觀念主導下，個人成為國家的附屬品，國家通過控制人民的生存資源的方式剝奪了個體對抗國家的絕對權利，個人當然也不能表現自己作為人之存在的基本尊嚴，並正當地獲得實現其尊嚴的財產和政治權利。經過2004年的憲法修正案，現行憲法第33條莊嚴宣告：「國家尊重和保障人權。」這一人權條款的導入，固然多具有政策宣示的意義，但這種政策宣示所表達的基本價值是不容忽視的。現行憲法對現代社會基本人文價值的確認，顯然不是一個偶然的事件，而是中國市場經濟發展的結果。換言之，中國對市場經濟體制的接納宣揚了現代社會的基本人文價值，是普遍承認人之價值和尊嚴的徵兆，進而直接促成了中國憲法和憲政價值理念的變遷。

32　參見李小明：〈市場經濟與憲政相互作用論略〉，《法商研究》第3期（2000）。

33　參見秦前紅、葉海波：〈憲法修正與憲政民主觀的確立〉，《法學評論》第2期（2005）。

　　除了直接促成了中國憲法和憲政價值理念的變遷外，市場機制的確立也在客觀上建立了制約國家權力的社會基礎。就經濟自由而言，市場機制與計劃機制的根本區別，在於經濟主體是否享有自主地決定經濟事務的主體性權利。在計劃經濟的時代，經濟生活由國家行政權控制，經濟活動的參與主體只是完成國家目標的工具，談不上經濟主體的獨立經濟決定權。與之相對應，計劃經濟時代的國家是一個全權性的國家，國家權力幾乎沒有邊界，直接滲透到社會生活的各個角落。所以，計劃經濟的社會是一個「權力社會」。市場體制通過市場來配置資源，而市場是由無數的經濟主體參與形成的，實質上是無數的經濟主體在價格機制的引導下的買賣行為導致了資源的優化配置。儘管這些經濟主體並不能意識到其經濟行為將是整個市場行為的一部分而具有資源配置的功能，但其經濟行為是個人意志自治的結果，而不是對於外在的國家命令的執行。市場機制配置資源的方式，決定了市場經濟天生就與國家權力對基本經濟活動的干預是不相容的。換言之，市場經濟意味着國家權力的限制，是一個「權利社會」。中國市場經濟社會的形成，首先在經濟領域實現了國家權力的限制，這是當代中國憲政建設的社會基礎，並直接導致了中國憲政的變遷。現行憲法拋棄「革命」民主觀，投入憲政民主的懷抱，設立行政覆議和訴訟制度，以及在全國人大法工委之下的法規審查處，意味着國家權力觀（國家權力是「惡」的存在和國家權力的有限性）的變化，也與市場經濟對人文理想的推進是相伴隨的。

3. 「社會主義」與「市場經濟」的張力

　　在社會主義的建設中，對公有制經濟的特別保護是一個長久的傳統。[34] 1923年《蘇俄民法典》，如第22條、60條、68條及其附則99條、101條等條文就分別從客體的廣泛性、要求返還的條件的優越性、取得所有權的優先性、受償順序的優先性等方面，給予了國家財產以特殊保護。[35] 社會主義國家的民法和法律學說，長期以來都是把關於公有財產優位的憲法條款理解為對國有財產給予特殊保護的。在1982年修憲及其後的一段時間內，中國法學界包括民法理論界「流行的觀點」是，「從憲法第12條關於『社會主義公共財產神聖不可侵犯』的規定出發，應借鑒蘇聯民法關於對國有財產實行特殊保護的措施」。[36] 1984年出版的《中國大百科全書‧法學卷》對這一特殊保護原則進行了總結，即「在社會主義國家的民法上，對國家所有權實行特殊保護的原則」，其內容包括：「返還被不法佔有的國家財產不受時效限制，不論佔有人是否有過錯、是否知情，不論是直接得到還是幾經轉手，國家與他人對財產的所有權的歸屬發生爭議，事實上無法確定時，推定為國家所有。」[37] 與以往歷部社會主義憲法相比較，中國現行憲法對公有財產的特殊保護程度有過之而無不及。現行憲法對社會主義公共財產採用了一種絕對保護的模式，即「社會主義的公共財產神聖不可侵犯」（第12條），對公民的私有財產權則採用了相對保護的模式。基本權利的絕對保護和相對保護又分別被稱為依憲法的保護

34　重點參照了童之偉先生在〈《物權法［草案］》該如何通過憲法之門——評一封公開信引起的違憲與合憲之爭〉一文中的總結。

35　參見蕭榕等主編：《世界著名法典選編》（民法卷）（北京：中國民主法制出版社，1998），頁1016–1053。

36　王利明：《國家所有權研究》（北京：中國人民大學出版社，1991），頁316。

37　《中國大百科全書‧法學卷》（北京：中國大百科全書出版社，1984），頁52。

和依法律的保護。[38] 現引憲法規定:「公民的合法的私有財產不受侵犯。國家依照法律規定保護公民的私有財產權和繼承權」(第13條)。對私有財產的保護使用「依照法律規定」並區分「合法與非法」,表明了憲法對公私有財產保護的差別。我們也可以在中國的民法通則和刑法中發現這種差別。這一立憲與立法的實踐表明,長久以來,我們認為對公私有財產進行差別而不是平等保護是社會主義的本質體現。但是這一差別保護與中國憲法所確立的市場經濟體制是相衝突的。[39] 市場機制真正建立的前提是市場主體的法律地位的平等性,這必然反對對不同主體的財產權實行差別保護。關於《物權法》(草案)的爭論正是社會主義的經濟要求與市場經濟的衝突的具體表現。由此可知,社會主義市場經濟作為當代中國憲法的經濟基礎,既決定中國憲政的變遷,也決定了中國憲政建設過程中的一些衝突。市場經濟與社會主義二者間的張力,將促進社會主義和市場經濟的認識不斷深入,並構成中國憲政改革和變遷的着力點。

---

38 具體論述詳見韓大元、林來梵、鄭賢君:《憲法學專題研究》(北京:中國人民大學出版,2004),頁276–279。

39 參見童之偉:〈《物權法〔草案〕》該如何通過憲法之門──評一封公開信引起的違憲與合憲之爭〉。

CHAPTER
第五章

05

當代中國憲政的政治前提

社會主義憲政研究

　　憲政主義是關於政治權力規制的理論，其為公共權威設定的界限是不容侵犯的人格尊嚴。憲政主義的聽眾是所有理性自治的個體，即憲法之下的公民。憲法之下的公民，不僅標示憲政主義的聽眾作為理性自治體而具有的道德主體地位，更暗含着聽眾相互間的差別。易言之，利益的分殊和可識別性，以及社會的多元化決定了憲政主義的聽眾基礎，而對多元化利益的政治認同和利益主體平等地位的憲法保護則構成了憲政的政治前提。近30年的市場經濟建設，既是對社會多元利益共存的承認，更促進了中國社會的多元化和利益集團間的對峙。當代中國憲政建設，將會受益於近年來革故鼎新所誘發的公民意識、法治觀念、權利訴求和自治組織，而政治層面對社會多元化的積極回應，[1] 必將形成多元政治格局，並促進當代中國憲政的發展。

一、社會多元化的政治認同

1. 一元化—多元化：當代中國社會變遷

　　新中國建立後不久，政府便着手改造舊社會機制，擴展革命政權組織，創設新社會團體。與此同時，國家將所有社會組織納入行政組

1　和諧社會理論的提出表徵了社會多元化的發展趨勢和現實，也是政治當局對這一趨勢回應的體現。參見孫立平：〈政府轉型與實現社會價值多元化〉，載《社會課程網》，http://zykc.crup.cn/sociology/showArticle.asp?ArticleID=1470

織系統，為其設定行政主管部門，確定行政級別，按行政組織原則進行管理，並賦予其行政職能，從而形成舉國一盤棋的「單位體制」和行政隸屬系統，最終塑造了一個一元化社會。這個一元化的新社會，在社會層面體現為主體的單一性。儘管社會中存在着眾多的個人和組織，但這些個人和組織，都程度不同地隸屬或依附於國家機構，由國家機構對其發號施令，並不具有獨立的主體地位，因而社會主體實際上是單一的，即國家是唯一的主體。[2] 在經濟領域，社會一元化則體現為產權的單一化。當國家成為社會唯一主體的格局形成時，社會的產權結構也在變革中趨於單一，即一切資源國有，建立了純粹的公有制產權結構，並實行高度計劃的經濟管理模式。在意識形態層面，理想社會的圖景成為政權確立、權力執掌和權力分配的思想和理論基礎，這種意識形態也在政權和國家權力的支持下確立了唯我獨尊的地位。而上述種種，又為利益同質化的理念所支持並作為其體現而存在。一言以蔽之，在這個一元化的社會中，個體利益被輕視，個人主體地位不復存在。這個一元化的社會在維持近20年後最終被瓦解。殊不知，其時，小崗村的一紙承包責任書卻揭開了中國經濟體制改革的序幕，[3] 撬動了中國傳統高度一元化的社會格局，開啟了中國社會多元化的進程。改革開放30餘年，正是中國社會結構發生總體性變動的歷史時期，也使中國社會的利益分化和多元共生成為不可逆轉的

---

2 參見張樹義：《變革與重構——改革背景下的中國行政法理念》（北京：中國政法大學出版社，2002），頁5–7。

3 1978年11月24日，當小崗村18戶農民在一份承包責任制的文書上按下18個鮮紅的手印時，他們只不過是為了填飽肚子。1978年以前的小崗村，是有名的「吃糧靠返銷，用錢靠救濟，生產靠貸款」的「三靠村」，每年秋收後幾乎家家外出討飯。

社會主義憲政研究

趨勢，[4] 最終形成當下主體多元、利益分化、產權結構豐富、多種文化共存的多元化社會。[5]

當下的主體多元化社會，建立在對過去的主體一元化格局的否定之上，而這種否定最早發生在農村。家庭聯產承包責任制的實行，將農村的經營單位由「三級所有、隊為基礎」改變為「統分結合、戶為基礎」，賦予了農戶經營自主權，確立了農戶的經營主體地位。[6]同時，這一改革激發了農民的積極性和創造性，在農村形成了鄉鎮企業和農民協會等一系列社會組織，也為農民的自由遷徙提供了基礎。換言之，建國後實行已久的政社合一的人民公社的廢除、鄉鎮人民政府的恢復、統籌結合的家庭聯產承包責任制的實行，改變了集體經濟組織的經濟和制度基礎，從根本上改變了過去農民、農戶、農村和政府及國家的法律和事實關係，確立了農民、農戶和農村自治組織的社會主體地位。在城市，市場經濟體制對計劃經濟體制的蠶食和市場經濟模式的最終勝利，改變了過去的勞動就業「統包統分」制度、社會福利全面單位化格局和人員單位所有的就業局面，啟動了城市主體分化的過程，並形成了城市市民、非國有和國有企業、城市自治組織和社團為獨立主體的多元化城市社會。總之，改革開放恢復了個體的主體性地位，給予各種組織的自治空間，也為各種新型社會組織的創生提供了空間，最終塑造了當下的主體多元化社會。

利益分化和多樣化是主體多元化的孿生物，並愈來愈明顯地推動着主體多元化的進程。利益的多元化主要體現為利益主體的多樣化和利益種類的多樣化。[7]在改革開放之前，中國建立了單向控制的

4　參見孫立平等：〈改革以來中國社會結構的變遷〉，《中國社會科學》第2期（1994）。

5　第三章〈當代中國憲政的文化根基〉一部分對此略有介紹，本節不再詳述。詳細內容請參見任喜榮：〈中國憲政的多元文化背景〉，《法制與社會發展》第2期（2001）。

6　農戶和農民的獨立性很強，甚至可以完全退出這種農業經營活動。

7　參見葉傳星：〈利益多元化與法治秩序〉，載《法律科學》第4期（1997）。

利益體系。這個體系建立在對國家這一主體之外其他社會成員（包括個體、企事業單位）主體地位否定和限制的基礎之上，確立了個人利益、社會團體利益對國家或整體利益的絕對的「隸屬關係」。改革開放以來，這種捆綁在個體身上的絕對「隸屬關係」的鎖鏈，被不斷地剪除，逐漸建立了雙方互控的利益體系。在這一體系中，各類利益主體的主體地位得到肯定，並受到尊重和逐漸平等的保護，特別是個人作為利益主體的主體性地位得到了政策和法律的認可與支持，個人所具有的重要性、獨立性空前提高，社會也鼓勵個人發揮其創造才能和創業精神並正當地追求自己的利益，而個人在追求其利益過程中結成各種利益群體或集團，並開始與其他社會主體和國家展開抗爭。[8] 利益主體的多元化表明，國家作為公共利益的代表，其職責是維護和增進全民利益，但卻並不意味着個人和其利益應當完全從屬國家利益進而個人泯滅在國家和集體之中。利益主體的多樣化直接導致了利益形態的多元化。在社會中，各種主體在經濟、政治和文化領域的利益需求和訴求各不相同，在實際的生活中形成了多元的利益形態。總之，隨着主體多元格局的形成，不同主體的利益高度分化，中國社會已經進入了多元利益博弈的時代。[9]

　　中國當代多元化的社會結構，也體現為產權形式的多樣性。建國後，中國尚存在多種多樣的所有制形式和產權形式，如1954年憲法便規定，中華人民共和國的生產資料所有制主要有國家所有制，即全民所有制、合作社所有制及勞動群眾集體所有制、個體勞動者所有制和資本家所有制五種，國家保護公有財產和農民的土地所有權及其

8　這些鬥爭比較突出的是近來房地產集團圍繞央行121號文件的鬥爭、陝北油田產權之爭和外資企業與兩稅合一政策的鬥爭，等等。

9　參見孫立平：〈中國進入利益博弈時代〉，《經濟研究參考》第68期（2005）。

他生產資料所有權。[10] 但在社會主義改造和建立人民公社後，個體勞動者所有制和資本家所有制逐漸消失，中國確立了「一大二公」的全民、集體所有制和財產公有的產權結構。改革開放後，隨着個體經濟和私營經濟等經濟形態的出現，中國又出現了多種所有制形式。現行憲法除第6條規定「中華人民共和國的社會主義經濟制度的基礎是生產資料的社會主義公有制，即全民所有制和勞動群眾集體所有制」外，還在第11條規定：「在法律規定範圍內的城鄉勞動者個體經濟，是社會主義公有制經濟的補充。國家保護個體經濟的合法的權利和利益」。同時，在隨後的四次憲法修改中，國家進一步地確立了多種所有制和產權制度並存的格局。如2004年憲法修正案規定，國家保護個體經濟、私營經濟等非公有制經濟的合法的權利和利益。國家鼓勵、支持和引導非公有制經濟的發展，並對非公有制經濟依法實行監督和管理；公民的合法的私有財產不受侵犯，國家依照法律規定保護公民的私有財產權和繼承權。[11] 憲法關於非公有制經濟的規定，固然是對現實經濟狀況的事後追認，但這一系列的修憲行為，恰恰反映了中國社會多元化的程度。

2. 和諧社會：社會多元化的政治認同

社會成員間的差異性不僅表現在個體生理特徵、習性和知識上的不同，更在個體的利益需求、社會地位及權利訴求的不同中得到體現。這種差異反映了主體的社會存在狀態，也使社會分化形成利益分殊的社會階層。多元主體和多樣化利益共存，是長久以來的一個社會

---

10 分別見中國1954年憲法第5條、第8條。

11 分別見中國2004年憲法修正案第21條、第22條。

現實，而如何對待不同主體間的利益，將決定它們之間是否會產生衝突，並進而決定社會的和諧程度。自古以來，和諧社會就是中西方思想共同追求的目標，也是中西方政治思想的主題。如希臘思想家認為，「政治問題就是去發現每一種人或每個階級的人應處於什麼樣的地位才能構成一個健全的社會，從而使各種具有重要意義的社會工作得以進行。」[12] 城邦生活是一種共同生活，而整個希臘政治學說中的基本思想則是「求得這種共同生活的和諧」，[13] 社會和諧構成了這些古典政治思想的基本論題。[14] 和諧社會的思想在中國歷史上也早有出現，「大同世界」、「太平盛世」、「桃花源」都是和諧社會的代名詞。其中，「小康社會」的思想更是長久不衰，歷經幾千年的傳播和沉澱，像一塊琥珀一樣凝固在人們的思想和情感中。和諧社會作為政治思想史的永恆主題，暗示了思想家對社會多樣化的深刻認識和積極態度，他們在尋找和諧社會的科學建制，以實現社會和諧的理想時，總是在社會多樣化的事實基礎上演繹自己的方案。這些方案的區別，不在於是否承認社會成員的多樣性，而在於如何對待這樣一種多樣性。如蘇格拉底（Socrates）對「整體化」和「整齊劃一」比較偏好，他在政治上確立的前提可以歸結為這樣的原則，即「整個城邦的一切應該盡可能地求其劃一，愈一致愈好」。[15] 與蘇格拉底的一元化統一不同，亞里士多

12　〔美〕喬治‧霍蘭‧薩拜因（Sabine, G. H.）著，盛葵陽、崔妙因譯：《政治學說史》（上冊）（北京：商務印書館，1986），頁25。

13　見上註，頁33。

14　參見〔美〕約翰‧麥克里蘭（McClelland, J. S.）著，彭淮棟譯：《西方政治思想史》（海口：海南出版社，2003），頁288。

15　〔古希臘〕亞里士多德（Aristotle）著，吳壽彭譯：《政治學》（北京：商務印書館，1965），頁45。

德則持某種程度的寬容態度，[16] 認為社會成員的這種差異性存在恰是城邦的本質。他説，城邦的本質是許多分子的集合，組成城邦的眾多分子是不同的品類，完全類似的人無法組織成一個城邦。如果一個城邦執意趨向劃一，並且以為愈一致愈好，這樣的城邦將會先成為一個家庭，繼而成為一個人，最後將在追求城邦劃一的過程中喪失城邦的本質而消亡。[17] 依亞氏所言，城邦作為一個社會組織體和政治單位的存在，天然地應由不同的成員聚合而成，成員間的差異性和多樣化構成了城邦存在的規定性。中國傳統儒家思想則從天人合一的視角尋找和諧社會實現的路徑。到了近代，思想家依舊是立基於社會多樣化的現實來謀劃社會改進方案。總之，個人或者階級階層在社會中的差異和多元化存在，是人類社會不可否認和消除的事實，也構成了和諧社會理論的隱含性事實前提。這種事實不會隨着某種政治思想的出現而自動消亡，它將會伴隨國家存在的始終。經典馬列主義作家認為，國家是因為社會階級階層間的差異對立而產生，階級階層間的分裂和對立是國家存在的基礎，也將與國家相伴而存在。恩格斯在《家庭、私有制和國家的起源》一書中對國家起源的論述揭示了這一點。他説：「毋寧説，國家是社會在一定發展階段上的產物；國家是表示：這個社會陷入了不可解決的自我矛盾，分裂為不可調和的對立面而又無力擺脱這些對立面。而為了使這些對立面，這些經濟利益互相衝突的階級，不致在無謂的鬥爭中把自己和社會消滅，就須要有一種表面上駕於社會之上的力量，這種力量應當緩和衝突，把衝突保持在『秩序』

---

16 雖然亞里士多德反對「排除差異的整齊劃一」，但他也只能容忍一個城邦有六種人，而不是全面的寬容。參見〔美〕約翰・麥克里蘭（McClelland, J. S.）著，彭淮棟譯：《西方政治思想史》，頁473。

17 參見〔古希臘〕亞里士多德（Aristotle）著，吳壽彭譯：《政治學》，頁45–47。

的範圍以內；這種從社會中產生但又自居於社會之上並且日益同社會脫離的力量，就是國家」。[18] 由此可知，國家就是建立在階級分化的社會基礎之上，國家存在的首要目標是實現不同階級和階層間的秩序化共存。對於這一點，中國領導人早有認識。江澤民同志2002年10月24日在喬治・布什圖書館的演講中曾說：「大千世界，豐富多彩。事物之間、國家之間、民族之間、地區之間，存在這樣那樣的不同和差別是正常的，也可以說是必然的。」[19] 十六屆四中全會提出建設社會主義和諧社會，本身即是對這種社會多元共存、差異發展的認同和促進。

當然，和諧社會理論的提出，不僅僅是對社會多元化發展現實的政治認同和政策佈局。這種政治認同具有特別的內涵，它意味着國家理念的變化。質言之，和諧社會理想在當下中國的提出，表明當局政治理念，已經開始了從以「鬥爭、效率」求和諧到以「共存、公平」求和諧的轉變。這意味着經濟發展是社會的總需求不變，但政府應當在尊重這一需求的同時重新認識自己的功能。如所周知，從建國到現在，中國政治和社會生活經歷了從「階級鬥爭為中心」到「經濟建設為中心」的變遷。這種變遷所表徵的不僅僅是社會生活模式和內容的變化，更多的是中國人民對和諧社會的新思考。社會生活和政治中心的改變，實質是社會建設路徑的轉換。在「以階級鬥爭為中心」的時代，「鬥爭」以消滅和改造非主流階級和階層成為美好社會建設的主要方法，人們認為，只有在高度「純粹」的「一大二公」的無產階級和農民階級社會，才可能建立經典馬列主義作家所描述的「自由王國」。但歷

---

18 《馬克思恩格斯選集》（第4卷）（北京：人民出版社，1972），頁166。

19 《人民日報》2002年12月25日。

史的發展無情地粉碎了這一妄想。於是乎，我們開始尋求另一種方法，這促成了「以經濟建設為中心」的時代的到來。在這個時代，各種原先被打擊而頗受壓制的社會主體，開始獲得新的尊重並煥發出創造的活力。然而，以效率為嚮導的經濟發展在改變過去人民生活的貧困時，也製造了社會不同階層間的鴻溝，進而形成尖銳的利益衝突。「效率」訴求塑造了一個「利益時代」，[20] 但這卻是一個利益分配嚴重失衡、各階層關係異常緊張、空氣中彌漫着衝突氣味的時代。因此，效率優先的路徑固然使中國迎來了經濟總量的成番增長和民眾生活水準的明顯提高，但卻離和諧社會相去甚遠。在此背景之下出現的和諧社會理念，所具有的內涵自然異常豐富。它是對「鬥爭」政治哲學的再一次的斷然否定，因而它對社會多元化抱持歡迎的態度，採取支持的姿態；它也是對「效率優先」的深層反思，國家因此否棄了對非公經濟的工具性認識和制度安排，即將非公經濟視為公有制經濟的有益補充以實現穩固統治的策略，進而確立其憲法主體的地位（2004年憲法修正案為合法的私有財產提供了憲法保護）。更重要的是，它表達了「公平」的價值取向，其實質是社會主體多元共生，共同發展，共享改革利益。黨的十七大報告提出改革發展依靠人民，為了人民，發展成果由人民共享。一言以蔽之，和諧社會目標的提出，體現了權力合理規制的動向，也是關於國家權力與公民權利關係的一次全面思考。

20　孫立平：〈利益時代需要新思維〉，《中國社會導刊》第3期（2005）。

二、和諧社會、多元共生與民主政治

1. 和諧社會：從寬容到多元共生

自改革開放以來，政治領域出現的多種理論和政策反映和再現了政治寬容在中國發力的歷程，[21] 寬容也逐漸成為處理公共事務（主要涉及經濟和意識形態領域）的一項基本原則。和諧社會建設目標的提出，則意味着當下政治理念從政治寬容到多元共生的變化。試以非公有制經濟政治待遇的變遷為例。

如所周知，農村聯產承包責任制啟動了農村的經濟改革，並逐漸形成了延續至今的家庭聯產承包責任制。1979年中央工作會議確定的「發揮市場調節作用，發展多種經濟形式，搞活流通領域，待業人員『自謀出路』」的方針，拉開了城市經濟改革的序幕。這一方針為非公有制經濟中的個體戶的大發展創造了政策環境，而隨後的政策調整則直接刺激了私營經濟、民營企業及三資企業的誕生。這些公有制之外的經濟形式，完全游離在原有的行政隸屬體制之外，屬新型的社會力量。對於這種新型社會主體，在黨的政策先行調整之後，1982年憲法第11條規定，「在法律規定範圍內的城鄉勞動者個體經濟，是社會主義公有制經濟的補充。國家保護個體經濟的合法的權利和利益」。1988年憲法修改，進一步將這一條加以擴充，即「國家允許私營經濟在法律規定的範圍內存在和發展。私營經濟是社會主義公有制經濟的補充。國家保護私營經濟的合法的權利和利益，對私營經濟實行引導、監督和管理」。這兩次修憲，無論是對個體經濟還是私營經濟，都定位為「社會主義公有制經濟的補充」，這與現行憲法第6條、第7

---

21 「寬容」是一個勸阻權力濫用的話語，它既可以是一種個人態度，也可以是一種處理公共事務的基本原則。它表達了權力行使者自我抑制的觀念和實踐。關於寬容基本內容的論述，詳見秦前紅、葉海波：〈寬容：和諧社會的憲政之道〉，《法學論壇》第4期（2005）。

條關於公有制經濟主導地位的規定前後呼應，揭示了非公有制經濟在政策和政治上被寬容對待的處境。這種政治寬容的姿態，可以在現行憲法2004年前關於財產權差別保護的第12條和第13條——即只有公有財產權才得到憲法的全面保護，非公有制經濟所創造的大量私有財產並不具有明確和確定的憲法地位——中得到確證。非公有制經濟憲法地位的確立過程，淋漓盡致地描繪了主流意識形態和政治力量對改革前橫加指責和批評的經濟主體的接納和寬容。這種寬容心態，也可以從坊間官府關於公有制經濟應佔國民經濟比例的爭論，以及國家政策對公有制經濟的種種保護措施中可見一斑。

對於21世紀的中國，現行憲法2004年的修改具有特別的憲政價值，而其中所表達的多元共生理念更是意義重大。該修正案第21條明確強調國家要「鼓勵、支持和引導」非公有制經濟的發展，而不再是「引導、監督和管理」。這一條款的改變，表明了非公有制經濟在中國受到了熱烈歡迎。這種變化的深層涵義，可以從該修正案第19條、第22條和第24條的規定中得到體認。修正案第19條規定，愛國統一戰線不僅包括全體社會主義勞動者、擁護社會主義的愛國者和擁護祖國統一的愛國者，還包括社會主義事業的建設者。[22] 依通常的理解，統一戰線的構成，正是「人民」這一政治概念的真實外延。「社會主義事業的建設者」所指涉的是非公有制經濟的創造者和從業人員，當其被納入統一戰線的範疇，就使這些原屬「人民」之外的分子具有了「人民」的身份。他們也就不是被寬容的對象了，而是就此成為這個國家的「主人」。這種身份的轉換，表徵的是多元主體和利益共同發展的政治取向，而不是政治強勢的「人民」對與其對立分子的寬容與厚待。立基於這樣一種多元共生的政治立場，該修正案在第22條中規定，

---

22 從邏輯的角度而言，社會主義事業的建設者與社會主義勞動者存在包含關係。但這種違背邏輯的用語恰能揭示這一憲法修改的真實用意和意識形態領域激烈的爭論。

「公民的合法的私有財產不受侵犯」，以實現對私有財產（從原有的生活資料擴展到生產資料）的平等保護，便在情理之中了。而修正案第24條將「人權」一語納入憲法，以突破以前的「人民」民主、「公民」權利等概念在政治上衝突鬥爭色彩有餘、在內涵上包容性不足的僵局，更是明確表明了社會主義勞動者與社會主義事業建設者所具有的憲法平等地位和共同發展前景。

2. 多元共生與民主政治

在當下的中國，利益失衡是不爭的事實，而其嚴重性也是人所共知。這一局面的形成，核心的原因是長久以來對利益多元化和個人利益的錯誤認知，而利益表達機會的壟斷則直接導致了權力的異化和腐化。這突出地表現為人大代表制度的扭曲，並直接導致中國在經濟高速增長的同時出現總體性貧富分化。在中國，關於人大代表的產生（包括候選人的提名、候選人的確定、差額選舉）、人大代表的構成、代表的素質要求（包括職務素質和道德素質）、代表職務執行的保障制度等問題，並非都能找到法律依據，而現存的多數相關法律，不是規定得過於原則，就是存在一定的立法缺陷，最終導致了種種不太正常的現象的發生。如有的地方將人大代表聯名提名候選人的活動指責為「搞串聯」，是「與黨對着幹」的「非組織活動」，並加以取締或進行干擾，但對黨委提名的候選人則要求一定要「高票當選」；在中國目前還存在所謂「戴帽代表」或「下派代表」，即由上級安排到本選區或選舉單位的代表；在各級人大中，中國共產黨的代表，特別是黨政領導代表所佔比例過高，分別達70%以上和40%左右，使人大成為黨代會的複製品，眾多政府官員躋身於人民代表之列，集監督者與被監督者、立法者與行政者於一身；代表多為兼職，各級人大的代表專職化

社會主義憲政研究

在5%左右，非職業化的代表佔整個代表的95%左右；代表大會會期過短，全國人民代表大會每年舉行會議一次，每次15天左右，全國人大常委會會議一般每年舉行6次，每兩個月舉行一次，每次4天左右，[23] 二者會議天數全年加在一起也不到40天，等等。[24] 這些看似不起眼的缺陷，使得中國民主政治生活呈現出「高參選率、低參與熱情」，「高榮譽度、低責任感」，「高通過率、低水平民主」的怪狀，[25] 也使現代憲政國家最為重要的利益表達和均衡機制流於形式，其結果是中央立法機關基本上無力為社會利益的表達和均衡提供必需的法律，而其已經制訂的一些法律則與社會和諧之目標頗有距離。[26] 立法的不作為，實質上是將大量的國家權力毫無保留地授予各級地方立法機關和行政機關，這也使中國出現「法律位階愈低數量愈多」的局面。失去法律控制的權力和利益糾結一體，直接製造了中國當前嚴重的貧富分化和利益失衡格局。

和諧社會建設目標的確立，顯示了政府消弭貧富鴻溝、平息利益衝突、扭轉利益格局失衡、實踐多元共生理念的決心和政策取向。而「人權」入憲和社會主義事業建設者憲法地位的確立，則是對利益分殊階層主體地位和利益需求正當性的認可，也是多元共生政治理念的形成。當前，不同主體間利益保護嚴重失衡直接導致了社會的不和諧。要實現和諧社會，關鍵是建立合理的利益表達機制。甚至可以說，在當前，「和諧就是利益表達的規範化和機制化」，[27] 而建立民主

---

23 當下，全國人大的會期一再縮減，只有寥寥幾天。

24 參見鄭強：〈當前地方人民代表制度問題研究〉，《法學》第1期（2000）；鄒平學：〈中國代表制度改革的實證研究〉，載茅于軾主編：《公正透明——中國政府體制改革之路》（第3期）（北京：法律出版社，2004）。

25 參見周小梅：〈關於人大代表制度的反思與重構〉，《人大研究》第2期（2003）。

26 刊載於《瞭望》上的文章顯示，現行個人所得稅法實際上無力監管高收入者，成為擴大貧富差距的機制。參見徐壽松：〈稅收「逆調節」拉大貧富差距〉，《瞭望》第52期（2007）。

27 參見孫立平：〈和諧就是利益表達的規範化和制度化〉，《社會科學報》2005年3月10日。

政治則是實現各方利益制度化保障的根本。民主政治是平等政治，它昭示了某一國家形態下的任何公民都具有平等的憲法和法律地位，其利益訴求應當得到國家權力的同等對待，即國家應當一視同仁地實現不同階層間的利益保護。所謂「民主是人民當家做主」的論斷，[28] 不僅是一種關於國家權力歸屬的理論，更是國家權力必須為全體公民謀利益的邏輯預設和政治制度建設的基本精神。這一邏輯預設和基本政治精神，為政治權力的設置和運作提供了正當性評價標準。當政治權力成為少數階層和集團攫取暴利、維護既得利益阻撓制度革新的工具時，其必將得到否定性的正當性評價。這種評價是對利益共享、人人平等精神的再一次宣揚。民主政治作為平等政治，是對個人自決能力的承認，而這種關於個人自決能力的認知，必然要求不同階層和主體間利益訴求應當被平等地對待，並建立制度實現這種平等。在現代憲政國家，民主政治的平等價值主要體現在民主的程序建設之中，制度建設正當性的基本標準是不同利益主體在國家機關中獲得利益表達的席位和機會，特別是在立法機關之中，席位的合理分配成為利益均衡的關鍵，而這種利益表達機會的合理分配，又依賴於定期舉行的選舉程序，因而科學透明、便捷、競爭的選舉程序設置，合理的選區劃分，成為民主價值實現的基本制度要求。這些民主的細節，決定着民主理念的命運，亦決定着多元利益主體能否在國家的政治生活中尋找到表達自己利益的機會。總之，無論是從價值還是程序的視角考察，民主政治都為現代社會不同階層的利益表達提供了可能，亦是中國和諧社會建設的關鍵所在。

---

28 在西方國家，「人民當家做主」就是全體國民當家作主，在社會主義中國，「人民」也在不斷失去其狹隘的政治含義而成為與「公民」內涵和外延等同的概念。

社會主義憲政研究

三、民主政治與當代中國憲政

　　近年來，中國社會呈現多元化發展趨勢，並出現了嚴重的貧富分化和利益失衡，政治層面通過政策變換和理念更新，逐步形成了多元共生的政治理念和政策取向。這一政治理念和政策安排的轉向，意味着中國民主政治和民主利益表達機制建設的新契機。民主政治是多元政治，必將為中國憲政建設提供充足的動力。[29]

1. 民主、人格尊嚴與憲政

　　民主理論內含個人自決和自治的理念。E‧H‧卡爾（Edward Hallett Carr）便曾指出：「在這令人欣喜的進步中，民族自決和民主相伴而來。民族自決實際上可能暗含在民主思想中。因為如果在關涉個人歸屬某一政治體的事務上，每個人應受尊重的權利都能得到認可，那麼在關涉該政治體的形式和範圍上，他也就被假定擁有同等受尊重的權利。」[30]「自治」具有雙重的含義，一是"self-government"，其近似詞是"self-determination"，意指個人或群體緣於其特有的理性自主品格而管理其自身事務，並自行選擇行為方式和承受行為效果的生存狀態。它立基於這樣的理念，即個人或者群體因特有的個性和自由意志而應當自立自主，也意味着個體或群體尊嚴訴求的正當合法性。二是"autonomy"，即自主。「auto 意思是自我，nomos 意思是法律；

29　「民主政治是憲政建設的前提」不應當成為一個普遍性的結論。在成熟的憲政國家，民主政治恰是憲政「成熟」的表徵之一和必然結果，甚至憲政構成了民主健康存在的制度性前提。只是在憲政後生發國家，這一論斷才具有特別的意義。它揭示了憲政建設的一個具體方向和某些方面的內容。

30　Edward Hallett Carr, *Conditions of Peace* (New York: Macmillan, 1942), p. 39. 轉引自尚穎、張麗東：〈對國際法中民族自決原則的重新認識〉，載《浙江社會科學》第3期（2000）。

auto-nomy 就是有理性的人給自己規定法律的理想境界」,[31] 即道德主
體為自己立法的美好狀態。自決理念的雙重含義,揭示了人所具有的
自由意志,也昭示着個體參與政治生活、自主決定其生活方式、自由
追求其利益的正當性。這一個人自律自決理論在中西方文化中都有深
厚的文化根基。在西方,基督教文化孕育了人作為自律主體和道德
主體的觀念,當上帝製造了人時,人便具有自由意志,因而也具有了
絕對的尊嚴。[32] 這一理念為康德 (Immanuel Kant) 進一步證立。康德指
出:「人,實則一切有理性者,所以存在,是由於自身是個目的,並不
是只供這個或那個意志任意利用的工具;因此,無論人的行為是對自
己的或是對其他有理性者的,在他的一切行為上,總要把人認為是
目的。」[33] 康德「人是目的而非工具」的論斷,透徹地揭示了人作為道
德主體和自律主體的稟性。在中國,傳統儒學 (主要是心性儒學),[34]
從天人相通、天人合一的角度揭示了人的尊貴之處,孟子說「仁義禮
智」,人人皆生而有之,而非由外界環境所決定。個人自律與民主的
關聯,體現在個人自律性所揭示的平等上。換言之,正是個體自律特
性在本質上所具有的這種絕對平等,以及自律特性所要求的個人在私
域中自治並參與政治生活來決定其政治生活的樣式,民主才得以產生
和維持。因此,在民主的視域中,人是道德主體和自律主體,因而具
有絕對的人格尊嚴。

---

31 〔美〕科恩 (Cohen, C.) 著,聶崇信等譯:《論民主》(北京:商務印書館,1988),頁
   273。

32 參見黃裕生:〈原罪與自由意志——論奧古斯丁的罪—責倫理學〉,《浙江學刊》第2期
   (2003)。

33 轉引自王海明:《公正、平等、人道——社會治理的道德原則體系》(北京:北京大學出版
   社,2000),頁125。

34 參見蔣慶:《政治儒學:當代儒學的轉向、特質與發展》(北京:三聯書店,2003)。

社會主義憲政研究

　　憲政乃人權獲得充分保障的政治形態。憲政作為憲法（無論是成文的還是不成文的憲法）實施的結果，其維護的人權內容隨着憲法理念及憲法文本的變化而不斷變化。總體而言，當前各國憲法基本上確認了分別以自由權和社會權為核心的消極自由和積極自由。這兩種人權在時間上大體前後相繼。自由權確保個人在私域的充分自治，使個人自由意志能在政治生活之外的私生活中得以實現。但絕對的個人自由和交換正義必然導致貧富分化和社會衝突，進而使自由失去既有的正當性和社會心理支持。歷史的弔詭之處恰在於，自由的追求意味着自由的限制或者說責任，個人在現代社會的自治需要國家權力的扶持（他治）。憲法文本中社會權的出現，正是要糾正已經走上歧路的憲政，其目的是通過國家權力來矯正交換正義所製造的人格發展的障礙。總之，憲法文本中的基本權利內容由自由權擴展至社會權，只不過是為了兌現個人自治的理想，也只不過是人對自身尊嚴及其實現方式新認識的一個外在化表現。民主政治所維護的人格尊嚴，恰是憲政的價值核心，二者對人格尊嚴的維護是共同的，這使得民主政治可以順利地過渡到憲法政治。但更重要的一點在於，民主政治並不等於憲政。二者的差異不在於它們對待人格尊嚴的態度，而在於民主政治在轉化為程序性的制度時，基於政策需要而確立的多數決定原則容易使民主政治所試圖維護的人格尊嚴落空，而憲政之重點恰是對多數權力之濫用進行防止。憲政從民主政治手中承接的是對人之尊貴的認識和尊重，其立足之處則在於民主政治對人格尊嚴的威脅。換言之，民主政治的弱端正是憲政的切入點。我們可以說，憲政只不過是民主之路的轉折延伸。當然，這一轉折，使憲政與民主政治呈現出本質上的區別並具有獨立存在的屬性。

2. 民主、妥協與憲政

　　民主政治是多元政治。民主政治預設了個體人格尊嚴的絕對性和道德主體性地位,並將主體的利益訴求視為個體人格尊嚴外在的表現和個體健全發展的基礎,民主政治並不否認利益追求的正當性。民主政治同樣承認個體間的差別,特別是利益訴求的差異。因此,民主政治在邏輯上承認個體的政治主體地位,並要求建立立基於個人自由意志、自由決定之上的利益表達機制。在法治理念已經深入人心並成為當代社會最具效益和說服力的治理制度時,能否參與法律的制訂,意味着自身利益能否得到充分的表達和尊重;進而,普遍性、平等性的選舉制度成為民主政治的基礎性制度,代議制度則構成民主理念實現的關鍵性制度。在各國的議會中,來自不同階層、代表不同社會主體利益的代表共聚一堂,[35] 為實現其選民的利益而進行種種說服和協商活動。立法機關中代表「身份」(代表的選民和利益各不相同)的差異、國家權力集中在立法、行政和司法機關,以及這些機關對法律制訂和實施的決定性地位,使得不僅代表間的妥協成為必要,而且立法、行政和司法機關之間也必須學會妥協,否則法律的制訂即利益的表達和維護便成為奢談。立法是如此多的利益主體、社會團體和權力機關間相互配合的產物,因而立法過程是一個相當艱苦的談判過程。對此,美國學者羅傑‧希爾斯曼(Roger Hilsman)曾經慨嘆說:「在眾參

---

35 關於議會(議員)的性質存在委託說、代表說和國家機關說等理論,這些理論所要揭示的是議員與選民的關係。一般地說,議員是不可能置選民的利益於不顧的,除非一個國家的選舉制度只具有象徵意義。「各黨派為贏得選舉而制訂政策,而不是為制訂政策而去贏得選舉。」Anthony Downs, *An Economic Theory of Democracy*, (New York: Harper and Bros., 1957), p. 28.

兩院內部、各委員會主席之間、國會領導和委員會主席之間、議員之間、國會與行政機構之間、國會與總統之間、國會與司法部門之間，權力是如此分散，以致立法能夠獲得通過，有時似乎是個奇跡。一項議案在成為法律之前要經過如此繁複的過程，各種權力中心有如此多的機會來阻撓立法的通過或歪曲它的本意，想到這些，這一奇跡能夠出現就更加不可思議了。」同時，他通過對實踐中法律產生機制的觀察指出，一項議案要成為法律，必須具備以下三個條件之一，即「妥協」、「互投贊成票」和「全國一致」。[36] 從當前社會分化的程度來看，制訂一部能夠「全國一致」同意的法律，總是無比困難的，儘管人們會在很多終極價值問題上形成一致意見，但卻會對這些價值在當下的意義和實現方式爭論不休。故此，在當代，妥協（「互投贊成票」更多的是妥協的結果）是法律得以制訂的基本前提，也是民主政治有效運作和持續下去的基石。就此而言，民主政治是妥協政治。中國學者顧准就認為戰爭是妥協不能之後的必然產物，他說：「『戰爭是政治的繼續』，也可以從這個意義上來理解——議會內取不到妥協，就在議會外用戰爭來決定問題。」[37] 1945年中國政治協商的失敗及其後的國共戰爭，是這一「不妥協—戰爭」模式的最好註解。美國政治學家戴維•伊斯頓（David Easton）同樣認為，作為民主政治之核心制度的代議制度，其作用只不過是更多地提供協商及和解的渠道。[38]

民主政治的妥協本質意味着「限度」，即任何一政治主體所行使的權力的限度。這一「限度」的存在和可能，首先源於現代民主政治國家對暴力作為爭端解決方式的否棄。暴力方式的否棄意味着任何主體

---

36 ［美］羅傑•希爾斯曼（Hilsman, R.）著，曹大鵬譯：《美國是如何治理的》（北京：商務印書館，1986），頁156–157。

37 顧准：《顧准文集》（貴陽：貴州人民出版社，1994），頁357。

38 參見［美］戴維•伊斯頓（Easton, D.）著，王浦劬譯：《政治生活的系統分析》（北京：華夏出版社，1999），頁302–303。

都只能通過和平的方式來實現自己的主張，這種和平的利益訴求方式
又具體表現為憲法所確立的權力運行規則。當暴力成為不可能時，任
何在終局上的「不妥協」只能導致雙方或多方利益無法實現的難局。
為了避免這種難局的出現，任何政治主體在表達自己的意志時必須為
其他政治主體的利益表達留下一定的空間，而不能置他人利益於不
顧。質言之，民主政治的妥協本質在客觀上導致了權力的限度。這種
限度表現在兩個方面，一是民主政治對不同主體政治地位的確認，形
成了權力分散的格局；二是任何權力主體在行使權力時都必須保持自
我的克制，所謂他人是自我的界限。民主政治所形成的權力在分配和
行使兩層面的「限度」，使民主政治之下的權力成為一種有限的權力，
而實現權力的限度正是憲政制度構架的核心內容。因此，民主政治客
觀上能為憲政建設掃清種種集權和專制的障礙，可以稱為憲政建設的
「預科訓導」。民主政治的妥協本質預設了妥協存在的客觀基礎，即妥
協動機固然是在實現自身利益的驅動下產生的，但妥協本身意味着雙
方或多方勢力相當，所以「必須」妥協。這種必須妥協的唯一選擇，
使得憲政的權力制約目標能相對容易地實現。當然，更為重要的是，
妥協還標誌着對方不僅是勢力與己方相當，而且還是同己方一樣的
「人」，因而具有絕對的尊嚴與不容忽視和侵犯的存在權利。至於對方
為何和己方同是具有同等權利的「人」，這或許是因為「人是上帝的肖
像」（在西方），或許是因為大家都體現了天性天道而具有絕對的善端
（在中國）。無論大寫的人的絕對價值來源於何方，民主政治的實踐在
客觀上都會宣揚這一超驗性的價值，從而為憲政的正當性和價值追求
確立社會、心理和文化基礎。

CHAPTER
第六章

當代中國憲政的實體價值

社會主義憲政研究

　　人是目的而不是工具，這是中西文化的共識。這一共識表達了一種基本的人己觀，體現了人文的精神，並塑造了人文憲政。保障人格尊嚴，是這一人文精神的基本憲政要求。基於此，世界第一部成文憲法美國憲法在產生後，就宣告生命、自由和財產是人類社會的基本人權，並成為後世憲法的典範。在經歷了兩次世界大戰和經濟發展的危機後，人類社會進一步地認識到人格尊嚴之於人和人類社會的基石性意義。德國基本法在首條便規定：「人的尊嚴不可侵犯。尊重和保護人的尊嚴是全部國家權力的義務。」（第1章第1條第1款）可以説，經過近代到現代的演化，人格尊嚴已經成為憲法和憲政的基石價值和核心權利。當代中國建設的憲政，首先是體現這一人文精神、尊重人格尊嚴的人文憲政。[1] 人文理想對人格尊嚴價值的表達，天然地要求建立憲政制度消除權力的專斷，而從西方憲政和中國憲政建設的歷程來看，如何協調自由與平等的價值，是實現人文憲政之人文價值的關鍵。當代中國憲政的建設必須實現對自由民主憲政和社會主義民主憲政的超越。[2]

---

1 當然，中國文化對人格尊嚴的證成方式與西方文化是不同的，參見第三章〈當代中國憲政的文化根基〉。

2 文中對自由憲政、民主憲政、自由民主憲政和社會主義民主憲政的論述，參考鄭賢君教授〈論我國憲政模式的走向〉（載《中國法學》第1期〔200〕）甚多。

一、平等：對「自由民主憲政」的超越

　　自由民主憲政是立基於自由和民主原則的複合結構，也是自由憲政和民主憲政的複合。自由憲政和民主憲政的基本原則能夠在同一憲政體制中並存，根源於它們共同的認識論基礎和社會理想，即對正義的嚮往。在西方思想史上，關於正義的研究文獻可謂汗牛充棟，其間的主題也十分明確，即何謂正義、正義何在，以及如何認識並實現正義。自由民主憲政深深根植於這一思想傳統，它的產生立基於這樣的認識論基礎，即對正義的渴求及何種制度安排才能實現正義。[3]建構理性主義和進化理性主義對此問題有完全不同的回答。[4] 前者認為理性是萬能的，因而通過人的理性來認識正義、通過立法來實現正義是可能的，也是必須的選擇，唯理性直接導致了民主憲政的傳統；後者認為人的理性是有限的，並不能全面準確地認識正義，因此立法並不是實現正義的完全方式，對立法的質疑是必需的，進化理性主義塑造了自由憲政的模式。一般而言，法國是民主憲政模式的代表，英國是自由憲政的楷模，美國則自始就被認為是自由民主憲政的典型。不過，在各國均通過違憲審查機構來審查議會立法之後，[5] 我們可以說西方各國都是自由民主憲政的國家，只不過在民主與自由的價值間有所偏重而已。自由民主憲政在堅持民主價值的基礎上，堅持自由價值（實際表現為一些先驗的基本人權，其本質是對人的尊嚴的訴求）對民主價值的優位性。自由民主憲政對自由價值的崇拜和維護，滋養並塑造了西方的現代文明。因此，有美國學者認為，美國的強大不在於經濟，

3　參見鄭賢君：〈論我國憲政模式的走向〉。

4　關於二者的區別請參閱［英］哈耶克（Hayek, F A.）著，鄧正來譯：《自由秩序原理》（北京：三聯書店，1997）。

5　英國也在發生這樣的變化，只是審查方式與美、德和法國不同。參見何海波：〈沒有憲法的違憲審查——英國的故事〉，《中國社會科學》第2期（2005）。

也不在於軍事，而在於它擁有良好的憲政制度。[6]哈耶克也以肯定的語氣表達了對自由的崇敬之心，他說：「自由並不是諸多其他價值中的一種價值，亦即並不只是與所有其他道德原則處於相同地位的一項道德原則，而是所有其他個別價值的淵源和個別條件。」[7]自由民主憲政是西方社會發展強大的體制基礎，也是西方文明建設的功臣，但它在享有這一系列榮譽之時，也必須為西方社會發展的不平等承擔責任。在很長一段時間內，自由民主憲政對民主的認同是形式上的，它無視社會財富分配和機會的實質不平等並聽任這種不平等的擴大。對自由的偏愛和對平等價值的忽視，使西方建立的自由民主憲政是一種形式的憲政。這種形式上的憲政堅持依法統治、法律自治、法律面前人人平等、司法獨立、程序公正、維護個人自由，追求法律的一般性、普遍性及穩定性，注重市民社會與政治國家，以及公域與私域的劃分，有利於反對專制特權，促進自由經濟的發展，同時能夠在一定程度上保護實體權利。但其缺陷也是明顯的，它將法律的權威訴諸國家，甚至將法律等同於「主權者的命令」，具有潛在的危險；它排斥了訴諸任何其他外在標準對法律本身的檢討，對實體價值採取放逐的態度；它追求法律面前人人平等，其結果是在社會中製造了財富分配的巨大鴻溝；它只注重消極自由的保護，實際上剝奪了大多數人的自由；它只有利於資本家充分享受自己的權利，並賦予他們利用自己的財富力量剝削他人的機會。在實踐上，形式平等與實質不平等的緊張關係，以及與此相關聯的貧富兩極分化，危及着社會穩定。[8]一言以蔽之，自由民主憲政在將人們從封建專制權力下解脫出來的同時，卻將多數人

---

6 參見任東來：〈美國憲法的英國普遍法來源〉，《美國研究》第4期（2002）。

7 轉引自迪雅慈（Dietze G.）著，鄧正來譯：〈哈耶克論法治〉（"Hayek on the Rule of Law"），載鄧正來：《哈耶克法律哲學的研究》（北京：法律出版社，2002），頁227。

8 參見高鴻鈞：〈現代西方法治的衝突與整合〉，《清華法治論衡》第1輯（北京：清華大學出版社，2000）。

置於新的專斷之中，這便是為法律所保護的由財富佔有不平等而形成的新專制。這一新的專制形態的出現，使自由民主憲政對人格尊嚴的價值有所偏離，一個不尊重人的尊嚴和價值的歷史時期就此形成。這便是20世紀以來的兩次世界大戰及其間的經濟危機時期。在這一時期，個人成為國家生存和經濟發展的工具，戰爭對生命橫加摧殘、富者對貧困者冷漠無援。在大危機中，企業主寧願將牛奶倒掉也不願降價出售。

對於因財富佔有不均而形成的新專制及自由民主憲政對人的價值的偏離，西方社會也進行了不同程度的修正。在20世紀初期，實質法治在學者對形式法治的一片討伐聲中登堂入室，其始點是1919年的魏瑪憲法和1918年蘇俄社會主義憲法的制訂。基於西方法治價值訴求的轉向，自由民主憲政也經歷了從追求形式正義到追求實質正義的階段性變化。在時序上，形式憲政是西方憲政的第一站，隨着自由放任的市場經濟轉向壟斷經濟，法律工具導向的形式憲政轉向了價值導向的實質憲政。在這一憲政歷程的轉變中，財產權的憲法地位有所下降，多數國家的憲法對私有財產權的保護從依據憲法的保障模式走向了依據法律保障的模式，強化對精神權利的保護，並將人格尊嚴的保護作為憲政的依歸。這些變化，體現了人格尊嚴和價值重新獲得重視。不過，在西方，實質憲政並沒有代替形式憲政，形式憲政還是憲政的主體，實質憲政只是在形式憲政的框架內對之加以補充和修正。[9] 在我們看來，只有在社會主義制度下才能建立實質憲政，全方位地保障人的尊嚴和價值。當下中國建設的憲政，應是一種超越自由民主憲政的實質憲政。這一以平等為根本訴求的實質憲政，建立在社會主義公有制和社會主義民主制度的基礎之上。

9　參見秦前紅、葉海波：〈論社會主義憲政〉，《國家檢察官學院學報》第5期（2002）。

在社會主義國家，生產資料公有制取代了生產資料私有制，這是社會主義憲政與資本主義憲政的根本區別所在。資本主義社會的私有制及以此為基礎的勞動產品分配制度，只是一種「法律上的合理存在，而不是經濟上的合理存在」。這種「法律上的合理存在」，必將導致形式憲政的出現，並必然阻止形式憲政向實質憲政的轉化。總之，在自由民主憲政的體制中，人實際上是作為生產中的一個要素對待，人被降格為與其他生產資料一樣的地位。這種對「人」之尊貴性的漠視，固然有利於經濟的發展，但它在創造經濟快速發展的同時，也使人不斷「異化」，即人成為工具。歷史的弔詭之處恰在於，自由民主憲政從人的尊嚴出發，對私有財產給予特別的憲法保護，其結局卻是製造了社會階層間的不平等及對人的尊嚴的普遍忽視，並導致「財富」對個人的專斷控制。[10] 當下的中國憲政，建立在以公有制為主體的經濟基礎之上，並在憲法上確立了「社會主義公有財產神聖不可侵犯」的原則，超越了「私有財產神聖不可侵犯」的狹隘性。這一生產資料所有制的變化，將阻止新的財閥集團的形成，為經濟上的平等創造條件，消除基於財富佔有不均而形成的新專制，進而為形式憲政向實質憲政的轉變掃清了障礙。另外，社會主義社會將建立一種全新的民主制度，使人民的意志在法律中得以體現。在現代國家，民主幾乎概為代議制民主。代議制度發源於西方，也在西方國家得到最充分的實踐，而不幸的是，西方實踐的代議制度是以多數主義為主導的統計性民主制度，對於建立在多數主義上的民主制度可能形成的多數暴政，西方學者如托克維爾（Alexis de Tocqueville）在《論美國的民主》一書中早有提及，但建立一種中立的違憲審查機構對議會立法進行全面審查則是上世紀50年代以後的事情。西方各國對違憲審查的共同選擇，

---

10 關於私有制與人類社會不平等之內在關聯，請參見［法］盧梭（Rousseau, J. J.）著，李常山譯：《論人類不平等的起源和基礎》（北京：商務印書館，1962）。

本身即是對其先前的民主制度、民主理念的反思和修正。在強勢集團通過選舉來控制議會成員之構成後，議會並不是人民集中表達意志的場所，而是強勢利益集團生產不平等的法律、實現本集團利益的機器。[11] 社會主義民主是一種全新的民主，它是一種「共同兼顧」而非計算的民主，對每個社會成員之基本權利和人格尊嚴的尊重是這一民主的基本內涵。在這一民主制度下，服從多數、尊重少數是其基本運作規則。社會主義國家的人民代表大會制正是這一新型民主的體現，而且是實現社會主義民主的最基本的形式。雖然社會主義民主在初期是人民民主專政式的民主，但這一民主的必然發展前途是「專政對象日益減少，民主主體日益增多。這種發展趨勢的最終結果總有一天是專政對象完全消逝，全體國民都成為民主的主體」。[12] 隨着專政對象的日益減少，每個人將成為自己的立法者。顯然，當人民能為自己制訂憲法和法律並且這些法律得到實施時，一種體現實質正義的憲政就會出現。

當然，不可否認的是，在建國後較長一段時間內，我們對社會主義的認識是錯誤的，即使在今天，我們對效率與公平的處理也存在諸多可質疑之處。這些錯誤和偏差，使中國的憲政建設在不同程度上脫離了實質憲政的軌道，其結果是國家與人民對立，富者對窮人的盤剝，弱者與強者的對抗；個人對權力的依附，富者在權力面前失去尊嚴，而弱者在強者和權力的雙重專制下失去作為人的尊貴和尊嚴。可喜的是，我們已經逐漸認識了社會主義憲政的本質要求。我們在堅持社會主義公有制為主體的前提下承認了非公有制經濟的憲法地位，強化了對私有財產的憲法保護。更重要的是，在承諾對私有財產進行保

---

11 關於西方議會在實踐中偏離正義原則的論述，請參見﹝英﹞哈耶克（Hayek, F. A.）著，鄧正來等譯：《法律、立法與自由》（北京：中國大百科全書出版社，2000）。

12 何華輝：《比較憲法學》（武漢：武漢大學出版社，1988），頁135。

護的同時，我們堅決地將公民的社會保障權寫入憲法，後者正是糾正
當前憲政建設之偏差的重要之舉，也是對人之尊嚴的普遍宣告。

二、自由：對「社會主義民主憲政」的超越

　　基於對自由民主憲政 —— 特別是財產私有制所導致的事實不平等對
自由民主憲政的人權價值的瓦解 —— 的反思與否定，以巴黎公社的思想
與實踐為標誌，一種不同於自由民主憲政的新憲政模式出現了，這即是
人民民主主義的憲政實踐。這是一種強調實質民主、社會正義及財產公
有制，以工人階級為中心的社會主義民主憲政。[13] 這一憲政模式特別注
重人民主權的制度建設，如關注平等及對民眾參政權利的保障，強調社
會權利，注重對議員選舉、罷免權的保障。在西方國家，只有少數憲法
規定選民可以罷免代表，但這在社會主義國家的憲法中是一個基本的規
則。巴黎公社的新型憲政模式雖未能得到全面的實踐，但這一憲政理念
在隨後的社會主義國家中得到了繼承。無論是蘇聯的無產階級專政憲
政，還是中國的新民主主義憲政和人民民主憲政，這些社會主義憲政形
式都繼承了巴黎公社的傳統。不容否認的是，這種繼承只是在理念上和
制度上，而在憲政實踐方面則貢獻不多，也多有偏差。社會主義憲政強
調民主與社會正義，並認為建立在公有制基礎上的民主憲政可以克服資
產階級憲政的弊端，實現人的全面自由和尊嚴。巴黎公社所創造的民主
憲政傳統，構成了社會主義憲政理論的主脈，社會主義國家的政要學者
在論及憲政時，都沒有拋棄民主這一實體內涵，首先將憲政視為一種民
主政治。如毛澤東在1940年的〈新民主主義的憲政〉一文中指出：「憲政

---

13 參見鄭賢君：〈論我國憲政模式的走向〉。

是什麼呢？就是民主的政治。……是什麼民主政治呢？是新民主主義的
政治，是新民主主義的憲政。它不是舊的、過了時的、歐美式的、資產
階級專政的所謂民主政治；同時，也還不是蘇聯式的、無產階級專政的
民主政治。」「『為一般平民所共有，非少數人所得而私』，就是我們所說
的新民主主義憲政的具體內容，就是幾個革命階級聯合起來對於漢奸反
動派的民主專政，就是今天我們所要的憲政。」[14] 中國憲法學者繼承了這
一傳統，將民主視為憲政的核心要素，儘管他們在民主之外、在憲政之
內，又加上了許多其他的要素。總之，自第一個社會主義國家建立至今
所建設的社會主義民主憲政，是以民主、實質平等為核心價值的憲政，
與以自由、形式平等為核心價值的自由民主憲政具有不同的價值取向。
對民主的理解是我們洞悉社會主義民主憲政基本內涵的關鍵，也是明確
這一憲政模式優劣的切入點。

在社會主義民主憲政的語境中，民主不僅是一個程序性的範疇，
它還具有實質性的內涵。這正是社會主義民主憲政的優長所在，它確
立了一個人人平等的理想，指明了人類社會必然的發展方向。但其缺
陷也在此：這一理想是在反叛西方民主的背景下確立的，其實現必然
以對西方民主制度的顛覆為前提。這一特定的背景決定了社會主義
民主的兩個本質特徵。其一，社會主義民主是一種階級性的民主，它
不承認所有的社會成員都應當享有平等的政治地位和社會權利，即
民主只為部分階級所享有。我們暫且稱之為「階級民主」。階級民主理
論的指向十分明確，即要在推翻私有制的基礎上建立一種與西方民主
不同的民主。在與西方民主對峙的背景中，階級民主論的選擇是革命
性的和顛覆性的，它不承認一部分人也享有了民主權利，實質上是不
承認一部分人也應當具有作為人的權利和尊嚴。社會主義民主絕對追
求「人民」的人權和人格尊嚴，但它絕對反對給予「敵人」以人權和尊

14　《毛澤東選集》（第2卷）（北京：人民出版社，1991），頁732、733。

嚴。其二，社會主義民主憲政的實現路徑是革命式的。社會主義民主理論認為，推翻私有制和資產階級的統治是建立新型民主的前提，因此，社會主義民主對「專政」、「革命」的方式十分依賴。我們可以稱之為「革命民主」。[15]「革命民主」有其獨特的內涵，其民主主體和專政對象隨歷史的發展不斷變化，[16] 並經歷了從「革命形式」的無產階級專政到「國家政權」形態的人民民主專政的過程，其核心特徵是通過「革命」(肉體上消滅對手或者否定被專政階級的權利主體資格) 顛覆舊有的國家制度，建立新的社會主義民主制度。

對普遍人權的質疑和對「革命」方式的依賴，決定了社會主義民主憲政的缺陷。一方面，它堅持並製造了人與人之間的身份差別和人與人的不平等 (這意味着一部分人具有較低的社會地位並且人格尊嚴不受保障)。在「革命民主」下，「人民」與「敵人」之間存在着明顯的區分和緊張的對立關係。如果人民試圖享有民主權利，那麼社會中總有一部分人 (其數量多寡不斷變化) 處於國家權力的專政之下。處於兩個集團中的個體將受到「冰火兩重天」的憲法待遇。如果說從古到今的進步運動可以歸結為從身份到契約 —— 也就是從不平等到平等 —— 的運動，那麼「革命民主」的社會依舊是一個身份性的社會。儘管「革命民主」的運動使大多數人擺脫了被壓迫的狀態，但它只是一種蹺蹺板式的運動。社會中某個群體的地位上升與另一部分人的地位下降形影相隨。人與人之間的身份平等並不是「革命民主」的關注點。另一方面，「革命民主」是一種無限民主。依「革命民主」的理論，民主與專政不可分離。民主的享有以對部分人的專政為前提。為了保證人民民主的實現，國家權力的功能之一是排除少數人對民主制度的破

---

15 關於「革命民主」的論述詳見秦前紅、葉海波：〈憲法修正與憲政民主觀的確立〉，《法學評論》第2期（2005）。

16 參見張錫恩：〈無產階級專政的三個發展公式透析〉，《山東大學學報》第2期（2003）。

壞，確保民主制度的安全運作。這一民主理論同時要求人民具有重大
事件的決定權。因此，在國家根本政治制度受到威脅時，是否對破壞
者採取嚴厲的制裁措施並採用何種措施，全由人民決定。人民民主權
利存在的首要目的是確保民主權利的安全。在「革命形式」的階段，
為了奪取民主權利，以戰爭為首的暴力行為的行使並不會受到任何制
約。在必要的時候，甚至必須從肉體上消滅敵人。即使在「國家政權
形式」的民主形態下，人民的民主權利也是不受限制的。一旦某一個
體被視作國家的「敵人」，他將受到國家權力的專政對待。總之，對
普遍人權的否認使人民的權力失去了可能和有效的限制，成為一種無
限的權力。最後但不是最不重要的，在「革命民主」的實踐中，儘管
民主的主體和專政的對象不斷變化並從總體上民主的主體範圍愈來愈
大，但民主主體和專政對象的劃分並不遵循明顯的程序規則和客觀事
實。誰是敵人，誰是朋友，誰是人民，總是不確定的，三者的區分多
在一念之間，任憑個人意志恣意地確定。當所有的人都不能確定自己
的政治身份時，其在現實中的可能就是人人都可能不是「人民」，「人
人」都可能不享有人權，「人人」都可能失去自由，「人人」都可能成為
權力的附屬而失去人的尊嚴，特權階層也可能由此產生，並最終瓦解
社會主義民主憲政的民主和實體平等價值。

　　以上對社會主義民主和憲政的分析，並非意圖否定社會主義民主
和憲政的優越性。「革命民主」論作為人民民主專政國家權力存在的正
當性支柱，自有其合理的地方。正是在這一意識形態的指導下，一大
批不同於資本主義性質的國家得以產生，一批落後的封建專制國家過
渡到人民當家做主的新型國家，「家天下」的國家權力觀為人民主權論
所代替，權力制約、權利保障的理念得以傳播和實踐。上文的分析只
是試圖指出，「革命」式的民主路徑並不是社會主義民主和憲政建設的
唯一方式和全部內容，對普遍人權的質疑並不是社會主義民主和憲政
的核心原則，所有制的轉換不能代替對民主和民主憲政的警惕，策略

性的政策安排並不能成為民主憲政的立論，民主的手段不能否定民主
的目標和價值。基於對西方民主之批判而形成的社會主義民主憲政理
論，其棄絕的正是自由民主憲政對人之尊嚴的差別保障，要實現人格
尊嚴的平等保護。我們應當在這一價值目標下，反思中國民主憲政建
設中的各種策略性安排和選擇，恢復社會主義民主憲政的自由價值取
向，實現對歷史上社會主義民主憲政的超越。

　　這一超越是可能的也是必然的。在理論的層面，社會主義民主憲
政從來不否認自由民主憲政對自由價值的追求，它只是就自由民主憲
政對自由和民主的形式保障提出了異議，並提供了一種新的實現自由
和民主的方式，這一方式試圖採用一種激烈的方式消除自由民主憲政
所導致的形式性弊端。在規範的層面，社會主義國家都在憲法上詳細
規定了公民的各種自由權利，如政治權利、人身自由、住宅自由、通
信秘密、表達的自由及社會保障方面的權利，等等。當然，社會主義
國家的憲法對社會權利的規定更為突出，這正是這一憲政模式所訴求
的實質平等理念的體現，也是其優點所在。在實踐的過程中，社會主
義國家對民主憲政的實踐可指責之處甚多，這無須掩蓋，這源於我們
對民主的認識誤差，但這種誤差正在慢慢消除。在憲法修正案中，中
國人民將人權、政治文明和「三個代表」重要思想載入憲法，並將非
公有制經濟從業者（即社會主義建設者）視為人民的組成部分之一。
憲法文本上的變化是關鍵的。人權概念的導入具有劃時代的意義，它
意味着社會主義民主憲政對人的尊嚴和權利的普遍性的承認，輔之以
「社會主義建設者」這一特定的憲法用語，表明了我們對階級民主和
革命民主的反思，更是對無限民主的否定。換言之，人權構成了民主
權力的限度，對個人自由的保障可以在對人權的規範解釋中獲得，合
憲性民主的理念在中國呼之即出，一種憲政民主的國家權力觀已經在

中國獲得了認可，[17] 社會主義的民主憲政正在邁向自由民主的社會主義憲政。

三、人的全面發展：當代中國憲政的價值基點

　　突顯人的尊嚴和價值，將個人從國王和教會的專斷統治下解救出來，是人文主義運動的基本主題，也是人文憲政的根本價值追求。人文憲政試圖通過限制公共權力的濫用，來實現這一人文理想。人文憲政具有雙重的價值目標，一是通過合理地構造權力，在實質上實現權力為全民（而非少數階層）所有的價值預設；二是防止權力行使者專權濫用，謀取個人私利，即要消除國家權力的合法侵犯和非法侵犯。[18] 在人格尊嚴這一價值的引領下，人文憲政經歷了形式憲政和實質憲政兩個階段。二者的分期點，恰是第一部社會主義憲法面世的時候，也是西方形式法治向實質法治轉變的時期。形式憲政在試圖消除非法侵犯的過程中卻精心呵護合法侵犯，只追求一種形式上的公正；而實質憲政則不但要消除非法侵犯，更要消滅合法侵犯，實現實質上的公正和人的全面發展。當代中國建設的憲政應該是建立在形式憲政基礎之上的實質憲政，對人格尊嚴進行全面的保護、實現人的全面發展是其基本價值走向。

17　參見秦前紅、葉海波：〈憲法修正與憲政民主觀的確立〉。

18　關於合法侵犯和非法侵犯的定義，請參見第二章。

　　建立形式憲政，實現權力的憲法和法律規制，確保人格尊嚴不受權力恣意地凌辱，是當代中國憲政建設的首要目標。在前現代社會，「家天下」是一個普遍的現象，公共權力為少數家族所掌控，並根據其意志自由行使，其他社會成員則依附於權力之下，失去主體獨立性和人格尊嚴。作為西方人文憲政的第一階段，形式憲政的首要任務就是使在封建社會不具備特權等級身份的國民過上像人一樣的生活。[19]為了實現這一目標，形式憲政堅持交換正義、人人在法律面前平等的立憲理念，建立了主權在民、權力之根本價值在於保障和實現基本人權的國家權力觀，構造了立法、行政和司法三權分立制衡的國家權力分配體系，並在憲法文書中附上自由和權利的清單……一言以蔽之，形式憲政的職志就是如何將個人從專制王權下解救出來，以及如何給國家權力這匹烈馬套上韁繩。建國以來的中國憲政建設，已經打倒了王權，確立了黨領導人民的體制，如何給黨和國家權力確立行使的規則，實現權力行使的可預測性及依法而治，則是當下中國憲政建設的應有之義；而在這方面，西方國家關於形式憲政建設的種種經驗和教訓是值得我們認真思考的。隨着黨和國家領導人及全國人民對社會主義、政黨執政認識的深入，全國人民逐漸形成憲法至上、法治方略的基本共識。基於這種共識，「依法治國」被寫進憲法，成為新時期的治國方略。這亦表明，堅持法的統治、法律自治、法律面前人人平等，堅持法律的一般性、穩定性和普遍性，實現司法獨立、程序公正、維護個人自由，是中國憲政建設的基礎工程。

　　在此基礎上，當代中國應建立實質憲政，實現人的全面發展。在西方國家，其法律及其民主憲政制度安身立命的根據在於它們能夠滿

19　參見〔日〕杉原泰雄著，呂昶等譯：《憲法的歷史──比較憲法學新論》（北京：社會科學文獻出版社，2000），頁2。

足甚至放縱資本的增值欲望。資本主義在本質上只能是以維護資產者權利為價值追求的。西方社會的憲政實踐,只是在維護資本主義這一本質前提下的一種自我調適,它必然追求一種形式理性,只能是一種形式憲政。西方形式憲政最根本的成就是實現了國家權力依法(首先是憲法)行使,強化了權力的可預測性和明確性,但其基本缺陷則在於,在自由主義理念的指導下制訂的法律不但嚴格限定了國家權力行使的範圍,並對交換正義進行精心呵護,而這亦在實際上保護了財富強勢階層對普通產業工人的掠奪和控制。眾所周知,在20世紀初,實踐近200年的西方形式憲政並未能實現對每個公民基本人權的全面保障,「在近代市民憲法之下曾經出現的諸如導致平均壽命縮短的低工資、長時間勞動(僱傭勞動者的『人的異化狀態』)和性別歧視等問題」,[20] 正是形式憲政基本缺陷之表徵。西方知識界針對形式憲政的局限提出了實質憲政的主張,試圖救治形式憲政的弊端。西方憲政也經歷了從近代到現代的轉型,以《魏瑪憲法》為代表的現代憲法率先對財產權進行限制,並詳細規定了公民的社會經濟權利,社會權遂成為現代憲法中的新一代人權。除此之外,憲法中所規定的普遍人權作為對立法權之限制也進入實際操作層面,有效的違憲審查機構得以建立,以此保護弱勢階層的權利;而德國憲法第三者效力理論和美國的國家行為理論的產生,也是對「社會實力」侵犯人格尊嚴的回應。[21]社會主義憲政作為從更高制度層面超越西方憲政的一次革命,應當續接並超越形式憲政和現代憲政的努力,其最終歸宿是建成實質憲政,實現對人的尊嚴的全面保護。社會主義理論中關於國家的使命、民主及自由的宣言,決定了當下中國建設的社會主義憲政應以實現實質公正

---

20 參見〔日〕杉原泰雄著,呂昶等譯:《憲法的歷史——比較憲法學新論》(北京:社會科學文獻出版社,2000),頁2。

21 陳新民:《德國公法學基礎理論》(上)(濟南:山東人民出版社,2001),頁291。

為目標，它不但要防範非法侵犯，更要消除合法侵犯，以根除國家權力的異化所導致的對人的尊嚴的侵犯，[22] 最終實現人的全面發展。

值得注意的是，儘管人的尊嚴是自由民主憲政和社會主義憲政共同的價值核心，但二者對人的尊嚴的理解存在根本差別。如所周知，人的尊嚴的內涵和屬性經歷了從消極自由到積極自由的變化。在20世紀之前，人的尊嚴被視為一種防禦性權利，而個人人格發展與完善則完全被寄託於享有普遍、形式上平等的自由權利的個體的努力，國家只負責維持基本的社會秩序，實質上是一種袖手旁觀的姿態。進入20世紀之後，各種社會衝突和矛盾逼迫西方國家正視每個人的尊嚴和人格發展，意味着國家必須採取有效的措施，建立社會機制，幫助公民個體過上人之為人的生活，發展個體的人格，實現人的尊嚴。質言之，自此以後，人的尊嚴不再僅僅是一種防禦性權利的規範，亦同時課予國家積極作為的義務。德國基本法第1條規定了人的尊嚴，並隨之在第2條規定了人格發展權，是此種變化的例證。亦有論者指出，「在社會依賴度愈來愈高的現代工業社會，人民『自給自足』去行使自己的自由權、實現自己基本權的可能性已愈來愈低，尚固守傳統基本權的防禦權功能，只要求國家消極地不干預人民的自由，而坐視基本權的保障一個一個成為『名目』，顯已不合時宜。所以發展出新興的基本功能，提供理論基礎，課予國家積極幫助人民基本權的實現的義務，其影響絕對是正面的」。[23] 毫無疑問，在現代社會，人的尊嚴的內涵已經演變為包括人格發展的內容，即人的尊嚴包括排除侵害和促進人格發展的雙重內涵。

自由民主憲政和社會主義憲政對人的尊嚴的認識差別，當然不在於排除非法侵害這一點上，而在於對人格發展的理解。事實上，人格發展在

22　具體論述請參見第二章。

23　林念祖：《司法者的憲法》（台北：五南圖書出版，2000），頁177。

中西方憲政語境下具有不同的憲政地位和規範功能。西方憲政是一種形式憲政，其基本價值追求並非實現所有人的全面發展。人的尊嚴生發出的人格發展的內容，只是西方國家在維護資本佔有者自由和權利保障所必需的社會秩序和憲政框架的前提和限度內，對自由民主憲政進行的一種自我調整。一言以蔽之，在自由民主憲政秩序下，人的尊嚴主要是一種防禦性的消極權利，而人格發展也只不過是糾正形式憲政弊端的結果，其基本內涵也只能在形式憲政的語境下加以解釋和確定。相反，在社會主義憲政的語境中，人格發展是人的尊嚴的中心內容，並且具體化為人的全面發展的社會和憲法目標。社會主義國家不僅僅強調國家促進人格發展的基本義務，而毋寧是將人格的全面發展視為社會的終極目標。近來中國政府提出的小康社會、科學發展、以人為本、和諧社會、人的全面發展等目標和原則，均是試圖通過國家的改革全面促進公民人格發展的努力。

CHAPTER
第七章

07

當代中國憲政的形式價值

社會主義憲政研究

　　人的全面發展是社會主義國家對憲法的外在性價值要求，這構成了社會主義憲法的外在道德稟性和社會目的性。憲法的目的性價值必須借助形式合理的憲法來實現。在當代中國，憲法至上、程序主義和憲法安定性構成了中國憲法形式合理化的標誌，亦是當代中國憲政的形式價值。

一、憲法至上

　　法治的基本內容是法律規制權力，並保障公民的自由和權利。憲法作為一國法律體系的核心和基礎，集中表達了權力制約和權利保障的內容和價值內涵。依法治國首先是依憲法治國，憲法至上是法治的基礎和邏輯要求，也是法治建設的靈魂和標誌。[1] 作為一種政治狀態，憲政是憲法實現其至上效力的必然結果。憲政與憲法效力的實現和憲法權威，具有邏輯上的同一性。憲政的基本表徵是憲法權威高於權力、憲法規制權力，憲法具有至上的地位和最高的法律效力，即憲法至上是憲政形式價值的應有之義，也是當代中國憲政的形式價值之一。

1　參見秦前紅：〈依法治國和憲法至上論〉，《現代法學》第4期（1996）；周葉中：〈憲法至上：中國法治之路的靈魂〉，《法學評論》第6期（1995）。

1. 憲法至上的實質內涵及其作為政策取向的面相

憲法學家王世傑和錢瑞升在《比較憲法》一書中指出，憲法的至上性主要是指它在形式上和實質上不同於一般法律。由於憲法的效力不同於普通法，憲法的修改不同於普通法，憲法的實質內容不同於普通法，因此，憲法是國家的最高法律。[2] 就此而言，我們可以從形式和實質二層面來識別憲法的至上性。在形式的層面，憲法至上是指憲法在內容、地位、效力、修改程序等方面不同於普通法律，[3] 具有根本法的地位。在成文憲法國家，其憲法典多明確地宣告自身的至上地位，並同時建立了不同於其他法律的修改程序。如中國憲法規定，本憲法是國家的根本法，具有最高的法律效力，「一切法律、行政法規和地方性法規都不得同憲法相抵觸。一切國家機關和武裝力量、各政黨和各社會團體、各企業事業組織都必須遵守憲法和法律。一切違反憲法和法律的行為，必須予以追究。任何組織或者個人都不得有超越憲法和法律的特權」。日本憲法規定，「本憲法為國家的最高法規」。那麼，何謂憲法實質層面的至上性呢？學者多從憲法的高級法背景、人民主權的理論基礎、法治實踐歷程等方面來探討憲法何以必須和能夠至上。當我們將目光投向憲法文本自身時，我們發現，憲法基於其獨特的內容，以及這些內容背後的價值而具有實質層面的至上性。質言之，憲法以基本權利的保障和公共權力的制約為旨歸，這決定了它在一國法律體系中具有至上的地位，儘管這並不能等同於它在現實生活中也具有至上的地位。因此，從憲法權利和憲法權力的視角切入，我們才能洞悉憲法在實質層面至上的含義。在近代，人類對正義和自由價值的不懈追求主要凝結為自然正義、人類理性、社會契約和人民

---

2 參見王世傑、錢瑞升著：《比較憲法》（北京：中國政法大學出版社，1997），頁2–6。

3 中國學者在論述憲法的根本法特徵時，多從這些方面入手。

主權的思想，並具體化為生命、自由、財產等基本人權。這些前社會性的權利，構成了憲法的內核，也是憲法基本內容的構成。各國憲法在基本權利的宣示模式上各不相同，但都視之為人所具有的最重要的權利。憲法對這些權利的宣示，本身即是對國家權力的限制。但這種限制終歸是間接的，於是各國憲法又明確規定了各種國家權力。這些規定是國家權力的憲法淵源，權力淵源於憲法本身意味着憲法對權力的限制。憲法對基本權利和國家權力的規定具有立法約束的意義，即立法機關在制訂相關法律時，對於國家權力的規定不能超越憲法的界限，而對公民基本權利的限制也不能超越憲法的規定。因此，法律對一種權力沒有授權時，國家機關並不擁有也不得行使這種權力，而對於公民權利，法律沒有明確限制時，恰表明公民是自由的。故此，憲法至上具有的實質意義，就在於它確立了「法不禁止即自由」的公民基本權利保障原則和「法無授權即禁止」的權力制約的原則。

在認識憲法至上的內涵時，我們應當注意到憲法至上作為政策取向的一面。眾所周知，當對於同一事務存在不同的規則進行調整時，這些規則之間只可能存在兩種關係，一是規則之間和諧共存，一是二者間發生衝突。和諧共存是法律秩序形成的基礎，但現實生活中時常出現規則間的衝突。如何來處理這種衝突，這是法治和憲政建設中不容迴避的問題，也是一個政策選擇問題。[4] 我們可選擇憲法不至上，也可以選擇憲政至上，也可以在二者之間互相轉換。不同的選擇都具有政策均衡的意義，也有不同的社會結果，但無論如何，我們都得有一個選擇，而不可模糊。易言之，確定規則衝突處理規則現實需要，構成了某一類規則至上的客觀基礎。憲法至上原

---

4 這進而決定了違憲審查的政策性質，即我們不得不選擇一個法定機關來處理這一問題。任何一種選擇首先都是建立在這一社會需要的基礎之上的政策性安排，並不具有絕對的價值表徵。就此而言，憲法司法化論者恰忽視了這一點。

則的形成，不僅向我們揭示了憲法的價值表達，更揭示了憲政和法治社會面臨的規則和諧這一基礎問題。憲法至上作為一種政策取向這一面相一經揭示，就開拓了其價值取向之外的另一個認識空間和角度。這也是我們分析中國憲政建設中憲法不至上時不可忽略的知識基礎。事實上，由於現行憲法未能確立至上的地位，立法權便無權威，下位法與立法的衝突便成為一個必然和實際的現象。所以，憲法至上與規則和諧具有內在的關聯。

2. 憲法至上的表現及其擴展

在規範與事實相分離的知識背景下，憲法至上不僅是一個規範上的命題，也是一個具有實踐指向的命題，即在規範上，憲法至上原則要求當其他法律與憲法發生衝突時，憲法的效力應高於其他法律的效力。在實踐中，憲法至上原則要求憲法具有規制的實效力。質言之，憲法效力與憲法的實效是憲法至上原則的兩個維度。那麼，憲法在何範圍內才具有這樣的效力？換言之，憲法在何範圍內才具有至上的地位？是否憲法在所有社會領域內都具有至上的效力呢？這當然地構成憲法至上這一命題的基本內容。

憲法至上的界限與法的分類學知識密切相關。在西方歷史上，公法與私法的劃分可以上溯到古羅馬時代的烏爾比安（Ulpian）。他認為，「公法是關於羅馬國家的法律，私法是關於個人利益的法律」，[5] 將法律區分為公法和私法「幾乎成了一個自明的真理」。[6] 這一劃分亦構成

---

5 沈宗靈：《比較法研究》（北京：北京大學出版社，1998），頁118。

6 同上註，頁121。

社會主義憲政研究

大陸法系國家法律的基礎和基本原則。[7] 儘管長久以來，學者對公法與私法的區分標準及關聯一直聚訟不已，[8] 並且在20世紀初還出現了公法私法化、公私法混同的局面和趨勢，[9] 但憲法首先是公法已是共識。憲法作為公法的性質，決定了憲法是以國家權力為規制對象的法律，憲法約束的對象也是國家權力行使機關。因而，憲法至上便在公私法領域有不同的表現方式。事實上，憲法是一部防禦法，即公民防禦國家權力的法律，其主要的約束對象則是國家立法機關，而立法權力行使的結果便是產生普通的法律。因此，憲法至上原則就體現為當普通法律與憲法發生抵觸時，其抵觸的部分和內容無效。當然，在認識這一點時，我們必須注意到憲法至上原則在公法立法領域和私法立法領域的差別。從憲政的發展歷史來看，公法領域的立法更多的是將憲法上關於權力的規定具體化，因而公法立法無論在立法權上還是在立法的內容上都淵源於憲法。但在私法領域，情形並不相同。哈耶克將私法（主要指民法）稱為內部規則和自由的法律，意指私法是在社會發展過程中自己形成的，私法的立法只不過是對這些內部規則進行發現並予以宣告的活動。換言之，私法立法領域實際存在着立法權淵

7　日本憲法學家美濃部達吉認為，現代的國法，是以區別其全部為公法或私法為當然前提的，對於國家的一切制訂法規，若不究明其規定是公法還是私法，想要明瞭其所生的效果和內容，是不可能的。可以說，公法與私法的區分，是現代國家實定法的基本原則。參見 [日] 美濃部達吉著，黃馮明譯：《公法與私法》（北京：中國政法大學出版社，2003），頁3。

8　學者關於公法和私法區分的爭論歷時長久而且爭論廣泛，除了區分之必要和可能、區分的標準等問題以外，近來中國學者還將這一爭論擴展到了公私法何者優位的問題上。關於公私法之爭的資料可以參見 [日] 美濃部達吉著，黃馮明譯：《公法與私法》，第1章；[英] 哈耶克（Hayek, F. A.）著，鄧正來選編／譯：《哈耶克論文集》（北京：首都經濟貿易大學出版社，2001），頁16以下；汪習根：〈公法法治論——公、私法定位的反思〉，《中國法學》第5期（2002），等等。

9　公法私法化和私法公法化是國家社會化和社會國家化的產物，主要出現在近代憲法向現代憲法轉型的時期。公法私法化和私法公法化的表現大體有：政黨法制化運動、所有權及契約自由之公法限制、企業公共化等等。參見韓大元、林來梵、鄭賢君：《憲法學專題研究》（北京：中國人民大學出版社，2004），頁529–554；[日] 美濃部達吉著，黃馮明譯：《公法與私法》，頁233。

源於憲法而內容則淵源於市民社會實踐的分別。這時憲法至上原則，在私法領域主要表現為只有憲法規定的立法機關對內部規則的宣告才能成為私法，而且立法機關所宣告的新的私法規則必須與憲法對內部規則的特徵的描述相一致（哈耶克認為新的私法規則必須與既存的私法系統不衝突），才是合憲的。[10] 總之，在公法立法領域，憲法至上原則，體現在立法權必須淵源於憲法並且立法的內容必須符合憲法的設定；而在私法領域，憲法至上原則則表現為立法權必須淵源於憲法而且法律規範必須符合憲法對私法規則特徵的設定。質言之，儘管中國的《立法法》和《民法通則》均宣示是「依據憲法」制訂本法，但「依據」的具體內容卻並不相同。這種差別，正是憲政至上的界限的具體表現。一般來說，在現實生活中，憲法也並不對平等主體之間的行為發生規範效力。當然，在上世紀中葉以後，憲法效力發生了一定的擴展，這也是憲法至上原則的變化。這一擴展和變化蘊含在關於憲法私法效力的理論之中。憲法私法效力的理論存在憲法第三者效力理論和國家行為理論的具體類型，其目標都是試圖解決憲法對私法領域發生效力的正當性問題。從當前德國的實踐來看，憲法對私法領域發生效力並不成為一個問題，但其效力被限定為間接效力。[11] 無論關於憲法私法效力的理論存在什麼樣的理論差別和實踐風格，憲法對特定的私法關係發生效力已經是一個不爭的事實，這表明憲法至上原則在私法領域的變化，即憲法所表達的價值成為私法規則解釋的界限。這是我們在認識憲法至上原則時不能忽視的一個趨勢和變化。

---

10 哈耶克關於公法與私法的研究請參見［英］哈耶克（Hayek, F. A.）著，鄧正來選編／譯：《哈耶克論文集》；［英］哈耶克著，鄧正來選編／譯：《法律、立法與自由》（北京：中國大百科全書出版社，2000）；秦前紅、葉海波：〈哈耶克憲思想研究〉，《憲政論叢》（北京：法律出版社，2004）。

11 關於憲法私法效力的研究可參見陳新民：《德國公法學基礎理論》（濟南：山東人民出版社，2001），頁287–343；張千帆：〈論憲法效力的界定及其對私法的影響〉，《比較法研究》第2期（2004）。

社會主義憲政研究

3. 憲法至上與「主權」的衝突

　　主權理論是在近代民族國家形成過程中提出的，主權作為一種對外獨立、對內最高的無限權力，不論其屬誰，只要表現為一種實體性的始發性權力，它都是一種最高的和絕對的不受限制的權力。[12] 在任何一個國家，無論是堅持君主主權還是人民主權，只要君主或人民的代表機構成為一個主權所在的實體機構，那麼這個機構就具有至上的地位，其權力也是無限的。因此，主權所在機構的至上地位是主權的必然結果，它與憲法至上是衝突的。這應當能解釋中國憲法緣何未能至上。在當下的中國，全國人大具有特殊的地位。中國現行憲法規定，「中華人民共和國的一切權力屬人民。人民行使國家權力的機關是全國人民代表大會和地方各級人民代表大會」（第 2 條）；「中華人民共和國全國人民代表大會是最高國家權力機關」（第 57 條）；「全國人民代表大會和全國人民代表大會常務委員會行使國家立法權」（第 58 條）。這表明，全國人大既是中國的立法機關，也是中國的主權所在機關。[13] 作為中國的主權所在機關，它應當行使的是主權者的權力，也應當是無限的權力。的確，現行憲法正是做這樣的安排。現行憲法第 62 條在具體列舉了全國人大的 14 項權力後，還恐掛一漏萬，又加上第 15 項規定，即全國人民代表大會行使「應當由最高國家權力機關行使的其他職權」。這一規定表明全國人大的權力是無限的。僅從主權理論的角度而言，現行憲法第 62 條與第 2 條、第 57 條遙相呼應，後者構成了前者的邏輯基礎，全國人大享有無限和絕對的權力，也是合乎邏輯的。但它卻否定了憲法的權威，也致使中國的違憲審查制度

12　此乃霍布斯的思想，參見［美］約翰・麥克里蘭（McClelland, J. S.）著，彭淮棟譯：《西方政治思想史》（海口：海南出版社，2003），頁221–260。

13　參見周葉中、江國華：〈主權邏輯與悖論〉，載《中國憲法學研究會2002年年會論文集》。

只具有形式上的意義。當人民主權不是一個理念和憲法制度建設的邏輯起點，而是一個實在的制度時，憲法至上便不復存在。事實上，在現實生活中，中國憲法並不具有至上的地位，儘管憲法決然宣告了自己的最高效力。因此，憲法至上原則作為當下中國憲政建設的一個形式價值，它必然否定現行憲法設置的「類主權機關」（主權所在機關）的至上地位，但這並不意味着要否定人民主權的憲法基本原則。這一理念構築了憲法的價值基礎，亦是憲法制度設計的邏輯前提，它只是表明，如何將主權具體化為憲法之下的權力和權利，是憲法至上原則研究和實踐的一個應有課題。[14]

二、程序正義

憲政表達了特定的價值，而這些價值不僅體現為憲法的實體規範，也是通過特定程序來表達的，[15] 但這並不意味着程序是附屬於實體規範而無獨立價值的。公正的程序設計本身即表達了自由、理性、公正和效益的價值。[16] 因此，可以說憲政的價值是通過憲法中的實體和程序規範共同體現的。然而，憲法學研究對憲政程序的重視則遠未

---

14 有學者提出人大雙重身份說，即將作為主權者的全國人大與作為立法者的全國人大加以分離，以化解違憲審查中的制度性矛盾。參見林來梵：《從憲法規範到規範憲法——規範憲法學的一種前言》（北京：法律出版社，2001），頁341–342。

15 眾多學者從憲政的價值來分析憲政程序的價值和建立憲政程序的正當性，可參見徐亞文、廖奕：〈政治文明與程序憲政——社會變革的法律模式〉，《法學評論》第3期（2004）；李龍、徐亞文：〈正當程序與憲法權威〉，《武漢大學學報》（人文社會科學版）第5期（2000）；謝維雁：〈憲政中的程序論綱〉，《華東政法學院學報》第3期（2000）。

16 關於程序和憲政程序的獨立價值的研究不勝枚舉，已是共識，在此不贅述。可參見［日］谷口安平著，王亞新、劉榮軍譯：《程序的正義與訴訟》（北京：中國政法大學出版社，1996）；謝維雁：〈憲政中的程序論綱〉，等等。

達到與其價值和重要性相匹配的程度，學者們對憲法的定義多從政治內涵的層面來揭示其實質性的內容，而忽視其程序正義的一面。不過，近來的研究表明學者們已經開始重視這一問題。程序正義作為憲政的一項形式價值，自無疑問，這可以在自然正義如何演化為實證法上的憲法程序正當原則的歷史梳理中得到證立。[17] 下文將重點探討這一方面，並分析中國正當憲政程序建設的問題。

1. 憲法正當程序的確立

正當法律程序最先在英國得到實證化，但其思想淵源於古希臘的自然正義學說。[18] 自然的正義與法律的正義不同，它不是國家設計出來的，而是從自然中發現，具有永恆性、普世性和至高性。自然正義學說經羅馬偉大的法律家西塞羅（Marcus Tullius Cicero）的闡發，[19] 演變成一種與理性融為一體的自然法觀念，並穿越中世紀的歷史而發展出了自己的專門內涵，[20] 即聽證規則和避免偏見規則。此時，自然正

17　季衛東先生曾指出：「鑒於多元化社會的價值觀衝突，自由主義的對策是通過法律程序的中立性設計來擺脫在實質正義問題上無法達成宗教的、哲學的、道德的共識的僵局，在公共領域通過民主程序達成具體的共識並作出決定，在私人事務，以及精神的層面則通過法治程序保障思想信仰的自由、促進對話和協商以在不同價值之間達成諒解和相互寬容。在這個意義上，現代憲法不得不以法律程序，以及相應的形式要件為基礎，國家也不得不對各種涵義體系之間妥協，以及和平共處的制度安排進行政治決斷。從實質價值的視角來看，現代憲法既然包容通過程序和討論而作出的妥協，勢必呈現出多層多樣的構成，是一種非常複雜的、動態的抽象建築物。」季衛東：〈施米特憲法學說的睿智與偏見〉，載《二十一世紀》總第94期（2006）。

18　參見［美］愛德華•S•考文（Corwin, E. S.）著，強世功譯：《美國憲法的「高級法」背景》（北京：三聯書店，1996），頁3。

19　同上註，頁5。

20　參見楊寅：〈普通法傳統中的自然正義原則〉，《華東政法學院學報》第3期（2000）；鄭汝純：〈普通法之正義意識〉，《比較法研究》第4期（1998）。

義與自然法之間的區別也變得十分明顯。前者是普通法上的一項司法原則，只與程序有關，而後者則是兼具程序和實體兩方面內容的一個先驗概念。當中世紀歐洲大陸的自然正義理念還僅僅停留在觀念層面時，隔海相望的英國就已經發展出了正當法律程序的制度。[21] 英國《自由大憲章》第39條是正當法律程序的萌芽。該條規定：「凡自由民，如未經其同級貴族之依法裁判，或經國法判決，皆不得被逮捕、監禁、沒收財產、剝奪法律保護權、流放，或加以任何其他損害。」「非經國法判決」不得被追究責任或加以損害的規定最初出現在大憲章中時，僅指刑事訴訟中必須採取正式的起訴方式並保障被告人接受陪審裁判的權利。「法律的正當程序」的提法出現於1345年。在這一年，愛德華三世的議會對大憲章「經國法判決」的規定作出了成文解釋：「非經公正、合法的判決或者依據『國家法』（the law of land），任何自由民皆不得被拘捕、關押、蓄意損害、剝奪公民權利、放逐或者被其他任何方式侵害，我們不得違反上面的規定而為之。」[22] 隨後議會通過的《自由令》第三章規定：「未經法律的正當程序進行答辯，對任何財產或身份的擁有者一律不得剝奪其土地或住所，不得逮捕或監禁，不得剝奪其繼承權，或剝奪其生存之權利。」這一法令首次明確地使用了「法律的正當程序」這一術語。這一法令還將正當法律程序的適用範圍擴展到民事訴訟領域。從詞義上看，"due process of law"（正當法律程序）的 "due" 一詞最早是指「普通」的意思，當初創設正當法律程序的目的在於給自由民提供一個「普通」的程序，即適用於全體自由民的普通法上的訴訟程序，以杜絕適用於特別程序。換言之，正當法律程序在於防止王權憑藉特殊的程序實施專制行為。當正當法

21　參見徐亞文：〈正當法律程序簡論〉，《珞珈法學論壇》（第1卷）（武漢：武漢大學出版社，2000）。

22　轉引自楊寅：〈普通法傳統中的自然正義原則〉，《華東政法學院學報》第3期（2000）。

律程序來到大西洋彼岸的美國後，"due" 則被解釋成「恰當」，並且認為「恰當」是正當法律程序的核心。[23]

美國繼承了普通法傳統中的正當法律程序原則，並將其上升到聯邦憲法保護的高度。正如美國憲法的許多原則源於各州的憲法實踐一樣，英國的普通法的正當法律程序原則在美國的確立也經歷了從州憲法到聯邦憲法的過程。[24] 1787年，漢密爾頓在紐約州憲法批准會議上提出了「正當程序」一用語，並被會議所採納。紐約州憲法批准會議隨即提出了一份「人權法案」。該法案包括了如下的規定：除非依照「正當的法律程序」，否則，任何人都應當得到保護，不被剝奪任何特定的權利。「這顯然是最早用『法律的正當程序』取代最初來自英國大憲章的『國家的法律』的措詞的美國的法規。」[25] 1789年，當「美國憲法的執筆人」麥迪遜起草後來成為憲法修正案的《權利法案》的草稿時，他從紐約州憲法批准會制訂的法案中找到了「正當法律程序」這一用語，並且毫不含糊地將它寫進了《權利法案》之中。對於這一創舉，伯納德・施瓦茨（Bemard Schwanz）評價說：「這對於後來憲法史的發展是一種具有創新意義的變化，因為，它構成了第5條修正案和後來的第14條修正案的正當程序條款的起源」，「它為後來所有建立憲法政府的嘗試提供了楷模」。[26] 正當法律程序在美國的確立主要體現在憲法修正案第5條和第14條的通過。第5條規定：「非經大陪審官提起公訴，人民不得被判處死罪或者其他不名譽罪，唯發生於陸、海軍

---

23 Jerry L. Mashaw, *Due Process in the Administrative State* (New Haven: Yale University Press, 1985), pp. 50–56. 轉引自楊寅：〈普通法傳統中的自然正義原則〉，《華東政法學院學報》第3期（2000）。

24 參見徐亞文：〈正當法律程序簡論〉。

25 ［美］伯納德・施瓦茨（Schwartz, B.）著，王軍等譯：《美國法律史》（北京：中國政法大學出版社，1989），頁50。

26 同上註，頁31、32。

中或發生在戰時或公共危險時服現役之民團中的案件，不在此限。受同一犯罪處分者，不得令其遭受兩次有關生命或身體上的危險；在任何刑事案件中不得強迫任何人證明自己的犯罪；未經正當法律程序不得剝奪任何人的生命、自由和財產；凡私有財產，非有適當賠償，不得收為公用。」第5條修正案主要適用於聯邦政府機關。憲法修正案第14條則將正當法律程序的適用擴展到州政府機關，該條規定：「凡出生或歸化於合眾國並受其管轄之人，皆為合眾國及其所居之州的公民。無論何州，不得制訂或施行剝奪合眾國公民之特權或特免的法律；亦不得未經正當法律程序使任何人喪失其生命、自由和財產，並不利於該州管轄區內之任何以法律上的同等保護。」這兩條修正案中的「未經正當法律程序不得剝奪任何人的生命、自由和財產」的內容被稱為「正當法律程序」條款。自13世紀正當法律程序原則在英國萌芽、發展並飄洋過海在美國確立憲法地位後，隨着資本主義從自由放任時期過渡到壟斷時期，它隨之發生了重大的變化。[27] 在自由資本主義時期，經過聯邦最高法院的一系列判決，正當法律程序形成豐富的內涵：一是正當法律程序對政府機關的限制從程序方面擴展到實體方面，實質性正當法律程序上升為公認的原則，並且擴展到有關私法的契約領域而演變為「實質性經濟正當法律程序」；二是正當法律程序的適用範圍從聯邦政府領域擴展到州政府；三是正當法律程序的保護對象從公民的基本權利擴展到公司的財產，並進一步向公民的自由權領域進軍。經過這樣一番改造，正當法律程序變得更符合美國制憲之父試圖通過保護財產權和契約自由以實現財產的充分利用，進而促進

27　參見徐亞文：〈正當法律程序簡論〉，《珞珈法學論壇》（第1卷）（武漢：武漢大學出版社，2000）。

社會主義憲政研究

國家經濟發展的立憲意圖，[28] 成為美國經濟發展的憲章。到了壟斷資本主義時代，「美國法律的歷史經歷了一個從強調財產權到強調人權的逐漸轉變的過程」，[29] 正當法律程序內涵的變化也體現出了這一歷史轉變。總體而言，正當法律程序的內涵表現出如下幾方面的變化：一是在經濟領域對社會經濟進行積極干預的「實質性經濟正當法律程序」日趨衰落，正當法律程序原則由以前強調的社會經濟干預轉向了對公民人身權利的保護；二是正當法律程序從立法領域向行政法和司法領域滲透並獲得了長足的發展。

2. 中國憲法的正當程序建設

憲政既是一種憲法政治的形態，也是建立憲法政治的過程。這一過程至少可分為立憲、行憲和護憲三個階段。正當的憲法程序也相應地以立憲、行憲和護憲程序的形式出現。[30] 立憲權是創制憲法的權力，而修憲權則可以理解為制度化的制憲權。相應的，立憲程序的正當性體現在制憲程序和修憲程序之中。作為設定憲法價值的過程，制憲和修憲程序的正當性要求，主要體現在民眾參與的廣度和有效性、程序的公開性，即民主性。從中國近50年的憲政建設歷程來看，1954年憲法和1982年憲法較好地保證了公民的廣泛立憲參與。[31] 值得深入探討的問題集中在修憲程序之中。其一是中共中央主導修憲工作的程序化問題。近50年的憲法制訂和修改都是在中國共產黨的領導下進行

---

28 參見［美］伯納德·施瓦茨（Schwartz, B.）著，王軍等譯：《美國法律史》（北京：中國政法大學出版社，1989），頁23以下。

29 同上註，頁23。

30 參見劉嗣元：〈憲政程序正義論略〉，《法商研究》第3期（2001）。

31 參見許崇德：〈現代憲法產生過程的特點〉，《法學研究》第1期（2003）。

的，在修憲過程中，也一般先由黨的中共中央提出建議案，再形成修
憲的提案。在較多的修憲實踐中，公開建議案並不是一種經常和制度
性的行為。只是到了2004年修憲時，建議案才向全社會公開並引發深
入的討論。因此，中共中央主導修憲工作的程序化建設，至少涉及到
程序公開和建議案形成過程中的廣泛參與兩個問題。儘管新近的憲法
建議案形成過程在這方面有所突破，但顯然這一突破並不能樂觀地視
為中共中央主導修憲工作程序化的完成，故而在規範層面鞏固這一實
踐中的新成果，是一個應盡快完成的程序建設工作。其二是充分辯論
問題。「民主主義的政治正是以程序的正義為基礎。經過充分討論後
以多數表決方式作出的決定就是由程序的正義所支持的正當結果。」[32]
基於此，憲政實踐較為成功的國家多從三個方面來保證充分討論的進
行和真實民意的形成：言論免責制度、辯論制度和合理會期制度。僅
就會期而言，目前世界上許多國家的憲法都明確規定了較長的會期制
度，如日本國會每年召開一次，會期為150天，希臘國會的會期為150
天，法國國會常會分為兩次，一次90天，一次80天，美國國會常會約
為180天，科威特國會常會為8個月。較長的會期制度與充分的辯論是
密切相關的。全國人大是行使修憲權的法定機關，人大代表作為表達
人民意志的載體，近三千餘人，這本身即表明人民關於利益和價值的
認識並不是當然一致的，而是預設了利益和價值衝突的必然性。在修
憲這一表達價值和利益的重要場合，利益和價值之爭是一個顯見的事
實。但從全國人大修憲實踐來看，它深受無辯論傳統、會期太短等方
面的掣肘。這是修憲程序正當化應當盡快解決的問題。

---

32 ［日］谷口安平著，王亞新、劉榮軍譯：《程序的正義與訴訟》（增補本）（北京：中國政法大
　　學出版社，1996），頁5。

　　憲法的實施即行憲的過程，它表現為國家機關對憲法權力的行使和公民對憲法權利的享有，行憲程序主要存在於前一領域。[33] 一般國家的憲法都確定了立法、行政和司法三權，這些權力的行使都應當遵循特定的程序。對這三種權力進行嚴格的憲法和法律制約，是憲政的內在含義，也當然應當借助於憲法和法律所確立的程序，這已經是一個共識。但值得一提的是，各種權力的功能不同，關於此種權力的憲政程序建設也應當與這種功能的實現相符。如立法過程作為人民共同意志表達和形成的過程，民主性即人民的廣泛參與及意志表達的有效性必然是對立法權行使的特定憲政要求，基於這一民主性的要求，關於選舉程序的設置和立法過程的「三讀」及辯論程序便是實現憲政程序正義的基本要求。[34] 同時，值得注意的是，由於行政立法所形成的行政法規和行政規章是中國法律的重要淵源，因此，立法民主性要求也必然通過程序建設擴展到這一領域。由於行政立法在主體上的特殊性，因此特別要建立行政立法的聽證制度。[35] 行政權作為執行法律、維護社會秩序的一種權力，其行使必須具備應有的效率，因此，在行政程序建設中除了要表達公平、公開、公正的價值外，還要堅持效率的價值。[36] 司法機關作為法律的適用機關，也是正義的守護神，因此，司法程序的設置必須以實現司法公正為主旨。而要實現司法公

---

33 也有學者認為，公民選舉權的行使也要求特定的參與程序，我們認為這與其說是公民行使基本權利的程序，不如說是國家行使憲法權力的程序。參見劉嗣元：〈憲政程序正義論略〉，《法商研究》第3期（2001）。

34 關於選舉程序中可能涉及的選區劃分等問題及立法程序的研究，成果頗多，請參見劉嗣元：〈憲政程序正義論略〉，《法商研究》第3期（2001）；周旺生：〈關於中國立法程序的幾個基本問題〉，《中國法學》第2期（1995）。

35 關於這一問題的研究可參見汪全勝：〈美國的行政立法聽證制度探討〉，載《行政法學研究》第3期（2001）；李素貞、黃鳳蘭：〈行政聽證制度在我國的價值分析〉，《河北法學》第3期（2002）。

36 參見關保英：〈論行政程序的效率價值〉，《湘潭工學院學報》（社會科學版）第2卷第2期（2000）。

正，司法權獨立是基本要求。如何實現司法權的獨立（其核心是法官獨立），是中國司法程序建設的首要任務，對此學者研究甚多，此處不贅述。[37]

憲法作為規制公權力的首要法律，自然容易被違反。維護憲法權威，就必須追究違憲者的責任，這正是違憲審查制度存在的機理。學者們在分析中國違憲審查制度時，多質疑這一制度的公正性，即全國人大及其常委會作為立法機關同時享有違憲審查權，違背了「人們不應當充當審理他們自己的案件的法官」這一程序正義的基本原則。儘管這一診斷可謂準確，但這意味着建立有效的中國違憲審查制度必須從根本上改變中國的憲政體制，而這並不是一個簡單的問題。因此，部分學者從全國人大主權者和立法者二重身份的角度來化解這一問題的策略似乎更為務實。[38] 本文不擬對違憲審查的諸多問題進行全面研究，只是就公民關於法規類法律審查建議程序進行具體分析。如所周知，立法法第99條規定除國務院、中央軍委、最高人民法院、最高人民檢察院和各省自治區、直轄市的人大常委會可以提出審查法規、自治條例和單行條例的要求之外，其他國家機關和社會團體、企事業單位及公民個人可以對法規、自治條例和單行條例提出審查的建議。這種立法上的突破，其意義實際是有限的，這主要在於提請審查對象的有限性和接受審查主體的單一性。[39] 另外，法律只是規定公民等有提出審查的建議的權利，而不是一種要求。在現實生活中，針對這種

---

37 關於這方面的論述可參見王人博、程燎原：《法治論》（濟南：山東人民出版社，1998），頁179以下；林來梵：《從憲法規範到規範憲法──規範憲法學的一種前言》（北京：法律出版社，2001），頁371以下等。

38 參見林來梵：《從憲法規範到規範憲法──規範憲法學的一種前言》，頁341–342。

39 同上註，頁369–370。

建議，全國人大常委會通常不予答覆，[40] 而前述五大「巨頭」又很少提出審查的要求，因此，對法規、自治條例和單行條例的審查實際上並未能有效地進行，其原因在於立法法對「提請審查」的程序規定的不完善，如對於其中的行政法規的審查，我們可以通過擴大行政訴訟法受案範圍的方式來解決這一問題。在未來的行政訴訟法的修改中，法律可以賦予原告對抽象行政行為提出審查的請求權利，但由於法院並不具有明確的審查行政法規的權力，因此，可以由受理的法院層層上報至最高人民法院，由最高人民法院向全國人大常委會提出審查的要求。這一程序設計與立法法的規定能很好地黏結，又能促使全國人大常委會及時地審查行政法規並積極作出答覆。

三、安定性原則

依法治國首先是依憲法治國，憲政是法治的邏輯結果。作為治國之根本依據的憲法，在規範設計上應當符合安定性的標準。關於法的安定性原則，學者多有研究。哈耶克在將法律區分為自由的法律和立法的法律之後指出，自由的法律具有三項特徵：[41] 第一，抽象

---

40 筆者曾參與對深圳市人大制訂的關於房地產的地方性法規的建議審查活動，也未得到全國人大常委會的答覆。儘管2000年制訂的《行政法規、地方性法規、自治條例和單行條例、經濟特區法規備案審查工作程序》（以下簡稱舊《法規審查程序》）規定，「法規審查工作結束後，常委會辦公廳負責將審查結果書面告知提出審查要求和審查建議的單位或個人」。自2004年成立備案審查專門機構以來，全國人大常委會糾正上百件規範性文件，但未公開撤銷一件。

41 在《自由秩序原理》一書中，哈耶克認為自由的法律具備抽象性、平等性和確定性三個特徵，但其在後來的《法律、立法與自由》一書中將其總結為抽象性、目的獨立性和否定性三項特徵，以區別於立法的法律。參見［英］哈耶克（Hayek, F. A.）著，鄧正來譯：《自由秩序原理》（上）（北京：三聯書店，1997），頁264以下；［英］哈耶克（Hayek, F. A.）著，鄧正來譯《法律、立法與自由》，頁133以下。

性。哈耶克這裏所講的「抽象」,至少包括兩個方面:「一是,它們指涉的乃是無數的相關情勢,二是不論對這些規則的適用現在看來會導致何種特定的後果,它們都是可以適用的。」[42] 一言以蔽之,「抽象」特性的關鍵含義是指自由法律「必須適用於未知其數的未來情勢」。[43] 第二,目的獨立性。哈耶克所講的目的獨立性,是指自由的法律之存在,並不是為了一個具體的宏大目標服務,相反如果要說自由的法律有什麼目標的話,那就是它只是自生自發的抽象秩序形成的必要條件。他說:「就通常意義上的目的即對某個特定且可預見的事件的期待而言,法律確實不服務於任何特定的單個目的,而只服務於不同個人的無數的不同目的。法律只為那些在整體上並不為任何人所知道的眾多的不同目的提供手段。」[44] 第三,自由的法律具有否定性的特徵。自由法律的否定性是指「它們通常不向任何個人施加肯定性的義務(positive duties)」,[45] 它們以禁止而非要求採取某些特定種類的行動的方式對個人的自由領域提供保護。這種保護並非是將特定的東西分配給不同的個體,而是通過讓每個人感到他所受保護的邊界進而使人們能從中推知特定的東西究竟屬誰。王人博和程燎原二教授在其合著的《法治論》一書中認為,普遍性是法治的形式化原則之一,與形式化法律作為近現代社會主導性有序化模式有關,它是這種模式在調整範圍和法律技術上的表徵,包括具有遞進關係的普遍性調整、一般性陳述和普遍適用三個要素。[46] 上述學者對法治之法的安定性內容的論述,實質上並無太大分歧。哈耶克所言及的法的安定性,主要是私

---

42 〔英〕哈耶克(Hayek, F. A.)著,鄧正來譯:《法律、立法與自由》(第1卷),頁133。

43 〔英〕哈耶克(Hayek, F. A.)著,鄧正來譯:《法律、立法與自由》(第2、3卷),頁55。

44 〔英〕哈耶克(Hayek, F. A.)著,鄧正來譯:《法律、立法與自由》(第1卷),頁176。

45 同上註,頁56。

46 參見王人博、程燎原:《法治論》,頁158–163。

法的特徵,是將法律體系區分為公法和私法的前提下所進行的對比研究,而王人博和程燎原二教授似乎並沒有意識到這種區別。我們認為,憲法是法律的一種,應當具備安定性要求;[47] 但憲法作為一部根本性的法律,卻與私法並不相同,是最典型的公法,[48] 即哈耶克所言及的立法的法律,其安定性要求的具體內容便與私法的安定性原則有所不同,不可將二者混同。具體而言,憲法的安定性主要體現為目的依附性和特別適用性。

1. 目的依附性

憲法是關於國家權力行使的指令,如同哈耶克的研究所揭示的那樣,其目的「乃在於授權特定機構採取特定行動以實現明確規定的目的」。[49] 這個「明確規定的目的」是什麼呢?它當然不是為具體政策所表達的具體的目標(如經濟的發展、土地交易的允諾等等),而是要為確立一種憲政法律秩序提供價值標準。換言之,憲法應當確立立法機關所立之法的形式和價值特徵,並向執法機關和司法機關下達具體的指令來保證這種法律的實效。在這個意義上,憲法規範體系也是一個價值體系。根源於這一憲政法律秩序建設的目的,憲法規範在用語安排上主要表現為兩種規範,一是授權性規範,即明確授予國家機關可

---

47 林來梵教授將之作為「規範憲法的內面條件」和「憲法規範的規範性」來加以論述。參見林來梵:《從憲法規範到規範憲法——規範憲法的一種前言》,頁269–270;林來梵:〈規範憲法的條件和憲法規範的變動〉,《法學研究》第2期(1999)。

48 中國學界多有學者對「憲法作為公法」這一命題提出質疑,但我們認為,憲法產生的歷史及其在當下的實踐依舊反映了這一命題的允當性,儘管憲法所表達的價值在不同程度上輻射到了私法領域,但是「輻射」,而不是「直接適用」,德國憲法第三者效力理論和美國的國家行為理論,正是以憲法是公法這一命題為邏輯立論的。參見秦前紅:〈關於「憲法司法化第一案」的幾點法理思考〉,《法商研究》第1期(2002)。

49 [英]哈耶克(Hayek, F. A.)著,鄧正來譯:《法律、立法與自由》(第1卷),頁210。

以行使何種權力及如何行使權力的規範。由於憲法授予國家機關的權力也是課予國家機關的義務，這一授權規範便同時意味着國家機關應當行使什麼樣的權力和如何來行使這一權力（授權規範也表明了權力的界限）。二是禁止性規範，即國家機關不得行使什麼樣的權力。這一規範既可能在關於權力的授權領域出現，也可能在公民基本權利規範領域出現。禁止性規範中命令性和否定性的用語即是對國家機關應當如何行使權力的要求。中國現行憲法中存在許多的「規範」，[50] 這些規範一方面是體現社會主義及共產主義宏大目標的綱領性條款，另一方面是實現具體經濟目標的條款。這些規範與憲法的目的明確性要求是相符的。就綱領性條款而言，它實際上表達了立憲者的特定價值判斷，這一價值判斷恰恰應是中國法律的內在價值之一，應通過立法者的立法載入法律這個容器，但其以綱領性規範的形式出現，並未能成為對立法者的一個特別命令，在現實生活中也無法實施。綱領性規範表達了一個積極的社會目標，不僅未能構成對國家權力（特別是立法權）的規制，反而促成了國家權力在現實生活中的擴張。至於憲法文本中眾多關於經濟建設的條款，實際上就是一個個具體的經濟政策。這些經濟政策在目標上不可謂不明確，但卻與建立一個憲政法律秩序相去甚遠。這些經濟方面的規範，由於只是政府經濟政策的翻版，並與現實經濟生活有對應關係，因而政府政策發生改變，經濟生活發生變遷時，就顯得不合時宜，並成為進一步經濟改革的掣肘，因而不得不成為現行憲法修改的主要內容。[51]

---

50 客觀而論，這些條款並不具有法律規範的特徵，也不能在現實生活中實施，故加上引號。

51 對此種經濟方面的規範，有學者建議「只保留屬基本經濟制度範疇的條款，而將屬經濟政策範疇的條款全部廢除」。參見童之偉：〈與時俱進，完善憲法──循「十六大」精神修憲或釋憲的十一點設想〉，《法學》第1期（2003）。

社會主義憲政研究

2. 特別適用性

　　憲法是對國家權力的安排，也是對國家機關的命令，其適用範圍是有限的。它通常只對國家權力行使者的行為發生直接的效力，而不干涉公民私人間的糾紛。這也是憲法效力論者所研究的問題，近來關於憲法在私法中的效力問題，正是從憲法的公法性質的角度來探討憲法的法屬性。[52] 儘管不少論者指出，憲法既不是公法也不是私法而是基本法，但在憲法主要是限權之法這一點上並無分歧。[53] 就此而言，憲法的適用範圍是明確的，即並不是對所有的社會關係都產生直接的調整作用，而是首先和主要調整政府與公民之間及政府各分支之間的關係。憲法的特別適用性這一形式上的特徵，自憲法產生之始就確立了。眾所周知的美國第一修正案中確立的正當法律程序條款能夠擴展適用於州政府的行為，是經由憲法第14條修正案才確立的。美國修憲史本身即表明，對於憲法的適用範圍並不是一成不變的。關於憲法只適用於權力關係的領域，也是通過憲法是公法的理念得以證成的，我們在憲法規範自身中並不能（或者說很少能）直接找到該規範的適用主體和對象。但有一點是可以確定的，即憲法規範很少明確地將國家權力行使者之外的社會主體如其他社會組織、公民個人作為自身調整的對象。這正是憲法規範所具有的特別適用性對憲法規範的消極性要求。中國現行憲法並未能遵守憲法規範的特別適用性這一法的安定性要求。根據憲法學者蔡定劍等人的研究，[54] 現行憲法中存在大量的直接適用私人關係的條款，如憲法的第1條、第9條、第10條、第12

52　關於中國「憲法司法化」第一案的種種爭論，正具有這一意義。

53　參見張千帆：〈論憲法效力的界定及其對私法的影響〉。

54　參見蔡定劍：〈中國憲法實施的私法化之路〉，《中國社會科學》第2期（2004）；李忠、章忱：〈司法機關與憲法適用〉，載張慶福主編：《憲政論叢》（第3卷）（北京：法律出版社，2003）。

條、第15條、第36條、第38條、第40條、第49條。這些條款都是採用「禁止任何組織或個人」侵佔或破壞的措詞，[55]條文規範的對象直指社會組織和公民個人。以上只是憲法中明顯地針對社會組織和個人的條款（顯性條款），此外還有對公民言論自由等政治權利保護條款（第35條）和直接規定公民義務的條款，這些條款是針對公民的隱性條款。除此之外，憲法序言最後一段將「全國各族人民」與國家機關一樣列為必須「以憲法為根本的活動準則」的對象，表明立憲者把公民與國家作為被憲法規範的同等對象看待。總之，中國憲法中直接針對個人的條款是非常多的，「由此而反映中國立憲理念上的誤區，對憲法到底是用來解決什麼問題的本質精神不清楚，把憲法中保護公民權利的條款大量用於對抗公民個人，這是對憲法的誤用」。[56]中國制憲者對憲法的誤用，其原因不勝枚舉，對憲法特別適用性這一形式上的特徵的認識不足無疑是其一。這一「憲法的誤用」而導致的憲法規範在形式上的缺陷，固然構成了司法機關直接適用憲法的法律依據，但卻同時使中國並不太清晰的權力分配體制更加混亂。[57]對於這一問

---

55 這些條款的內容分別是：「禁止任何組織或者個人破壞社會主義制度」（第1條）；「禁止任何組織或者個人用任何手段侵佔或者破壞自然資源」（第9條）；「任何組織或者個人不得侵佔、買賣、出租或者以其他形式非法轉讓土地」（第10條）；「禁止任何組織或者個人用任何手段侵佔或者破壞國家的和集體的財產」（第12條）；「國家依法禁止任何組織或者個人擾亂社會經濟秩序」（第15條）；「任何國家機關、社會團體和個人不得強制公民信仰宗教或者不信仰宗教，不得歧視信仰宗教的公民和不信仰宗教的公民。國家保護正常的宗教活動。任何人不得利用宗教進行破壞社會秩序、損害公民身體健康、妨礙國家教育制度的活動」（第36條）；「禁止用任何方法對公民進行侮辱、誹謗和誣告陷害」（第38條）；「除因國家安全或者追查刑事犯罪的需要，由公安機關或者檢察機關依照法律規定的程序對通信進行檢查外，任何組織或者個人不得以任何理由侵犯公民的通信自由和通信秘密」（第40條）；「禁止破壞婚姻自由，禁止虐待老人、婦女和兒童」（第49條）。

56 蔡定劍：〈中國憲法實施的私法化之路〉。

57 值得注意的是，憲法私法適用固然在權利保障的旗幟下獲得了妥當性，但卻不能掩蓋其本質性內容是對國家權力的重新分配。正是基於這一點，童之偉教授極為敏銳地指出，中國「憲法司法化第一案」存在「司法搶灘」（擴充自己的權力）的問題。參見童之偉：〈憲法司法適用研究中的幾個問題〉，《法學》第11期（2001）。

社會主義憲政研究

題的解決，既有賴於我們對憲法的法的性質的正確認識，也要求我們從形式上去認真研究憲法規範的特徵。具體而言，從憲法規範所具有的特別適用性的形式特徵而言，憲法切不可輕易地將國家權力行使者以外的社會主體間的關係視為憲法規範的調整對象，在採用「其他社會組織」和「公民、個人」的用語時當謹慎為是。

CHAPTER
第八章

當代中國憲政的基本主題(一)

社會主義憲政研究

　　憲政是關於公共權力的理念與實踐，它是人類因應生存的需求
而逐漸摸索形成的社會治理模式和文明成果。憲政乃是為「人」而產
生、存在，並必然隨「人」的境地變化而發展變遷。憲政的價值共識
是人之為人的尊嚴，後者也構成了憲政的主旋律。憲政這首高唱人文
主義的主打歌，正是通過對權力這個音符的奇妙編織而得以延唱不
絕並形成合唱的局勢。如何安放權力這一音符，決定了一國憲政的曲
風，也決定了其憲政建設的空間。源於憲政的價值共識並受制於此，
建構公權力，實現權力的高效治理並有效地治理（規制）權力，保障
人權，便成為中國憲政建設的基本主題。

一、憲法問題與憲政使命

　　日本憲法學家杉原泰雄曾說：「人類以國家為單位的各個歷史階
段，每走過一個艱難困苦的里程，都要通過憲法來制訂為克服困難所
需要的新規則，以此來繼續人類的發展；每經過一段苦難深重的生
活，都要通過憲法來確定為消除苦難所需要的新的政治及社會的基本
形態，從而進入新的歷史階段。」[1] 的確，正是在無數困難和問題的壓
迫和激勵下，在與之作鬥爭的過程中，人類求得了知識和理性的發
展，創造了豐富的物質文明、制度文明和精神文明。憲法和憲政也正

1　[日]杉原泰雄著，呂昶等譯：《憲法的歷史——比較憲法學新論》（北京：社會科學文獻出版
　社，2000），頁1。

是在這一「問題」的張力之下而生。但人類社會的問題千千萬萬,憲法只為解決「憲法問題」而存在。[2] 憲法問題不僅決定了憲法的內容,也決定了憲政建設的主題。

1. 憲法問題

何謂「憲法問題」?我們可以從羅文斯坦 (Karl Loewenstein) 存在論式的憲法分類理論中找到線索。[3] 根據實證的考察,羅氏認為,憲法可分為規範憲法、名義憲法和語義憲法。在規範憲法的國家,憲法規範駕馭着政治過程,權力的運作服從憲法規範,此時的憲法猶如「一件合身、並且經常被穿着的衣服」。這類憲法可以歐美憲法為例。當然,這些國家也是典型的憲政國家。事實上,規範憲法與憲政國家在實證的層面具有同義性。[4] 名義憲法則有點像一件過於寬大而不合身的衣服。當某種憲法具有法律上的效力,但卻在實踐中未能實現對政治過程和公共權力的規制時,便是名義憲法。就此而言,名義憲法是一部不能規制公權力的憲法。語義憲法並不是一件衣服,而是一種

---

2 此乃借用趙世義、劉連泰和劉義的表述,但本文對其基本內涵的理解則與之略有差別。他們認為,「憲法要處理兩對最基本的矛盾:第一對矛盾是政府和公民的矛盾,易言之,國家權力和公民權利的矛盾;第二對矛盾是各種國家權力之間的矛盾。前一對矛盾是主要矛盾,對它的不同理解構成不同國家觀和憲法觀的基礎;後一對矛盾是解決前一對矛盾的手段」。西方的憲政建設史也是一個解構的歷史,但我們認為,解構是手段,建構才是目的。西方憲政史向我們揭示了兩個問題:我們需要什麼樣的權力 (內含着我們是否需要權力的問題)?我們該如何來規制權力?參見趙世義、劉連泰、劉義:〈現行憲法文本的缺失言說〉,《法制與社會發展》第3期 (2003)。

3 參見林來梵:《從憲法規範到規範憲法──規範憲法學的一種前言》(北京:法律出版社,2001),頁264以下。

4 法國《人和公民權利宣言》宣稱「凡權利無獲保障和分權未確立的社會就沒有憲法」,並不僅僅是一個立憲標準問題和規範憲法的規範內容問題,也是一個憲政國家的實證判斷標準問題。

化妝，它不以規制權力為主旨，而是執掌權力的宣言和標誌。[5] 從憲法與現實權力的關係入手，着重實證分析的這一憲法分類，揭示了憲法中的核心因子是公權力。憲法恰是馴服公權力的工具，也正因為如此，憲政才獲得了強大的號召力。質言之，憲法問題就是關於權力的問題。這個論斷可以在憲法發生史上得到確證。無論是近代還是現代的憲法，都是人類社會以公權力為思考對象的結果。英國憲法是英國人民致力於解決寡頭政治、[6] 消解王權統治的過程中實現的，一個個的特許狀、自由大憲章及其確認書、權利請願書，以及權利法案，正是英國憲法成長的足跡，而這每一段對憲政建設意義非凡的歷史，又都是以公權力問題為主題而展開的。美國憲法「本身是一個反抗中的民族在迫切需要的困境中硬給逼出來的」，[7] 這個民族所反抗的正是宗主國無節制的專斷權力。[8] 事實上，獨立革命的確將這一專制權力從北美大陸趕了出去，但它最大的貢獻不在於此，而在於其後的制憲會議建構了公權力同時又規制了公權力。與此同時，這部世界上的第一部憲法宣揚了這樣的觀念：有限政府、高級法律（a higher law）支配常規立法、人權保障和違憲審查。[9] 所以，哈耶克提醒說，儘管美國憲法的主要特徵形成了人類理解憲法意義的早期，並且美國人極少將可行的經驗及時地納入成文憲法之中，但是美國的憲法實踐為立憲活動

---

5 斯大林便建議新中國政府制訂一部憲法，來鞏固新政權的合法性。正是基於此，羅氏認為前蘇聯和東歐社會主義國家的憲法是語義憲法。

6 參見〔美〕John A•豪古德（Hawgood, J. A.）著，龍大均譯：〈導論〉，《現代憲法新論》（北京：中國政治大學出版社，2005），頁2。

7 轉引自〔美〕愛德華•S•考文（Corwin, E. S.）著，強世功譯：《美國憲法的「高級法」背景》（北京：三聯書店，1996），頁2。

8 參見〔英〕哈耶克（Hayek, F. A.）著，鄧正來譯：《自由秩序原理》（上）（北京：三聯書店，1997），頁240。

9 參見秦前紅、葉海波：〈哈耶克憲政思想研究〉，載張慶福主編：《憲政論叢》（第4卷）（北京：法律出版社，2004）。

貢獻了一系列值得尊重的基礎性原則。這些原則是:「立法機構須受一般性規則的約束;立法機構必須以這樣一種方式處理特定問題,這種方式就是它在此類情形中適用的基本原則也可以同樣適用於其他情形;而且,如果立法機構侵犯了一項迄至當時一直為人們所遵循的原則(儘管它可能是一項從未得到明確闡述的原則),那麼立法機構就必須承認這個事實且必須遵循一精心構設的程序,以確定人民的基本信念是否真的發生了變化。司法審查對於變革而言,並不是一絕對的障礙,它對於變革所能起到的最糟糕的作用也只是延緩變革的進程,並且促使立憲機構必須就爭議中的原則作出捨棄或重申的決定。」[10] 美國憲政史最明顯地揭示了「憲法是為解決憲法問題而存在的」這一命題:獨立革命摧毀了英國議會的專斷統治,但《邦聯條例》卻未能如期的建立一個北美十三殖民地所需要的公權力,這最後由美國現行憲法來解決,並在南北戰爭後得到強化。公權力的問題,正是美國憲法產生和變遷的動因。其他國家的憲法史,也可以用這一主題來書寫,只不過,其間憲法經常被誤用,憲法也被迫擔當了太多的理想。這種「誤用」和「被迫」,固然是對憲法問題未能清晰識別的必然結果,但也從另一方面表明憲法問題就是關於權力的問題。[11]

那麼,憲法問題的內容何在?對此,我們可以大致總結為三個問題:一是我們是否需要公權力(為什麼)?二是我們需要什麼樣規模的公權力?三是如何規制公權力?人們是否必須在公權力的關照下才能生活?其中之一是無政府主義的答案。這一無政府主義理論並不能系統解釋為何人類社會出現了以公共權力為中心的自統治模式,但可以

---

10 〔英〕哈耶克(Hayek, F. A.)著,鄧正來譯:《自由秩序原理》(上),頁242。

11 無論是名義憲法還是語義憲法,它們都是以權力為中心來組織自己的體系,只是對待權力並非憲政主義的態度。

成為解釋部分社會現象的便利工具。[12] 即使在自然法思想家之間，這一問題也存在分歧，如霍布斯就認為失去國家，社會將無法存在，而洛克和盧梭則認為社會是獨立於國家的，但他們並不否認人類社會需要公權力的事實。[13] 這一分歧的真正意義在於它表明：國家在人類社會中到底扮演何種角色、人類社會究竟需要何種程度的公權力干預，是一個人類社會至今還在摸索的問題。人權保障理論正是在這一摸索過程中產生的一種很重要的說服性理由。憲法和憲政在近代西方產生，學界無一例外地將這一歷史現象拔高至人性和人權保障的高度來加以褒揚。憲政與人權保障間的化約性操作，使眾多的人接受了憲政，進而在事實上揭示了憲政的一個隱性主題，即強大公權力是必要的。人權保障作為憲政的終極目標，它不僅為權力治理奠定了正當性基礎，也為治理權力和限制權力留下了空間。質言之，我們為「人類是否需要公權力治理」這一問題確定的極具價值傾向色彩的答案，使人本位和人權保障成為憲政理論中幾百年來一直在吟誦的價值主線。「我們是否需要公權力」的發問，還蘊含着一個深刻的權力哲學，即如果我們必須接受公權力的治理，那麼，這個權力源自何方？如何形成？這正是社會契約論和人民主權論得以產生的前提，也促成了讓渡理論、授權理論、委託理論和代表理論的形成，並決定了憲法的基本內容。「我們究竟需要什麼樣的公權力」，是前一問題的邏輯延伸，霍布斯(Thomas Hobbes) 與洛克及盧梭對此的回答並不相同。霍氏認為，國

12　陶文昭先生認為，網絡時代的無政府主義有兩大類：一類是傳統的無政府主義團體運用互聯網作為新的組織和傳播工具；另一類則是伴隨互聯網發展而出現的新式無政府主義。如果説前者是無政府主義的信息化，後者則是信息化的無政府主義。參見陶文昭：〈網絡無政府主義及其治理〉，《探索》第1期（2005）。

13　參見［美］約翰•麥克里蘭（McClelland, J. S.）著，彭淮棟譯：《西方政治思想史》（海口：海南出版社，2003），頁201–311。

家是社會得以存在的必要條件，[14] 所以寧要專制統治也不要無政府的社會，他對公權力干預的接受也遠超過洛克及盧梭所能忍耐的程度。到底應該授予國家機關多大的權力，並無固定標準，國家權力的大小隨時勢、國家任務和國家理念的變化而變化。國家的目標是影響國家權力範圍的一個核心因素，[15] 在近代自由資本主義時期，夜警國家的理念既決定了當時國家權力的大小，也描述了國家的根本任務；在壟斷資本主義時期，福利國家和社會權的理念則是揭示國家權力大小的關鍵詞。但毋庸置疑，建立一個什麼樣的政府並授予其何種程度的國家權力，是憲法必須面對並解決的問題。這一問題又涉及到兩個方面，一是國家權力與公民權利的關係，二是國家機關間的權力分配。在憲法解釋學上，二者必須借助於一個基本的憲法解釋技術來解決，即通過憲法解釋來實現國家權力與社會需求間的適應。[16]「如何規制公權力」，是一個眾人皆關注的焦點，也是憲法要解決的重點問題。人們對此的關注程度遠遠超過其他的事項，以至於幾乎人人都接受了憲法是限權之法，憲政即限政的理論。關於這一問題，此處不贅述。[17]

2. 憲政建設的主題

在原生憲法國家，憲法和憲政是在特定文化、歷史背景中孕生的，與其說它們是先有對憲法問題的理論識別再據此設計憲法，不如

---

14 英國大革命粉碎了霍氏的這一論斷。當然，這並不能掩蓋霍氏理論的光輝。參見［美］約翰‧麥克里蘭（McClelland, J. S.）著，彭淮棟譯：《西方政治思想史》，頁221–260。

15 關於國家目標的論述請參見秦前紅主編：《新憲法學》（武漢：武漢大學出版社，2005），頁144–151。

16 這即是政治問題（權力的分配和歸屬）法律化，法律問題技術化。

17 有學者專門著書來介紹西方憲政的「限政」歷史。參見［美］斯科特‧戈登（Gordon, S.）著，應奇等譯：《控制國家──西方憲政的歷史》（南京：江蘇人民出版社，2001）。

社會主義憲政研究

說憲法問題是在其憲法和憲政實踐中識別的。[18] 但這並不妨礙憲法問題與憲法憲政的內在關聯，以及憲法問題的識別對於憲政研究和憲政建設的決定性意義。對於派生憲法國家而言，憲法問題的正確識別，是科學認識憲法的基礎，也是縷析憲政建設主題的前提。大體而言，憲法問題的基本內容決定了憲法的內容，也決定了憲政建設的主題。就此，憲政建設的主題有四：一是主權建設。主權在民是憲法的邏輯基礎，[19] 並構成了權力的合法性基礎和強政府建設觀念基礎。[20] 憲法是主權者的價值表達，也是主權者分解主權的過程和結果。換言之，主權不在憲法，主權在民。[21] 二是權力構造。現代憲法產生的過程也是民族國家形成的過程，其中「國家」的用語表明了「政府」的存在，[22] 而政府則是權力的行使者。政府行使什麼樣的權力，本身即是一個權力構造的問題。對於少數國家而言，從分裂走向統一，建立一個強大的中央政府，是權力構造的首要問題，美國、德國等國家即如是。對於大多數國家而言，國家統一和中央政府是歷史性的存在者，

---

18 如所周知，美國憲法是為了應對邦聯的不足而產生的。當時中央政府軟弱無能所導致的種種問題構成了美國制憲的動力，這實際上是試圖解決權力構造的問題。當然，關於權力必須受到制約的觀念為美國憲法對權力的規制提供了理念支持。不過，我們還是很難說美國憲法是「設計」的。其實，其大多內容都是抄襲的，或者抄自各州憲法，或者抄自英國，這正表明它是經驗的產物。參見〔美〕John A・豪古德（Hawgood, J. A.）著，龍大均譯：《現代憲法新論》（北京：中國政法大學出版社，2005），第1章。

19 有學者提出了「憲法是關於主權的真實規則」的論斷。參見翟小波：〈憲法是關於主權的真實規則〉，《法學研究》第4期（2004）。

20 美國憲法在序言中宣稱的「我們，合眾國人民」。聯邦最高法院通過此來解釋聯邦權力的基礎，以消除「廢止理念」，建立鞏固的聯邦政府。關於「廢止理論」，請參見張千帆：《憲法學導論》（北京：法律出版社，2004），頁210。

21 如前所述，中國憲法確立了一個主權所在機構，因此造成了主權機構與憲法權威的衝突，也決定了中國憲法並不是一部以權力制約為旨歸的憲法。

22 詹寧斯等修訂的《奧本海國際法》就將定居的人民、土地、政府和主權作為國家存在必須的四個條件。參見〔英〕詹寧斯（Jennings, R.）等修訂、王鐵崖等譯：《奧本海國際法》（第1卷、第1分冊）（北京：中國大百科全書出版社，1995），頁92。

其權力構造的問題首先表現為權力的分解,即從壟斷性的統治走向權力多元化的過程。但無論是創造一個中央政府還是分解歷史上存在的中央政權,都是為實現權力的合理構造並滿足社會治理的基本需求。三是權力規制。權力既表現為讓相對人產生心理上的臣服感的權威,也表現為一種強制性的力量。這種權威和力量既可以為公利服務,也容易背離這一目標,進而侵損個人權利。因此,對權力規制的思考,幾乎充斥着整個西方的思想史。四是人權保障。如上所述,對人之宣揚確立了歷史研究、制度構設和實踐分析的個人主義方法論。從人之主體地位和自由意志屬性所推導出來的人權理論,既是憲政的起點,也是憲政的歸宿。人權保障既在理論上成為憲政證立的基礎,也在規範制度層面為權力制約提供了操作方向,[23] 當然地構成了憲政建設的主題。就當代中國憲政建設而論,其時代主題集中在權力合理構造、權力有效規制和人權保障三個方面,至於理念層面的人民主權論,則已告確立。中國憲法中主權機構與憲法權威衝突的解決,[24] 事實上是

---

23 對於是否要在憲法中規定公民的基本權利,在美國制憲時產生了激烈的爭論。反對派認為權利法案會對那些未授予政府的權力作出種種限制性規定,從而為政府要求獲得多於已授予的權力的主張提供藉口,而且美國憲法旨在保護的個人權利,其範圍遠遠超過了任何文獻所能列舉者,並且對某些個人權利的明確列舉,有可能被解釋成未被列舉的權利未得到憲法的保護。而支持者則認為人民的某些特別權利必須得到特殊的保護。這些爭論與權力制約的構想不無關聯。哈耶克評價兩派的爭論說,一開始反對將一項《權利法案》納入《美國聯邦憲法》之中的各種理由,與後來說服那些反對派人士的種種努力,在美國憲法保障個人權利的規定方面具有同等重要的意義。正是兩派之間的爭論,使人們對權利列舉所帶來的種種危險有了清醒的認識,並試圖通過第九條修正案所謹慎規定的內容來加以防範。這一規定反映了人們對未予闡明的精神的尊重,並為後來的立憲國家在設計公民權利憲法保護制度時提供了一種值得借鑒的範式。(參見〔英〕哈耶克(Hayek, F. A.)著,鄧正來譯:《自由秩序原理》〔北京:三聯書店,1997〕,頁243以下。)雖然,《權利法案》只是以修正案的形式才得以成為美國憲法的一部分,但它成為解釋國家權力之價值、制約國家權力的重要規範,並為後世憲政國家所發展。

24 對此問題,學者亦有研究。請參見周葉中、江國華:〈主權邏輯與悖論〉,載《中國憲法學研究會2002年年會論文集》;張千帆:〈從「人民主權」到「人權」──中國憲法學研究模式的變遷〉,《政法論壇》第2期(2005)。

一個權力構造的問題。對於權力有效規制這一主題，已是朝野共識，分歧在於如何來實現權力的規制。[25] 但權力何以要受到規制，對此學界多從人性哲學的角度來做一證成。應該說，這一論證是一個歷史悠久的學術傳統，但它也可能受到一些挑戰，下文將試圖從功能主義的角度來解讀這一問題。就權力合理構造的問題，學界也有所研究，如針對中國近60年來的政府機構改革，人們提出了「小政府、大社會」的種種理論，[26] 更有學者就中國國家能力問題提出了實證考察的報告，[27] 這些都實質性地涉及了國家權力的構造問題。將權力構造視為憲政建設或者憲法的基本內容，在汪進元教授所著的《良憲論》一書中有所體現，事實上，他將權力構造視為良憲的標準之一。[28] 正如上述研究成果所表明，這是當下中國憲政建設中極為緊迫的目標，它也將是本書要首先探討的問題。而關於人權保障問題，這在中國應當說已是人所共識，2004年憲法修正案將「人權」的字眼載入憲法，正是這一共識的規範表達。但人權入憲的長久爭論又折射出當下中國對人權的認識尚須深入，諸如人權屬性、體系、核心、保障模式、救濟方式等問題，仍是當下中國憲政建設中的最基本問題和主題。

---

25 學者的研究有意無意地表明，權力分立是權力規制的根本方式，而政界則早就將三權分立論打入了冷宮。這也是權力制約研究中鮮有明確主張三權分立的原因。

26 參見貪傑：〈有限政府論：思想淵源與現實訴求〉，《政治學研究》第1期（2005）。

27 參見王紹光、胡鞍鋼：《中國國家能力報告》（沈陽：遼寧人民出版社，1993）。

28 參見汪進元：《良憲論》（濟南：山東人民出版社，2005），第六章。

二、權力治理與權力構造

公權力的歷史幾乎和人類社會的歷史一樣久遠，無論是在前國家時期，還是在國家產生後的歷史中，公權力都構成了人類社會中不可忽視的重要力量。接受公權力的治理，是我們無法否認的事實，也為歷史所證明。權力治理的客觀現實和社會需求，決定了憲法的內容首先表現為權力的規範，也決定了憲政建設的主題首先應當是權力的合理構造。依公共權力之歸屬及其利益追求而論，人類社會大致經歷了以部族、家庭的根本利益為核心的氏族王朝政治社會，到以國家利益為核心的民族國家的形態變遷，變遷的核心內容是公權力的「合法性基礎從傳統的習俗規範中解放出來」。[29] 亨廷頓認為，「現代化首先在於堅信人有能力通過理性行為去改變自然和社會環境。這意味着摒棄外界對人的制約，意味着普羅米修斯將人類從上帝、命運和天意的控制之中釋放出來」。[30] 權力合法性基礎的變遷，本身即表明公權力是客觀存在的，公權力治理是人類社會的常態，國家則是公權力形成及存在的標誌與載體。權力治理既具有政策選擇性的特徵，也建立在特定的人性哲學基礎之上，表達了正義價值，更是憲政建設中的一個隱性主題。

1. 權力治理的政策選擇特徵

人類必須在權力的治理下生活。這是一種無奈的選擇，或者説是被迫地接受，因而具有政策取向的意義。恩格斯在《家庭、私有制和

---

29 施雪華、張荊紅：〈各國政府權力理性化進程及其啟示〉，《探索》第2期（2005）。

30 ［美］塞繆爾•P•亨廷頓（Huntington, S. P.）著，王冠華等譯：《變動社會中的政治秩序》（北京：三聯書店1989），頁92。

國家的起源》一書中的論述揭示了這一點。關於國家起源和公權力起源的唯物主義論斷,[31] 明確指明了國家作為一種高於社會的力量,具有控制社會秩序的基本能力,這即是我們所言及的公權力。這一論斷同樣指明,集中表現為國家秩序的公權力治理的產生,並不存在多麼美妙動聽的說辭,它也不是某個種族和個體的發明,而是一個矛盾迭出、衝突激化的社會在情急之下的救命稻草。種種關於國家起源和本質的學說(如契約說、暴力說、共同體說、統治說、要素說和政治實體說),不過是在對這根「救命稻草」的形成和本質進行學理解剖。這些學理解說的興盛,暗含着一個更深層的意義,即如果一個共同體存在利益衝突,而要實現這些利益主體間的和諧和利益均衡,最佳的選擇是建立一個超越於這些主體權威之上的公權力。在各個社會都存在公權力治理的歷史背景下,這一隱藏的意義所具有的價值是,公權力治理強度(或者說權力的大小、集中與分散)的選擇,也只具有政策選擇的意義。因此,國家與社會的關係變化、私域與公域間界限的左右擺動,都是認同權力治理這一政策選擇的應有之義。權力治理所具有的政策選擇屬性,具有極為重要的立憲意義,即憲法在構建國家權力之時,如何安排公權力變遷的憲法機制,是立憲中不可缺少和極具技術性的課題。

---

31 馬克思在看了摩爾根(Lewis H. Morgan)的《古代社會》後,「很喜歡這本書」,曾對《古代社會》做了「十分詳細的摘錄」,還加上一些評語和說明,補充了有關著作的材料和論點,計劃寫一部關於原始社會的書,「聯繫他的唯物主義的歷史研究所得出的結論來闡述摩爾根的研究成果」。馬克思還未能完成這個計劃便逝世了,恩格斯執行了馬克思的遺言,依據馬克思對《古代社會》所做的詳細摘要和摩爾根原著提供的材料和觀點,進行了認真的研究,於1884年寫了《家庭、私有制和國家的起源》這部不朽的馬克思主義著作,以唯物主義的觀點解釋了國家和公權力的起源。參見王康:〈馬克思很喜歡的一本書——摩爾根的《古代社會》〉,《讀書》第6期(1979)。

2.　權力治理的人性基礎

　　權力治理所具有的政策選擇屬性，使公權力在社會治理中的必要性受到質疑，而且公權力作為秩序的維護者，也容易將社會秩序作為單一化的目標，並將其置於首要地位而忽視人類社會的其他價值。的確，如果能夠找到比公權力來實現社會秩序更好的方式，公權力便是不必要的；[32] 如果公權力對秩序的維護被推為極致而成為集權和專制，公權力的治理便會受到合法性的譴責和非難。但是，公權力之存在並不僅僅是一個政策性選擇的結果，它建立在特定的人性哲學基礎之上，表達了特定的價值。

　　人類社會的問題，都源自於人自身。天人、物我、人己，是人對自身之存在發問的向度，而人性哲學，也正因為其源於對人自身的思考，總是成為解釋問題、建構理論的起點。「經濟人」假設是主流經濟學的理論推導和政策選擇的基點。這一假設認為人都是自私的，將每個人視為自己利益的偏執追求者，都追求個人 (經濟) 利益的最大化。「經濟人」假設的內核是人的「利己」本性。人的利己本性也常被用來解釋權力治理得以產生的人性基礎，[33] 我們可以在霍布斯關於自然狀態的描述中感知到這一點。在經典自然法思想家的著作裏，人類從自然狀態步入政治國家時期，是通過自然狀態之下個體的權利放棄行為 (權利讓渡) 而得以實現的。這一放棄和讓渡行為被每個人正確地認識到是一種利己的約束，即約束自己完全是為了自己的利益。權力產生於惡的理論就此形成。但權力之形成，憑賴於眾個人的權利讓渡，這其中表達了一個基本的事實和價值判斷，即眾人皆認識到了對方的

32　我國有學者認為，國家權力會逐漸分解而最終消失。參見童之偉：《法權與憲政》（濟南：山東人民出版社，2001）。

33　當然，這一點更是被經常用來證明權力制約是必要的。

存在和相互之間合作的必要，眾人也認識到了作為一種權宜之計的權
利讓渡其實是對他者存在的承認和尊重。換言之，正是作為妥協的權
利讓渡，閃出了「狼與狼」狀態下的個體存在的人性善之光。[34] 在洛
克和盧梭的筆下，我們發現了一個作為美妙世界的自然狀態及其中具
有正義之感的個人。「在這狀態中，雖然人具有處理他的人身或財產
的無限自由，但是他並沒有毀滅自身或他所佔有的任何生物的自由，
除非有一種比單純地保存它來得更高貴的用處要求將它毀滅。自然狀
態有一種為人人所應遵守的自然法對它起着支配作用；而理性，也就
是自然法，教導着有意遵從理性的全人類：人們既然都是平等和獨立
的，任何人就不得侵害他人的生命、健康、自由或財產。」[35] 然而這
個令人嚮往的自然狀態卻有着固有的缺陷：「第一，在自然狀態中，
缺少一種確定的、規定了的、眾所周知的法律，為共同的同意接受和
承認為是非的標準和裁判他們之間一切糾紛的共同尺度。……第二，
在自然狀態中，缺少一個有權依照既定的法律來裁判一切爭執的知名
的和公正的裁判者。……第三，在自然狀態中，往往缺少權力來支持
正確的判決，使它得到應有的執行。……這樣，人類儘管在自然狀態
中享有種種權利，但是留在其中的情況既不良好，他們很快就被迫加
入社會。」[36] 洛克的論述表明，人類在自然狀態中對正義和公平有足
夠的認知，但由於缺少完備的制度和程序來保證自然法所表達的正義
和公平，因此人們選擇了進入政治社會，合作形成公權力，建立國
家。這一建構公權力形成國家的過程，是人之正義與公平感和良善之
心的體現，也表達了人對正義和公平及權利自由的訴求。如果我們將

---

34 關於霍布斯的自然法思想，請參見［英］霍布斯（Hobbes, T.）著，黎思復等譯：《利維坦》
（北京：商務印書館，1985）。

35 ［英］洛克（Locke, J.）著，葉啟芳、瞿菊農譯：《政府論》（下篇）（北京：商務印書館，
1964），頁5–6。

36 同上註，頁77–78。

公權力之建構與國家之形成視為一個重大的政治決斷，那麼，這一決斷本身所表達的價值正是權力治理所要表達的價值，權力治理因此也罩上正義與公平的外衣。實質上，人們儘管對公權力治理設定了各種不信任的制度，但在現實生活中，權力主體所作出的決斷通常具有公定力，也被推定為是正義和公平的。

　　人性中的正義和公平之感，通常被認為是假設的，這也成為挑戰一切以人性論為根基的學說和政策及制度安排的立論的基礎。但最近的桑塔費學派關於強互惠正義的研究，從實證的層面證實了人普遍存在的正義和公平之感，也為傳統政治哲學和法哲學中的正義概念提供了直接的經驗實證。[37] 這一學派通過計算機仿真實驗，證明了早期人類社會只有依靠一種被稱為 "strong reciprocity" 即「強互惠」(指那些不惜花費個人成本去懲罰族群中背叛合作規範的人的行為，哪怕這種背叛不是針對自己的行為，又被這一學派稱為「利他懲罰」)才能建立起穩定的合作秩序，這種強互惠也就是我們人類的「正義感」。在此基礎上，這一學派通過一個腦科學的實驗報告，試圖解決人為何會有強互惠行為的問題，即如果強互惠行為在人類合作秩序的建立過程中具有這麼重要的作用，那麼驅動這種行為的機制是什麼的問題。實驗證明了研究者的假設：強互惠行為無法從外界獲得激勵，是依靠自激勵機制實現的，人腦中存在一個「鴉片報償區」，強互惠行為會激活這一區域，並給行為帶來快感和滿足感。「該實驗報告認為，社會偏好模型所定義的效用函數應該包含對違反公正和合作規範的懲罰願望，它可以比傳統的自利模型更好地解釋人類的實際行為。現實社會中，大多數人在發現那些違反社會規範的行為未得到懲罰時會感到不舒服，而一旦公正得以建立他們就會感到輕鬆和滿意。在現代警察和司法制度

37　關於這一學派的主要觀點及研究成果，請參見汪丁丁、林來梵、葉航：〈效率與正義：一場經濟學和法學的對話〉，《學術月刊》第3期（2006）。

社會主義憲政研究

建立以前，人類在很長時間內是依靠這種個人的懲罰來維持社會公正和社會正義的。事實上，現代司法制度可以看做一種以公共品形式出現的、上述行為的替代性制度創新。」[38] 如果我們將現代司法權作為一種與立法權和行政權具有不同功能和任務的國家權力，那麼，就可以發現，其實，不僅僅是司法制度，還有立法和行政制度，即所有公權力制度都是一種以公共品形式出現的強互惠行為的替代性制度創新。質言之，公權力治理制度本身即是一種表達並實現公義的制度，它建立在堅固的人性哲學理論和實踐基礎之上。[39] 這一論斷一俟成立，就表明作為解決憲法問題的憲法和憲政建設，應當積極地回應公權力構建這一命題，—— 它本身即是憲法所具有的人文價值的固有內涵。

3. 權力構建（強國家）：憲政的隱性主題

進行合理的權力配置，建構適應社會治理需要的權力體系，最終形成一個強國家，是憲政的主題之一。但憲法學者並未將這一主題與權力制約和權利保障相提並論。事實上，權力構建和強國家一直是憲政的一個隱性主題。[40] 對此，並非沒有先哲予以言明。在《聯邦黨人文集》第51篇中，麥迪遜不無睿智地指出，「在組織一個人統治人的政府時，最大困難在於必須首先使政府能管理被統治者，然後再使政府

---

38 汪丁丁、林來梵、葉航：〈效率與正義：一場經濟學和法學的對話〉，《學術月刊》第3期（2006）。

39 這一結論只是從應然的層面表明，公權力治理只是作為個體正義和公平之感的代替物出現的，並不表明實踐中公權力的行使都表達了這一公義要求。

40 參見高全喜等：〈立憲時代的法政哲學思考〉，載《愛思想網》，http://www.aisixiang.com/data/9039.html

管理自身」。[41] 在大多數國家的歷史上，其憲政建設的起點與美國並
不相同，它們已經具備了一個統一的中央政府，並在大多數時候是一
種王朝政治。而在美國，這樣一個統一的中央政府實際上只是在1787
年憲法之後才出現的。美國憲法正是為應對軟弱無能的邦聯政府而產
生的。因此，其主要內容鮮明地表達了建立一個統一強大的中央政府
的意向，[42] 我們也可以從聯邦黨人和民主的州權主義者的爭論中覓得
美國憲法產生的時代背景和立憲主旨。[43] 今天，我們在欣賞美國憲法
的正文時，總是禁不住為其權力三分制衡機制拍案叫絕，但這只是這
份憲法文本所傳達的一個表面信息，其隱藏的，正是麥迪遜所言的
「首先使政府能管理被統治者」。質言之，權力三分既是權力制衡之舉
措，更是權力構造之根本方法，權力構造乃在權力制衡之先。即使對
於已經具備了一個統一中央政府的國家，其憲政建設雖多表現為從家
族式的寡頭專斷統治走向多元分立有限統治的過程，但不能忘記的
是，在這些國家，憲政建設起步之時，多為王政統治虛弱之時，也
是王權暴殄天物、喪盡民心、國家分裂割據、危在旦夕之時。憲政建
設的使命之一是強國和富民，建構適應現代社會的國家權力，實現
王政國家向現代主權國家的邁進。近代中國憲政建設發軔於清末，乃
「刺激—反應」的產物，更多以富強為體，憲政為用，因而多受人苛
病，指責其乃中國憲政工具主義之發端。[44] 其實，中國近代憲政建設
之誤，不在於其將強國家作為憲政的顯主題，而在於其忽視了強國家

---

41 ［美］漢密爾頓（Hamilton, A.）等著，程逢如等譯：《聯邦黨人文集》（北京：商務印書館，
　　1980），頁264。

42 這部憲法一開始並沒有公民基本權利的內容，而前四條恰恰是立法、行政、司法三權分配及
　　中央政府與州政府間權力的分配。

43 這種鬥爭延續到美國憲法產生之後，如「第一銀行案」等。參見［美］麥迪遜著，尹宣譯：
　　《辯論：美國制憲會議記錄》，（瀋陽：遼寧教育出版社，2003）。

44 參見王人博：〈憲政的中國語境〉，《法學研究》第2期（2001）。

的權力構造需求與憲政的權力制約實在是一而二，二而一，二者可謂
是一個銅板的兩面。[45] 總之，人類憲政建設的歷史已經表明，權力構
造、主權國家，是憲政建設的一個歷史使命，儘管多數時候它都隱藏
在權力制約權利保障的憲政價值之身後。但近來，權力構造作為憲政
的隱性主題還是在「新憲政論者」那裏得到了闡明。[46] 新憲政論者認
為，憲法之下的政府應當既是有限的政府，也應當是有效的政府，即
憲政政體必須不止是限制權力的政體，它還必須能有效地利用這些權
力，制訂政策，提高公民的福利。憲政制度應當實現如下的目標，即
「(1)限制政治權力的濫用，(2)能夠很好地解決社會問題，(3)有助於
形成公民們的性格」。[47] 正如李龍先生所言，現代憲政應當表達一種
控權和保權的理念。[48]

4. 當代中國憲政建設中的權力構造問題

無論我們對中國的歷史進行怎樣的分期，1840年都是一個值得注
意的年份。在那一年，中國開始和西方文明進行實質性接觸（儘管是
被動的）和碰撞，並開始進入到一個以主權國家為標誌的現代民族國
家的世界秩序之中。更重要的是，在那之後，中國開始了從王政統治
下的家族式國家向現代民族主權國家轉換的歷程，儘管直到今天，
一個現代主權國家在中國尚未能完全形成。[49] 當然，也是在那一年之

---

45 同上註。

46 參見［美］斯蒂芬•L•埃爾金（Elkin, S. L.）、卡羅爾•愛德華•索烏坦（Soltan, K. E.）編，周
  葉謙譯：《新憲政論——為美好的社會設計政治制度》（北京：三聯書店1997）。

47 同上註，頁152。

48 參見李龍：《憲法學基礎理論》（武漢：武漢大學出版社，1999）。

49 參見高全喜等：〈立憲時代的法政哲學思考〉。

後，作為現代民族國家之標誌的憲法和憲政建設開始進入中國的歷史。質言之，在那一年之後，中國國家權力的合理構造的序幕拉開了。頗為遺憾的是，直到今天，這一時代任務尚未能宣告完成。其間，以其先鋒隊組織領導人民建設主權的共產黨和國民黨為國家的統一貢獻了力量，並依舊延續了通過黨組織對地方官員的控制來保證國家統一的傳統。[50] 這一傳統表明中國國家權力構造的任務還十分艱巨，就當下而言，國家權力的橫向配置和縱向配置，是必須盡快解決的兩大問題。現行憲法確立了人民民主專政的共和政體，並確立了人大的政權組織形式，但立法權、行政權和司法權之間的分配標準模糊，權力配置也不盡合理。大體而言，這種權力配置遵從了「事務性分工」的原則，[51] 即並非從三種國家權力各自不同的功能出發，將規則設定的任務交由立法機關，將具體性、執行性事項分配給行政機關和司法機關，而是將比較重要的事項交由立法機關來管轄。結果是使立法機關的權力極度膨脹，最終的結局是立法機關為權力所累而消極怠工，並將大量權力委託（默認地）其他機關來行使，未能給中國提供完備和完善的法律體系。[52] 在中央與地方的權力分配上，現行憲法遵循的是「重要性」原則，即將重要的權力分配給中央政府，而將其他「不重要」（相對而言）的權力分配給地方國家機關。這種權力分配標準實際上割斷了權力治理功能與實際社會情勢間的關係。事實上，在西方國家，中央與地方的權力分配更多是遵循「影響程度」而不是「重要性」的原則。[53] 如果一個事項雖重要但卻只影響一國之內的局部

50　北伐戰爭結束了中國軍閥割據的現狀，實現了國家的統一，而國共第三次戰爭結束後，共產黨接下了國民黨手中維護國家統一的重擔，並通過黨組織任命地方政府首長的方式保證了中國的統一。

51　參見參見趙世義、劉連泰、劉義：〈現行憲法文本的缺失言說〉。

52　儘管社會主義法律體系被宣告建立。

53　參見張千帆：《憲法學導論》（北京：法律出版社，2003），頁233。

地區，當然由該地區政府治理更為合適。如果由一國中央政府來行使這一事項的治理權力，其結果或者是中央政府為特定地方制訂政策而無力處理其他全國性的事項，因而導致權力的低效；或者是中央政府認為這一事項影響範圍有限未能成熟發展成為全國性事務而不予治理，而地方政府則未能為維持社會秩序發展經濟而獲得授權。總之，其整體性的結局即是權力未能實現有效治理。基於這一現實，建國以來的歷史，中央與地方權力分配一直成為政治改革中的一個重要課題，[54] 但近數十年以來的改革並沒有全面的解決這一問題，反而形成「一收就死，一放就亂」的局面。上世紀90年代中期，中國開始實行分稅制，這是中央與地方權力分配的一種新舉措，也被國內外學者廣為關注，[55] 並被稱為「財政聯邦主義」。當然，這一改革與國外的財政聯邦主義之間還存在根本性的差別，但這一舉措還是極大地調動了地方政府的積極性，地方政權也更好地發揮了其治理功能，並提供了更多的公共產品。近年，中央政府再次提出了調整中央與地方的關係的問題。因此，如何結合中國的財政制度改革來研究中國的中央與地方政府權力分配問題，是當下中國國家權力構造課題中的一個重要研究方向。[56]

---

54 毛澤東同志在〈論十大關係〉一文中就提到了這一問題，近年，中央政府再次提出了調整中央與地方的關係問題。

55 相關研究成果有徐斌：〈中國的經濟轉軌與財政聯邦主義分析框架〉，《生產力研究》第9期（2004）；〔美〕傑夫雷‧薩克斯（Sachs, J.）、胡永泰、楊小凱：〈經濟改革與憲政轉型〉，《經濟學〈季刊〉》第4期（2003）。

56 新近的研究請參見周剛志：《論公共財政與憲政國家》（北京：北京大學出版社，2005）；朱孔武：《財政立憲主義研究》（北京：法律出版社，2006）。

三、治理權力與權力規制

　　權力是一種強制性的力量，它具有易腐敗性，這已是共識。對於下面的論調，人們多為欣賞並廣泛傳頌。阿克頓勛爵(Lord Acton)說：「權力導致腐敗，絕對的權力導致絕對的腐敗。」[57] 希梅爾法伯(Gertrude Himmelfarb)稱讚說，阿克頓「給這兩者(政治和宗教)同時帶來一個真理：權力，不管它是宗教還是世俗的，都是一種墮落的、無恥的和腐敗的力量」。[58] 法國啟蒙思想家孟德斯鳩在《論法的精神》中說：「一切有權力的人都容易濫用權力，這是萬古不易的一條經驗。」[59] 這些論斷所揭示的，是在基督教原罪論所宣揚的罪感文化的感召之下，人們對人性易墮落性的憂慮和為此作出的設防的努力。規制公權力，為人權設防，就此成為憲政的核心內容和主題。

1.　權力規制的人性基礎

　　以原罪和救贖論為主要內容的基督教文化，塑造了西方的罪感文化傳統和人性惡的文化認知，[60] 它奠定了西方憲政權力規制訴求的人性和文化根基。如所周知，任何社會都為以身試「法」者準備了譴責和非難性的後果，它也必須回答「何以對特定規則的違反或者特定的行為方式被認為是應當受到懲罰的」這一問題。從人類文明發展史來看，罪的觀念

57　〔英〕阿克頓（Acton, J. D.）著，侯健、范亞峰譯：《自由與權力──阿克頓勛爵論說文集》（北京：商務印書館，2001），頁342。

58　同上註。

59　〔法〕孟德斯鳩（Montesquieu）著，張雁深譯：《論法的精神》（上冊）（北京：商務印書館，1982），頁154。

60　該部分關於基督教原罪論的內容主要參考黃裕生：〈原罪與自由意志──論奧古斯丁的罪─責倫理學〉，《浙江學刊》第2期（2003）。

社會主義憲政研究

正是接受和實施懲罰的前提，[61] 對罪的觀念進行本源性的意義考察與追問，是人類思想史的主要內容之一。教父聖・奧古斯丁（St. Augutine）對這一問題的追問在歷代神學家的擴展和闡釋下，形成了基督教的原罪說，「原罪」構成了西方文化傳統中的一個核心概念。這是一種與古希臘的善惡倫理學完全不同的哲學和倫理學思考。[62] 作為「幸福生活指南」的「善惡倫理學」並沒有將人從萬物中獨立出來並賦予其較高的格位，因而不能回答為何只罰人而不罰物的問題。[63] 自教父聖・奧古斯丁以降，傳統的「善惡倫理學」轉向「罪―責倫理學」。[64] 在《聖經》中，人類始祖亞當與夏娃偷吃禁果，遂被上帝逐出樂園，從此開始了自謀生路、歷經人世險惡而且不免一死的塵世生活。整個人類史也由此是以「罪與罰」、「救與贖」為主詞的救贖史，而人努力通過自己的善舉和上帝的恩典獲得幸福和拯救，則是塵世生活的主題並為人類開放出一個絕對的未來。《聖經》宣揚了一種「懲罰罪行，酬賞善舉」的正義原則。人類的原罪是人聽從蛇的引誘偷吃禁果，換言之，即人背叛了永恆者（上帝）而屈從於易變者。僅從人「聽從引誘偷吃禁果」和「背叛永恆者上帝」這兩個情節和人「從此受罰」的結局中，我們可以在原罪說中開拓出自由意志的豐富內涵。「聽從引誘偷吃禁果」，表明人「能夠」抵抗誘惑。倘若人不能抵抗誘惑或者缺乏抵抗的能力，那麼人一受引誘就屈從於引誘者當是必然的結局，由此，上帝將人逐出樂園便將失去正義原則的支持。人「背叛了永恆者上帝」，表明上帝雖造了人，但卻並非將人造成只能服從而不能背叛自己，否則偷吃禁果一事便是無稽之談。換言之，人最終背叛了上帝，是因為人具

---

61 同樣，中國法傳統中也有這樣的觀念。參見柳正權：〈試析中國封建社會形態中的法律原罪〉，《法學評論》第4期（2004）。

62 參見黃裕生：〈原罪與自由意志――論奧古斯丁的罪―責倫理學〉。

63 如它不能解釋，為什麼可以判定一個入室盜物的人有罪，並要求他自己承擔相應責任，卻不能判定一頭闖進他人花園覓食的牛有罪。

64 參見黃裕生：〈原罪與自由意志――論奧古斯丁的罪―責倫理學〉。

有背叛的能耐。總之,《聖經》的原罪記載意味着,上帝造的人與其他萬
物不同,他具有自由意志。他具備抵抗誘惑的能力,也能決定是甘受誘
惑屈從易變者,還是堅守聖德服膺於永恆者;他具備背叛上帝的能力,
也能決定是選擇背叛並為此甘願承受塵世生活的艱辛並等待末日審判的
時刻,還是固守上帝安排的天位享受幸福樂園生活。一言以蔽之,上帝
造了人,但人具有自由意志,並自己決斷了其行為。在這裏,上帝賦予
人的「自由意志」並不就是「善良意志」,它首先是一種自我決斷的「權能
或能力」。[65]《聖經》的原罪説一經聖•奧古斯丁做如此這般的解釋,就釋
放和闡釋出作為人而深度存在的自由意志問題。人是自由的,這是絕對
的,由此構成人的尊嚴所在,進而催生了西方憲政。「自由意志作為一個
哲學問題被展開出來對於哲學和人類史來説,都具有根本性的意義。因
為哲學對自由意志的追問意味着人開始走向了對人自身的絕對尊嚴、絕
對權利和絕對責任的自覺確認與自覺承擔。」[66] 卡爾•J•弗里德里希 (Carl
J. Friedrich) 就曾指出,西方憲政「根植於西方基督教的信仰體系及其
表述世俗秩序意義的政治思想中」,「西方的憲政論是基督教文化的一部
分」。[67] 西方學者們所説的憲政源於基督教,主要理由在於憲政的產生與
最初的內容源於罪感文化,即罪感文化孕育了西方憲政的精神。[68] 因此,
龐德 (Roscoe Pound) 在《法律史解釋》一書中説:「宗教觀念在美國法律
形成時期的作用常常是決定性的;再者,如果不考慮宗教,我們就無從
全面認識美國法律史,也無法理解19世紀的美國法律」。[69]

65　參見黃裕生:〈原罪與自由意志──論奧古斯丁的罪─責倫理學〉。

66　同上註。

67　[美]卡爾•J•弗里德里希(Friedrich, C. J.)著,周勇、王麗芝譯:《超驗正義──憲政的宗
　　教之維》(北京:三聯書店1997),頁1–2。

68　參見韓大元:《亞洲立憲主義研究》(北京:中國人民公安大學出版社,1996),頁18。

69　[美]羅斯科•龐德(Pound, R.)著,鄧正來譯:《法律史解釋》(北京:中國法制出版社,
　　2002),頁36。

　　的確，在西方原罪論的文化傳統中，人經歷着心靈中永恆的痛苦分裂和不斷自我否定的超越及內在靈魂的洗禮，救贖遂成為生活的一種基本方式和內容。這一原罪論和幽黯意識主導的宗教文化，對於西方憲政的發生具有積極的意義，其更重要的意義是提醒塵世的人類，人是有罪的，權力制約是必須的。亞當與夏娃偷吃禁果表明，人會利用上帝賦予的自由意志行惡，而不是去過正當幸福的生活。即使人接受上帝的懲罰離開樂園過上塵世的生活，但人除了具有自由意志而具有一個大寫的「人」的尊嚴外，還是一個沉重的肉體。人為肉體內生的欲望所累，在塵世的生活中依舊會經常利用自由意志作惡。這是上帝末日審判存在的基礎。原罪的深層含義是上帝給予人自由意志，但人卻誤用、濫用這自由意志去行惡。原罪論在暗示人的自由意志稟性之時，也揭示了人性的易墮落性。[70] 也許偷吃禁果只是一個偶然的行為，但人類始祖的墮落卻具有根本性，它也表明，同人的自由意志具有絕對性一樣，人傾向墮落，也具有絕對性。「我是在罪孽裏生的，在我母親懷胎的時候，就有了罪。」[71] 這是基督教原罪說的通俗表述，亦是這一真理的坦率表達。基督教用原罪的概念解釋人性，並解釋人為何有犯罪、墮落和作惡的傾向及其源頭，也確定了憲政建設主題之一必定是國家權力的必要規制。麥迪遜曾明確指出：「政府權力若不是對人性的最大恥辱，又是什麼？如果人都是天使，就不需要任何政府了。如果是天使統治人，就不需要對政府有任何外來的或內在的控制了。」[72] 麥迪遜的論斷表明，塵世社會是人而不是神來統治自己的同胞。因此，無論行使統治權的人數多寡、道德品德及財富佔有

70　參目〈原罪論〉，載http://www.seminarysx.org/xy/untitled.html/index.htm。參見許志偉、趙敦華：《衝突與互補：基督教哲學在中國》（北京：社會科學文獻出版社2000），頁229。

71　《聖經》之《詩篇•51篇》

72　［美］漢密爾頓（Hamilton, A.）等著，程逢如等譯：《聯邦黨人文集》（北京：商務印書館，1997），頁264。

和社會聲望如何，人類始終面臨的一個問題是，行使權力者會濫用權力為害社會，進而，對政府權力進行有效控制當然地成為憲政核心內容之一。我們不妨回顧一下思想大家的至理名言。美國《獨立宣言》的起草人、著名的民主派人士托馬斯・傑弗遜（Thomas Jefferson）在他起草的《肯塔基州議會決議》中，便直截了當地指出：「自由的政府，不是以信賴，而是以猜疑為基礎建立的。我們用制約性的憲法約束受託於權力的人們，這不是出自信賴，而是來自猜疑。……因此，在權力問題上，不是傾聽對人的信賴，而是須要用憲法之鎖加以約束，以防止其行為不端。」[73] 英國著名的哲學家大衛・休謨（David Hume）也曾精闢地表述了這樣一個觀點：「政治作家們已經確立了這樣一條準則，即在設計任何政府制度和確定幾種憲法的制約和控制時，應把每個人都視為無賴 —— 在他的全部行動中，除了謀求一己的私利外，別無其他目的。」[74] 這些千古名言，恰如其分地揭示了規制權力的人性基礎。

2. 權力規制證成的新視角

憲法率先在西方形成，但世界的文化卻是多元的。有學者指出，西方的基督文化是一罪感文化，中國的傳統文化是一耻感文化，而印度文化則是一業感文化。[75] 這一分類至少揭示了西方文化與中國文化

---

73 轉引自〔日〕衫原泰雄著，呂昶等譯：《憲法的歷史——比較憲法學新論》，頁22–23。

74 David Hume, "On the Interdependency of Parliament," In *Essays Moral, Political and Literary*, edited by T. H. Greenand & T. H. Grose (London: Longmans, Green,1882), pp. 117–118. 轉引自〔美〕斯蒂芬・L・埃爾金（Elkin, S. L.）等編，周葉謙譯：《新憲政論為美好的社會設計政治制度》（北京：三聯書店，1997），頁27–28。

75 參見林安梧：《儒學與中國傳統社會之哲學省察——以「血緣性縱貫軸」為核心的理解與詮釋》（上海：學林出版社，1998）。

社會主義憲政研究

並不是同質的，二者關於人性的認識有天壤之別。具體言之，在中國傳統文化中，人性善是一主導性的理論。[76] 基於這一人人有善端、人人皆可為聖人的人性認知，中國文化中便存有一種「思想道德意圖化」的思維邏輯，[77] 總是將政治中的權力規制化約為道德修煉，並企圖以提升政治局中人的道德素養來實現權力的良性運作。基督教的原罪論並不為中國文化所接受，基於人性惡的預設而形成的權力規制多少有些是學者的單方吟唱，當下政治局中人對此並不認同。[78] 因此，政治學和公法學者對於權力規制的種種研究，頂多是揭示了一個現象，即權力易於腐敗、權力應當受到規制，而很難說為中國的政治體制改革提供了全面的理論支持。其間的原因，與學者專注於人性視角及中西方文化對人性的認知差異不無關聯。因此，執着於權力規制的倫理和人性哲學基礎，不可避免地會遮蔽我們對權力規制的正確認知。事實上，權力必須受到規制，不僅僅是現實生活中人性複雜性的逼迫，更甚者，在憲政的視野中，權力規制具有特定的憲政功能，即受到合理制約的國家權力，將有效地發揮其治理功能。這應當成為權力規制證成的新視角。

國家乃是一目的性存在，這一點已經是共識。正如約翰•麥克里蘭（John McClelland）所言，「國家有其用途，是人發明的機器……國家作為一部機器，就像其他任何機器，有其目的。」[79]「各項國家任務乃是國家所以存在和有理由存在的根本（儘管也許並非唯一的）依據。」[80]

---

76 中國文化中關於人性的認識可謂斑駁多彩，人性善、人性惡和人性無善惡論者各有陣營，但影響重大者莫過於人性善論。

77 參見林毓生：《中國傳統的創造性轉化》（北京：三聯書店，1988）。

78 當下中國政府中的人事部署，德才兼備是一個基本標準，而「德」是在「才」之先的。

79 ［英］約翰•麥克里蘭（McClelland, J. S.）著，彭淮棟譯：《西方政治思想史》，頁268。

80 ［德］羅曼•赫爾佐克（Herzog, R.）著，趙蓉恆譯：《古代的國家——起源和統治形式》（北京：北京大學出版社，1998），頁383。

不過,何謂國家的目的,學者間的筆墨官司卻打得十分火熱:善和美好的生活、[81] 美德福利幸福、[82]「法」的執行、[83] 公共福利等等,都曾被視為國家的目標。國家乃因為人的存在而產生,更是為人之發展而存續,人的處境變化自然決定了國家目標的變遷,古代國家與近現代國家的目標大異其趣,實在是人的生存境況變遷的結果。但人之存在的不變性也決定了國家的目標雖在不同時代側重點頗不相同,但大致要實現如下三個方面的追求:一是維護本身的存在。「一群人要形成個國家,為此必不可少的是他們能形成共同防禦和國家權力。」[84]二是制訂法律以確定權利義務的界限,執行法律以實現和保障公民的權利和自由。「國家應該有能力為社會提供必要的法律與秩序。這些法律能夠保障個人的權利,包括產權,保障人們生活的安全環境,並為市場經濟的運轉提供規則。如果沒有國家為社會提供的法律保障,社會的正常秩序就無法維持,市場經濟也不可能形成。」[85] 三是促進文化,即發展公共福利、精神與道德的文明。人作為精神和物質的雙重存在,決定了在經濟發展之外,「促進文化事業,亦為國家目的之一」。[86] 國家何以能實現其目標?它當然要借助權力要素了。所以,學者們通常將主權和政府視為國家的基本要素。主權作為最高權力,是國家實現目標的

---

81 參見〔古希臘〕亞里士多德(Aristotle)著,吳壽彭譯:《政治學》(北京:商務印書館,1965),頁3;〔英〕鮑桑葵(Bosanquet, B.)著,汪淑均譯:《關於國家的哲學理論》(北京:商務印書館,1995),頁22。

82 參見〔德〕威廉•馮•洪堡(Humboldt, W. V.)著,林榮遠等譯:《論國家的作用》(北京:中國社會科學出版社,1998),頁27;〔美〕詹姆斯•W•西瑟著,竺乾威譯:《自由民主與政治學》(上海:上海人民出版社,1998),頁12。

83 參見〔法〕萊昂•狄驥(Duguit, L.)著,王文利等譯:《憲法學教程》(瀋陽:遼海出版社、春風文藝出版社,1999),頁23、39。

84 〔德〕黑格爾(Hegal)著,薛華譯:《黑格爾政治著作選》(北京:商務印書館,1981),頁29–30。

85 王焱編:《憲政主義與現代國家》(北京:三聯書店,2003),頁42–43。

86 張知本:《憲法論》(北京:中國方正出版社,2004),頁7。

手段並具體化為種種權力而由政府行使。國家目標的實現對國家權力有何種要求呢？換言之，政府擁有何種限度的權力才能有效地實現國家目標呢？這一問題一經提出，便釋放出了權力制約對於強國家的實際價值。一言以蔽之，權力制約成為憲政的基本主題之一，不完全在於我們對於人性的悲觀認識，更在於它本身即是權力有效治理的內在要求。權力的有效治理不在於權力強度和範圍是無限的，而恰恰在於權力的治理僅僅被局限於一個特定的領域。可以説，正是權力受到有效的限制，權力才可能達到憲政所要求的治理目標。我們可以從理論和實踐的層面來揭橥此點。

依經典馬列主義理論，國家乃是因眾人間無法調和和處理的事務而產生，國家權力正是要處理這一個體無法解決的公共事務，社會公共需求是國家產生的根本原因。這一理論的深刻意義不僅僅在於其具有國家發生學上的科學意義，更在於它揭示了國家及其權力生成後的存在場境。國家目標的公共性揭示了國家權力與公共事務和公域的緊密關聯，預示着私域和個人事務的存在。公域與私域的區分正是國家權力存在和運行的場境，無公私域的區分，便無公共權力治理的基礎。權力的有效運作實際上是以公私域的區分為基礎，這意味着權力治理的任務之一是維護二者之間的界限。質言之，權力的作用首先不是確定自己應當管轄的領域，而是確定權力有效治理的根本條件，即確定權力不可干涉的領域。因此，確定權力的界限，斬斷權力伸向私域的魔爪，實現權力的規制正是權力治理中的應有之義。當然，權力由特定個體來行使，而擴張權力也正是權力行使者的偏好，因此，越權總是最常見和最讓人費心的現象。這一現象的存在，從否定的層面證實了權力規制與權力有效治理間的本質聯繫。可以説，拋棄權力規制的內容，憲政國家中的權力治理只會因為公域對私域的侵吞而失去有效運作的基礎，最終導致國家目標的無法實現。

　　以經濟建設為例。市場經濟體制與計劃經濟體制間的區別及其對經濟的長遠和穩定發展的作用一目了然，二者對於經濟發展的不同功效，實際上是不同的國家權力強度實現國家目標的有效性。而這種區別的存在，則完全在於國家權力是否有效地區分了公私域並保護了私域。何以計劃經濟體制不能如同市場經濟體制一般有效地促進經濟的長遠發展，並進而促進政府快捷充分地提供公共產品？[87] 哈耶克早已從知識論的角度對此進行了證明。[88] 他指出，人是無知的，不可能佔有所有的知識，而決策與決定的科學性和正確性正是建立在決策者所掌握的知識的基礎上。換言之，知識佔有的程序和多寡，決定了決策與決定的科學程序。市場經濟體制中的價格機制具有信息傳遞的功能，能夠使市場體制中的決策者在更好地佔有信息的基礎上作出決策，最終實現資源的有效配置。計劃經濟體制下的經濟決策者是政府，政府基於其自身的組織特徵，根本不可能像市場經濟體制下的經濟主體那樣在充分佔有信息的基礎上作出決策，其對資源的有效配置也就大大地打了折扣。同時，計劃經濟也是一種命令經濟，並不需要普遍適用的法律規則，因而計劃經濟國家對法律這一公共產品的供給也十分落後。總之，當國家權力逾越公共治理的界限進入私域時，它必然影響權力治理和公共產品供給的能力和有效性。權力有效治理的前提是確定其自身的限度。

87　自十一屆三中全會後，中國政府逐漸決定採取市場經濟的體制。這一轉變的意義如何評估都不為過，我們可以直觀地感覺到，二十多年來政府提供的公共產品（如公共設施）比過去任何時候都要多得多。法制環境等等方面，二十餘年來的變化也是有目共睹的。

88　關於哈耶克的相關理論可以參見哈耶克著，賈湛等譯：《個人主義與經濟秩序》（北京：北京經濟學院出版社，1989）、哈耶克著，鄧正來譯：《自由秩序原理》（北京：三聯書店，1997）、哈耶克著，鄧正來、張守東，李靜冰譯：《立法、法律與自由》（北京：中國大百科全書出版社，2000），等等。

社會主義憲政研究

3. 當代中國憲政建設中的權力規制

對權力特性的充分認識和關於權力腐敗和權力制約的突破性研究，在中國是一個比較晚近的成果。1997年林哲關於權力制約的專著《權力腐敗與權力制約》由法律出版社出版，立即引起了學界的關注。[89] 此後，關於權力制約的研究開始受人關注，並在2003年則有大幅增長。[90] 這些研究涉及權力的特性、權力腐敗的表現形式、權力制約的必要性和基本方式，等等。當然，這些研究在視角上略有差別，更多的研究將權力腐敗視為一種社會現象進行社會學的研究，近年來的研究則更注意在憲政理論的框架下着手。權力規制是當代中國憲政的基本理論問題，至少涉及如下三個方面的內容：

一是關於權力規制研究的思路。作為憲政建設主題的權力規制，首先被表達為一種體現特定價值的法律規範，但它同時也會作為憲政建設中的一個實踐主題而成為一種事實，因此，建立權力制約研究的規範—制度主義和行為—過程主義範式，[91] 是全面認識權力規制的基本要求和明智選擇。規範—制度主義的研究範式，更注重從規範和制度的維度來探求權力制約的基本價值訴求、哲學基礎及普遍模式，是對權力規制的應然和普遍性研究，具有去語境化的特徵，能夠從本質上探尋權力制約的規律。基於這一範式，學者總結了權力規制的幾種

---

89 郭道輝和李步雲教授分別發表書評來推介這一著作。參見郭道輝：〈對反權力腐敗的法哲學啟蒙——評林著《權力腐敗與權力制約》〉，《法學研究》第2期（1998）；李步雲：〈一部分析權力腐敗及其整治的好書——簡介林著《權力腐敗與權力制約》〉，《政治與法律》第6期（1997）。

90 《中國期刊網》的記載顯示，1994年到1996年以「權力制約」為標題的研究只有51項，1998年到2002年的研究成果增長到153項，而2003年到2005年三年的研究成果則多達215項。

91 參見喻中：〈從「法律—制度範式」到「行為—過程範式」——試論權力制約理論研究中的範式轉換〉，載《中共中央黨校學報》第2期（2006）。

主要模式，如以權力制約權力、以道德制約權力和以社會權利制約權力等等，哲學思辨能力極強的思想家更是提出了權力制約的種種普遍性論斷。[92]這種近似絕對的論斷，鮮明地揭示了權力制約的必然性。當然，任何範式都有其認知核心、邊界，也有其盲點。規範——制度主義的研究範式將權力制約的重點寄託在規範和制度建設上，而非正式規則的權力制約功能研究則處於其研究的邊緣。行為——過程主義的研究範式受惠於二戰後西方的「行為主義政治學」和「政治過程」的研究成果，[93]試圖從價值中立的立場出發，語境化地揭示權力制約在不同國家中的具體實踐和實踐狀態，探討憲政主體基於利益之爭而可能具有的權力制約功能。行為——過程主義的研究範式，提供了一個從微觀層面研究權力制約的方法和角度，使權力制約研究具有更強的本土氣息和國別色彩。當代中國憲政建設中的權力規制研究，應當結合這兩個種基本的範式，規則—制度主義的研究範式解決權力規制的價值基礎和規範路徑，確立權力規制的憲政地位；行為——過程主義

92　上文引用的阿克頓、孟德斯鳩、傑弗遜、大衛•休謨的論述便是明證。孟德斯鳩的論斷——「如果司法權不同立法權和行政權分立，自由也就不存在了。如果司法權同立法權合而為一，則將對公民的生命和自由施行專斷的權力，因為法官就是立法者。如果司法權同行政權合而為一，法官便將握有壓迫者的力量。如果同一個人或是由重要人物、貴族或貧民組成的同一個機關行使這三種權力，即制訂法律權、執行公共決議權和裁判私人犯罪或爭訟權，則一切便都完了。」——更是廣為流傳，常被引用。［法］孟德斯鳩（Montesquieu）著，張雁深譯：《論法的精神》（上冊），頁156。

93　政治學的行為主義研究方法受到科學主義思潮的強烈影響，突出價值與事實的界分。以戴維•伊斯頓為代表的政治學家強調政治學的政治屬性，批評行為主義政治學的價值中立傾向，主張價值與事實的統一；批評行為主義政治學的純粹科學化傾向，主張加強公共政策方面的研究。然而，對於行為主義政治學來說，這樣的批評屬「糾偏」的性質，並沒有從根子上否定其基本傾向。較早研究「政治過程」的學者是美國的本特利（Bentley, A. F.）。1908年，他首次提出政治過程的團體理論，把美國政治過程解釋為利益集團在政府內外的相互作用。1951年，這種強調「過程」的研究路徑在美國政治學家戴維•杜魯門（Truman, D. B.）的學術著作——《政治過程——公共利益與輿論》（該書由陳堯譯，天津人民出版社2005年出版）一書中得到進一步的發揮，並且引起了廣泛的關注。參見喻中：〈從「法律—制度範式」到「行為—過程範式」——試論權力制約理論研究中的範式轉換〉。

社會主義憲政研究

　　的研究範式則提供中國本土化的權力規制模式和 2 體實踐，確立中國特色的權力規制模式。

　　　　二是權力規制的基本內容。主權是現代民族國家成立的基本要素，並經由憲法細化為具體化的國家權力。主權是一種無限的權力，法律意義上的主權並無限制的可能，[94] 但主權並非不是被規制的對象。具體言之，從法律規範的層面來規制主權，是萬不可能的（否則這種權力便不是主權），通過虛置和分解主權（如將主權寄託在人民身上，並通過主權者制訂的憲法來建立種種具體的憲法權力，同時確保憲法的至上權威），以實現主權的消解，卻是現代憲政國家的常例。就當下中國憲政建設而言，這一任務尚未完成。現行中國憲法規定，一切權力屬人民，人民行使權力的機關是全國人大和地方各級人大，而全國人大享有無限的權力，可以隨時修改憲法並且再無任何一機關或者個人可以宣佈全國人大的權力行為乃因違憲無效，[95] 除非全國人大自身作出這一宣告。全國人大是我國法律意義上的主權機關。憲法確立的這一主權機關，享有的當然是一種無限的權力，也是一種無法限制的權力，改變這一局面的良法唯有通過憲法來分解主權並合理地配置權力。[96] 除通過分解主權來虛置主權並實現權力規制外，對具體的憲法權力進行規制，當然是權力規制的內容。其間，憲政的最低要求是實現對行政權的法律規制，即確立法律保留與法律優先原則，實

94　當然，政治意義上的主權會受到內在和外在制約。參見戴雪（Dicey, A.）著，雷賓南譯：〈巴力門的主權〉，《英憲精義》（北京：中國法制出版社，2001），第一篇。亦可參見霍布斯在《利維坦》中關於主權的論述。

95　在規範的意義上，只要五分之一以上的代表提出修正案草案且三分之二的代表同意，全國人大便可修改憲法程序。

96　這正體現了上文所論及的權力配置與權力規制間的緊密關聯。

現依法行政；其最本質要求則是實現對立法權的憲法規制，在程序建設方面即是確立對立法的違憲審查機制。[97]

　　三是當下中國權力規制建設的突破口和關鍵任務。如果說，立法機關在制訂法律時當以憲法為根本原則而不可逾越，那麼實際上掌控憲法修正權的組織便會成為事實上的主權者。與公民選擇的代表組織的臨時制憲和修憲會議不同，政黨是一常設的高度組織化的力量，當其成為事實上的主權者時，就有了權力的雙軌制。[98]對於基於法律規範而存在的國家權力，其合理制約只是一個法律規範科學化和實效化的過程，而對於政黨權力的規範化，則是建立其存在的法律正當性基礎。政黨法治是執政黨立志踐行憲政的標誌性舉動，鑒於執政黨在中國憲政建設和國家治理中的獨特地位，政黨法治建設自然應成為中國憲政建設的突破口和關鍵。事實上，政黨權力的法治化和黨國關係規範化是社會主義國家面臨的歷史和時代任務，這亦是中國憲政建設未竟的重任。

97　參見秦前紅、葉海波：〈論立法在人權保障中的地位——基於「法律保留」的視角〉，《法學評論》第2期（2006）。

98　參見周葉中、江國華：〈82年憲法與中國憲政——寫在82年憲法頒佈實施20周年之際〉，《法學評論》第6期（2002）。

CHAPTER
第九章

當代中國憲政的基本主題(二)

社會主義憲政研究

　　當斯大林説憲法是根本法且僅僅是根本法時，[1] 他毫無疑問是準確地抓住了近現代憲法的形式內涵，但他也同時剔除了近現代憲法的價值靈魂。在當下的語境中，憲法不僅僅是根本法，而且主要是人權保障法，也正是在歷史悠久的根本法的形式中添加了人之尊嚴保障的內涵，根本法才獲得了至尊的地位，人類社會的進程也發生了質的轉變。質言之，人權與近現代憲法和憲政須臾不可分離，它當然地構成了憲政建設的基本主題。

一、人權發展與憲政轉型

1. 人權理念與憲法發展及憲政轉型

　　憲法的終極價值追求是保障人權。早在1789年，法國《人權宣言》就曾明確指出：凡是權利未獲保障的國家就沒有憲法。列寧也曾指出：「憲法就是一張寫着人民權利的紙。」[2] 人權理念對憲法發展的決定性影響貫穿於憲法演變歷史的始終。首先，人權保障的思想理念為憲法的誕生提供了思想資源。自歐洲文藝復興以來，西方天賦人權

1　參見［蘇］斯大林（Stalin, J. V.）：〈關於蘇聯憲法草案〉（1936年11月25日），載《憲法學資料選編》（中央廣播電視大學出版社，1985），頁4。

2　《列寧全集》（第12卷）（北京：人民出版社，1987），頁50。

理論漸趨成熟。這一理論認為，人權乃由天賦，與生俱來，人人享有。在人類的愚昧時期，社會的無政府狀態對每個人的權利都構成了巨大的威脅。因此，人們訂立契約，各自讓渡一部分權利，組成國家權力，以保護每個人的天賦權利。憲法被普遍認為是人權理論規範化的產物和人權的外在法律表現形式。法國的 1791 年憲法和現行憲法均直接將《人權宣言》載入憲法，作為憲法的序言。而蘇俄 1918 年憲法則將《被剝削勞動人民權利宣言》列為首篇。其次，人權保障的價值追求決定了各國憲法的基本內容。各國憲法的內容各不相同，但無論是不成文憲法國家還是成文憲法國家，公民權利的有效保障都是憲法的基本內容之一。不成文憲法國家如英國先後通過了《人身保護法》、《權利法案》等法律來保障公民的基本權利。成文憲法國家在設計憲法的內容時則無不將公民權利作為憲法的一項重要內容，並且遵從與國家權力不同的立憲原則。國家權力的授予以「權力法定」即法無授權即禁止為原則，而公民權利的規定則遵從「法不禁止即自由」的原則。人權保障是憲法的終極價值追求，它決定了各國憲法在基本內容上的共同之處。最後，從憲法的發展來看，人權理論的發展變化主導着公民權利內容的變遷。人們對人權的認識經歷了三代人權的理論變化，這種變化直接導致了憲法中公民權利內容的變化。早期的憲法即美國和法國憲法，所規定的憲法權利主要是以自由權為主要內容的第一代人權；而一戰後制訂的德國魏瑪憲法和其後的社會主義國家憲法所規定的新型權利，則反映了以社會權利為主要內容的第二代人權理論的興起。這些憲法以較多的篇幅規定了社會權利的內容，使社會權利成為公民權利的重要組成部分。雖說對以發展權為核心的第三代人權的承認和保護主要停留在國際人權法的層面，許多國家並沒有直接在憲法中規定發展權等內容，但世界上有一半以上的國家的

憲法，或明或暗地對發展權的理念和原則進行了規定。[3] 可以預見的
是，隨着第三代人權理論的日趨成熟和各國對這一人權理論的認同，
憲法的內容必將再一次得到豐富。

　　人權理念的變化不僅僅牽引着憲法的變遷，也催生了憲政的轉
型。我們可以從西方法治變化的歷程中，洞悉憲政的這一歷史變化。[4]

2.　人權主題與當代中國憲政

　　清末以來的憲政建設，是一個不斷發現西方的過程。其中，對西
方自由和權利概念的引進，開啟了中國憲政建設的漫漫征程。清末以
來的自由和民權熱潮只不過是復活了中國歷史上的民權學説，[5] 也正
是在這股浪潮中，中國百年憲政建設揭開了序幕，其間，對人權的認
知，時刻影響着中國的憲政建設進程，而這一影響在新中國成立後憲
政歷程中體現得尤為明顯。在中國，人權的認知經歷了一個爭取人權
到不談人權再到忌談人權、從爭論人權到接受人權再到全面認可人權
的過程。隨着人權理念在中國的復蘇和確立，中國憲法也隨之發生
了重大變化。1982年憲法將「公民基本權利」的內容置於「國家機構」
之前，以彰顯憲法的人權保障價值；隨後的幾次憲法修改，特別是
1999年和2004年的憲法修改將「中華人民共和國實行依法治國，建設
社會主義法治國家」、「國家尊重和保障人權」寫入憲法，最終確立了
憲法作為人權保障書的根本價值。人權理念的逐漸深入並取得支配性
地位所直接導致的中國憲法文本的變遷，亦將憲政理念帶入民眾的內

3　參見汪習根：《法治社會的基本人權──發展權法律制度研究》（北京：中國人民公安大學出
　　版社，2002），頁176。

4　參見第二、六章的內容。

5　參見夏勇：《中國民權哲學》（北京：三聯書店，2004）。

心深處。大街陋巷，坊間學舍，談論人權憲政者頗眾，一個「走向權利的時代」正在形成。[6] 人權理念的確立，亦促進了中國憲政制度的創新。這些從憲政理念到憲政制度及至憲政實施多維度的細微變化，實則暗含人權價值的深刻內涵。當然，歷經坎坷的中國憲政，今天依然面臨眾多的挑戰，在人權保障上，則突出地表現為兩個方面的問題：一是如何確立人權體系的核心，二是如何強化人權救濟機制。當代中國憲政中的人權保障建設，與這兩個問題緊密相關。如果不能確立人權體系的核心，我們將無法在相互衝突的基本權利之間進行價值排序並進行最終的取捨，[7] 也將在處理基本權利的相互性問題時處於困境。[8] 同樣，沒有救濟便沒有權利，缺失有效的人權救濟機制，規範意義上的人權將被束之高閣，不具有實際意義。

二、人權體系核心的確立

　　各國憲法內容斑駁陸離，但大致都包括組織規範（授權規範）和人權規範（自由規範），無論這兩大規範類別的安置先後順序在各國如何不同，但各自卻是自成體系的。在組織規範中，權力之歸屬、分配（立法、行政和司法三權的劃分及中央與地方權力的分配）和規制是主要的內容。其中，中央橫向的權力模式各不相同，大致有以美國為代表的三權均衡模式，以法國為代表的行政權主導模式和以英國為代

6　夏勇教授曾主編一本書，命名為「走向權利的時代」，可謂一語道破「天機」。參見夏勇主編：《走向權利的時代——中國公民權利發展研究》（北京：中國政法大學出版社，1995）。

7　2006年出現的陳凱歌與胡戈之間的官司，引得媒體與學界紛紛關注，這一事件即涉及兩種基本權利的衝突問題。

8　下文將詳述，此處借用了蘇力在〈《秋菊打官司案》、丘氏鼠藥案和言論自由〉中（載《法學研究》1996年第3期）的表述。

表的議會主導模式，規範三者關係的規範自然處於組織規範的核心。同樣，不管各國人權規範具體列舉了多少種基本權利，這些基本權利間亦會聯結為一個有機的體系。只不過，不同的基本權利規範排序，受制於一國特定的立憲主義，亦是該國特定價值追求的表達。

1.　人權體系核心確立的意義

立憲時代的主流價值決定了人權體系的核心所在，這一核心的存在，不僅具有實踐意義，更重要的是它使人權體系內部層次分明，相互關係明確，成為一個和諧的規範體系，更能突顯特定的立憲理念。申言之，在憲法權利保障的實踐中，對相互衝突的基本權利進行保護時有所取捨，事關基本權利實現的公正問題，也與基本權利體系的核心這一課題緊密相關。基本權利之間具有相互性，這種相互性表現為基本權利的衝突性，而這種衝突性則源於基本權利所具有的內在界限和外在界限。內在界限可以理解為基本權利自身伴隨的、存在於基本權利自身之中的界限；若基本權利的行使表現為外在的行為，必定會與其他基本權利發生衝突，這個避免衝突的分界線，便是內在界限。當然，並不是所有的基本權利都具有內在界限，如良心自由即是。外在界限可以理解為從基本權利的外部所加諸的、並為憲法的價值目標本身所容許的制約，如基於特定的社會公共需要而對基本權利強加的社會限制，財產權負有義務即是。這種外在限制更多地見諸基於公共政策而對經濟自由所做的限制。[9] 基本權利的內在和外在界限，構成

9　參見韓大元、林來梵、鄭賢君：《憲法學專題研究》（北京：中國人民大學出版社，2004），頁282–284。

了基本權利的限制，也導致基本權利之間的衝突。在現實生活中，如何來處理這種衝突，完全取決於人權體系的層次性及不同的基本權利在這一體系中的先後次序。而人權體系核心的確立，正是在基本權利之間進行排序，確定不同基本權利間的優先性，對於人權立法和個案中人權的司法保障，具有不言而喻的獨特意義。

人權體系之核心確立的更深層意義在於，作為人權體系中的關鍵詞，被視為核心的基本權利是特定立憲價值的表徵，它引領着一國的憲政模式，塑造着一國憲政的個性，更反映一國憲政的文化根基。在西方憲政國家，沐浴在基督教文化和自然法理論中的人權規範，對自由權利極為珍視，如人身自由、經濟自由和精神自由。法國《人權宣言》便宣告「財產是神聖不可侵犯的權利」。美國憲法的權利法案也在第一條規定，「國會不得制訂關於下列事項的法律：確立國教或禁止宗教活動自由；限制言論自由或出版自由；或剝奪人民和平集會和向政府請願申冤的權利」。這些人權文件對自由權的規定，正是自由立憲主義的規範體現。德國現行基本法則是誕生在二戰後的廢墟之上，政黨專制對人的價值的蔑視的慘痛經歷使這部基本法將人的尊嚴作為人權體系的核心，它開篇便規定：「人之尊嚴不可侵犯，尊重及保護此項尊嚴為所有國家機關之義務。」總之，人權體系核心的形成，實與一國憲政的價值訴求緊密相關。

2. 西方國家人權體系的核心

人權體系的核心，是對立憲主義價值的直觀表白。近現代西方各國確立的人權體系中，不斷有新的權利類型出現。近代憲法主要確立了被稱之為自由的權利。精神、人身及經濟三大自由便是典型代表，迄今各國憲法都沿襲規定了這種名（名稱）和實（觀念、內容）均肇源

於西方的自由權利。[10] 除此之外，近代憲法還將平等和民主價值規範化，確立了平等權及參政權。近代憲法確立的這些基本權利被概稱為「市民的和政治的權利」，「其核心乃是自由權」。[11] 因此，說自由權是近代憲法確立的人權體系的核心，可謂名至實歸。在 20 世紀初，德國魏瑪憲法和蘇俄十月革命憲法的出現，將一種新型的基本權利類型納入人權體系，它們被稱為「經濟的和社會的權利」或者社會權，主要以生存權、受教育權和勞動權及婚姻家庭權為基本內容。這顯然是與自由權並不相同的新一類人權。具體言之，自由權主要是作為消極的、具體權利的形態而存在，是一種免於國家干涉的權利；而社會權則更多的是一種積極的、抽象的權利，它須要借助國家權力的干預方能實現。無論這兩種權利之間存在如何的差別，它們卻是同時存在於人權體系之中的。那麼，是否會出現以自由權為核心的人權體系向以社會權為核心的人權體系的演化呢？對此，尚存在一些爭論。當代日本的蘆部信喜教授似乎傾向於認為 20 世紀的人權發展存在「從自由權到社會權的取向」，二者同時得到保障。中國學者林來梵教授則明確指出，現代憲法並未在確立社會權的同時放棄自由權，甚至仍將自由權置於整個權利體系的重要位置。[12]

透過這些爭論，我們還是可以發現，學者似乎認為，社會權進入人權體系並未能撼動自由權的核心地位。不過，兩類權利之間該如何協調，是各國人權實踐中都隨時可能碰到而又必須認真處理的問題。德國基本法確立的人的尊嚴與自由條款，為各國的人權實踐提供了有益的啟示。當人的尊嚴與自由作為一種綜合性的權利成為人權體系的

10　中國憲法亦是如此，如現行憲法第35、37條分別以「自由」為名規定了言論、出版、集會、結社、遊行、示威的自由、人身自由和通信自由。

11　參見張千帆主編：《憲法學》（北京：法律出版社，2004），頁152。

12　同上註，頁162、152。

起點和核心時,它將作為一種超越近代憲法確立的自由權和現代憲法確立的社會權的超級價值,進而成為基本權利取捨的墨繩。質言之,人的尊嚴和人格充分發展,才是人權體系的置重之處,構成人權體系的核心。這也表明,在自由權和社會權之間,並不存在絕對的先後之別,二者間衝突的解決將由法官根據個案來進行自由裁量,當然,在裁量之時,法官心中必須存有人之尊嚴和人格發展的價值指針。從西方的人權保障實踐來看,這類權利是「西方許多國家憲法人權體系的起點和核心」,[13] 並牽引着法院在個案中的判決。以德國「單身條款」案為例。在此案中,合同雙方約定實習護士在合同生效期間必須保持獨身,若違背此條款將自動去職。實習護士違背了該條款,被解除工作,因此提起憲法訴願。法院審理認為,契約自由與人格發展及婚姻家庭自由均為基本權利,但婚姻和家庭具有促進人格健全發展的價值,因而判決解除工作的命令無效。顯然,此案是自由權與社會權的衝突的實例。在雙方的較量中,並不是自由權當然地獲得了勝利。其間的機理,自然是人的尊嚴和人格發展成為超越二者的獨立價值而具有裁決性的功能。

3. 中國憲法人權體系核心的確立

自《共同綱領》始,中國憲法確立的人權體系發生了多次變化,如《共同綱領》曾規定了思想的自由、新聞自由權、遷徙居住自由權,[14] 1975年和1978年憲法曾規定了罷工自由權,[15] 但其後的歷部憲

---

13 參見張千帆主編:《憲法學》,頁165。

14 分別見《共同綱領》第5、49條。

15 分別見1975年憲法第28條和1978年憲法第45條。

法都捨棄了這些公民基本權利。現行憲法在第二章全面集中地規定了
公民的基本權利，在其他章節也分散地存在公民基本權利的條款。在
憲法解釋學的意義上，現行憲法確立的基本權利大致有如下幾類，[16]
即平等權、政治權利、[17] 精神自由、[18] 人身自由與人格尊嚴、[19] 社會
經濟權利[20] 和獲得權利救濟的權利。[21] 僅從這些規範之間的關係來
看，現行憲法第二章確立的基本權利自然地劃分為幾個板塊：第 33
條以平等權作為中國憲法人權體系的開端，緊隨其後的是公民的政
治權利，然後則是傳統的精神自由和人身自由權，而第 43 至 46 條則
用四個條款表示了現行憲法對社會權的重視，最後是獲得權利救濟的
權利。這些權利板塊之間的界限相對分明，但並非不存在突兀，如第
41 條突然地在傳統自由權與社會權之間插入了監督權的規定。更為
重要的是，關於財產權的規定被置於總綱部分，使自由權（近代憲法
將財產權視為自由權之一）和社會權（現代憲法祛除了財產權的神聖
性，將之納入社會權的範疇）的體系呈殘缺之相。另外，我們也無法
推斷這些基本權利板塊先後排列的邏輯基礎。現行憲法沒有將平等權
和人的尊嚴作為一種總括性的權利置於人權體系之首，以表示其重
要，沒有按照從自由權到社會權的人權發展脈絡來構架權利體系，也

16　參見張千帆主編：《憲法學》，頁164。

17　包括參加管理的權利（見現行憲法第2、16、17、111條）、選舉和被選舉權（見現行憲法第
　　34條）、表達自由（見現行憲法第35條）及監督權（見現行憲法第27、41條）。

18　包括宗教信仰自由（見現行憲法第36條）、文化活動的自由（見現行憲法第47條）和通訊的
　　秘密和自由（見現行憲法第40條）。

19　包括人身自由（見現行憲法第37條）、人格尊嚴不受侵犯的權利（見現行憲法第38條）和住
　　宅不受侵犯的權利（見現行憲法第39條）。

20　包括財產權（見現行憲法第13條）、繼承權（見現行憲法第13條）、勞動權（見現行憲法第42
　　條）、休息權（見現行憲法第43條）、生存權（見現行憲法第44、45條）和受教育權（見現行
　　憲法第46條）。

21　提起申訴控告的權利和國家賠償請求權（見現行憲法第41條）。

沒有將政治權利視為二者間的樞紐，更沒有將社會權列為權利之首以彰顯社會主義的獨特之處。[22] 總之，現行憲法關於人權體系的構架有些雜亂無章，既無中心，也無重心，當然也缺少核心。人權體系建構的科學性，與立憲理念緊密相關。現行憲法所設置的人權體系，既沒有準確地表達當下主流的憲政理念，更未能為人權保障的司法實踐提供法教義學意義上的指導原則。在當下中國憲政的建設過程中，尋找並確立人權體系的核心，是一個不容忽視的問題。

　　社會主義思潮是在自由主義的國家誕生的，是對自由主義的反叛，其基本理想便是建立一個人人自由、平等和每個人尊嚴得到基本尊重、每個人全面發展的社會。立基於社會主義理想的社會主義憲法，應當是這一社會主義理念的表達，而其人權體系的核心也應當是集中體現人的全面發展和平等的理念。社會主義憲法人權體系中的人的尊嚴與平等，顯然與西方國家憲法中的人權具有不同的文化背景和憲法內涵，也將決定財產權的歸屬。如所周知，在西方國家，財產權經歷了從自由權陣營移位到社會權陣營的過程，但至今還存在着關於財產權屬性的爭論。那麼，在社會主義憲政建設中，這一爭論將自然地獲得化解。在以「共同富裕」為本質要求的社會主義國家，財產權必然負有更多的社會義務，[23] 成為國家推進社會公平的政策工具。而對於政治權利，基於人民主權的理念，在社會主義憲法中則應當具有較重要的位置。

22　參見張千帆主編：《憲法學》，頁163。

23　參見張翔：〈財產的社會義務〉，《中國社會科學》第9期（2012）。

三、人權保障模式的選擇

實定法上的人權規範，至多只能理解為一種價值的表達和「該當」的訴求，萬不可等同於人權享有的事實。故此，人權立憲並不具有絕對優先的地位，可以説它遠沒有建立有效的機制來保障人權在實際生活中實現來得重要。一國基本人權保障的現實，與該國的法治傳統和歷史文化不無關聯，但憲法所確立的人權保障模式卻在客觀上對人權的保障產生實在的影響，因而，人權保障模式的選擇，並不是一個無關緊要的問題。

1. 人權保障的基本模式

綜觀各國憲法的規定和學者的理論總結，人權保障的基本模式共有兩類四種。這兩個大的類別是權利性保障和制度性保障。[24]

一、制度性保障模式。施密特 (Carl Schmitt) 認為，憲法除了對基本權利這種「主觀權利」進行純粹、直接的保障外，還承繼了歷史上的一些「客觀的制度」，並對其核心部分進行保障。這些客觀的制度在私法和公法領域均可一見，如私法領域的所有權制度、繼承權制度、婚姻制度，公法領域的地方自治制度、大學自治制度等等。制度性保障模式直觀地表達了人類對歷史的留戀，當然更多的是一種現實生活的需要，歷史性的存在賦予這些制度一種正當性。制度性保障是對客

---

24 制度性保障模式是德國憲法學家施密特的用語，他將私法領域的諸類保障稱為制度保障，而將公法領域中的諸類保障稱為制度性保障，但後世學者則多不區分公私域的差別而概稱為制度性保障。權利性保障則是本文創造的一個用語，只是為了更方便地指稱與制度性保障模式不同的一種人權保障模式。該部分內容的論述重點參考了韓大元、林來梵、鄭賢君：《憲法學專題研究》，頁276–279。

觀制度的認同，但它同時會促進和強化個人自由，因而被施氏稱之為「連續性的、補充性的保障」。制度性保障的基本邏輯是:「過去是這樣，所以現在也應當是這樣」。這當然會遭遇「休謨難題」，並為人所責難，但歷史的弔詭之處恰在於，邏輯上無法證實的並非總是無益和無效的。

二、權利性保障模式。權利性保障模式一般通過憲法規範的形式直接對個人享有的基本權利進行明確的宣示，這些基本權利是一種主觀權利，飽含立憲主義的基本價值。一般而言，近現代憲法中的這些基本權利得以確立，多受惠於基督教的原罪論[25]和自然法學派的人權理論。這些理論為憲法中的主觀權利確立了堅實的邏輯基礎。權利性保障模式包括絕對保障模式、相對保障模式和折中型保障模式。

絕對保障模式是指對於憲法所確立的基本權利，其他法律規範不得加以任意限制或規定例外的保障方式，又被蘆部信喜稱為「美國憲法型」。美國憲法第一修正案規定:「國會不得制訂關於下列事項的法律:確立國教或禁止宗教活動自由;限制言論自由或出版自由;或剝奪人民和平集會和向政府請願申冤的權利。」這一規定體現了絕對保障的觀念。當然，如上所述，部分基本權利具有內在的界限，這個界限之內的基本權利當然應當排除憲法之外的法規範的限制，但逾越這個界限，基本權利將受到限制。[26]因此，基本權利的絕對保障只意味着基本權利不能受到超越於其自身內在界限的其他限制，而非不受限制。建立絕對保障模式的國家，一般都存在行之有效的違憲審查

---

25 黃裕生先生曾經較清晰地分析了《聖經》中「偷吃禁果」的故事所表達的人的自由意志和絕對格尊嚴及絕對權利的內涵。參見黃裕生:〈原罪與自由意志——論奧古斯丁的罪—責倫理〉，《浙江學刊》第2期（2003）。

26 美國聯邦最高法院確立的「即刻而又明顯的危險」的原則，便是對言論自由的限制。基於先例在美國法中的淵源地位，這實際上是一種特殊的法規範對基本權利的限制。

社會主義憲政研究

制度，糾正法律對基本權利所作出的不合理限制。絕對保障模式是直接根據憲法規範及其自身確立的制度來保障基本權利，所以又被稱為「依據憲法的保障」模式。

　　相對保障模式與歐陸公法中的「法律保留」觀念和制度不可分離。[27] 法律保留理念是民眾與封建君王間鬥爭的成果，其基本含義是如果要對基本權利（當時主要指自由和財產權利）進行限制，必須獲得代表市民社會利益的國會的同意。早期的法律保留主要是指限制保留，即只有國會才能對公民基本權利進行規範限制。隨後，法律保留又擴展至規範保留的層面，即基本權利的內容和保障方法由普通法律加以規定，在具體化之前，這些基本權利只是一種抽象權利。無論法律保留的含義發生了何種變化，其畢竟默認了普通法規範對基本權利進行的限制。具體言之，相對保障模式是憲法明確允許普通法規範對其規定的基本權利進行有效限制或具體化的保障方式，在規範上，它多體現為「依法……」、「由法律規定……」、「根據法律……」等形式。相對保障模式下的基本權利保障，要求建立適當的普通法訴訟救濟機制，是一種「依據法律進行保障」的模式，又被稱為魏瑪模式。

　　折中型保障模式主要產生於戰後西歐國家憲法。這些國家原先深受法律保留傳統的影響，主要建立的是相對保障模式。但在二戰後它們紛紛建立了有效的違憲審查制度，出現了從「依據法律的人權保障」向「依據憲法的人權保障」的變遷。其憲法同時確立了兩種保障模式，一方面建立違憲審查制度來保障基本權利的一部分，另一方面又將基本權利中的另一部分委託給普通立法機關，由之加以保障，因而被視為折中型保障模式的代表。

27　關於法律保留的研究請參見許宗力：〈論法律保留〉，載許宗力：《法與國家權力》（台北：月旦出版社，1994）；黃舒：〈法律保留原則在德國法秩序下的意涵與特徵〉，《中原財經法學》（台灣）第13期（2004）；秦前紅、葉海波：〈論立法在人權保障中的地位——基於「法律保留」的視角〉，《法學評論》第2期（2006）。

2. 合理人權保障模式芻議

僅從規範表達的形式看,中國現行憲法確立的似乎是一種折中型的保障模式。現行憲法第12條、[28] 第37條、[29] 第38條[30]對公共財產、人身自由和人格尊嚴的規定,並未授權立法機關對其進行任何限制或具體化的權力。但在其他的部分,現行憲法又選擇了相對保障的模式,如第13條、[31] 第34條、[32] 第40條[33]對私有財產權、政治權利、通信自由和秘密的規定,等等。但這只是一種假像,實際上,中國對基本權利的保障只是一種相對保障的模式。[34]考察新中國的憲政史,不難發現,中國憲法中公民基本權利的具體內容和保障方式,均是通過普通法律具體化之後才得以實現的。這種被稱為規範保留的方式在中國頗為普遍,立法機關和行政機關都會通過法律將基本權利具體化,其間對公民基本權利的克減和立法不作為比比皆是。與此相應,在中國,並不存在行之有效的違憲審查制度,而只建立了有限的普通法律救濟機

---

28 第12條:社會主義的公共財產神聖不可侵犯。國家保護社會主義的公共財產。禁止任何組織或者個人用任何手段侵佔或者破壞國家的和集體的財產。

29 第37條:中華人民共和國公民的人身自由不受侵犯。

30 第38條:中華人民共和國公民的人格尊嚴不受侵犯。禁止用任何方法對公民進行侮辱、誹謗和誣告陷害。

31 第13條:公民的合法的私有財產不受侵犯。國家依照法律規定保護公民的私有財產權和繼承權。國家為了公共利益的需要,可以依照法律規定對公民的私有財產實行徵收或者徵用並給予補償。

32 第34條:中華人民共和國年滿就18周歲的公民,不分民族、種族、性別、職業、家庭出身、宗教信仰、教育程度、財產狀況、居住期限,都有選舉權和被選舉權;但是依照法律被剝奪政治權利的人除外。

33 第40條:中華人民共和國公民的通信自由和通信秘密受法律的保護。除因國家安全或者追查刑事犯罪的需要,由公安機關或者檢察機關依照法律規定的程序對通信進行檢查外,任何組織或者個人不得以任何理由侵犯公民的通信自由和通信秘密。

34 參見張千帆主編:《憲法學》,頁169。

社會主義憲政研究

制，可謂完全沒有絕對保障的機制。[35] 相對保障模式的確立，與全國人大在中國憲法中的地位緊密相關。如所周知，全國人大是事實上的立憲者，也是立法者，還是人民行使權力的機關，從心理和情感上，高度信任全國人大及其常委會的立法是必然的。然而，在法理上，人民的代表背叛人民的意志並非不可能，在事實上，全國人大及其常委會的立法對基本權利的保障也並非得力。基於這些理論、心理和情感上的障礙，在中國確立合理的人權保障模式，是一個緊迫的課題。當前學界對違憲審查制度、憲法私法效力的研究，正是對這一難題的直接回應。筆者以為，對這一難題的解答，既要立足於基本權利的性質，又要兼顧中國政治體制的現實，採用折中型的保障模式較妥。

就基本權利的性質而言，基於不同基本權利所可能具有的內在界限和外在界限的差異，應分別建立絕對保障的模式和相對保障的模式。試以具體基本權利為例。人格尊嚴和精神自由中的思想自由、宗教信仰自由和良心自由，乃是毫無內在制約和外在制約的基本權利，當然應當排除任何法律對其進行任何限制，實行絕對的憲法保護。除此之外，人身自由、宗教行為自由、表達自由、獲得權利救濟的權利等等，都具有內在的界限，可以由普通法律進行限制，但限制的程度只能達至這些基本權利本身的界限，不可逾越一分。這要求建立剛性的違憲審查制度來嚴格地審查關於這些基本權利的立法。而社會權中的財產權、勞動權和受教育權等等，則分明與特定政治理念關係密切，它們既可能基於特定的社會政策和公共利益而獲得重視（特別是勞動權和受教育權），又可能基於國情國力和國家性質而受到特別

---

35 基於這種認識和實踐，中國學者關於憲法直接效力與間接效力的爭論與西方學界的這一爭論完全不具有同樣的理論背景。參見秦前紅主編：《新憲法學》（武漢：武漢大學出版社 2005），頁68–69。

的限制(特別是其中的財產權),[36] 其外在限制是明顯的,而且這種限制是隨着社會情勢、公眾意志的變化而發生轉變。因此,將這種限制委之於立法者,是恰當的,也符合人民主權的理念和制度設計。一般而言,對於此類立法,違憲審查機構應當給予相當的尊重。對於作為總體性權利的平等權,其性質是明顯的,應當將之作為一種絕對的基本權利進行無條件的保護。但平等之理念的差別,形式平等與實質平等,起點平等與結果平等間的爭論,從來就沒有離開過平等權的實施過程,因此,一國民眾的平等理念將決定平等權的保護模式。[37] 質言之,將平等權的具體內涵交由代表人民的立法機關來確定,是一個明智的安排。當然,這並不意味着平等權的立法可以不接受合憲性審查,但審查的標準當與對傳統自由權的審查標準有所區別,即合憲性審查主要是排除具有明顯不正當歧視的行為。

另外,在中國現行憲政體制中,憲法對立法機關倚重頗多,授予全國人大及其常委會一種無限的權力,並在事實上確立了相對保障的模式。當代中國憲政建設中的人權保障模式和制度的建設,不能完全棄之不顧。在討論這一問題時,當下的部分學者主張在全國人大之外設立一個至少與全國人大常委會地位相當的違憲審查機構或由最高人民法院來審查立法行為。[38] 這一激進的主張將會導致極為劇烈的憲政體制震動,應當慎思。還有學者提出,將憲法中的部分條款先在私法

---

36 如新中國建立時,為了改變整個社會的財產分配狀況而採行了贖賣政策,實際上是進行公益徵收,剝奪部分人的財產權,但這是基於國家性質變遷而進行的政策性行為,自然不會太多地受到社會主義憲法學者的責難。

37 在新中國歷史上追求結果平等的時代,我們是無法簡單地否定某些法律和政府行為的合憲性的。

38 參見季衛東:〈合憲性審查與司法權的強化〉,《中國社會科學》第2期(2002)。

中予以適用，促進違憲審查制度的建立。[39] 如果僅從憲法規範出發，
這當然是一個邏輯上必然的結論，但這一看似理論基礎堅實的結論卻
恰恰忽視了憲法規範在私法中適用，不僅僅是一個權利保護的問題，
還涉及國家機關間權力分配的問題。因此，僅僅從規範層面出發論證
憲法私法適用的正當性，實際上忽視了憲法確立的相對保障模式的真
實用意，也是無視全國人大及其常委會特殊憲法地位的結果。我們必
須認識到，建立違憲審查制度，確保公民基本權利不受侵犯，是憲
政建設的必然要求，但選擇哪一個國家機關來行使違憲審查權，與這
種憲法價值之間並非等同的關係。換言之，只要能實現對法律的合憲
性審查，由何種機關行使違憲審查權，都是無關緊要的。違憲審查權
的分配具有政策選擇的特徵，與一國的憲政體制與權力架構是分不開
的，不可拘泥於司法審查的模式。

　　我們主張，在略加改進現有違憲審查制度安排的前提下，通過特
定的程序安排喚醒在中國已沉睡多年的違憲審查。[40]

39　參見蔡定劍：〈中國憲法實施的私法化之路〉，《中國社會科學》第2期（2004）；李忠、
　　章忱：〈司法機關與憲法適用〉，張慶福主編：《憲政論叢》第3卷（北京：法律出版社，
　　2003）。

40　參見第十三章。

CHAPTER
第十章

當代中國憲政建設的基本前提：
立法法治

社會主義憲政研究

　　人類社會乃是一個自發產生的秩序體，人與人間自由交往行為產生的種種成文和不成文的正當行為規則，促使社會秩序的形成。這些正當行為規則，飽含種種正確決策和自由行為所必需的信息和知識，並界定着個人自由行動的私域。憲法的功效在於設置一個合理的權力體系來發現、認定並有效地執行這些促成權利實現的行為規則。在憲政建設較為成功的國家，正當行為規則得到充分發展並促成個人自由自主、社會秩序和諧的狀態。[1] 故而，正當規則體系的建立，不僅具有秩序產生和維護的客觀功效，[2] 而且同時是對立憲價值的踐行和表達。當代中國憲政建設是中國憲政建設史的續接，它受益於百年憲政運動對憲政觀念的普及，亦受累於百年憲政史上立法廢法無常無度而導致的法規範體系殘缺不全。建立完備和完善的法規範體系，為行為提供規範依據，因此成為當下中國憲政建設的前置性任務。

1　關於哈耶克的正當行為規則、自發秩序和憲政的理論，請參見［英］哈耶克（Hayek, F. A.）、鄧正來譯：《自由秩序原理》（北京：三聯書店，1997）。另可參見中國學者關於哈耶克理論的研究成果，如秦前紅、葉海波：〈哈耶克憲政理論研究〉，《憲政論叢》（北京：法律出版社，2004）；鄧正來：《哈耶克法律哲學的研究》（北京：法律出版社，2002），等等。

2　柏拉圖曾說：「人類必須有法律並且遵守法律，否則他們的生活將像最野蠻的獸類一樣。」西方法律思想史編定組編：《西方法律思想史》（北京：北京大學出版社，1983），頁35。

一、立法的憲政價值

立法具有無可替代的憲政價值。這是不言而喻的。這裏，我們從一項微觀的憲政制度——法律保留——入手來揭示立法的這一價值。具體言之，基於法治、民主和功能結構正當性的理論，立法在憲政體制中具有一種優越於行政的獨特地位，擔負着憲法價值具體化的特別任務。[3]

1. 立法在憲政中的特殊地位及其體現

法律保留起源於法國1789年《人權宣言》，[4] 其概念則為19世紀德國行政法學家奧托‧邁耶（Otto Mayer）所創。[5] 法律保留作為實現憲政主義的憲法工具，[6] 對於基本人權保障、權力分配與協調具有重大的

3　必須說明的是，此處主要探討的是在「議會民主」國家（即議會具有最強民主正當性的國家），立法具有何等憲政價值，並非就立法的憲政價值做一個比較性的研究。在諸如美國等總統制(半總統制)國家，總統作為行政首腦，是與國會相對的另一個直接民意機關，在與國會分權抗衡及合作的互動中，它對權力規制和人權保障扮演着一個特殊的角色。當然，普通法系的英國具有與一般國家頗為不同的憲政傳統，所以，此處也未將英國議會的實踐列為考察對象。事實上，在英國，是法院而不是議會在人權保障中居於核心地位。參見陳新民在《德國公法學基礎理論》(上)（濟南：山東人民出版社，2001），頁37–100中的相關研究。

4　《人權宣言》第4條規定：自由就是指有權從事一切無害於他人的行為。因此，各人的自然權利的行使，只以保證社會上其他成員能享有同樣的權利為限制。此等限制僅得由法律規定之。

5　參見［德］奧托‧邁耶（Mayer, O.）著，劉飛譯：《德國行政法》（北京：商務印書館，2002），頁67、72。

6　參見［德］哈特穆特‧毛雷爾（Maurer, H.）著，高家偉譯：《行政法學總論》（北京：法律出版社，2000），頁109。

社會主義憲政研究

政治和憲法意義，[7]是公法上的一個重要理論和制度。[8]一方面，法律保留使規範人民與國家間關係的法律在「量」上不斷增加，在「質」上也發生重大變化，人民被賦予廣泛的請求法院救濟的公權利；另一方面，它也規範了立法與行政之間的權力關係，對行政權的發動造成一種「附帶許可保留之禁止」的效果。[9]法律保留是在德國法治國取代警察國的過程中提出來的。[10]在這一特定歷史背景下產生的法律保留，為了更好地保障人民的基本權利，[11]確立了「代表君主統治之行政權」與「代表人民之國會立法權」的二元對立關係，即王權若要對人民的財產和自由進行限制，就不能沒有國會法律的許可。[12]這種二元對立關係是當時代表社會一方的人民與代表國家一方的君主間鬥爭和角力的表徵，[13]而法律保留之形成則體現了人民對傳統封建君主專制統治的勝利。[14]在國家與社會相分離、人民與君主相抗衡、立法與行

7　董保義認為，法律保留原則旨在維持法律規範的效力，避免行政行為侵犯立法機關之權限，同時防止立法機關怠於行使職權，放任行政機關之作為。參見董保義：《行政法講義》（著者自刊，1994），頁4。

8　學者Strack曾說，法律保留原則以其傳統風貌，歷經19世紀後半葉的自由國家憲法學說，迄今為止，仍為憲法論之中堅。參見吳萬得：〈論德國法律保留原則的要義〉，《政法論壇》第4期（2000）。

9　參見許宗力：〈論法律保留原則〉，《法與國家權力》（台北：月旦出版社，1993）。

10　參見［德］奧托‧邁耶（Mayer, O.）著，劉飛譯：《德國行政法》，頁1。

11　參見陳新民：《德國公法學基礎理論》（下）（濟南：山東人民出版社，2001），頁355。

12　參見黃舒：〈法律保留原則在德國法秩序下的意涵與特徵〉，《中原財經法學》（台灣）第13期（2004）。

13　參見許宗力：〈論法律保留原則〉。

14　當然，這種勝利並不是指法律業已成為整個國家秩序的基礎，它體現在社會進步的意義上。事實上，法律保留時代人民與君主間的鬥爭，基本上是不分勝負的平局。人民獲得保護的只是公民在社會生活領域中的自由和財產權，君主則在國家內部領域仍具有壟斷和專斷性的權力。參見許宗力：〈論法律保留原則〉。

政分權的時代背景中產生的法律保留，[15] 確立了立法與權力配置、權力規制及人權保障間的特殊關係。

基於國家與社會相區分、人民與君主相對抗的自由法治國傳統，國會作為人民的代表成為人權保障的民意機關，並負有對抗專斷性君主權力的時代使命；基於三權分立的理論與實踐，代表人民之國會享有立法權，並通過法律對象徵君主統治的行政權進行制約。法律保留確立了立法相對於行政的優越地位，體現了憲法對國會及其立法的信任。正如陳新民教授所言，法律保留「能夠成為憲法之制度，是國會取得權力的表現，也是國會權力受到憲法信任的表現」。[16] 通過確立國會及其法律對於行政權的優越地位，人民將君主對自由和財產權的干預控制在法律許可的範圍和程度內，確立了國會及其立法在人權保障中的核心地位。台灣學者黃舒認為，建立在法治國思想和民主主義之上的法律保留，造就了法律保留在德國法秩序下的特徵，即法律保留充分表現出德國法秩序「以國會或國會立法為核心」的精神。這意味着在德國，國會及其立法舉足輕重，並且就「確保個人自由」這一點而言，尤其具有領導性的關鍵意義。[17] 在立憲主義擴展到世界範圍的過程中，憲法作為公民權利根本保障書的價值得到肯認。憲法的這一價值目標要求全面保護公民的自由和財產，基本權利的界限必須由立法機關確定，並且只能通過或者根據法律來限制基本權利。[18] 所

---

15 奧托·邁耶認為，德國憲政國建立的過程中吸收了其他國家據以確立憲政國的分權觀念（參見［德］奧托·邁耶（Mayer, O.）著，劉飛譯：《德國行政法》（上），頁57）。的確，孟德斯鳩在《論法的精神》中對洛克的分權理論進行完善之後，「權力分立理論就不再是一種英國的理論；它已經變成了一種關於立憲政府的普適標準。」［英］M·J·C·維爾（Vile, M. J. C.）著，蘇力譯：《憲政與分權》（北京：三聯書店，1997），頁90。

16 參見陳新民：《德國公法學基礎理論》（下），頁355。

17 參見黃舒：〈法律保留原則在德國法秩序下的意涵與特徵〉，《中國財經法學》第13期（2004）。

18 參見［德］哈特穆特·毛雷爾（Maurer, H.）著，高家偉譯：《行政法學總論》，頁107–110。

以，基本權利保障的憲法目標與時代主題，進一步確立了法律保留在
憲法中的地位，並使立法在憲政中的核心地位得到進一步的鞏固。

　　法律保留立法的特殊功能集中體現了立法在憲政中的核心地位。
關於法律保留之立法的功能，存在三元論和一元論兩種觀點。[19] 三元
論的主張者巴厚夫（Otto Bachof）認為，法律保留中的法律，可以分為
三類，第一類是純粹限制人權的法律，如刑法和警察法。第二類是對
憲法上已經明確規定界限的基本權利予以具體化的法律，如言論自
由、出版自由、侵犯名譽權及保障青少年身心的法律。這一種類的法
律，可以延伸到實行憲法限制的細則性法律。第三類是對基本權利內
容本身具有形成功能的法律，如規定財產權內容的法律。另一學者樂
雪（Peter Lerche）也主張三元論。他認為，法律與人權的關係有三種，
一是干涉基本人權；二是澄清基本人權，其功能是解釋憲法上的人
權；三是印證基本人權，它是一種形成或實踐基本人權內容的工具。
法律功能三元論的提出，是德國學界就德國基本法體系進行實證分析
的結果，其缺陷是未能提供區分限制人權之法律與形成人權之法律的
標準。因此，德國學界出現了法律功能一元論的主張。黑伯樂（Peter
Häberle）教授認為，過去將法律保留之立法的功能限定為限制人權，
在根本上是錯誤的，凡是關於基本人權的立法，都具有形成和界定的
雙重功能，應統一被稱為基本權利之實行。立法對基本人權的界定和
形成功能，可以稱之為一把雙刃劍，能夠互相支援。另一位學者希
佩爾（Eike von Hippel）完全支持黑伯樂的觀點，並且指出，法律保留
制度是指立法者可以全盤考量社會各階層的利益及國家社會需要後，
公正地決定人權的界限和內容，立法對人權的界定和形成二功能可合
二為一。除此之外，黑塞（Konrad Hesse）教授更是提出內在界限理論
來支持這種一元論。他認為，基本法中法治國和社會國家的原則是任

19 下文重點參見陳新民：《德國公法學基礎理論》（下冊），頁356–359。

何基本權利都必須配合的原則，這使得任何基本權利都存在一個內在的界限。立法者的任務是澄清這個界限，因而更多的是一種詮釋性工作。三元論與一元論的爭論，反映了學者對法律保留之立法功能認識的不一致，但這恰恰體現了法律保留之立法對於基本人權保障的特定意義及立法在憲政中的特殊地位。

　　法律保留之立法功能的爭論，肇源於時代變遷對憲法理論的推動。在法律保留產生之初，自由主義憲政思潮主導着憲法的結構並決定了法律保留之立法的功能。依自由主義的基本理念，公民的基本權利主要是財產和自由等消極性自由，這些自由課予國家不侵犯的義務。基本權利保障的基本要求，就是將國家對公民自由和財產的限制和剝奪控制在最小的範圍內。法律保留的產生為實現這一目標提供了工具，它將限制公民基本權利的權力授予國會，並使行政權臣服於國會立法。其意圖是將對公民基本權利迫不得已的限制交給人民的代表來進行，杜絕行政權對公民自由與財產的恣意干涉。這在客觀上確立了國會相對於行政的優越地位。此時，法律保留之立法的功能是限制基本權利，是一種「限制保留」；[20] 立法優位則體現在通過立法限制（人民自己的限制）來保障公民基本權利的思想和實踐。這一「限制」的實質是「透過國會法律來確保個人自由」，它體現了國會及其立法的核心意義與領導地位。[21]

　　自由主義憲政思潮隨着第一次世界大戰的結束而漸漸失去市場。戰後歐洲民生凋敝，人民缺衣少食，各種社會問題不斷湧現，社會處

20　參見韓大元、林來梵、鄭賢君：《憲法學專題研究》（北京：中國人民大學出版，2004），頁278。

21　這一制度安排與普通法國家「透過法院程序來落實人權保障」的實踐極為不同。參見黃舒：〈法律保留原則在德國法秩序下的意涵與特徵〉；陳新民著：《德國公法學基礎理論》（上冊），頁37–100。

社會主義憲政研究

於動蕩不安之中，一種崇尚社會正義的社會法治國理論呼之而出，[22] 並最終代替自由法治國理論登堂入室。在社會法治國理論框架中，國家不再僅僅是社會秩序的「守夜人」，而要採取各種措施振興國家經濟，增加就業機會，提升公民的生活質量。糾正社會和經濟的弊病已經成為政府的重要職責。[23] 同時，新型的「社會權利」也成為公民基本權利家庭中的新成員。基於民主原則和國家行政所具有的特殊社會機能，「全部保留」的理論隨之興起。[24] 社會權這一新型基本權利（在行政行為的層面體現為給付行政）也被納入法律保留的範圍。這隨之改變了法律保留立法的功能。社會權是一種須要借助國家積極作為才能實現的權利，它與國家經濟發展水平、財政汲取能力和各種福利保險制度的建立密切相關。因此，法律保留之立法的目的不再主要是限制基本權利，而是形成基本權利的內容。正如希佩爾教授說，法律保留已經演變為立法者可以在全盤考量社會各階層的利益及國家社會需要後，公正地決定人權的界限和內容。[25] 此時的法律保留被稱為「規範保留」，即基本人權的具體內容和保障方法必須由普通法律加以具體規定。[26] 社會情勢和基本權利內容之變遷牽引着法律保留之立法功能的變化，對基本人權的保障也將產生重大影響。「質言之，它可能導致如下的情形，即：憲法規定了基本人權，但卻必須依賴普通法律的具體化才能得到真實的保障，一旦某個基本人權的保障遭遇到普通立法的立法不作為情形，則這種基本人權的保障就只能束之於憲法的『高

---

22 關於社會正義的基本含義、政策要求及學者對這一理論的批判，請參見［英］哈耶克（Hayek, F. A.）著，鄧正來等譯：《法律、立法與自由》（第2、3卷）（北京：中國大百科全書出版社，2000）。

23 參見［英］韋德著，徐炳等譯：《行政法》（北京：中國大百科全書出版社，1997），頁3。

24 參見［日］鹽野宏著，楊建順譯：《行政法》（北京：法律出版社，1999），頁55。

25 參見陳新民：《德國公法學基礎理論》（下冊），頁358。

26 參見韓大元、林來梵、鄭賢君：《憲法學專題研究》，頁278。

閣』，而即使存在立法作為，普通法律也可以通過『規範保留』的方式
來削減憲法上的基本人權的內容，而『限制保留』方式則在實際上首先
默認了普通法律對憲法權利的限制。」[27] 法律保留之立法功能的這種轉
變，使我們不得不警惕立法不作為和立法克減行為，但是這種警惕的
必要性恰恰又說明了立法在人權保障中的特殊地位。如果說，在限制
保留的時代，立法的這一特殊地位是在立法與行政的對立關係中得以
體現，並在行政合法性的基點上展開，那麼在立法與行政之關係已經
轉向合作的今天，[28] 立法相對於行政的優越地位是不言而喻的，而且
立法的這種特殊地位更進一步地體現在立法與人民間的關係上，即人
民竟然只能通過國會及其立法，才能獲得基本權利的全面保障。正是
基於立法在憲政中這種特殊地位，1959年印度德里召開的國際法學家
大會通過的《法治宣言》，如是界定立法機關的功能：「法治條件下一
個自由社會的立法機關的功能，就是創造和保持維護人類作為個人的
尊嚴的條件。這種尊嚴要求，不僅保障和促進個人的公民和政治權
利，而且應確保個人合法期望與尊嚴得以實現的社會、經濟、教育和
文化條件。」[29]

---

27 韓大元、林來梵、鄭賢君：《憲法學專題研究》，頁278。

28 參見黃舒：〈法律保留原則在德國法秩序下的意涵與特徵〉；許宗力：〈論法律保留原則〉。

29 International Commission of Jurists, *The Rule of Law and Human Rights: Principles and Definitions*, (Geneva, International Commission of Jurists, 1996), p. 66. 轉引自高鴻鈞等：《法治：理念與制度》（北京：中國政法大學出版社，2002），頁178。

社會主義憲政研究

2. 立法優位的憲法依據[30]

關於法律保留的憲法理論依據，學界多有爭論。[31]通說認為，法治國理論、民主主義構成了法律保留的理論基礎。近年來，更有學者強調國會議事程序的特殊性，從功能結構取向的維度來解釋法律保留的理論依據。[32]立法在人權保障中的特殊地位，隱含在法律保留的這些理論依據之中。

2.1 法治國理念

法治國作為警察國的取代物，與後者的區別在於「法治國的所有作用『都是以法律的形式決定的』」，[33]其顯著標誌是所有國家權力及其機關均受法律的約束。[34]在權力分立和司法服從法律控制的背景

---

30 「立法優位」是對立法在人權保障及其與行政關係中特殊地位的一種理論總結，而對其憲法理據的探討雖集中探討如何從這些理據中推導出立法相對於行政的優越地位，此處的探討重在揭示立法如何能夠在保障憲法權利的憲政實踐中具有特別的地位。

31 關於法律保留原則的憲法理念依據，學者認識不一。奧托•邁耶主要提及的是一種形式的法治主義，對於民主主義的研究相當薄弱。鹽野宏則認為，自由主義（實際上是奧托•邁耶提及的自由法治主義）和民主主義同時構成了法律保留的理論基礎（參見［日］鹽野宏著，楊建順譯：《行政法》，頁52）。哈特穆特•毛雷爾則認為，法治國家原則、議會民主原則和基本權利構成了法律保留的理論基礎（［德］哈特穆特•毛雷爾［Maurer, H.］著，高家偉譯：《行政法學總論》，頁104）。吳萬得認為，民主和法治原則分別構成了法律保留的理論基礎（參見吳萬得：〈論德國法律保留原則的要義〉）。台灣中原大學專任助理教授黃舒認為，在德國法秩序下，法治國和民主分別構成了法律保留的理論依據（參見黃舒：〈法律保留原則在德國法秩序下的意涵與特徵〉）。許宗力則指出，法律保留的理論依據除了民主主義、法治國理論外，還從民主主義中獨立出功能結構取向的解釋方法，他認為，從法治理論中不能推導出法律保留，民主正當性和功能結構正當性為法律保留提供了有力的憲法支持，並且後者猶勝一籌。（參見許宗力：〈論法律保留原則〉）。

32 參見許宗力：〈論法律保留原則〉。

33 ［德］奧托•邁耶（Mayer, O.）著，劉飛譯：《德國行政法》，頁60。

34 參見［德］哈特穆特•毛雷爾（Maurer, H.）著，高家偉譯：《行政法學總論》，頁105。

下，「法治國就是經過理性規範的行政法國家」，[35] 行政機關依照議會通過的法律或授權執行行政職務則成為行政的基本原則。[36] 法治國理念蘊含了法律保留的原則，[37] 也確立了立法相對於行政的優越地位及其在人權保障中的核心地位。[38]

立法優位是法治國立法權壟斷、法律優先和法律保留三原則的基本要求。[39] 法律優先即不衝突原則，是指「以法律形式出現的國家意志優先於所有以其他形式表達的國家意志；法律只能以法律形式才能廢止，而法律卻能廢止所有與之相衝突的意志表達，或使之根本不起作用」。[40] 這一原則要求行政行為不得與法律相衝突，被稱為消極的依法行政，意指在法律所及之領域，行政權必須服從法律的控制。法律優先原則確立了法律相對於行政的優越性，無條件地適用於所有行政領域。[41] 法律保留，又稱為積極的依法行政原則，指法律是行政權對特定國家事務發生作用的必要基礎，即對於特定範圍內的國家事務，行政權只能獲得法律的授權才能行動。換言之，沒有法律的授權，行政

---

35 ［德］奧托・邁耶（Mayer, O.）著，劉飛譯：《德國行政法》，頁60。

36 參見［德］奧托・邁耶（Mayer, O.）著，劉飛譯：〈代中文版序〉《德國行政法》，頁1。

37 參見許宗力：〈論法律保留原則〉；［德］哈特穆特（Maurer, H.）、毛雷爾著，高家偉譯：《行政法學總論》，頁105。

38 中國台灣地區學者黃舒認為，法律保留與法治國思想是密不可分的，這一點造就了法律保留在德國法秩序下的特徵，「因為法律保留及其『法治國』依據，毋寧充分表現出德國法秩序『以國會或國會立法為核心』的精神。這意味着在德國法秩序傳統中，國會與國會法律的角色舉足輕重，並且就『確保個人自由』這一點而言，尤其具有領導性的關鍵意義。」黃舒：〈法律保留原則在德國法秩序下的意涵與特徵〉。

39 奧托・邁耶認為，法治國包括三項原則：「形成法律規範的能力，法律優先和法律保留。」［德］奧托・邁耶（Mayer, O.）著，劉飛譯：《德國行政法》，頁67。日本行政法學家鹽野宏認為，「所謂法律的法規創造力，是指制訂一般規律的立法權的獨佔（但承認委任命令）；法律優先，在司法上是被認為是當然的道理，對行政則特別予以明確的宣告；法律的保留，則指僅限於執行權的活動的一定對象，法律是必要的條件」。［日］鹽野宏著，楊建順譯：《行政法》，頁50。

40 參見［德］奧托・邁耶（Mayer, O.）著，劉飛譯：《德國行政法》，頁70。

41 參見［德］哈特穆特・毛雷爾（Maurer, H.）著，高家偉譯：《行政法學總論》，頁103。

主體不能合法地做成行政行為。德國經典意義上的「無法律，無行政」原則，恰如其分地表達了法律保留的內涵，更是明顯地揭示了法律相對於行政的優越性。法律的這種優越性還體現在法律保留之法律對行政權作用範圍的擴展意義上：當立法機關實踐憲法中法律保留的規定時，這一法律不是對行政權的新的限制，而是正好相反，是對執行權的授權。「因為在此之前，執行權是被排除在這個領域之外的，而現在這個領域對執行權打開了大門，執行權從此也得以相應的方式在其中活動。……執行權依據法律在本來其被禁止作為的範圍內進行了作為。」[42] 法律優先是法律保留的基礎，二者共同構築了法律對於行政的優越地位，它們與立法權壟斷原則一道，構成了立法優位的基礎。[43] 依據立法權壟斷的原則，在法治國家，制訂一般性法律的立法權為立法機關所獨佔。基於法律優先和法律保留原則所確立的法律的支配性地位，制訂法律的立法機關自然具有一種優越於其他國家機關的地位。所以，奧托·邁耶說：「憲政國以法治國為立國之本，因此這裏的後面一點是被特別強調的：立法權相對於執行權有更優勢的地位。」[44]

2.2 民主主義

奧托·邁耶時代的學者對法律保留原則的民主主義依據關注並不多，研究也十分薄弱，[45] 但法律保留之法律系由被統治者之代表共同參與決定，已經體現了民主的因素。在進入議會民主的時代，民主作

---

42 參見［德］奧托·邁耶（Mayer, O.）著，劉飛譯：《德國行政法》，頁75–76。

43 陳新民認為，奧托·邁耶提出的法律優先與戴雪所說的國會優越乃不謀而合。參見陳新民：《德國公法學基礎理論》（上冊），頁80。

44 參見［德］奧托·邁耶（Mayer, O.）著，劉飛譯：《德國行政法》，頁67。

45 參見［日］鹽野宏著，楊建順譯：《行政法》，頁52；黃舒：〈法律保留原則在德國法秩序下的意涵與特徵〉；許宗力：〈論法律保留〉，《法與國家權力》（台北：月旦出版社，1993）。

為法律保留的理論依據不再處於一種附隨地位，而「無疑反成為維持並更積極落實法律保留這項規範傳統的堅強理據」，[46] 進而促成了國會及其立法在現代憲政國家中的優越地位。

民主的最初含義僅僅意指：「不論存在什麼樣的最高權力，它都應當由人民之多數或他們的代表來掌控」。[47] 當人民親自行使這種最高決定權時，這就是直接民主。直接民主固然可以直接和全面地表達人民的意志，但存在一些致命的缺陷，[48] 最終為一種新型的代議制民主所取代，[49] 後者使民主可以在幅員遼闊的國家實現，[50] 也是當今普遍的民主制度。作為人民表達意志的國家機構，議會行使了過去由人民直接掌控的最高決定權，而人民則通過選舉來控制國會的議員；國會也因為具有最夯實的民主正當性，[51] 而在國家政治生活中居於核心地位。無論是在憲政民主的維度上還是在權力分立的構架中，國會的這種核心地位都曾得到體現。在憲政民主的意義上，國會優位是在反憲政價值的層面上出現的，即基於立法主權的理念，國會不受憲法的限制，[52] 法國大革命是最直接的例證。在盧梭社會契約理論的指導下，法國大革命表達了新興資產階級對社會平等和政治民主的嚮往，

---

46 黃舒：〈法律保留原則在德國法秩序下的意涵與特徵〉。

47 ［英］哈耶克（Hayek, F. A.）、鄧正來選編／譯：〈政治思想中的語言混淆〉，載《哈耶克論文集》（北京：首都經濟貿易大學出版社，2001），頁36。

48 參見岳麟章：《從馬基雅維利到尼采》（西安：陝西人民出版社，1989）；劉偉：〈論盧梭直接民主理論的內在困境及其啟示〉，《南京理工大學學報（社會科學版）》第4期（2007）。

49 代議制民主被稱為18世紀的偉大發明。參見［美］萊斯特・薩拉蒙、赫爾穆特・安海爾：〈公民社會部門〉，載何增科主編：《公民社會與第三部門》（北京：社會科學文獻出版社，2000），頁257。

50 參見［美］肯尼思・W・湯普森（Thomposn, K. W.）編，張志銘譯：《憲法的政治理論》（北京：三聯書店，1997），頁8–10。

51 議會具有國民代表的性質。參見［日］美濃部達吉著，鄒敬芳譯：《議會制度論》（北京：中國政治大學出版社，2005），頁64–80。

52 參見陳新民：《德國公法學基礎理論》（上冊），頁146–148。

確立了議會的主權和立法至上地位。[53]「在法國人的心目中，法治代表着正義的立法(loi)——而非憲法——的統治。」[54] 因此，議會立法不受憲法限制，這與憲政的「權力制約和人權保障」的價值追求是格格不入的。對於這一點，哈耶克早已經點明。通過將德國與法國相比較，他發現，儘管法國大革命原本試圖增進一些個人的權利，但這個目的卻流產了，原因在於法國大革命的人士認為既然所有的權力最終已被置於人民之手，那麼一切用來制止濫用這種權力的保護措施也就變得不再必要了。[55] 但這種「格格不入」恰恰體現了議會的核心地位。法國議會的這種優越地位還體現在它與行政和司法的關係上。「三權分立和議會主權的理論在法國結合一體，使立法機構在地位上超越於執法與司法機構。」[56] 在二戰後，議會主權的理念日漸勢微，議會也失去了「超憲法」的國家地位，但作為民選代表組成的議會因其更強的民主正當性依然具有特殊的地位。

2.3. 功能結構的正當性

中國台灣地區學者黃舒認為，「在德國基本法民主原則底下，國會的民主優位初步看來固然來自其直接民主正當性，但是該『直接民主正當性基礎』卻並未窮盡憲法上議會民主原則的規範意涵。換言之，德國基本法意義下的民主原則並不僅止於強調國家決定必須由具有民主正當性的機關做成，這包括且更強調國家決定必須由『有能力

---

53 《人權宣言》第6條規定：「法律是公共意志的表現。全國公民都有權親身或經由其代表去參與法律的制訂。」

54 張千帆：《西方憲政體系》（下冊・歐洲憲法）（北京：中國政法大學出版社，2001），頁2。

55 參見［英］哈耶克(Hayek, F. A.) 著，鄧正來譯：《自由秩序原理》，頁246–247。

56 張千帆：《西方憲政體系》（下冊・歐洲憲法），頁2。

實現民主理念』的機關做成，因為這毋寧才是民主原則的最終規範目
的。若從這個角度看來，議會民主制當中國會的民主優位，不僅來自
國會的直接民選基礎，更來自國會在基本法的議會民主架構之下，相
較於其他機關，在規範上具備更高之民主意志形成（willensbildung）的
能力」。[57]國會具有較強的形成民主意志的能力，源於國會特有的功
能和結構。進而，國會因其代表的特質、組織與決定程序上特別有利
於民主意志形成，而享有更高的民主地位。[58]當然，基於民主正當性
解釋路徑的局限性，不少學者將國會議事程序的特殊性從民主原則中
分離出來，置於國家機關功能結構的面向來考察，並最終形成功能結
構取向的解釋方法，將國會功能結構上的正當性視為法律保留的憲法
理論依據。[59]

　　倡導功能結構解釋路徑的眾多學者中，最具代表性的是德國公法
學者歐森布爾（F. Ossenbühl）。他認為權力分立制度的功能不僅是眾所
周知的人權保障與權力均衡，更具有特別的要求，即它進一步要求何
種國家事務由何種國家機關負責決定，應當依照「適當功能之機關結
構」的標準來劃分。其言外之意是，不同國家機關基於其不同的組成
結構和決定程序，以及這種組成結構在質上的高度差異，而賦予自身
決定以不同的分量和正當性。據此，歐森布爾認為，在現代憲政體制
中，立法、行政的權力劃分及二者極為不同的組成結構與決定程序，
具備特別的憲法意義。在歐森布爾提出功能結構取向的解釋路徑之
後，實務界的聯邦憲法法院隨之作出呼應。聯邦憲法法院認為，權力
區分及不同機關配置不同功能，其主要目的無非在於要求國家決定能
夠達到「盡可能正確的境地」，即要求國家決定應當由在內部結構、組

57　黃舒：〈法律保留原則在德國法秩序下的意涵與特徵〉。

58　同上註。

59　參見許宗力：〈論法律保留原則〉；黃舒：〈法律保留原則在德國法秩序下的意涵與特徵〉。

成方式、功能與決定程序等方面均具備最佳條件的機關來做成。在實踐中，聯邦憲法法院主要運用功能最適思維來抵制國會權力一元論的主張和傾向，但這種思維也從側面證成了法律保留和立法優位的憲法根據。[60] 聯邦憲法法院關於權力分立和功能配置的解說，得到另一學者馮阿尼 (Hans Herbert von Arnim) 的進一步衍伸和發揮。他認為，權力分立其實就是如何提升國家決定正確性的問題。國會立法程序有三點獨特之處，即少數黨參與做成決定，繁瑣、謹慎、分別於大會與委員會進行討論的讀會程序，以及議事程序的公開與透明化。國會在立法中的這種複雜和「奢侈」的程序，是為了提升國會決定的正確性，國會也因此而足以令人期待其做成的決定將比行政權之決定更臻於「盡可能正確」。[61] 對功能結構取向解釋方法進行理論系統化的學者，首推德國公法學者史道博 (Rolf Stober)。他分別從形式與內容的合比例要求和基本權利的組織與程序保障功能中尋找法律保留的憲法理論依據。他指出，憲法確立法律與行政命令在功能與結構上的差異，並非立憲者的隨想，而是具有特別的憲法意義，即要求形式與內容的合比例性。其中「形式」是指不同規範 (法律或命令) 形式的組織與程序條件，「內容」是指規範所欲規定的國家事務。根據這種合比例的立憲本意，憲法要求不同規範所規定的國家事務必須與該規範形式在功能與結構上的特徵取得一致。換言之，某一國家事務由何種國家機關以何種形式加以決定，應當通過對不同機關的組織和程序結構進行比較後得出結論。史道博認為，基於憲法的合比例性要求，我們可以確定，特定國家事務僅能由特定國家機關以特定規範形式作出決定。除了這一形式與內容的合比例性要求外，史道博還認為，基本權利的組織與程序保障功能也構成了法律保留的憲法理論依據。憲法中規定的基本

---

60 參見黃舒：〈法律保留原則在德國法秩序下的意涵與特徵〉。

61 參見許宗力：〈論法律保留原則〉。

權利，不僅賦予人民以程序性的訴訟和訴願權，還對國家課以特定的憲法義務，即國家有義務制訂特定的組織與程序性規範以促進基本權利之實現。在過去，公法學者對基本權利組織與程序保障功能要求的認識，多停留在基本權利要求國家提供完善司法程序的層面。自上世紀70年代以來，德國聯邦憲法法院則將基本權利的這種要求擴展至行政程序的領域，要求行政機關在作出涉及人民基本權利的決定之前，必須給予關係人參與並表示意見的機會。史道博指出，人們沒有認識到，基本權利的這一功能也應該同樣適用於立法領域。基本權利組織與程序保障功能要求，基本權利的保障應選擇最能有效保護與實現基本權利的法規制訂程序。所以，當立法與行政命令的制訂程序存在極大差別時，這種差別的憲法意義是不能忽視的。綜上所述，史道博認為，如果我們能夠確立只能以法律形式透過立法程序方能有效保護和實現公民基本權利，那麼，法律保留便是憲法上的一般要求。[62]

顯然，從功能和結構的維度來探討立法優位的憲法理論依據，是對民主正當性的一種有力補充，在立法與行政走向合作的今天，這一解釋充分體現了「權力」分立走向「功能」分立的時代脈動。[63]當然，對於立法在功能和結構上的特殊性所代表的民主正當性，有學者提出質疑。[64]代議制的建立與民主主義的勃興不可分離，我們將立法在功能和結構上的特殊性作為立法優位的另一憲法理論依據時，不必去否定它與民主的關聯。事實上，民主不僅要求將公共事務的最高決定權交給具有最強民主正當性基礎的機構來行使，更要求將這一權力交給能夠實現民主目標的機構來行使。換言之，民主理念的實現要求建立一個能夠整合民意、實現民主意志的國家機構。現代各國憲法也多確

62　許宗力：〈論法律保留原則〉。

63　同上註。

64　同上註。

立了立法與行政在組織和程序上的重大區別，國會則因其組成人員、組織結構和決定程序都更有利於民主意志的形成和民主理念的實現，而在政治生活和人權保障中居於特殊地位。[65] 具體而言，國會由多名議員組成，議員當選資格相對嚴格，並且無論是參議員還是眾議員，都在一定時間內由人民改選產生，這使議員與人民之間能夠保持緊密的聯繫，從而能夠真正地反映民主意志；參議員任期相對較長，能夠避免由於人員更迭而產生的不穩定，確保對需要慎加選擇而密切聯繫的利益作出正確決策；[66] 國會議事公開、法定足數、多數議決，以及議員言論免責的原則和少數派對立法的參與，[67] 使任何重大決定都能得到充分的討論並盡可能正確地反映多數選民的意志。另外，議院兩院制的設置，使兩院之間構成相互制約，杜絕因突發的感情衝動或幫派操縱而通過有害決定。[68] 總之，國會在人員構成、組織結構和議事原則方面的特別之處，使之相較於行政首腦更具備審慎形成民主意志的能力，更有能力對各種涉及長遠利益的事項作出正確的決策，並與國會的民主正當性一道，共同構築了國會及其立法在憲政體系中的特殊地位。

65　參見黃舒：〈法律保留原則在德國法秩序下的意涵與特徵〉。

66　在一個國家中，存在兩類不同的事務，一類是需要必須合理實施且馬上見效的單項措施，一類是需要慎加選擇而存在密切聯繫的一系列措施。後者正是代議機構的職責。參見〔美〕漢密爾頓（Hamilton, A.）等著，程逢如等譯：《聯邦黨人文集》（商務印書館，1980），頁315。

67　參見〔日〕美濃部達吉著，鄒敬芳譯：《議會制度論》，頁402–410。

68　關於兩院制產生和存在的原因，以及一院制的弊端，請參見〔美〕漢密爾頓（Hamilton, A.）等著，程逢如等譯：《聯邦黨人文集》，頁316以下；〔日〕美濃部達吉著，鄒敬芳譯：《議會制度論》，頁110以下；〔日〕三浦隆著，李力等譯：《實踐憲法學》（北京：中國人民公安大學出版社，2002），頁186–187。

二、立法的憲法規制

憲法作為一國法律秩序的基礎，對於國家的重要事項，不可能毫無保留、巨細無遺地加以規定，因而必須通過賦予立法者訂立普通法律的權力以達成憲法的理想。憲法對立法者的這種安排也被稱為憲法委託。[69] 這構成了立法地位特殊的客觀基礎，立法的特殊地位在今天也更多的是在立法與人民（基本權利保障）間的關係中展開。依據法律保留的重大性理論，「對於牽涉人權之重大部分則必須保留予立法者為之」。[70] 因此，當法律保留立法的功能已經從過去的限制基本權利演進為形成具體權利之時，立法對法律保留任務的執行情況，將決定人民基本權利受到保護的程度，進而決定一國憲政的實踐狀況。基於立法權在憲政體系中的特殊地位及權力易於腐化濫用的原理和憲法權利保障理念的變遷，防止立法權的不當運作以阻卻其破壞憲政體制和憲法價值，便成為時代的最強音，並濃縮為依「法」[71] 立法這一憲法命題。顯見的是，通過憲法來規制立法權之行使，是依法立法這一命題的基本內涵。

1. 立法主權與立法不作為

如上所述，基於特定的歷史背景，代表人民意志的立法在憲政體制中佔據特別的地位，它不但具有顯要的憲政價值，而且具有清晰的

---

69 憲法委託是指「由立憲者在憲法內，規定由立法者有所作為的指示」。陳新民：《德國公法學基礎理論》（上），頁139。

70 陳新民：《德國公法學基礎理論》（下），頁362。陳新民也將這種法律保留稱為憲法上的法律保留或「立法保留」。參見陳新民：《行政法總論》（著者自刊，1994），頁52。

71 在「法」字上加入引號，其意在於：一是突出本節內容的重點（論證何以必須及如何對立法的規制），二是表明對於立法規制之「法」非普通法律，而是憲法這一高級法和根本法。

民主內涵。立法優越於行政的獨特地位及其在人權保障中的核心作用，不可避免地會造就一個「持權自重」的國家機關，而這一機關的權力濫用和不作為，都將對憲政建設產生根本性的影響。因而，通過憲法控制立法權，便是依「法」立法的基本內涵，而立法權的濫用和立法不作為的可能及事實，則構成了依法立法的邏輯和事實基礎。

1.1　立法主權的事實與危害

在當代，立法的憲政價值和民主內涵主要依託於代議民主這一制度裝置。在實證主義法思潮的誘導下，代議制民主日趨成為一種無限民主，並背離人民對民主的期望。[72] 哈耶克就不無憂慮地指出：「我日益相信（而本書則是對我為什麼持有這個信念給出了詳盡的說明），在這種被人們普遍接受的『民主』政制類型的構成中，存在着某些根深蒂固的缺陷，而這些缺陷已經使得這些國家墮入全權性國家的危險趨向成了一種不可避免之勢。」[73] 當今普遍盛行的民主制度具有的致

72　哈耶克曾指出：「人們幾乎都在用『民主』（democracy）這個術語來指稱一種特殊種類的民主制度，然而，這種制度卻根本不是democracy（『民主』）這個術語最初所描述的那種基本理想所導致的一種必然結果……原初的理想訴求已經被轉化成了當今各國盛行的那種特殊形式的民主制度，儘管這種特殊形式的民主制度，與『民主』這個原初所旨在實現的目的相距甚遠。」［英］哈耶克（Hayek, F. A.）、鄧正來選編／譯：〈政治思想中的語言混淆〉，《哈耶克論文集》，頁35–36。

73　［英］哈耶克（Hayek, F. A.）著，鄧正來等譯：《法律、立法與自由》（第2、3卷），頁264。

命缺陷就是「多數擁有無限權力」。[74] 這樣一種事實恰恰反映了人們對「民主」原初含義的放棄並由此產生的錯誤認識。「最初，『民主』這個術語僅僅意指：不論存在什麼樣的最高權力，它都應當由人民之多數或他們的代表來掌控，但是它卻沒有論涉到這種權力的權限問題。常常有人錯誤地認為，任何最高權力都必定是無限的或不受限制的。顯而易見，我們根本無法從多數的意見應當佔據支配地位這項要求當中推論出這樣一項要求，即多數就特定問題的意志應當是無限的或不受限制的。」[75] 哈耶克一針見血地指出：「以為只要採取民主程序，我們就可以取消原本對統治權力所設定的所有其他的限制措施，這實在是一種可悲的幻想。不僅如此，這種幻想還使人們產生了這樣一種信念，即只要我們用民選的立法機構來『控制政府』，那麼約束政府的各種傳統手段也就可以棄之不用了，然而事實的真相卻與此相反，因為我們知道，如果說為了支持那種有利於特殊利益群體的特定行動綱領，人們有必要建立有組織的多數，那麼我們就必須承認，這種必要性在同時也引入了一個產生專斷和偏袒的新禍源，甚至還產生了與多數的道德原則不相符的結果。」[76] 一言以蔽之，現代代議制民主塑造了一個享有無限權力的立法機構。從權力運行的邏輯和實踐層面

---

74 同上註，頁270以下。早在《自由秩序原理》一書中，哈耶克就對立法機構權力無限擴大，給世人提了個醒。他說：「就當下的情形而言，立法機構以適當形式贊成通過的任何文獻，都被稱之為『法』。但是，在這些僅具有該詞形式意義的法律中，只有一些法律——就今天來看，通常只有極小的一部分法律——是調整私人間關係或私人與國家間關係的『實質性』法律（substantive [or "material"] laws）。絕大部分這類所謂的『法律』，毋寧是國家對其官員所發佈的指令，其關注的主要問題是他們領導政府機關的方式，以及他們所可以運用的手段。然而，在當今的各個國家，規定這類手段之運用方式的規則和制訂一般公民必須遵守的規則，都屬同一立法機構的任務。」［英］哈耶克（Hayek, F. A.）著，鄧正來譯：《自由秩序原理》（上），頁263。

75 ［英］哈耶克（Hayek, F. A.）著，鄧正來選編／譯：〈政治思想中的語言混淆〉，《哈耶克論文集》，頁36。

76 ［英］哈耶克（Hayek, F. A.）著，鄧正來等譯：《法律、立法與自由》（第2、3卷），頁270。

考察，立法主權必然導致立法權的濫用，而立法權的濫用必然危害個人基本權利並破壞憲政體制。誠以實例說明。在法國大革命過程中，經選舉產生的人民代表所期望的乃是行政機構能夠徹底地服務於他們的目標，而對如何保護個人權利免遭權力侵犯的問題，則多少有些漠不關心並置之不理。其結果便是革命後的暴政，而「導致這個結果的決定性因素乃是法國大革命所創造的這樣一種信念：既然所有的權力最終已被置於人民之手，故一切用來制止濫用這種權力的保障措施，也就變得不再必要了」。[77] 立法的無限權力與個人自由和權利不可能並存。[78] 此其一。

其二，立法主權必將摧毀權力分立的理念和實踐。「權力分立(the separation of powers)這一經典理論所作出的乃是這樣一項預設，即應當由一個代議機構掌控的立法(legislation)工作只應當關注制訂『法律』(laws)問題(當時的論者認為，這些法律在某種本質特性上區別於那些特定的命令)；再者，那些特定的決策並不能夠僅僅因為它們是『立法機構』頒佈的這個事實而成為法律(亦即內部規則意義上的法律)。如果我們不對法律與特定決策進行界分，那麼這種主張把特定的職能賦予獨特且不同的機構的權力分立理念就會變得毫無意義，而且也只能是一種循環論證。」[79] 但是今天的情勢卻恰恰相反，立法機關不再因其制訂法律而被稱為立法機關，反而是法律因其源出於立法機關之手而被稱為法律，而不論這些法律的內容為何。儘管憲政先

---

77 ［英］哈耶克（Hayek, F. A.）著，鄧正來譯：《自由秩序原理》（上），頁247。

78 「一個擁有無限權力的議會也只能意味着個人自由的消亡。換言之，一部自由的憲法在這種情形中已經不再意味着個人的自由，而只是一份任憑議會之多數專斷暴虐、恣意妄為的許可證。毋庸置疑，自由的議會與自由的個人實是不可兼得的。因此，要保障個人的自由或人身的自由，就必須用公眾意見贊同的長期原則來約束一切權力。」［英］哈耶克（Hayek, F. A.）著，鄧正來等譯：《法律、立法與自由》（第2、3卷），頁421。

79 ［英］哈耶克（Hayek, F. A.）、鄧正來選編／譯：〈政治思想中的語言混淆〉，《哈耶克論文集》，頁36–37。

輩們試圖為個人自由提供制度性保障，並且所信賴的手段是權力分立，但這一嘗試卻基本以失敗告終。[80] 其原因在於他們把制訂那些決定着政府結構和運作的組織規則的任務也委託給了同一個代議機構。

其三，我們必須接受的事實是，立法機構的無限權力將其自身蛻變為名利的追逐場所。[81] 從目前的情況來看，一個客觀的事實是，代議機關承擔了兩種截然不同的任務，但是，「恰恰是政府治理而不是立法工作漸漸變成了代議機構的首要任務」。[82] 因此，「顯而易見，一個擁有無限權力的機構完全可以用這種權力去偏袒某些特定的群體或個人。因此，這種情況不可避免地會導致這樣一個結果，即那些向其支持者提供特殊好處的特殊利益群體之聯盟會一步一步地成為這種機構的組成部分」。[83]

在現代國家，各種「準政府機構」和「院外集團」的興起和發展，正是現代民主將無限權力賦予代議機構所導致的一個不可避免的結果。事實上，這些利益集團幾乎決定着議員選舉的結果。這樣一種趨勢，必將改變「立法議員」和選民的真正旨趣。哈耶克說：「由於『立法機關』的立法議員主要關注的，乃是如何通過為特定群體謀取特殊利益的方式以確保得到並維持這些特定群體所提供的選票，所以選舉這些立法議員的選民也就很少會去關注其他人能夠得到什麼東西的

---

80 「就我們所知的立法、司法和行政三權分立的制度來看，權力分立這種手段並沒有實現它原本達致的目的，各國政府利用憲法手段所攝取的權力，恰恰是孟德斯鳩和《美國憲法》的創制者們認為不能由政府享有的權力。」〔英〕哈耶克（Hayek, F. A.）著，鄧正來等譯：〈導論〉，《法律、立法與自由》（第1卷），頁2。

81 「在這種制度安排中，一個並不只限於制訂普遍的正義行為規則的立法機構，肯定會在有組織的利益群體的驅使下使用它的『立法』權力去為特定的私人目的服務。」〔英〕哈耶克、鄧正來選編／譯：〈政治思想中的語言混淆〉，《哈耶克論文集》，頁37。

82 〔英〕哈耶克（Hayek, F. A.）著，鄧正來等譯：《法律、立法與自由》（第2、3卷），頁303。

83 〔英〕哈耶克（Hayek, F. A.）、鄧正來選編／譯：〈自由國家的構造問題〉，載哈耶克：《哈耶克論文集》，頁154。

社會主義憲政研究

問題，而只會考慮他們自己在這場討價還價的交易中可能謀得的利益。」[84]

基於這一現實，哈耶克警告説：「我們必須拋棄無限民主的幻想，我們沒有任何理由期望一個擁有無限權力的民主政府會始終服務於一般性利益而不去為特定的利益服務。」[85] 無限民主幻想的拋棄，便意味着對立法權進行有效的限制。在憲法至上的現代國家，這表明立法者只能根據憲法立法，以確立個人權利和國家權力的基本秩序。

1.2　立法不作為

在上文中，我們已經推導出這樣的結論，即「在立法與行政之關係已經轉向合作的今天，立法相對於行政的優越地位是不言而喻的，而且立法的這種特殊地位更進一步地體現在立法與人民間的關係上，即人民竟然只能通過國會及其立法才能獲得基本權利的全面保障」。[86]立法者在權利保障中舉足輕重的地位，使我們不得不警惕立法者的權力濫用，但立法者除了會積極地濫用權力外，還會消極地不作為。立法不作為之所以會存在，不僅源於憲法與普通法律的分工，更在於立憲技術上的難題。憲法作為一國之根本法，只規定本國最根本最重要的事項，對於這些事項的更為明細和更為具體的規定，則是立法者的責任和任務。因此，各國憲法都會在文本中將特定事項具體化的權力委託給立法者。「依法……」「由法律規定……」「根據法律……」等等憲法文本上的用語，正是這種委託的規範表現。憲法與普通法律間的

84　［英］哈耶克（Hayek, F. A.）著，鄧正來等譯：《法律、立法與自由》（第2、3卷），頁278。

85　［英］哈耶克（Hayek, F. A.）著，鄧正來選編／譯：〈政治思想中的語言混淆〉，載《哈耶克論文集》，頁41。

86　見本章第一部分「立法的憲政價值」。

這種分工，使得立法者成為憲法價值的實踐者，也肩負着沉重的立法任務。從邏輯上講，立憲者只要委託立法者從事具體的立法工作，就存在立法者的不作為問題。雖說憲法對立法者的委託不再是一種方針指示，[87]而是一項具有拘束力的命令（要不要立法、如何立法及何時立法概由憲法確定），但基於憲法規範的穩定性和社會變遷間的固有矛盾，立憲上的一個永久性難題便是：立憲者對於諸多事項的判斷總是原則性的，如在何時進行具體的立法，立憲者便不可武斷地確定一個期限，即使做此強制性的時間規定，也會被現實情勢之變化所粉碎。因此，這些事項只能委託給立法者伺機而動，而立憲者限定立法者立法的社會情勢、公共利益等等「羅生門」式的概念，因具有不確定性內涵，更使立法者最終手握巨大的自由裁量權。立法者的不作為將會隨着其自身對社會情勢、公共利益需求的判斷不當（如未及時察覺社會情勢變更和人民意志的變化，對重大公共利益可能遭受的威脅反應遲鈍）而形成，也可能會借上判斷錯誤的幌子而故意為之。所以，立法不作為定會存在。[88]

立法不作為在不同時代具有迥異的憲政後果。在社會權作為一種新的憲法權利形態而為憲法文本確認之前，憲法中的公民基本權利主要表現為傳統的自由權，這些基本權利賦予國家不得干預的法定義務，而行政權對這類權利的侵犯則必須得到立法的授權。立法者對此類基本權利的委託採取不作為的態度，自然只會導致公民享有更廣泛自由空間的結果，所以，立法不作為在當時並不成為一個憲法問題。

---

87 參見陳新民：《德國公法學基礎理論》（上），頁140。

88 這一結論令人警醒之處在於，如果僅僅借助憲法委託的規範，實則無法防止立法者的不作為，依法立法的命題也會因為憲法無法控制立法權成為一個跛腳命題。但我們不應當忘記的是，憲法可以設置政治性的機制如有效的選舉制度、憲法訴願制度、法規範審查制度等等來控制立法者的不作為，使選民通過選舉阻卻立法者的怠惰。這一點一經揭示，顯然會使依法立法具有更豐富的內涵和更直接的制度建設意義。關於如何約束立法不作為的相關研究，請參見陳新民：《德國公法學基礎理論》（上），頁161–169。

社會主義憲政研究

但在社會權作為公民基本權利出現之後，立法不作為將會架空公民的社會權。如所周知，社會權是一種抽象性的權利，並不產生公民具體的請求權。這一權利的享有不僅與一國實際國力相關，更與社會保障體系之完善不無關係，因此，憲法多將此類公民權利委託予立法者加以具體化。可以說，是否進行明細化立法，決定公民是否享有此類基本權利。若立法者對之不予以具體化，這類公民權利將被毫無例外地置於憲法之高閣，公民也只能是「望梅止渴」。立法不作為對現代公民權利保障的負面影響由此可見一斑。除此之外，立法不作為對於權力運作秩序的影響也是全面的。依據憲法之規定，確定權力運行的基本程序、具體界限，本是立法者不得不為的憲法安排。立法者若是不作為，而現實生活又逼迫國家的職能機關承擔基本的治理義務，各國家機關將擁有廣泛的自由裁量權，「天馬行空」地行使權力，無規無矩，其結果必然是政治失序和權力濫行。

簡約而言，在現代國家，憲法依舊將其價值實現的重任委託予立法者，而立法者立法任務的艱巨和社會情勢變更的頻繁，必將誘使立法者忽視憲法委託的存在，呈立法不作為的面相。這一狀態的出現，對於公民權利之保障，國家權力和政治秩序之建立，都將是不幸的。因此，在憲法上確立便利可行的民意表達機制，防範立法不作為，促使立法者積極的依憲法確立政治秩序，當屬憲法學研究者不可忽視和迴避的任務。

2. 從立法主權到憲法之下的立法權

上文在探討立法的憲政價值時，重點揭示了立法在人權保障和權力秩序構建中的獨特地位，是在立法與公民權利及國家權力秩序之相互關係的場域中展開問題。但立法與公民權利及國家權力秩序之相互

關係只是立法在憲政中的地位這一命題的一個方面，立法與憲法之關係究竟如何，構成了這一命題的另一個方面。鈎沉憲政史海，可以發現，二者的關係經歷了從立法主權到憲法之下的立法權的變遷。

在法律保留產生的19世紀，憲法上的法律保留，對於立法者而言，只不過是一種方針指示，[89]立法主體具有主權者的特權地位。此時，法律保留之立法的功能，是限制基本權利，立法作為的結果是公民基本權利的受限制，進而行政權也能在法律的規定下干預公民基本權利；[90]立法不作為則意味着行政權對公民基本權利的干預失去合法性而必須被杜絕，[91]因而人民會享有更大的自由空間。依自由主義憲政的理念，「政府應給予人民最大的自由，盡量給予人民最少的干涉，政府不患少有作為，而患太大作為，否則會導致人民自由權利的侵害」。[92]所以，立法不作為或者少有作為倒是符合自由主義的口味，法律保留之立法只是在特別必要時才應當進行。憲法中法律保留的規定，對立法者便不構成一種法定的義務，只不過是一個立法者可以在特定情況下對公民基本權利進行限制的指示。而且，在法治國建設的過程中，為了將國家權力對公民基本權利的干預控制在最小的範圍內，法治國要求國家的一切作用都要以法律的形式進行[93]，並且司法和行政完全服從法律的控制。這是一種立法主權的理論與實踐。[94]

---

89 當然，這並不是一個普遍性的結論，它更多地適用於德國當時的情形。

90 奧托・邁耶便曾指出：法律保留之立法是對執行權的擴張而不是新的限制。參見［德］奧托・邁耶（Mayer, O.）著，劉飛譯：《德國行政法》，頁74–75。

91 對自由主義下最高價值自由和財產的侵害，必須取得市民參加的議會的贊成。參見［日］鹽野宏著，楊建順譯：《行政法》，頁54。

92 參見陳新民：《德國公法學基礎理論》（上），頁117。

93 參見［德］奧托・邁耶（Mayer, O.）著，劉飛譯：《德國行政法》，頁60。

94 如中國台灣學者陳新民所言，法律保留「能夠成為憲法之制度，是國會取得權力的表現，也是國會權力受到憲法信任的表現，並藉此為防止人民權利之遭到國家第二權（行政權）和第三權（司法權）非法之侵犯」。參見陳新民：《德國公法學基礎理論》（下），頁355。

社會主義憲政研究

依立法主權的理論，立法者原則上是自由的，不受任何的拘束，可以為任何法律價值的判斷，[95] 而且唯有立法和法律才能執行憲法。換言之，憲法只是供立法者之用，並不能對之形成強制性的規範效果。[96] 基於立法主權的價值取向，憲法對立法特殊地位的規定，也只能是一種關於立法權行使的特定指示和方針。在立法與憲法的特定關係上，法律保留規範賦予立法者一種特權，唯有立法才獲此殊榮可以直接踐行憲法的價值，司法與行政則只能通過實施法律來實踐憲法，而且立法者在行使權力時不受憲法的約束，對立法權的實質性約束只能是立法者堅強的倫理確信和負責任的感情。[97] 法律保留的規範內涵，在魏瑪憲法時代得到了學界的關注和充分研究。[98] 這源於魏瑪憲法在公民基本權利內容中增加了新的內容，即社會權利部分。這是一種只能通過國家才能實現的積極自由，並受制於國家的財力和經濟發展。倘若立法機關在當立法時而不作為，公民將不會享有這些基本權利。因此，立法與憲法之關係受到了學界的重視。在魏瑪憲法時期，以安茲序為代表的一些學者在對魏瑪憲法條款進行區分研究的基礎上，確立了方針條款的概念，認為這些法律保留條款只是對立法者將來立法的一種無法律拘束力的指示。顯然，這一認識延續了「法治國通過法律來實現一切國家作用」的法治傳統，將憲法視為立法指示之法。魏瑪後期，學界對其方針條款概念進行了一定的修正，認為這些條款並非是對立法沒有拘束力，它是一個「當就」條款，[99] 即立法機構如果要制訂相關法律時，它便只能遵照憲法的安排來立法。

95　參見陳新民：《德國公法學基礎理論》（上），頁147。

96　同上註，頁145。

97　同上註，頁147。

98　同上註，頁140–145。

99　「當就」條款是指，「當立法時就該如此立法的條款」。參見陳新民：《德國公法學基礎理論》（上），頁144頁。

方針條款概念在德國基本法時代受到了全面的挑戰。[100] 基本法明確規定：「下列基本權利作為可以直接實施的法律，使立法、行政和司法機構承擔義務。」[101] 立法主權理念隨之破滅，立法不再是憲法與行政及司法間的傳遞者，憲法也不再僅僅是供立法者之用的法律，它可由行政和司法來實踐。[102] 這一規定同時確立了憲法與法律間的位階，即國家權力必須受到憲法的拘束。德國公法學界對基本法的這一轉變進行了深入討論，提出了「憲法委託」的理論。憲法就公民基本權利事項對立法者的委託，就是我們論及的法律保留。對於該法律保留的性質，德國學者的認識是一致的，即認為此種法律保留「乃憲法予立法者一個有拘束性的命令，來頒佈法律，以貫徹憲法之理想」，「並不是一個單純的對立法者的一種政治或倫理的呼籲（politish-ethischer Appell），而是一個有強制性的、法拘束性的義務」。[103] 在這一理念指導下，立法者依據法律保留制訂執行性法律，就不再是一種特權，而是一種義務。立法者對於要不要立法的問題，沒有選擇的餘地，並且必須按照憲法的規定立法。

現代憲政主義的精義，是立法必須接受通過憲法而獲得規範性表達的先在性約束。立法主權觀念的破滅和立法與憲法之關係的轉向，是憲政主義的必然要求。

美國憲法在誕生之時，便已經揭示這一點。美國人民認為，一旦憲法將各種具體權力授予不同的權力機構，它也將限制它們的權力，這不僅是從其應該追求的目的或目標的角度來講，而且也是憲法權力在適用的方式和過程中應該遵循的原則。通過以違憲司法審查的方式來確立憲

---

100 參見陳新民：《德國公法學基礎理論》（上），頁146–170。

101 《德意志聯邦共和國基本法》第1條第3項。

102 《德意志聯邦共和國基本法》第20條第2項規定：「全部國家權力來自人民。人民通過選舉和投票表決並通過特定的立法、行政和司法機關行使這種權力。」

103 參見陳新民：《德國公法學基礎理論》（上），頁157。

法和法律之間的位階，美國憲政向世人表明：「立法機構須受一般性規則的約束；立法機構必須以這樣一種方式處理特定問題，這種方式就是它在此類情形中適用的基本原則也可以同樣適用於其他情形；而且，如果立法機構侵犯了一項迄至當時一直為人們所遵循的原則（儘管它可能是一項從未得到明確闡述的原則），那麼立法機構就必須承認這個事實且必須遵循一精心構設的程序，以確定人民的基本信念是否真的發生了變化。司法審查對於變革而言，並不是一絕對的障礙，它對於變革所能起到的最糟糕的作用也只是延緩變革的進程，並且促使立憲機構必須就爭議中的原則作出捨棄或重申的決定。」[104] 美國憲政經驗所體現的這一立憲主義精神，也為現代歐陸國家如法國和德國所接受。眾所周知，法國在歷史上深受人民主權理論的影響，確立了立法主權的政權構架。但這一制度卻並沒有給法國公民的基本權利帶來預期的保護，原因在於法國大革命的人士認為既然所有的權力最終已被置於人民之手，那麼一切用來制止濫用這種權力的保護措施也就變得不再必要了。[105] 在經歷了眾多憲法的更替之後，1958年憲法果斷地放棄了堅持近兩個世紀的立法主權理念，對立法權進行了明確的憲法約束。[106] 法國的這一立憲轉變也同樣可以在德國發現。魏瑪憲法時期所暢行的立法主權理念為基本法所拋棄。基本法除了在第1條第3項中規定憲法上公民基本權利使立法、行政和司法承擔義務，還在第20條第3項中明確規定立法權應當服從憲法

104　[英] 哈耶克（Hayek, F. A.）著，鄧正來譯：《自由秩序原理》（上），頁242。

105　同上註，頁246–247。

106　參見張千帆：《西方憲政體系》（下冊‧歐洲憲法），頁3。

秩序。[107] 法德兩國步美國之後塵，在憲法文本中直接表達了立憲政體的立場並建立相應違憲審查機制，充分表達了憲政主義的說服力和立憲政體的比較優勢，也為我們對立法與憲法之關係的認知提供了實踐基礎。

對於眾多憲政後生發國家而言，這種轉變的憲政意義不容輕視。一方面，它使作為法律保留之基礎的法律優先原則發生變遷，融入了法位階（即憲法高於法律）的內涵，法律保留之立法完全服從憲法的控制成為立法優位的應有之義。另一方面，它將防止立法不作為提升為一個重大的憲法議題。德國憲法學界所爭論的憲法第三者效力理論，也應當在這一背景下加以認識。正如上文所揭示的那樣，在當下，憲法通過限制保留條款和規範保留條款將人權保障的重任置於立法者肩上，公民也只有通過立法機關的積極立法，公民憲法上的基本權利才可能獲得充分的保障和實現。立法權的濫用、立法不作為和立法克扣行為都意味着公民基本權利的減損或落空。因此，如何防止立法權的濫用和懶惰所造成的權利侵害，便成為一個現實的問題。這也使得憲法委託必須具有實在法上的規範內涵，方可能成為具有實踐意義的重大理念。從人權保障的實踐來看，立法與憲法關係之變化帶來的基本制度變遷即是人權保障從「依據法律的保障」發展到「依據憲法的保障」，[108] 即憲法不再將落實公民基本權利的希望全置於立法者的積極立法上，而是在尊重二者分工的前提下強調憲法的權威和憲法

---

107 《德意志聯邦共和國基本法》第1條、第20條第3項。

108 一般而言，在立法主權的時代，公民主要是通過立法建立的普通訴訟制度實現自己的憲法權利，這便是通過法律保障基本權利的模式。此時，立法對基本權利的侵犯並無救濟的可能，而在依據憲法保障的時代，公民可以通過違憲審查制度糾正立法對基本權利的侵犯，更能通過憲法基本權利條款的直接適用制度來實現權利救濟。在現代憲政國家，這二種模式同時存在。

確立的「客觀價值秩序」在一國法體系中的絕對地位及直接實現的效力。據此，現代憲政國家除了建立體系化的普通法權利救濟制度外，還建立了行之有效的違憲審查制度，更發展了憲法在私法中適用的理論，來促成憲法權利在公民生活中的落實。[109]

三、全國人大的憲政地位、績效及其完善

1. 全國人大的核心地位及其規範表現[110]

憲法第58條蘊含着深刻的規範含義，[111]確立了憲法的一般法律保留制度，[112]也奠定了全國人大在國家生活中的核心地位。除此之外，全國人大的這一核心地位還在政權組織形式的意義上得以體現。眾所周知，人大是中國的政權組織形式。憲法確立的這一政權組織形式具有特別的含義：「其一，人民代表大會是全權地、統一地、唯一地行使國家權力的機關，任何其他國家機關都不是國家權力機關，其

---

109 在德國，針對立法權之濫用和立法不作為，主要的救濟方式有憲法訴願、直接適用、法規範審查和總統制衡等等制度和理論。在當下中國，並不具有與之相關的實踐，但學者對立法不作為的現象並非沒有注意。參見陳新民：《德國公法學基礎理論》（上），頁161–169；秦前紅、葉海波：〈論立法在人權保障中的地位——基於「法律保留」的視角〉，《法學評論》第2期（2006）；童之偉：〈再論物權法中的憲法問題及其解決上路徑〉，《法學》第7期（2006）。在這篇影響深遠的論文中，童教授提出在基本法律立法中可使用「由……法律規定」的用語，以督促立法者盡快立法。

110 此處只探討全國人大（包括其常委會）在中國憲政中的地位，其原因一在於全國人大之立法構成中國法治的基礎；二在於全國人大尚未能很好地履行其推進中國憲政建設的任務；三在於全國人大與地方人大切不可混為一談進行籠統的分析，二者在憲政中的地位和功能並不相同。但這並不意味着地方人大在中國憲政建設中並不重要，其制度運行並不存在問題。此處只是集中精力探討一個方面而已。

111 現行憲法第58條規定：「全國人民代表大會和全國人民代表大會常務委員會行使國家立法權。」

112 參見秦前紅、葉海波：〈論立法在人權保障中的地位——基於「法律保留」的視角〉。

他國家機關的權力來源於人民代表大會，嚴格地說，其他國家機關本身並不執掌國家權力，它們只是根據人民代表大會制訂的法律和作出的決議，來行使人民代表大會授予的具體職權；其二，人民代表大會以民主集中制原則來建構國家機關體系、配置國家權力，在人民代表大會統一行使國家權力的前提下劃分國家的立法權、行政權、軍事指揮權、審判權和檢察權，實質是分工不分權，這與三權分立、制約平衡的體制不同，也與既不分權，也不分工，立法、行政、司法集於一身的『議行合一』體制有別；其三，整個國家政權機關是以人民代表大會為基礎和核心運轉的，其他國家機關都由人民代表大會產生，其他國家機關都對人民代表大會負責，其他國家機關都受人民代表大會監督，人民代表大會與其他國家機關的關係本質上是決定與執行的關係。」[113] 一言以蔽之，正如有學者所言，全國人大就是中國的主權所在機關，人民主權實際上表現為「人大主權」。[114]事實上，在中國憲法中，只有全國人大才被稱為「國家權力機關」，並享有無限的權力。

　　基於全國人大在國家生活中的「主權者」地位，加之憲法上確立的法律保留制度，全國人大在憲政中的核心地位是不言而喻的。這意味着，在中國，「行政合法性」是實現行政權控制、建立行政與立法之良性關係的切入點；更表明，通過全國人大之立法來實現公民基本權利保障、確立國家權力的基本秩序，當成為公民基本權利保障、步入憲法政治的常態。綜觀當下中國的法治實踐，「依法行政」之命題已經確立，但法律保留還遠未成為考量行政合法性的司法工具，更未能成為細化行政與立法之關係的憲法工具。而對於「全國人大之立法當成為公民基本權利保障的直接和首要工具」這一命題，人們更是存在不

---

113 鄒平學：〈中國代表制度改革的實證研究〉，載茅于軾主編：《公正透明──中國政府體制改革之路》（第3期）（北京：法律出版社，2004）。

114 參見周葉中、江國華：〈主權邏輯與悖論〉，載《中國憲法學研究會2002年年會論文集》。

社會主義憲政研究

少模糊認識。建國以來，在幾個司法解釋中，最高人民法院對憲法在司法中的適用問題採取了迴避態度，這導致了中國人民法院在司法中拒絕適用憲法的事實。當下的理論似乎認為，憲法不能在司法中適用，或者如部分學者所言，憲法不能司法化，是中國憲法適用不暢的癥結所在，齊玉苓案的出現正是突破舊見的好時機。但是，我們認為，憲法的適用不等於憲法的司法適用，更不是憲法的私法適用。憲法作為具有特定調整對象的公法，當然應該對其調整對象具有直接適用性，即約束國家權力機關、特別是立法機關的行為，這種直接適用的制度要求就是違憲審查制度。它可以是普通法院審查模式，也可以是專門機關審查模式，還可以是立法機關自己審查，並無定式，全依賴於一國的政治體制、法律傳統及民眾之憲政意識。中國違憲審查制度的建立，應該考慮的是修憲權與違憲審查權的分離，而不是能否在私法中適用。齊玉苓案並不是憲法適用（違憲審查），而是其例外。這種例外或許可以激發人們對憲法的熱情，但卻不能成為推進中國憲政建設的突破口，[115] 否則它解決的問題比它所引起的問題要多得多，其中之一便是對憲法與普通法律功能和性質的錯誤認識。基於憲法與普通法律間的分工，憲法關於權力規制和公民基本權利保障的規定，必須通過立法機關將之具體化後由行政機關和司法機關來具體實施，以實現公民基本權利的保障，行政機關和司法機關直接實施憲法只是

---

115 參見蔡定劍：〈中國憲法實施的私法化之路〉，《中國社會科學》第2期（2004）。

例外。[116] 因此，只有在全國人大的立法形成公民的具體權利後，公民基本權利才能得到全面的保障。在當下中國憲法私法適用並無成熟之理論認識時，全國人大的積極立法對人權保障更是具有相當特殊的意義，我們不應該將公民基本權利保障的希望寄託在憲法的私法適用上。這是我們認識立法者在中國憲政建設中核心地位時，特別要注意的一點。

全國人大在中國憲政中的核心地位，既立基於中國社會特定的民主觀念，也得益於全國人大與立憲修憲機構在構成上的同質性，更源於憲法對全國人大的特別信任和委託，而後者則構成了全國人大在中國憲政中核心地位的規範表現。這種核心地位在規範層面的表現具有如下特徵：

一是委託事項的廣泛性。現行憲法對全國人大的委託既有基本政治制度的內容，[117] 又有基本經濟制度方面的內容，[118] 還有基本教育

---

116 參見馬嶺：〈孫志剛案的啟示：違憲審查還是違法審查？〉，《國家行政學院學報》第1期（2005）。在德國魏瑪憲法時期，學者間對立法地位──立法是憲法與行政、司法的中介，只有通過立法權行使而制訂的法律，後者才能實施憲法，還是憲法可以直接逾越立法對行政司法和人民發生約束──的問題產生了重大爭論。這一爭論隨着基本法第1條第3項的出現而有新的發展。參見陳新民：《德國公法學基礎理論》（上冊），頁140–147。但是，這一討論只會否定國家權力一元化的論調和主張，立法、行政和司法間的權力和功能分野並不會隨之改變，司法直接適用憲法來裁斷平等公民間的爭議還是例外，有關憲法第三者效力的相關理論爭論體現了這一點。

117 如現行憲法第2條和第31條之規定。在這些規定中，憲法通過「依照法律規定」或者「以法律規定」或者「由法律規定」的用語來表達其對立法者的委託。當然，在憲法文本中，「法律」、「法」等等用語到底該如何理解，是一個須要通過憲法解釋來明確的問題。但我們可以肯定的是，這些用語的外延無論有多緊縮，其肯定包括全國人大及其常委會制訂的基本法律和法律，憲法解釋學的真正意旨在於弄清這些用語的外延，而不在於分析其是否包括全國人大的立法，因而，這些用語即可證成憲法對全國人大的委託。只不過，這些用語的外延愈廣泛，表明憲法委託的主體愈廣泛，由此，確定這些規定之間的效力等級並協調好它們間的效力銜接，是立法中不可忽視的問題。此處所論及的基本上是憲法對全國人大的專門委託。關於憲法文本中「法」、「法律」等等用語基本含義的研究，請參見韓大元、王貴松：〈中國憲法文本中「法律」的涵義〉，《法學》第2期（2005）。

118 如現行憲法第8、9、10、11、15、16、17條之規定。

社會主義憲政研究

制度方面的內容；[119] 既有公民基本權利和義務方面的委託，[120] 更有國家權力方面的委託。[121] 憲法對全國人大的委託，貫穿於整個憲法文本。這種對全國人大的廣泛委託，是全國人大核心地位的體現，也是其作為主權機關的內在要求。

二是委託形式的多樣性。一般而言，憲法對立法者的委託用語，並無固定模式。現行憲法對全國人大的憲法委託就使用了多種規範表達結構，使用得最多的一種結構形式是「依照法律（規定）」，[122] 其次是「由（以）法律規定」的形式，[123] 最後是「在法律規定的範圍內」的形式。[124] 除此之外，還有一種特別的形式，即「除法律規定的特別情況外」，這主要在憲法第125條中使用。憲法採用不同的用語，應當具有不同的規範含義。[125] 就全國人大而言，這些「隨心所欲」的用語，正表明了憲法對其的信任和特別期望。

三是委託意圖十分明顯。現行憲法對全國人大委託了廣泛的事項，這些事項分佈在憲法的「總綱」、「公民基本權利和義務」和「國家機構」三部分，其實質性的內容無非是關於國家權力和公民權利的具體安排。所以，憲法對全國人大全面的委託，其意在於通過全國人大

---

119 如現行憲法第19條之規定。

120 如現行憲法第13、34、40、41、44、56條之規定。

121 如現行憲法第59、72、73、77、78、86、89（第17項）、91、95、97、99、102、104、107、109、111、115、125、126、130、131條之規定。

122 這種表達形式大概有30處，分佈在現行憲法第2、13、16、17、19、34、40、41、44、55、56、71、73、77、89、91、99、102、104、107、109、115、126、131條，憲法修正案第2、8、9、22條。韓大元、王松貴將「依照中華人民共和國法律」也算做此種模式，故認為有31處。參見韓大元、王貴松：〈中國憲法文本中「法律」的涵義〉。

123 這種表達形式大概有11處，分佈在現行憲法第9、10、31、59、78、86、95、97、110、130條。

124 這種表達形式大概有8處，分佈在現行憲法第8、11、16條，憲法修正案第1、6、8、15、16條。

125 對此一問題，擬另撰文探究。

的立法來形成基本的權力和權利秩序。這可以說是依法立法這一憲法命題在當代中國的具體內涵。

通過上述的憲法委託，憲法賦予全國人大各種排他性的權力，與此同時，現行憲法還通過第62條將最重要的權力授予全國人大，並明確規定全國人大享有「應當由最高國家權力機關行使的其他職權」。[126] 全國人大在當下中國憲政建設中的核心地位，自然是不言而喻的。

2. 全國人大現實憲政功能之檢討

上文的研究表明，現行憲法賦予全國人大核心地位，對全國人大寄託甚多，也頗多信任。那麼，全國人大是否忠誠地踐履了憲法的委託而不負憲法的重望呢？我們試從法律保留的雙重內涵的角度來考察之。如上所述，法律保留原則具有豐富的內容，一是確立了憲法與立法之關係，法律保留規範是憲法對立法者的命令，二是確立了立法與其他國家權力行使者的關係，法律保留規範賦予了立法者不為其他權

---

126 現行憲法第62條第15款在確立這一所謂的「兜底」條款時，並未使用「應當由全國人大行使的其他職權」的表述，而是使用「應當由最高國家權力機關行使的其他職權」的用語。個中的區別，當然不可忽視。我們可以發問：最高國家權力機關應當行使的是什麼樣的職權？是最高的權力？是無限的權力？一般而言，最高的權力並不等於無限的權力，而顧名思義，最高國家權力機關行使的當然是最高的權力，但並不能邏輯地推導出其行使的也應當是無限的權力。對於現行的憲法文本，這種追問不無意義。從邏輯的層面而言，最高國家權力機關乃是對全國人大的性質和地位的描述，因此，在規定全國人大的權力時，若使用「應當由全國人大行使的其他職權」的表述，則可謂是空無內涵，而使用「應當由最高國家權力機關行使的其他職權」的表述，則既能滿足邏輯上的要求，更具有特別的憲政意義。質言之，我們可以通過界定「最高國家權力機關」應當行使的權力及其範圍來實現對全國人大權力範圍的限制，以置換「憲法文本對全國人大權力的範圍並無限制」的表象認知。

社會主義憲政研究

力行使者所侵犯的排他性權力。[127] 故而，全國人大對憲法委託的忠誠踐行，一要積極立法，不可不作為；二要守護其專有立法權，而不可聽任其他權力行使者蠶食或鯨吞。客觀而言，在這兩個方面，全國人大之表現可議之處甚多。

自全國人大組成以來，全國人大便被憲法置於立法的中心地位，應當制訂中國社會所必須的法律。不過，全國人大並未能完成這一憲法的重託。據朱景文教授統計，[128] 從1949至2004年，全國人大所制訂的法律和有關問題的決定的數量為830件，國務院制訂的行政法規和規範性文件的數量是3,842件，後者為前者的4.62倍；國務院各部委所制訂的部委規章的數量為48,867件，是全國人大制訂的法律數量的58.87倍；省一級地方人大所制訂的地方法規的數量為76,617件，是全國人大制訂的法律數量的92.30倍；最高人民法院和最高人民檢察院所制訂的司法解釋的數量為3,610件，為全國人大制訂的法律數量的4.35倍。而在現行有效的法律、法規及司法解釋中，法律的數量只有236件，行政法規有3,464件，是前者的14.67倍；部委規章有43,078件，是法律的182.53倍；地方法規有65,049件，是法律的275.63倍；司法解釋有3,299件，是法律的13.97倍。這一局面在改革開始之後呈加劇之勢。改革開放以前（1949至1978年），國務院制訂的行政法規和規範性文件212件；部委規章648件，地方法規119件，司法解釋980件，而全國人體大及其常委會所制訂的法律和有關問題的決定的數量為109件，前四者分別是後者數量的1.94倍、5.94倍、1.09倍和

---

127 這種專屬立法事項範圍的狹廣，全依賴於我們對「法律」這一用語的憲法解釋。目前，這種解釋顯然受制於中國現行憲法確立的國家權力一元化的憲政體制。立法法列舉了應當制訂法律的事項，但顯然其規定並不能代替憲法的委託，事實上，立法法的規定也在一定程度上是對憲法相關規定的具體化。關於德國憲法法院是如何阻止全面保留理論滑入國家權力一元論的基本研究，請參見黃舒：〈法律保留原則在德國法秩序下的意涵與特徵〉。

128 參見朱景文：〈關於立法發展趨勢的幾個問題——一個比較研究〉，《法學雜誌》第6期（2005）。

8.99倍；改革開放以來（1979至2004年），上述比例分別變為5.04倍、67.07倍、106.21倍和3.65倍。隨着時間推移，上述數據有所變化。至2011年8月底，中國現行有效法律240部，行政法規706部，地方性法規8,600多部。上述數據之對比，表明在現實生活中主要調整公民生活和國家權力運作的並不是全國人大的立法，而是一些並未獲得憲法委託的權力主體所制訂的低位階法規範。朱教授指出，這一組數據正好體現了立法的發展趨勢。從立法之實際看，這組數據恰好印證了西方國家立法實際情況所反映出來的立法發展趨勢，即「行政立法、地方立法、非法典化和立法的大眾化正成為與議會立法、法典化和立法的專業化相互制約的傾向」。[129] 但西方國家之立法發展變化具有特定的憲政基礎：一是建立在憲法（或判例）對立法權力進行分配並獲得實效力的基礎之上，二是建立了強有力的違憲審查制度，三是已經制訂了維持社會秩序的基本法律，形成了一個體系化的法律體系，四是建立了授權立法的嚴格程序，五是建立了立法的聽證程序。而這些，在中國憲法文本和現實生活中是不完善或者說是缺失的。因此，我們認為，這組數據真正揭示的也許是中國憲政文本建立的立法體制與現實立法權之運作存在的反差，也證明，全國人大並未能全面忠實地履行憲法規定的立法義務。

除了未能積極立法，建立結構完整的法秩序，全國人大亦未能守護住憲法中法律保留規範賦予其的專屬立法事項。由於全國人大立法緩慢，大量社會事務和國家事務多由行政機關的行政性規範、[130] 地方立法機關的地方性法規（或其他的規定）、甚至司法機關的司法解

---

129 朱景文：〈關於立法發展趨勢的幾個問題——一個比較研究〉。

130 行政機關制訂的這些規範，並不都具有法的內涵，並被接納為中國法體系的組成部分。其中行政法規、行政規章及這些制訂主體的相關行政解釋，被認可為「法律」，但一些級別較低的主體制訂的行政規範性文件，被排除法律範圍之外的。當然，對於這一問題的研究當捨棄單純理論研究的路徑，必須全面考察中國的實踐，方可得出讓人信服的結論。

釋來調整。而即使是全國人大已經制訂了法律的事項，上述規範也可謂是明目張膽地侵犯全國人大的專屬立法權。試以廣東省土地使用權轉讓案為例。[131] 現行憲法第10條規定，「國家為了公共利益的需要，可以依照法律規定對土地徵收或者徵用並給予補償。任何組織或者個人不得侵佔、買賣或者以其他形式非法轉讓土地。土地使用權可以依照法律的規定轉讓。」如果將此處的「法律」解釋為全國人大制訂的基本法律和法律，那麼，土地使用權的轉讓方式和程序只能由全國人大以法律的方式加以規定。在現實生活中，中國土地使用權的轉讓也一直是依照《中華人民共和國土地管理法》（下稱土地管理法）的規定進行。這部法律規定，農村集體經濟組織的土地使用權須先經政府徵用後方可轉為非農用途。2004年10月28日，國務院下發了《關於深化改革、嚴格土地管理的決定》（國發[2004] 28號）的文件，明確規定：「在符合規劃的前提下，村莊、集鎮、建制鎮中的農民集體所有建設用地使用權可以依法流轉。」這與土地管理法中「農民集體所有的土地使用權不得出讓、轉讓或者出租用於非農業建設」的規定明顯相悖。但更為嚴重的是，在此政策的鼓勵下，廣東省在全國第一個直接以地方政府規章的法規範形式規定農村集體建設用地可以直接進入市場交易。這一規定顯然與土地管理法的相關規定相抵觸，但它卻毫無阻礙地在2005年10月1日生效實施。

這一局面的出現，從表面上看，是法律體系內部的不和諧，但其實質卻是全國人大的排他性立法權受到侵犯，而全國人大對此行為聽

---

131 關於此案的全面研究，請參見汪進元、符健敏：〈集體土地入市的憲法思考——從《廣東省集體建設用地使用權流轉管理辦法談起》，載中國法學會憲法學研究會、山東大學法學院編：《中國法學會憲法學研究會2005年年會論文集》。

之任之，則是不忠誠履行憲法委託的表現。全國人大固然要積極立法來實現憲法對其的委託，但實現憲法的委託並不僅僅是積極立法，還應當阻止其他權力行使者對其立法的違反，特別是以制訂成文規範的方式來違背立法者的意志。為了保證憲法委託的效力，現行憲法和法律也設置了審查制度來保證立法的委託能得到實現。現行憲法第67條第7項和第8項規定，全國人大常委會可以「撤銷國務院制訂的同憲法、法律相抵觸的行政法規、決定和命令；撤銷省、自治區、直轄市國家權力機關制訂的同憲法、法律和行政法規相抵觸的地方性法規和決議。」立法法第五章更是詳細地規定了對於不同位階法規範進行審查的主體和程序。儘管相關制度和法律安排存在一些缺陷，但並非不能用來糾正低位階權力行使者對全國人大立法權的侵犯。全國人大未能守護住自己的專有立法權，原因極為複雜，但一個客觀的事實是，全國人大並未能全面忠實地履行憲法的委託，發揮其為人所期待的憲政功能。

3. 全國人大核心地位之營造

儘管全國人大在中國憲政體制中居於核心地位，但憲法規範所確立的理想圖景並未能轉化為現實中立法對人權的強有力保障和權力秩序的強力構建。在文本上極為強勢的全國人大，在現實政治生活中實際上是相當孱弱的。個中原因，極為複雜，如與全國人大自身對憲法委託基本內涵認識不足、民主正當性不強、組織結構建設不合理不無關聯。要改變全國人大在憲政建設中消極反應，必須重塑全國人大的民主正當性，完善全國人大的組織和結構。

社會主義憲政研究

3.1 民主正當性的重塑

在中國，全國人大的代表由下一級人大選舉產生，[132] 其他國家機關由全國人大代表選舉產生。[133] 儘管從人民到全國人大再到中央政府，其間有一條不曾間斷的「正當性鏈條」，但顯然全國人大比中央政府更靠近人民，因而具有最強的民主正當性。不過，即使是具有最強民主正當性的全國人大，其民主正當性基礎也是十分薄弱的。一方面，全國人大的代表由間接選舉產生，而選舉其代表的下級人大代表也是間接選舉產生，這無疑在全國人大與人民間製造了多重阻隔。另一方面，無論是全國人大的代表名額分配，還是地方各級人大的代表名額分配，都主要按照農村每一代表所代表人口數四倍於城市每一代表所代表人口數的原則分配。這一代表分配原則，使代表農民利益的代表在全國人大中居於少數，但農民人口又居中國總人口的絕大多數。這種比例的失調，極大地削弱了全國人大表達民主意志的能力。[134] 除此之外，現行憲法將諸多重要事項交由全國人大常委會來決定，全國人大常委會成為實際的立法者，而常委會的成員由全國人大從代表中選舉產生，僅有一百餘名。[135] 就民主正當性基礎而論，全國人大常委會與國務院的常務會議和全體會議並無太大差別。按現行憲法第89條規定，國務院可以制訂行政法規。在行政法規制訂過程中，行政法規草案由國務院常務會議或國務院審議，而國務院總理、副總理、國務委員、各部部長、各委員會主任、審計長和秘書長

---

132 《中華人民共和國全國人民代表大會和地方各級人民代表大會選舉法》第2條規定：「全國人民代表大會的代表，省、自治區、直轄市、設區的市、自治州的人民代表大會的代表，由下一級人民代表大會選舉」。

133 憲法第3條規定：「國家行政機關、審判機關、檢察機關都由人民代表大會產生，對它負責，受它監督。」

134 黨的十七大報告明確建議實行城鄉同比例選舉。

135 參見韓大之：〈論全國人民代表大會之憲法地位〉，《法學評說》第6期（2013）。

皆由全國人大決定，並且多是全國人大的代表。因此，他們組成的國務院常務會議或國務院會議，與全國人大常委會具有很大的相似性：二者都是由全國人大選舉產生，具有相同的民主正當性。一言以蔽之，全國人大並不比國務院的常務會議和全體會議具有更堅實的民主正當性。

　　上述種種制度設計的缺陷，使全國人大作為代議機關只具有形式上的意義，事實上缺乏堅實的民主正當性基礎，不能準確和完整地表達人民的意志。這無疑與憲法所確立的法律保留制度是不相符的，也造成了現實生活中立法不被尊重的嚴重後果。[136] 如果在「正當性」的鏈條上，國務院和全國人大常委會不相上下，全國人大及其常委會甚至都不如省一級人大（常委會）和人民政府更靠近人民，那麼單從民主正當性的維度而言，我們就沒有理由阻止國務院之行政立法對法律的違反，也不能簡單地一概否定地方性法規和地方政府規章對法律的背離。然而，法制統一正是法治國家的基本要求，縱容下位法對上位法的違反，就是拋棄憲法所確立的法治、民主和法位階原則。因此，在憲政國家建設的過程中，我們只能、而且必須改革全國人大代表的選舉方式和分配原則，擴大直接選舉的範圍，直至直選全部代表，以強化全國人大的民主正當性基礎，提升法律的正當性，[137] 最終實現法律在國家政治和社會生活中的支配地位。

136　如全國人大制訂的立法法規定限制人身自由的強制措施和處罰只能由法律規定，但立法法通過後，以前一些與之相抵觸的法律法規如有關勞動教養規定並未就此終老。另外，2005年5月17日，廣東省人民政府制訂了《廣東省集體建設用地使用權流轉管理辦法》，則與《中華人民共和國土地管理法》相抵觸。當然，正如下文所分析的那樣，我們不能簡單地否定廣東省人民政府制訂的這個規章。

137　實現全國人大代表直選和會期延展，必將涉及全國人大常委會的存廢問題。從世界各國的民主實踐來看，像中國這樣，由一個100多人組成的機構代表13億人進行決策，實屬少見。

社會主義憲政研究

3.2 組織與結構的完善

民主不僅要求將立法權賦予具有最強民主正當性的機構來行使，更要求這一機構有能力完成實現民主意志的重任，即其制度設置應使之具備實現民主意志的能力。這意味着民主對代議機構的人員組成和運行機制有特別的要求。全國人大的代表構成和運行機制，與民主主義的這一要求並不相符，這表現在如下方面：[138] 一是代表非職業化或職業化程度低。[139] 中國人大代表專職化程度相當低，各級人大的代表專職化不到5%，非職業化的代表佔整個代表的95%左右。這些非職業化代表數額龐大，國家既沒有為之提供必備的工作經費和條件，他們自己也沒有充分的時間在本職工作外履行其作為代表的職責，而全國人大短暫的會期更是使他們不可能審慎思考並慎重地作出決策。二是代表構成的不合理。[140] 當前，人大代表年齡結構不合理，常委會組成人員的年齡結構偏向老齡化；人員結構不合理，比較多地考慮將其他黨政機關到齡幹部轉崗到人大常委會工作；代表專業結構和知識結構也不合理，常委會組成人員中經濟學、法學、管理學等方面的專門人才所佔比例過低，難以適應工作的需要……代表結構的不合理，使得全國人大代表在對重大問題因知識缺陷無法決

---

138 參見鄒平學：〈中國代表制度改革的實證研究〉，茅于軾主編：《公正透明——中國政府體制改革之路》（第3期）。

139 一些兼職代表的參政經驗表明，在現行體制下，專職代表由於受到職位升遷、待遇等等方面的限制，未敢真實地表達民意，倒是一些兼職代表，由於無此壓力，亦無生計之憂，反能更積極健全地表達民意。這些代表的參政經驗似乎證偽了這一建議，但我們認為，這些表象只能表明在當下，全國人大和地方人大的結構建設存在何等嚴重的問題，人大制度改革將會是政治系統改革中的一部分，沒有政治體制的全面改革，人大制度的單項改革是不可能達致如期目標的。

140 參見趙曉力：〈論全國人大代表的構成〉，《中外法學》第5期（2012年）。

策，實際上處於缺位狀態或被動的地位。[141] 三是會期設置不合理。
在中國，全國人大每年舉行會議一次，每次僅有曲指可數的幾天，
全國人大常委會一般每年舉行6次會議，每兩個月舉行一次，每次4
天左右，二者會議天數全年加在一起也不到40天。在如此短暫的時
間內，代表要對人民委託的重要事項作出決定，是相當困難的。現行
憲法和法律對全國人大的制度安排，使全國人大不能快速、準確和充
分地反映民意，不具備形成民主意志的必備效率。失去強大的民意表
達能力和效率，全國人大便只有被「虛置」的命運。要改變全國人大
的這一地位，只有改革全國人大的組織、結構和代表構成，使其具備
發揮職能的基本條件。

---

141 如九屆全國人大常委會第二十九次會議分組審議證券投資基金法草案過程中，其中一見個小
組只有一個法律專家發表了自己的意見，其他委員沒有提出任何看法。參見尹中卿等：〈如
何完善全國人大常委會委員的構成？〉，載《學習時報》2003年5月12日。

CHAPTER
第十一章

當代中國憲政建設的基本要求：
依法行政

社會主義憲政研究

　　法治是關於規則至上的理論體系，當憲法獲得實效力時，法治主義便演變為憲政主義，法治構成了憲政的基礎，憲政決定了法治的樣式、品格和水位。法治既是理論的邏輯體系，又是歷史的實踐，還是特定價值的表徵。在法治的邏輯體系中，規則獲得了至上至尊的地位；在法治的歷史實踐中，法治之法只能是體現人民意志的法律，法治營造了人民／國會優於並控制君王／行政權的國家權力格局；法治之法中，憲法是人民自己直接表達的意志，法律是人民之代表代為表達的人民的意志，二者的差別，正是法治上升為憲政，以及「憲政乃是對立法的規制」這一命題誕生和實踐的契入點，也為法治注入了憲政主義的價值內涵，這是法治的價值維度。以上三者共同構築了「依法行政乃法治憲政之低度準則」的憲法命題。作為憲政基本要求的依法行政，不但建構了立法與行政權的憲政秩序，也表達了規制和保障行政權之運行以促成人權現實的憲政價值。在新中國憲政建設的過程中，行政權歷來一枝獨大，承擔着國家治理的重擔，行使着未能受到憲法和法律規制的巨大權力，也造成了行政權侵犯公民權利、不受制約的或真或假的表象。針對此一局面，學界多有關注，在法治方略載入憲法之際，理論界更多地在法治的框架中來探討行政法治與法治之關聯，凝煉出「依法行政是法治之核心、關鍵」的命題。[1]但總體上講，在二十多年的憲法學理論研究中，依法行政被包裹在違憲審查這

1　參見應松年：〈依法治國的關鍵是依法行政〉，《法學》第11期（1996）；黃學賢：〈「依法治國和依法行政」學術研討會綜述〉，《政治與法律》第6期（1998）。該綜述表明，「依法行政是依法治國的核心和關鍵」，已經成為基本共識。

一主題研究之中，隱而不顯。在當代中國憲政建設的過程中，重新發現「依法行政」這一命題的法治理論基礎、基本含義和具體要求，實在是對中國憲政建設基礎問題的反芻，而這種反芻並非不必要。本文試圖通過探討法治的基本內涵，揭示依法行政在法治憲政建設中的基礎性而非核心地位，進而明晰當代中國憲政建設的基本任務。

一、法治主義的邏輯與歷史

當亞里士多德寫下「法治應包含兩層意義：已成立的法律獲得普遍的服從，而大家所服從的法律又應該本身是制訂得良好的法律」[2]的至理名言時，他實際上也為法治研究的不同研究路徑留下了源頭活水。在時下的憲政理論研究中，一種試圖將法治簡約化的研究，將法治化約為「嚴格按照法律規定的統治」，[3]以突顯規則之治的法治內涵，而不在意法律的品格。另外一部分學者的研究則與這一將法治簡約化的努力大異其趣。他們為「依何法而治」的命題所吸引，並將法治之法限定為「良法」，將憲治之憲限定為「良憲」，進而從良法和良憲的文化底蘊、價值基礎、權利保障、權力構造、程序控制和結構功能諸方面，探討了良法良憲誕生的條件和標準。[4]後者對何謂良法良憲的追問，首先發現：法治之法乃是表達人民意志之法。兩種極為不同的研究預設和路徑，是規範實證主義研究和憲法哲學研究之歧異所致，也是當下中國憲法學研究方法多樣化趨勢在同一主題上的體現。

2　參見［古希臘］亞里士多德（Aristotle）著，吳壽彭譯：《政治學》（北京：商務印書館，1965），頁199。

3　張千帆：《憲法學導論》（北京：法律出版社，2004），頁6。

4　參見李龍主編：《良法論》（武漢：武漢大學出版社，2001）；汪進元：《良憲論》（濟南：山東人民出版社，2005）。

社會主義憲政研究

值得慶賀的是，二者一從法治的理論邏輯着手建構規範體系，另一則從法治的歷史實踐尋求靈感進行哲理思辨，珠聯璧合，共同編繪了一幅豐滿的法治之圖。

1. 法治的邏輯內涵

「人類社會的生活及其政治法律理論的一個核心問題是，當政府、統治者、執政者成為必需，其合法性、正當性問題也就突顯出來。即為什麼政權和政治權威必須是合法的、正當的？怎樣才能保證它們是合法的、正當的？這種合法性、正當性的標準是什麼？」[5] 如果說，在歷史的長河中，權力正當性和合法性的源泉多種多樣，一些人可能因為功勛卓著而成為權力的擁有者，一些人也可能因為血統、神授而獲得權力，一些人還可能通過法律的授權而獲得權力，但無論這些權力的正當性基礎何在，它們行使或者服從特定的法律規則，或者拋棄規則的約束。在當下的政治生活中，這一規律則突出地表現為：權力或者源於法律而成為合法的權力，或者缺少法律的授權而成為篡奪的、非法的權力，或者依法律而合法行使，或者違背法律的規定而違法行使。在時空的二維界面上，任何權力都只能二者居一，而不可能同時是被授權的又是篡奪的，是合法行使的又是違法行使的。這種形式邏輯上的「是」與「非是」的對立，決定了人治事實與法治理想間的對立，以及前者對後者的抗拒，也構設了法治的邏輯基礎。[6]

---

5 程燎原、江山：《法治與政治權威》（北京：清華大學出版社，2001），頁17。

6 就治道而言，有學者指出，在文明社會曾存在神治、人治、德治和法治四種治道模式。參見高鴻鈞等：《法治：理念與制度》（北京：中國政法大學出版社，2002），頁94–97。我們認為，從治理社會之權力的合法性基礎和運行依據的標準來區分，在任何一個社會，權力都只能依附於特定的規則（體現神意、道德規勸或者人民意志的規則）或者源於專斷的意志，因此，就治道而言，在特定時刻，都可以歸結為人治或者法治。

質言之，規則或者（在全部或者部分領域）約束權力，或者（在全部或者部分領域）被權力所約束，規則與權力是一對不可調和的矛盾，正是這一矛盾決定了法治方略的存在。這種或者依規則而治，或者依個人意志而治的二擇一遊戲，完全源於規則所具有的常規稟性及作為智慧之積累的理性優勢，與個人意志的不確定性及個人理性有限性之間的對立。柏拉圖認為，人性是貪婪和自私的，由這樣的人行使權力必將導致腐敗，「絕對的權力對行使這種權力和服從這種權力的人，對他們自己和他們的子孫及其後裔，都是不好的；這種企圖無論是以任何方式都是充滿災難的」；因此，每一個城邦都「不應該服從僭主，而應該服從法律的支配」。[7]亞里士多德在論證「法治好於一人之治」時所羅列的理由也揭示了個人在情感和理性方面的各種弱端：第一，任何個人，即使賢明的君主也不例外，都容易受到感情的支配或者說感情用事，而法律則完全不受感情的支配。第二，一人之治在治理中混入了人的獸性因素，它誘使個人之治滑向腐敗和專斷，而法律則是理性的體現，能夠克服人性的這一弱端。第三，一人之治會因個人的原因而出現不公正，實行差別原則，而法律則會一視同仁。第四，一人之治的弊端還在於個人的智慧是有限的，而法治則是智慧的集合體，[8]以一己之力應對變化無窮的社會事務，難以產生良治的結局。由此可知，立足於特定邏輯基礎之上的法治，其表層誘因是規則與個人意志或者說規則與權力的衝突，其深層動力則是理性的有限性和人的終極缺陷。

---

7 轉引自王人博、程燎原：《法治論》（濟南：山東人民出版社，1989），頁7。

8 英國百科全書式的思想家哈耶克特別強調了自由的法律所具有的凝集知識、智慧的功能及其在社會治理中的獨特優勢。參見哈氏的系列著作，如《通往奴役之路》、《哈耶克論文集》、《自由秩序原理》、《立法、法律與自由》。

社會主義憲政研究

　　立基於法律與權力的尖銳矛盾，法治的邏輯內涵也得以明確。法
治與人治相區分的關鍵，不在於國家治理是否需要人發揮功用，是否
需要法律發揮功效，而在於，當法律的權威與人的權威發生衝突時，
何者居於屈從的地位。當法律的權威臣服於個人的權威時，便是人
治，當個人的意志和權威臣服於法律的權威時，便是法治。法治的理
論邏輯即是：規則至上，規則是評判權力（來源和行使）合法性的最
終根據和標準；規則至上，反對恣意而治正是法治的邏輯內涵。用亞
里士多德的原話説，就是「為政遵循法律，不以私意興作」。[9]

　　法治「規則至上」的邏輯內涵，具有根本性和標誌性，是我們是
否將一種理論和思想納入法治陣營的首要標準，它貫穿於中西方文
化關於法治的理念和實踐的全部內容和過程之中。[10] 在法治思想產生
之前，古希臘經歷了一個君王「瓦納卡」享有漫無邊際的權力，實行
「王者統治」的邁錫尼時代。這是一個權力控制一切，法律在國家治
理中並無統治地位、法律臣服於王者權威的時代。在一場大火毀滅
了以王權和王宮為絕對中心的生活形態後，希臘人迎來了法治觀念
的萌芽時期。其時，希臘七賢「試圖確立一種人類新秩序的基礎，[11]
這個基礎應該以一種適用於所有人的平等法律來代替君主、貴族和
強者的絕對權力。」[12] 換言之，後者試圖確立一種法律權威在絕對權

9　［古希臘］亞里士多德（Aristotle）著，吳壽彭譯：《政治學》，頁166。

10　關於法治思想的論述，參見國內學者的相關研究，如王人博、程燎原：《法治論》（濟南：山
　　東人民出版社，1998）第2版；程燎原、江山：《法治與政治權威》；高鴻鈞等：《法治：理念
　　與制度》；《西方法律思想史》編寫組：《西方法律思想史資料選編》（北京：北京大學出
　　版社，1983），等等。

11　據説，「希臘七賢」是指米利都的泰勒斯、雅典的梭倫、小亞細亞普里埃涅的比阿斯、累斯
　　博斯島的皮塔庫斯、羅得斯島的克勒奧布盧斯、科林斯的佩里安得爾，以及斯巴達的克戎。
　　他們都具有高尚的德行、豐富的生活閱歷和常人不能企及的智慧。參見高鴻鈞等：《法治：
　　理念與制度》，頁68，註釋2。

12　［法］讓·皮埃爾·韋爾南（Vernant, J. P.）著，秦海鷹譯：《希臘思想的起源》（北京：三聯書
　　店，1996），頁11–28。

力之上，以規則來規制權力的新秩序，從而為法律之治迎來了黎明時期，也為此後希臘的法治之旅奠定了基礎。其後的梭倫（Solon）改革在一種要法治不要人治的政治氛圍中展開。梭倫憲政改革的主導精神則是「人民服從治理的人，而治理的人服從法律」，[13] 實際上就是權力行使者（執政者）要服從法律的安排。對梭倫的憲政改革，法國古希臘研究專家韋爾南（Jean-Pierre Vernant）評價道：「梭倫所完成的一切，都是以共同體的名義並借助法律的力量完成的，他把強制性和正義性結合在一起。權力之神克拉托斯（Kratos）和暴力之神庇亞（Bia）是宙斯的兩個幫凶，以前他們一刻也不離開宙斯的王位，因為他們體現了聖王權力所包含的絕對性、非理性和不可抵抗性；現在他們卻為法律服務，變成法律的奴僕，因為法律已經替代國王在城邦的中心執政了。」[14] 梭倫奠定的雅典民主政制，經過政治家克利斯提尼（Cleisthenes）和伯里克利（Pericles）領導的政治改革而得以最終確立，這是人類「歷史上首次出現的法的政府，而非人的政府」。[15] 這種尊重法律、踐行法治、服從規則的治理之道，也得到了思想家的倡導和擁護，如「七賢」之一的皮塔庫斯（Pittakos）就主張「人治不如法治」，[16] 赫拉克利特（Heraclitus）倡導「人民應當為法律而戰鬥，就像為自己的城垣而戰鬥一樣」。[17] 這樣一種法治思想也為兩位大思想家柏拉圖和亞里士多德所繼承。柏拉圖開始主張哲學王之治的人治思想，曾試圖在西西里的敍古拉古城建立理想國家，但卻宣告失敗，自己也因之遭受不幸，被賣為奴隸。現實的慘痛經歷使柏拉圖（Plato）最終轉向了

13　轉引自〔美〕威爾・杜蘭（Durant, W.）著，幼獅文化公司譯：《世界文明史・希臘的生活》（上卷）（北京：東方出版社，1999），頁153。

14　〔法〕讓・皮埃爾・韋爾南（Vernant, J. P.）著，秦海鷹譯：《希臘思想的起源》，頁73–74。

15　〔美〕威爾・杜蘭著，幼獅文化公司譯：《世界文明史・希臘的生活》（上卷），頁343。

16　〔古希臘〕亞里士多德（Aristotle）著，吳壽彭譯：《政治學》，頁142，註釋1。

17　周輔成編：《西方倫理學名著選輯》（上卷）（北京：商務印書館，1964），頁12。

對法治的訴求。在《法律篇》中，柏拉圖認為法治國是第二等好的國家，法律是「第二等好國家」的統治者。他甚至認為，一個國家的法律如果在官吏之上，而這些官吏服從法律，這個國家就會獲得諸神的保佑和賜神；反之，國家的法律若是處於從屬，沒有權威，則國家一定會覆滅。[18] 當然，柏拉圖對自己所嚮往的「第一等好國家」即哲學王之治的國家念念不忘，並未能實現人治向法治的根本性轉變。[19] 他生活在理想國與法治國的鬥爭之中。這恰是亞里士多德法治思想建立的突破口。亞里士多德一開始就接受了《法律篇》中的如下觀點，即「在任何好的國家裏，最高統治者必然是法律而不是任何個人，且不論此人是誰」。[20] 在此基礎之上，亞氏還充分探討了法治的基本內涵、法治對於人治的優越性及良法問題。羅馬人更精於法治實踐，但我們還是可以在西塞羅（Marcus Tullius Cicero）的著作中了解到當時人們的法治思想，他的一句至理名言是：「我們是法律的僕人，以便我們可以獲得自由」。[21] 毋庸置疑，古希臘人和古羅馬人對法治理論和實踐作出了有益的探索，前者從理論上揭示了法治規則至上的邏輯內涵，後者則在這一內涵的指導之下建立了依法辦事、服從法律治理的治道模式。英國憲政思想家維爾就此總結道：「古典思想的最大貢獻在於它強調了法治，強調了法律對統治者的至高無上。它強調必須要有明確的法律規則，這些確立的規則將統管國家的生活，使國家生活穩定並保證對『同等人實行正義』。……這種對法律、對確立的規則之

---

18 參見《西方法律思想史》編寫組編：《西方法律思想史資料選編》，頁25。

19 參見高鴻鈞等：《法治：理念與制度》，頁69；程燎原、江山著：《法治與政治權威》，頁35。

20 轉引自〔美〕喬治‧霍蘭‧薩拜因（Sabine, G. H.）著，盛葵陽、崔妙因譯：《政治學說史》（上冊）（北京：商務印書館，1986），頁125。

21 同上註，頁214。

重要性的強調是古希臘人思想的精髓，因為他們深深信服對國家應當如何運行的方式作出恰當安排的重要性。」[22] 古典思想中關於法治的思想並未隨着時間的流逝而消失，雖然人們關於中世紀是否存在法治理念還存在爭論，[23] 但法學家和教會學者是主張法治的。英國法律家勃拉克頓（Henry de Bracton）將普通法至上的法治觀念表述為：「國王本人不應該受制於任何人，但他卻應受制於上帝和法律，因為法造就了國王。因此，就讓國王將法所賜於他的東西 —— 統治和權力 —— 再歸還給法，因為在由意志而不是法行使統治的地方沒有國王。」[24] 柯克（Edward Coke）與國王的爭論使普通法至上的法治觀念更加明朗，通過重複勃拉克頓這句名言，柯克強化了英國「法的統治」的基礎。普通法至上，即「既然法院執行法律而且所執行的是理性之法，那麼，它就不僅僅約束一切私人和政府官員，也對真正的王權本身加以約束」的法治原則遂成為英國法治思想的核心。[25] 教會學者的法治主張隨着教會統治勢力的穩固產生了廣泛的影響。在中世紀的西歐，教會學者發展了利用法律限制統治者權力的學說。[26] 越過漫長的中世紀歷史後，法治思想在近代史以來的政治鬥爭和各項改革中得到全面的宣揚，並通過革命形式以摧枯拉朽之勢將「王在法上」、「朕即國家，

---

22 ［英］M・J・C・維爾（Vile, M. J. C.）著，蘇力譯：《憲政與分權》（北京：三聯書店，1997），頁22。

23 美國學者伯爾曼主張中世紀的西歐存在法治理念，並堅持「中世紀法治理念」的提法。參見［美］伯爾曼（Berman, H.）著，賀衛方等譯：《法律與革命——西方法律傳統的形成》（北京：中國大百科全書出版社，1993），頁359。

24 轉引［美］愛德華・S・考文（Corwin, E. S.）、強世功譯：《美國憲法的「高級法」背景》（北京：三聯書店，1996），頁21。

25 ［美］羅科斯・龐德（Pound, R.）著，唐前宏等譯：《普通法的精神》（北京：法律出版社，2001），頁51。

26 參見高鴻鈞等：《法治：理念與制度》，頁77。

朕意即法律」的封建腐朽勢力和觀念拋進歷史的垃圾堆中，最終在英國、法國、德國和美國確立了法律至上的法治共和國。[27]

以上對西方歷史中法治思想的簡單梳理，揭示了西方歷史上關於法治的理念和實踐首要表達的並且具有基石地位的，不是其他問題，而是法律與權力之相互關係問題，即人類社會治理應當摒棄個人之治，實行規則之治。1959年在印度德里召開的國際法學家大會所通過的《法治宣言》，就明確地將規則至上作為法治概念背後的基礎性的理想，這份宣言指出：「法治概念背後隱含兩種理想。首先，它意味着不考慮法律的內容，全部國家權力應來源於法律並依法行使。」[28] 值得一提的是，這種強調規則至上的形式法治概念，在中國文化中並不缺少。王人博教授和陳弘毅教授分別撰文指出，中國古代法家的法治理論為我們提供了一個「最低限度」或者說「形式的、淺度的」法治概念。[29]

法治思想史和實踐歷程業已表明，規則至上和規則統治，作為法治的邏輯內涵，具有絕對性，它是法治區別於人治的基石。當它作為一項原則被運作於政治生活之中時，必然要求任何接納法治模式的國家都率直地宣佈：任何人都不可違背法律的意志。而世界上宣稱服膺於法治方略的國家，無不在憲法中宣佈法律的至上性。如美國憲法第6條規定：「本憲法和依本憲法所制訂的合眾國法律，以及根據合眾國的權力已締結或將締結的一切條約，都是全國最高的法律；每個州的法官都應受

---

27 關於這一時期思想家（洛克、盧梭、孟德斯鳩、潘恩等等）法治理論的梳理和各國法治制度實踐的特徵，論述頗多，此處不再贅述。較為詳細的研究可參見程燎原、江山：《法治與政治權威》，上篇第四章以下。

28 轉引自Geoffrey de Q. Walker, *The Rule of Law: Foundation of Constitutional Democracy* (Melbourne: Melbourne University Press, 1988), pp. 6–7.

29 參見王人博：〈一個最低限度的法治概念——對中國法家思想的現代闡釋〉，載汪漢卿等主編：《繼承與創新——中國法律史學會的世紀回顧與展望》（北京：法律出版社，2001）；陳弘毅：〈法家思想傳統的現代反思〉，載中南財經政法大學法律史研究所編：《中西法律傳統》（第2卷）（北京：中國政法大學出版社，2001）。

其約束，即使是州的憲法和法律中有與之相抵觸的內容。上述參議員和眾議員，各州州議會議員，以及合眾國和各州所有行政和司法官員，應宣誓或做代誓宣言擁護本憲法；但決不得以宗教信仰作為擔任合眾國屬下任何官職或公職的必要資格。」德國基本法第20條第3款規定：「立法權應服從憲法秩序；行政和司法權應受法律和正義的制約。」中國現行憲法在序言中明確宣告：「本憲法……規定了國家的根本制度和根本任務，是國家的根本大法，具有最高的法律地位。全國各族人民、一切國家機關和武裝力量、各政黨和各社會團體、各企業事業單位組織，都必須以憲法為根本的活動準則，並且負有維護憲法尊嚴、保證憲法實施的職責。」第5條規定：「中華人民共和國實行依法治國，建設社會主義法治國家。國家維護社會主義法律的統一和尊嚴。一切法律、行政法規和地方性法規都不得同憲法相抵觸。一切國家機關和武裝力量、各政黨和各社會團體、各企業事業單位組織都必須遵守憲法和法律。一切違反憲法和法律的行為，必須予以追究。任何組織或者個人都不得有超越憲法和法律的特權。」這些國家的憲法條文做如此的宣誓並在憲法文本中驅逐人治殘餘，正是法治邏輯內涵實證化的結果和必然要求。這些條文不僅在總體上確立了權力服從規則的法治原則，[30] 也明確地指示作為國家權力組成部分的行政權及其行使者當然地應當依照法律之規定行使行政權，其表達的要求，正是本章的主題：依法行政。當然，我們無法從中邏輯地推導出依法行政何以構成當代中國憲政建設的基本要求的命題。事實上，這一命題是在法治的歷史演變中形成的。

---

30 中國現行憲法關於法治、法律至上原則的規範表述與西方國家的憲法有一些細微而意義重大的區別。一般說來，西方國家的憲法多強調公權力對憲法和法律的服從，而中國現行憲法則較多地提及了公民和一些私法上的社會組織。這種區別可能直接反映了中西關於憲法基本屬性（公法或是其他）的認識分歧。

社會主義憲政研究

2. 法治的歷史維度

　　法治作為一種社會和國家治理的基本模式，既具有理論的邏輯，即法治作為法治而區別於人治的本質屬性，又是歷史上的一種具體實踐，還是特定價值的表徵。因此，我們對法治的研究就至少應當從三個維度入手：一是從法治的邏輯維度來揭示法治的本質所在，二是從法治的歷史維度來揭示法治的具體形態，三是從法治的價值追求來揭示法治的基本價值取向。上文的研究顯示，無論是法治思想還是法治實踐，都揭示了規則至上作為法治邏輯內涵的地位。規則至上作為法治的邏輯內涵，其回答的只是法律與權力孰高孰低的問題，並不涉及法律的品質。換言之，法律之治只意味着已經頒佈的法律得到朝野的共同遵守，而對於法律由誰制訂、由誰公佈、表達誰的意志、體現誰的利益、遵循何等價值法則等問題，這一層面的法治理論一概不問，也一概不予以回答；[31] 它是在對法治實踐進行歷史梳理、對法治價值進行哲理思辨的過程中闡明的。考察法治的歷史演變，不難發現，在法治模式演變的歷史過程中，法治與民主的結盟，最終形成了法治之法乃表達人民意志之法的基本規則。

　　法治具有不同的歷史形態，這些歷史形態所具有的共同特徵，正是法治的邏輯內涵，即規則主導，「依照法律治理社會，管理國家」。[32] 但基於法治實踐的特性，法治與民主間又存在結合與分離兩種基本情況，由此，歷史上的法治實踐又具體表現為民主型法治和非

31　此處將法律具有統治力和法律應當是什麼的問題加以區分，只是為更清晰地揭示法治的兩層含義而作出的一種嘗試，並不表明後者不重要，也不意味着在思想家關於法治的論述中是如此分明地加以區分。事實上，歷史上關於法治的討論都將這些問題糾纏在一起進行論述。本文的這一嘗試，只想表明，在當下的中國，一種具有實效力的違憲審查制度尚未形成之前，對法律正當性之判斷便處於一種無序狀態，此時如果不立足於規則之治去強調法治乃良法之治，不可避免地將使法律的效力受到因人而異的懷疑，反而不利於法治中國的建設。

32　高鴻鈞等：《法治：理念與制度》，頁98。

民主型法治。中國學者高鴻鈞在法治的類型化研究中載入了另外兩個指標（民主和法治價值），更細緻地將法治類型化為非民主型形式法治、非民主型實質法治、民主型形式法治和民主型實質法治四種。[33]其研究也顯示，這些法治類型在西方和中國的古代都曾經出現過，如非民主型法治在中國秦朝、古羅馬帝國時期和英國的中世紀都曾出現；非民主型實質法治並無完整的純粹類型，它只是作為非民主型形式法治的輔助形式出現在古羅馬帝國時期和英國的中世紀；民主型形式法治早在古羅馬共和時期就出現了，西方中世紀亦曾實行民主的法治，當然，其典型例證則是現代西方資本主義自由競爭時期的法治；民主型實質法治最早出現在古希臘雅典時期，並在古羅馬共和時期為矯正形式法治之弊端而產生，在現代西方國家，實質法治作為對早期法律形式主義導向的民主形式法治的補救，也正在興起。

這一研究至少揭示了如下幾點：第一，邏輯上統一的法治理論與特定時空結合，定會出現多樣化的法治模式，這是法治情境化的結果。這種情境化為具體模式的法治，在價值上並無優劣良莠之分，只存在制度構設上的適當與否。就此而言，無論是古代中國的法治，還是當下西方的法治，都有其灼目之處，這首先在於它為我們提供了一個情境化法治的樣本，從而擊破了法治宿命論和絕對主義的盲信和極端主義。第二，法治與民主並不存在本質上的關聯，法治不是民主，民主也不是法治，二者間存在根本的區別。[34]民主是「誰來統治」的理論，法治是「如何統治」的學說。民主始終對「人民（多數）的統治地位」情有獨鍾，而對多數該如何來統治則反映冷淡。可以說，民主是在確保多數之治的前提下來思考其他的問題。激進的民主主義者對

---

33 同上註，頁97–120。

34 關於民主與法治的分離與契合，請參見秦前紅、葉海波：〈論民主與法治的分離與契合〉，《法制與社會發展》第1期（2005）。

社會主義憲政研究

多數之治的堅持十分頑固，他們甚至認為，多數的統治與多數具有絕
對的決定權和無限的權力是同義的。民主會形成專制統治的結局，即
「多數人的暴政」（托克維爾語）或「多人的專制主義」（孟德斯鳩語），
多數人的暴政不但是可能的，而且是現實的。[35] 民主放任「多數人的
暴政」，而法治則試圖堵塞任何暴政的發生，斬斷絕對統治的理論源
泉。概而言之，民主挖空心思維護多數的權力，甚至將之絕對化，法
治則竭盡所能為權力這匹野馬套上籠頭。「誰來統治」與「如何統治」
之間從來就沒有也不可能獲得邏輯上的互證。在二者的爭論中，法制
或者成為暴政的幫凶，或者具有法治的品格。第三，法治與民主之間
雖無必然的關聯，但自近代以來，民主與法治始終糾纏在一起。當法
治成為全球性的治理之道時，它便深深地烙上了民主的印記，民主型
的法治是時代的主流和發展方向，民主是法治在近現代的特徵和基
礎，許多人也傾向於對二者不做區分並分析其各自的實質性含義。[36]
這一點具有特別的意義，它邏輯地將依法行政置於法治的概念體系之
中，同時建立了立法優越並控制行政權的法治體系。在強調法律至上
的前提之下，民主型法治主要意味着行政權服從人民代表制訂之法律
的規制，它特別地要求行政權服從法律，依法行政構成了民主型法治
的基本要求。可以說，正是法治在歷史上的這一根本性轉向，才確立
了依法行政在法治和憲政國家中的基礎性地位。我們可以從邏輯和歷

---

35 即便在現代民主國家，民主中「多數人的暴政」問題並未完全消除，而是以另一種面目出
現。這即是哈耶克所講的「無限民主」，它致使立法和行政的混合，形成新的無限權力。參
見［英］哈耶克（Hayek, F. A.）著、鄧正來選編／譯：〈政治思想中的語言混淆〉，《哈耶克論文
集》（北京：首都經濟貿易大學出版社，2001）。

36 在2004年吉林大學法理學研究中心和湘潭大學法學院舉辦的「法治、憲政與人權」研討會
上，當作者以「民主與法治的分離與契合」為題作主題報告時，評議人便指出，民主與法治
不可分離。在中國學者對人治與法治的討論中，也充滿了這樣的觀點。參見《法治與人治問
題討論集》編輯組編：《法治與人治問題討論集》（北京：社會科學文獻出版社，2003）。我
們認為，在近現代以來，民主與法治的結合的確是一個不容否認的事實，但二者的旨趣存在
根本的區別。

史兩個向度上來考察法治實現這一根本性轉向的內在可能性及其對依
法行政的特別意義。

　　規則至上構成了法治不可替換的邏輯內涵，只要是堅持法律之治
的國家，都是法治國家。但在法治歷史上，法治之法的淵源從來就不
是單一的，在非民主型法治體制下，法律或者主要源於國王，或者主
要來自貴族團體；而在民主型法治體制下，法律則主要源於公民大會
或者人民代表組成的議會。法律的來源不同，自然具有不同的利益表
達。一般說來，非民主法治體制下的法律，主要體現國王和貴族的意
志及利益；而在民主體制下，法律則是人民意志的表達。依現代憲政
的人民主權理念，沒有民主之基的法治只可能是作為統治者的國王、
貴族及其他強勢集團的保護傘，而不是旨在為人謀幸福。因此，法
治也存在好壞之分，並且在此一語境中，法治，並不必然優於人治。
亞里士多德就曾明確地指出：「相應於城邦政體的好壞，法律也有好
壞，或者是合乎正義或者是不合乎正義。」他還認為，那種不合乎正
義的法治並不優於那些完全符合正義的一人之治。所以，亞氏強調
說，他不贊成君主政體而主張法治的那些理由，「並不完全正確」。[37]
正是基於這種認識，亞氏提出一個二層結構的法治概念，即規則統治
與良法統治。這種二元結構既顧及到了法治的普遍性和絕對性，又揭
示了這種普遍意義上的法治可能存在的缺陷。更重要的是，它將法治
與正義加以區分，確立了正義高於法治的地位。我們認為，正是這種
法治與正義的區分，或者說法治之法存在良莠之分，為法治與民主
的結盟提供了可能，並在歷史上成為現實。我們當然無從具體考證這
種結盟的具體年份，但大體而言，它發生在民主理念為世人所宣揚、

37　［古希臘］亞里士多德（Aristotle）著，吳壽彭譯：《政治學》，頁171。

接受並踐行的歷史時期,這大概是在西方近現代革命的時期。[38]這個時期對人理性能力的高揚,對人自我的發現,對人自主價值的強調,都促成了個人自決的社會態勢,而民主則是這種趨勢在政治生活領域的必然要求。這種民主化的社會態勢與三權分立的理論相結合,在反封建的歷史鬥爭中直接促成了人民直接或者委託其代表通過立法機關表達自身的意志和利益訴求;而行政權作為王權勢力所在,必須服從國會法律的控制,依國會制訂之法而行使。這正是本文立論「依法行政乃法治和憲政的基本要求」的內在機理和歷史邏輯。具體言之,在中世紀,封建專斷和權力壟斷是歷史常態,也製造了中世紀的黑暗時期。在文藝復興、啟蒙運動和宗教改革之中,封建勢力成為眾矢之的,剔除封建王權,擊碎權力獨佔格局,構造法治國家演變為近現代革命的基本主題和目標。試以英國為例。

在英國資產階級革命過程中,代表新興勢力的資產階級與貴族聯盟,在和國王為代表的封建勢力進行博弈的過程中,確立了權力分立和議會至上的憲政體制。這一憲政體制的典型特徵即法律之治實質為議會之治,而議會作為民意機關,又是民主理念伸張和實踐的結果。戴雪在對英國憲制進行研究後指出,「巴力門主權」、「法律主治」和「憲典必須依賴憲法乃能責效」是「向來浸淫灌注於英憲中之三條大義」。[39]基於上述巴力門主權和法律主治兩個基本憲法原則,英國行政法產生了「越權無效」原則。[40]英國行政法學家認為,「公共當局不

---

38 托克維爾在19世紀上半葉對美國進行考察後在其名著《論美國的民主》中肯定地說:民主已經是這個時代的潮流,「企圖阻止民主就是違抗上帝的意志」。參見〔法〕托克維爾(Tocqueville, A. D)著,董果良譯:〈緒論〉,《論美國的民主》(北京:商務印書館,1988),頁8。

39 〔英〕戴雪(Dicey, A. V.)著,雷賓南譯:《英憲精義》(北京:中國法制出版社,2001),頁112。

40 參見王名揚:《英國行政法》(北京:中國政法大學出版社,1987),頁14。

應越權，這一簡單的命題可以恰當地稱之為行政法的核心原則」。[41]
巴力門主權、法律主治及行政法中的越權無效原則，共同構築了英國
憲制中立法權與行政權的基本關係。基於法治原則，「凡人民不能無
故受罰，或被法律處分，以致身體或貨財受累」，「除非普通法律曾依
普通法律手續，證明此人實已破壞法律不可」。這意味着，行政權對
公民人身和財產及其他權利的侵犯，必須根據法律作出。換言之，在
政府中，無一人或數人「能運用極武斷、又極強奪的強制權力」。[42] 在
英國憲制之下，行政權必須服從法律的控制，普通法院可以基於法律
而對行政權進行司法審查，凡超越法律者將會導致無效的法律結果。
根據巴力門主權原則，議會享有不可挑戰的至上權力，除了行政權
要服從議會、法律的控制外，普通法院也必須服從議會立法，不能對
議會制訂的法律進行司法審查。[43] 因此，越權無效原則具有另外一層
含義，即通過議會的立法，行政權與司法權之間也存在一個權力的界
限。質言之，當行政權是依議會立法而行使時，普通法院必須尊重這
一權力行為。在這裏，行政權與司法權間看似存在一個對抗，即當行
政權依法行使時，它排除司法審查，但這一對抗的有效性在於行政權
服從議會立法。

　　以上對英國法治歷程的簡短回顧，揭示了法治所要求的規則之治
如何發展成為議會法律之治和人民意志之治；也證明，在人民控制立
法權，通過立法表達自己意志的民主時代，人民與封建絕對王權的
鬥爭實際演化為是否要實行法治模式，國王控制的行政權是否要服從
人民控制的議會立法。這個時期的法治，基於人民與封建勢力爭奪統

41　﹝英﹞威廉•韋德（Wade, W.）著，徐炳等譯：《行政法》（北京：中國大百科全書出版社，1997年
　　版，頁43。

42　﹝英﹞戴雪（Dicey, A. V.）著，雷賓南譯：《英憲精義》，頁232。

43　在英國1998年制訂《人權法》後，議會的這一特殊憲政地位有所撼動。參見何海波：〈沒有
　　憲法的違憲審查——英國的故事〉，《中國社會科學》第2期（2005）。

社會主義憲政研究

治權這一特定情景，具體化為行政權依法行使。[44] 所以，奧托·邁耶說，「法治國就是經過理性規範的行政法國家」。[45] 當然，依法行政何以成為法治和憲政建設的基本要求，除了上文論及的理據——法治的邏輯內涵要求所有的權力都服從法律調控，包括行政權，這是依法行政的邏輯基礎。法治之法在近現代的權力鬥爭中演變為民主之法，這是依法行政的歷史基礎外，還立基於法治向憲政發展的歷史趨勢。當法治在近代史上主要表現為依法行政時，立法權受憲法調控並沒有成為法治關注的焦點，立法者享有主權也是近代的政治事實。但在現代國家，立法權接受憲法的規制成為基本的原則。此時，在法治的體系中，依憲法立法並建立具有實效力的違憲審查機制，成為在依法行政之後的又一時代內涵。依法行政在法治和憲政中的基礎性地位，也正是基於這種比較而獲得，也因為「依憲法保障基本權利」理念的出現和實證化而更加牢固。

二、「依法行政」的原旨與新意

法治的歷史實踐和時代變遷，決定了行政權必須臣服於立法機關制訂的法律，也決定了依法行政乃是法治的低度要求。在人民／國會立法與君王／行政權對抗和角力、國家與社會二分情勢下產生的行政合法性原則和依法行政要求，與行政權規制具有同一內涵，在率先確

---

44 在〈當代中國憲政建設的前提：依法立政〉一章中，關於法律保留和立法在憲政中特殊地位的論述，也從一個側面證實了在法治理念中行政權從屬法律的地位及依法行政作為法治基本要求的事實。另外，如果我們有興趣考察一下德國法治建設的歷程，也就能更好地理解依法行政何以是法治和憲政的基本要求這一命題了。

45 參見〔德〕奧托·邁耶（Mayer, O.）著，劉飛譯：《德國行政法》（北京：商務印書館，2002），頁60。

立法治模式的英美國家，控權論也成為其行政法的理論基礎，[46] 並產生了深遠的影響。[47] 這可以理解為對依法行政原旨意義的某種程度的回歸。在政治領導系統中封建勢力已經基本退出歷史舞台，國會和行政機構同具一定民主正當性的當代，國家與社會形成一定的契合，行政權與立法權早已由對抗走向合作，[48] 依法行政這一命題自然地在控制行政權的基礎上生發出保證行政權有效行使的內涵。

1. 依法行政的原旨：控制行政權

在現代民族國家形成的過程中，國家權力功能性的分化為立法、行政和司法三權。這一過程同是國家與社會相分離，君王與市民角力，立法權與行政權相對立的過程，在這一過程中，民主價值得到實踐，法治方略最終確立，行政權被立法機關制訂的法律所鉗制。基於規則控制權力的普遍性法治原則和市民革命中權力制約、民主自治理論對王權神授和王權絕對論調的壓倒性勝利，依法行政成為行政權行使的基本原則。毋庸置疑，在此等政治勢力相互角力的時代確立的依法行政原則，自然是將對行政權的控制作為首要宗旨。美國學者梅里亞姆（Charles Edward Merriam）在《美國政治思想》一書中深刻地論述了這一問題。他說：「行政領導在民主掙脫君主制桎梏的時候是被當做眼中釘的，強有力的行政管理最初被當做君主制的一部分而怕得要

---

46 參見〔英〕威廉・韋德（Wade, W.）著，徐炳等譯：《行政法》，頁5。

47 在平衡論成為中國影響甚大的理論學説後，有學者基於對「平衡論」的一種完善，又提出所謂「控權一平衡論」參見郭潤生、宋功德：〈控權－平衡論——兼論現代行政法的歷史使命〉，《中國法學》第6期（1997）。

48 參見黃舒：〈法律保留原則在德國法秩序下的意涵與特徵〉，《中原財經法學》（台灣）第13期（2004）；許宗力：〈論法律保留原則〉，載許宗力：《法與國家權力》（台北：月旦出版社，1993）。

命，後來又被懷疑為貴族制度的一部分。」⁴⁹可以說，原旨主義意義上的依法行政就是控制行政權。這種原旨主義的依法行政可以從學者關於行政法、行政法院和自由裁量權的爭論中窺見一斑。

戴雪是首先批評和排斥行政法、行政法院和自由裁量權的學者。依戴氏之研究，作為英憲基本原理的法律主治共含有三個指意：「第一指意解作國法的至尊，適與武斷權力相違反。四境之內，大凡一切獨裁、特權，以至寬大的裁奪威權，均被摒除。英吉利人民受法律治理，惟獨受法律治理。一人犯法，此人即被法律懲戒；但除法律之外，再無別物可將此人治罪。第二指意解作人民在法律前之平等。換言之，四境之內，大凡一切階級均受命於普通法律，而普通法律復在普通法院執行。當法律主治用在此項指意時，凡一切意思之含有官吏可不受治於普通法律及普通法院者皆被摒除。……第三指意表示一個公式，用之以解證一件法律事實。這件法律事實是：凡憲章所有規則，在外國中，皆構成憲法條文的各部分；而在英格蘭中，不但不是個人權利的淵源，而且只是由法院規定與執行個人權利後所產生之效果。……然則憲法在英國中只是普通法律運行於四境內所生結果。」⁵⁰戴氏關於英憲中法律主治原理的總結，揭示了英國憲政中一個值得注意的現象，即在英憲之下，法治與普通法院密不可分。其中構成後來普通法國家的一個標誌，即是一個統一的普通法院系統根據普遍的國家法律來處理一切訴爭，而不論各種訴爭在主體方面有何等的不同，這正是戴氏所珍視的「人人在法律面前平等」的原

---

49 參見〔美〕梅里亞姆（Merriam, C. E.）著，朱曾汶譯：《美國政治思想》（北京：商務印書館，1984），頁84。

50 〔英〕戴雪（Dicey, A. V.）著，雷賓南譯：《英憲精義》（北京：中國法制出版社，2001），頁244–245。

則。[51] 戴氏如此強調這一點，其意在於表明，只有通過中立於行政的法院系統，人民的自由和財產權方能獲得保障，行政權方能獲得根本性的控制。所以，他說：「在英格蘭中無一物可符合法國所謂『行政法』（droit administratif）或『平民院』（tribunaux administratifs）。誠以行政法有立於法律背後者一個觀念，這個觀念是：凡事涉政府，或案關公家僕役，應由具有多少官家性質的機關處理，惟其如是，英格蘭的法律對於此項意思蓋未嘗前聞；他的傳統思想與風俗與此項意思絕端反對。」[52] 對於法國行政法，戴氏雖然也承認它具有優點，即「國務院當被用如一所行政法院時，嘗用盡全力，費盡心機，以造成對於濫用威權的種種救濟方法。只就這一點觀察，行政法院誠遠勝於尋常法院；任一公法學者均不應忽略」，但他還是堅持認為，法國行政法「與早經確立於英國的人人在法律前是平等的觀念顯然反對（其實，這點反對性質在 19 世紀時尤顯）」，[53] 法國式行政法院制度與英國法律主治的憲政精神和基本國情不符，並反對這一能夠有效控制行政權的憲政制度。[54] 而對於自由裁量權，戴雪尤為警惕。在他看來，法治與專制權力是對立的，而自由裁量權就是專制的權力，基於其法律主治的理念，他對自由裁量權的反對自然極為激烈。他反覆強調，法治意味着作為專制權力對立面的議會法律具有絕對至上性、專斷、特權，甚至政府部門廣泛的裁量權力都是與法治相對立的。

歷史的發展讓戴氏對法國行政法、行政法院的拒斥及對自由裁量權的批評成為短見，並將戴氏連同他的批判之辭一同送上被人批判的台柱。戴雪將政府的專斷（arbitrary）與廣泛的裁量（wide discretionary）

51　有學者認為英國確立了一種通過法院來保障人權的體制，與大陸法系的德國確立的通過國會來保障人權的體制很不相同。參見黃舒芃：〈法律保留原則在德國法秩序下的意涵與特徵〉。

52　〔英〕戴雪（Dicey, A. V.）著，雷賓南譯：《英憲精義》，頁245。

53　同上註，頁362。

54　參見張彩鳳：《英國法治研究》（北京：中國人民公安大學出版社，2001），頁140。

社會主義憲政研究

等量齊觀，並把「廣泛裁量」和專制時代蹂躪人權的專斷等量齊觀，引起了學者的猛烈抨擊。[55] 如英國著名憲法學家詹寧斯就指出，「公共機構的確擁有廣泛的自由裁量權」，但「專斷」並不等於「廣泛的自由裁量權」，自由裁量權是現代社會發展的需要，與歷史中產生並為社會所需的法治並不衝突。[56] 另一位英國著名的行政法大師威廉・韋德也毫不客氣地指出，「過去，人民通常認為，廣泛的自由裁量權與法不相容，這是傳統的憲法原則。但是這種武斷的觀點在今天是不能接受的，確實它也並不含有什麼道理。法治所要求的並不是消除廣泛的自由裁量權，而是法律應當能夠控制它的行使」。[57] 而對於戴氏排斥行政法院的做法，哈耶克則提出了批評。他認為，「對於此後的大多數德國行政法專家來講，獨立的行政法院體系的創建，實乃建設法治國的登峰造極之成就，亦即法治的明確實現」，而戴雪對德國法治圖景的描述，阻礙或延緩了那些能將新的官僚機構置於有效控制之下的制度的發展。[58] 一時，戴氏及其理論有淪為「人為刀俎，我為魚肉」境地之勢，眾多學者一面在欣賞並繼承戴氏關於英憲之實證研究的精妙和其法治思想時，一面又惋惜這一憲法大家對19世紀後半期社會變遷的失察。戴氏對行政法、行政法院及自由裁量權的拒斥和批判，相對於行政法和行政法院的迅猛發展及其特別的憲政價值、學者對行政法、行政法院和自由裁量的賞與讚，無疑形成了巨大的反差。這種反差的意義，不在於它可能抬高或貶抑某一方，而在於它真切地揭示了如下這一點：在近現代市民國家從中世紀以來的封建王權絕對

55　參見陳新民：〈國家的法治主義〉，《法治研究》（杭州：杭州大學出版社，1999）。

56　參見［英］詹寧斯（Jennings, I.）著，龔祥瑞等譯：《法與憲法》（北京：三聯書店，1997），頁38。

57　［英］威廉・韋德（Wade, W.）著，徐炳等譯：《行政法》，頁55。

58　參見［英］哈耶克（Hayek, F. A.）著，鄧正來譯：《自由秩序原理》（上）（北京：三聯書店，1997），頁255。

統治的堅地破土而出、法治方略擊退人治傳統而成為民族國家主治模式之初及其後，人們對權力專斷和權力恣意行使是何其恐懼，對行政權進行法律控制的希望是何其急切，行政權的法律規制又是何其嚴格。質言之，站在歷史的前端，全景式地俯瞰關於行政法、行政法院和自由裁量權的歷史爭論，我們從這場爭論中應首先獲得的啟示是：嚴格控制行政權是依法行政的原初性目標。

作為依法行政的基礎性目標，控制行政權貫穿於行政法的全部領域，並具體化為一個個的基本原則。[59] 在英國，基於法律主治和自然正義的憲政傳統，借助理論界和司法實務界的共同努力，形成了英國行政法上的三項基本原則 —— 越權無效原則、合理性原則和程序公正原則。在法國，基於法治國的理論，行政法治和行政均衡構成了其行政法上的基本原則。而在德國，法律保留、比例原則和信賴保護原則是行政法基本原則的主要內容。在美國，公民基本權利理念和正當法律程序的傳統直接影響和促成了其行政法的基本原則。而在中國行政法學界，行政合法性原則和行政合理性原則被視為行政法的主要原則。[60] 分析上述各國行政法上的基本原則，不難發現，它們主要應對這樣兩個現實問題：一是對於法律授予的行政權，行政主體是否依法行政，由此產生了行政法治的原則（在各國的具體表現不同），這一原則的基本目標是通過明確的立法控制行政權的運行；二是對於行政主體擁有的行政自由裁量權，如何進行有效的控制，由此產生了合理性原則、均衡原則、比例原則等基本原則。可以說，行政法基本原則是

---

59 此處關於行政法基本原則的論述主要參考了周佑勇教授的相關研究，特別是其博士論文：《行政法基本原則研究》（武漢：武漢大學出版社，2005）。

60 當然，行政法學界對於行政法基本原則的研究總有新的成果，有些行政法教科書也對傳統行政法基本原則進行了創新，引進了法律保留、合理性原則、程序正當原則和比例原則，還提到了效率原則。但總體而言，關於行政法基本原則研究的著作並不多，上述周佑勇教授的博士論文是較為新近的研究成果。

為達至控制行政權這一目標而產生的一些手段性原則，特別是在司法審查過程中，法院也正是通過這些原則考量行政權的行使合法與否，以確保行政權之行使符合基本的憲政價值。總之，控制行政權與依法行政具有同質的含義，它不僅是法治方略在特定歷史時期的表徵，也具體化為特定的原則和制度，並成為全球共識。[61]

2. 依法行政的新意：保障行政權的有效性

基於對封建專斷權力的恐懼，法治國家一般對行政權的濫用設置了嚴格的法律限制。這種基於特定歷史背景和憲政主義的設防的觀念，為近現代社會在某種程度上消除權力專斷之禍立下了汗馬功勞。但對於行政權的規制並非不存在錯誤的認識。前述戴雪關於自由裁量權的批判是一個顯例。歷史的發展從來是置各種社會和政治理論於不顧的。在19世紀末20世紀初，西方社會進入「行政國家」的時代，[62]夜警國家理念被拋棄了，取而代之的是福利國家的觀念。福利國家的觀念影響了憲法的權利的類型，一種被稱為社會權的權利被納入憲法基本權利的體系之中，在行政領域，大量的給付行政行為出現。總之，現代社會早已進入這樣一個時期，即人民的生活質量和權利享有狀況在很大程度上依憑行政權的行使。[63]在這樣一種情境下，作為法治基本要求的依法行政，就不再僅將重心置於行政權的限制這一主題上了。換言之，依法行政生發出新的含義：保障行政權的有效性。這

61　1959年印度德里召開的國際法學家大會通過的《法治宣言》在論及行政權時，認為立法要在控制行政權的基礎上保證行政權的有效行使。這種表述方式本身反映了這種全球性的共識。參見梁治平：《法辨——中國法的過去、現在和未來》（貴陽：貴州人民出版社，1992），頁220。

62　參見［英］威廉‧韋德（Wade, W.）著，徐炳等譯：《行政法》，頁54。

63　參見［日］鹽野宏著，楊建順譯：《行政法》（北京：法律出版社，1999），頁55。

是現代法治中的一個新課題。這一課題至少具有如下正反二方面的含義：

一是在負的向度上，它意味着當公民和社會秩序之維護需要行政權出現時，法律不能阻止行政權的行使而使之事實上處於缺位的狀態。這一點可以從美國聯邦最高法院的一則判決中得到確證。[64] 該案發生在 2001 年 7 月 23 日凌晨。猶他州布里格姆市警方收到有人聚會聲音太吵的投訴後，派出四名警察趕到被投訴的私人住宅查看。警察清楚地看見屋子裏有人正在打架並導致一位成年人鼻出血。見到此狀，傑夫・約翰遜（Jeff Johnson）警官在未獲得搜查證的情況下決定進入住宅加以制止。之後，警察以促使未成年人犯罪、擾亂治安、醉酒等多項指控將屋內幾名成年人逮捕。但是，被告對警察在沒有得到同意的情況下擅自闖入他們的住宅表示憤怒，並到猶他州的法庭起訴了布里格姆市政府，理由是警察的行為違反了聯邦憲法第四條修正案。該修正案規定，人民的人身、住宅、文件和財產不受無理搜查和扣押的權利不得侵犯。根據這一規定，執法人員必須持有搜查證才能對公民的住宅及財產等進行搜查。這條修正案和憲法其它修正案一樣，都是為了保障普通公民的權利不受政府權力的侵犯。猶他州的初審法院、上訴法院及最高法院都作出了不利於警察的判決，認為布里格姆警察沒有合理的理由闖入被告的住宅。但是，布里格姆市政府不服，繼續將案件上訴到了美國聯邦最高法院。2006 年 4 月，美國聯邦最高法院就上述案子舉行聽審。這個案子提出的問題是，根據美國憲法第四條修正案的規定，這個案子所涉及的緊急情況是否嚴重到警察必須進入私人住宅制止打鬥的程度。換句話說，法庭要判斷哪些情況屬緊急情況，以致警察不持搜查證就能進入私人住宅搜查。被告方律師在法庭

---

64 關於本案例的內容介紹主要來自：〈美國聯邦最高法院近日判決允許警察在遇緊急情況時不持搜查證進入私人住宅〉，載《中國憲政網》，http://www.calaw.cn/article/default.asp?id=3822

上稱，警方的行為沒有法律依據。首先，根據當時美國的法律，布里格姆市警察進入私人住宅是不恰當的。只有在有生命危險和提供緊急救護的緊急情況時，警察才可以不持搜查證進入私人住宅。即使在這兩種緊急情況下，也還要分析警察進入私人住宅的動機。猶他州布里格姆市政府一方提出，警察進入私人住宅有合理的理由，因為在當時的情況下，警察如果不當機立斷，就構成玩忽職守。在本案中代表市政府的猶他州首席檢察官助理傑夫·格雷（Jeff Gray）承認，通常情況下，警察必須有法官頒佈的搜查令，才能進入私人住宅搜查。但是，如果警方有合理的理由，那麼他們就不須要持搜查證。在出現緊急情況，得到搜查證又不太現實的情況下，警察無需搜查證就可以進入私人住宅搜查。如果他們可以證明自己沒有足夠的時間申請搜查證，他們就不須要持搜查證搜查。他們事後只須說明在當時的情況進入私人住宅搜查有合理的理由就可以了。2006年5月22日，美國聯邦最高法院九名大法官作出一致判決說，猶他州布里格姆市的警察目睹私人住宅發生的鬥毆之後，在沒有搜查證的情況下進入私人住宅的做法是恰當的。聯邦最高法院首席大法官羅伯茨在判決書中指出，在當時的情況下，警察進入私人住宅明顯是合情合理的。他說，從客觀上看，這幾名警察有合理的理由相信廚房裏發生的暴力行為剛剛開始，而受傷的成年人也需要治療。羅伯茨首席大法官還指出，憲法第四條修正案中沒有任何規定要求警察必須等到某人被打得完全或部分失去知覺，或者等到事情進一步惡化時才能進入私人住宅。他說，警察的職責不僅僅是給傷員提供緊急救護，它還包括避免暴力發生及維護治安。警察不是拳擊或曲棍球裁判，只有等到一方的行為太過分時才出面加以制止。警方表示，聯邦最高法院的判決更有利於警察的執法工作。根據該判決，警察在緊急情況下能夠及時制止暴力，保護人們不受傷害，使他們不會在自己的家中被攻擊、被打傷，甚至被打死。這個判決使警察在遇到暴力情況時，在這些悲劇事件發生之前，就能夠及時

加以制止。但該判決也引起一些民權組織的擔憂，因為這可能會導致
警察隨意進入私人住宅搜查。

　　通過上述案件中控辯雙方的言辭，我們可以深刻地體會到西方憲
政傳統中為權力設防的理念，以及這一理念在社會中根深蒂固的地
位。在自由主義憲政理念盛行之時，依自由主義憲政的理念，「政府
應給予人民最大的自由，盡量給予人民最少的干涉，政府不患少有作
為，而患太大作為，否則會導致人民自由權利的侵害」，所以夜警國
家的治理模式頗得自由主義的歡心。但聯邦最高法院最近的判決表達
了一個新的信息，對權力濫用的防範並不等於時時刻刻都要對權力進
行五花大綁，使之無所作為。權力為保護人權而存在，對權力的限制
不可使權力失去保護人權的能力和機會。質言之，對權力的限制以
權力的有效行使為限度。應該說，這一新的觀念在20世紀初即已出
現。在一戰後民生凋敝之時，政府已經突破傳統的權力制約觀念，積
極地行使權力創造人生存所必要的社會和經濟生活條件。這當然引起
了古典自由主義者的恐慌，但在經濟停滯倒退、人民生活水平下降的
社會困境面前，凱恩斯的經濟干預主義到底得到了眾多國家執政當局
的青睞。這一新觀念也得到了1959年印度德里召開的國際法學家大
會通過的《法治宣言》的認同，這一綜合數十個國家的法學研究機構
和全球75,000名法學家意見的宣言明確指出，「法治原則不僅要對制止
行政權的濫用提供法律保障，而且要使政府能有效地維護法律秩序，
藉以保證人們具有充分的社會和經濟生活條件」。[65]

　　二是在正的向度上，它意味着立法與行政權之間關係的調整。如
所周知，在立憲主義確立的初始年代，立法與行政之間的關係極為緊
張，通過立法機關之立法控制行政權是一個普遍的憲政經驗，此時的

65　轉引自梁治平：《法辨——中國法的過去、現在和未來》（北京：中國政法大學出版社，
　　2002），頁235。

法律保留原則具有更為狹窄的含義，即將特定事項之決定權交由立法機關行使，而沒有立法者的許可，行政權是不得干預這些事項的。所以，奧托·邁耶説，法律保留之立法只會擴展行政權干預的領域，而不是限制行政權之行使。質言之，議會獨佔立法權是立憲主義國家的基本形態。如法國1946年憲法第13條明確規定，「國民議會單獨有權立法，該項權力不得委託代行」。但是，這一議會獨佔立法權的時代早已逝去。同樣以法國為例，1958年戴高樂憲法規定，「政府為執行其施政綱領，可以要求議會授權自己在一定期限內以法令的方式採取通常屬法律範圍內的措施」。更值得注意的是，這部憲法不僅明確規定了政府的授權立法，而且通過第34條對議會立法的全面列舉和第37條將剩餘立法授予行政機關的方式，確立了行政機關完全的立法權。這樣的憲政改革，確立了行政立法在國家法源中的重要地位。在普通法系的美國，授權立法的正當性是通過一場憲政危機的化解而獲得的。眾所周知，在1930年代，美國羅斯福政府與最高法院曾經就授權立法問題進行了激烈的抗爭，聯邦最高法院宣佈羅斯福政府的一系列經濟調控法案違憲，羅斯福（Franklin D. Roosevelt）總統則提出「填塞法院計劃」進行反擊，試圖通過增加六名新法官來改變法院的力量對比以改變法院對新政的態度。這一憲政危機以國會否決總統之提議、法院大大放寬對政府經濟調控權的限制而告終，[66] 而行政授權立法也漸次成為美國法的重要淵源。總之，在當下，法律並不僅是指國會立法，法律保留理論中生發出國會保留、重要性保留、全面保留等不同觀點。「法律保留」的術語也不足以説明立法與行政間的關係，而只能喚起人們關於立法曾經嚴格控制行政權的回憶，全面保留的主張者正是試圖重新回復到這個國會絕對控制立法權的時代。這一表現在法律保留理論上的變化，與憲政實踐中立法變化的一種新趨勢是同一的。

---

66 參見張千帆：《憲法學導論》，頁198–199。

這一趨勢便是議會立法之外的行政立法成為愈來愈重要的法源，直接關涉到公民的日常生活。這一新的立法趨勢，[67]直接催生了依法行政的新內涵，即為了確保社會秩序之維護、創造符合人之尊嚴的經濟社會生活條件、實現權力的有效性，必須將一部分立法權從笨重遲疑的立法機關轉移至反應敏捷的行政機關，而對行政權進行嚴格限制的觀念，也應當與行政權行使的效率觀念和原則進行協調。

依法行政這一新內涵的誕生，當然地引發了一系列的憲法問題。[68]一是關於行政立法的控制問題。授權行政立法涉及兩類法律，其一是授權的國會立法，即授權的法律；其二是被授權的行政機關制訂的法律，即授權機關的法律。對於前者，一般通過對立法機關立法的審查，確定立法者對立法權的授予是否符合社會需要和憲政主義價值。而後者一般是以普通的行政法規或規章的形式出現。在大陸法系國家，這些法律通常是由行政法院進行司法審查，但這些形式與國會立法不同，位階比國會法律低的「法律」，規定的卻是原本應該由國會法律規定的內容，單純依其法的形式特徵而將之置於行政法院審查的範圍，是否能夠保證這些法律對公民基本權利的處置和干預符合人權保障的基本價值，是否符合程序正義的原則，尚是疑問。二是行政立法的民主參與問題。國會基於其組成人員廣泛的代表性，而被視為最具民主正當性的國家機關（或之一），[69]其立法被預設為民意的整合和表達。當國會對行政機關進行授權立法之後，行政立法在民主正當性上自然不如國會的立法，這樣，如何保證行政立法在不失立法之專業化特徵的同時吸納民意，就成為依法行政的重要問題。三是不同學

67　更詳細的研究請參見朱景文：〈關於立法發展趨勢的幾個問題──一個比較研究〉，《法學雜誌》第6期（2005）。

68　參見朱景文：〈關於立法發展趨勢的幾個問題──一個比較研究〉。

69　在總統制國家，總統也具有較強的民主正當性。

科對依法行政理論研究的協作問題。到目前為止，關於依法行政之研究，更多的是由行政法學者來擔當，他們也當然地將之視為行政法的自留地，而憲法學者對於此一問題不是沒有意識到其憲法學科的屬性，就是對之不感興趣。其實，從上文對依法行政之邏輯含義、歷史取向和具體含義的研究，不難發現它是一個綜合性的問題。憲法學者應當從憲政體制下權力分工和分化的角度來看待這一問題，而行政法學者則應當在行政權之合法性的基點上探討依法行政的具體問題。二者分工協作，方能獲得依法行政的全景式認知。

三、當代中國憲政的依法行政建設

如何對立法權與行政權作出界分，確立立憲政府的權力配置模式，構成了依法行政理論的宏觀層面；法律對行政權如何規制與保障，確認行政權與法律的基本關係，則構成依法行政理論的微觀層面。當代中國憲政進程中的依法行政建設，當從這兩個層面入手，既建立立法權與行政權的合理分工協作關係，又確保行政權在法律之內行使，實現權力之間及權力與法律的和諧。

1. 立法與行政權的關係

在「當代中國憲政建設的基本前提：立法法治」一章中，我們集中探討了全國人大在中國憲政體制中的核心地位，並通過對憲法中憲法委託規範的研究證實了這一核心地位。同時，我們也檢討了全國人大在中國憲政建設中的基本功效，指出全國人大並未能全面踏實地履行憲法委託。從立法與行政之關係而言，全國人大作為國家立法機關

在憲政體制中居於核心地位，也就意味着行政對立法的從屬性地位。那麼，在雙方這種立法主導的關係中，行政與立法間的關係到底處於何種狀態呢？換言之，憲法確立的法律保留是重要性保留還是全面保留呢？對於這一問題的回答，必須回歸到現行憲法第89條第1款和立法法第8、9、65條之規定。

中國現行憲法第89條集中規定了國務院的職權，其中第1項是「根據憲法和法律，規定行政措施，制訂行政法規，發佈決定和命令」，第2至17項則規定了國務院在立法、行政機關管理、經濟、教科文衛、國防、至民族自治等等方面的權力，第18條是一個兜底條款。周佑勇教授認為，[70] 其中第1項「根據憲法和法律，規定行政措施，制訂行政法規，發佈決定和命令」的規定，體現了法律優先的原則，具體而言是法律優先的「『根據（法律）』原則」，即國務院要制訂行政法規時，必須有明確的法律依據。根據法律優先的「『根據（法律）』原則」，「『根據』立法必須遵照上位法的目的，嚴格按照上位法的規定來進行，沒有法律的具體依據就不能『創制』，否則，就是於法無據」。[71] 這樣一種觀點，未能正確理解法律保留和法律優先。其實，二者的區別是明顯的。法律優先即不衝突原則，是指「以法律形式出現的國家意志優先於所有以其他形式表達的國家意志；法律只能以法律形式才能廢止，而法律卻能廢止所有與之相衝突的意志表達，或使之根本不起作用」。[72] 這一原則要求行政行為不得與法律相衝突，被稱為消極的依法行政，意指在法律所及之領域，行政權必須服從法律的控制。當然，在法律缺失的領域，行政主體便是「自由」的。[73] 法律

70　參見周佑勇：〈行政法中的法律優先原則研究〉，《中國法學》第3期（2005）。

71　同上註。

72　參見〔德〕奧托•邁耶（Mayer, O.）著，劉飛譯：《德國行政法》，頁70。

73　如在行政給付領域，若無國會立法進行調整，行政主體便可依自己的意志，作出給付行為。

優先原則確立了法律相對於行政的優越性，無條件地適用於所有行政領域。[74] 法律保留，又稱為積極的依法行政原則，指法律是行政權對特定國家事務發生作用的必要基礎，即對於特定範圍內的國家事務，行政權只能獲得法律的授權才能行動。換言之，沒有法律的授權，行政主體不能合法地作出行政行為。德國經典意義上的「無法律，無行政」原則，恰如其分地表達了法律保留的內涵。對於法律優先和法律保留，日本行政法學家鹽野宏的理解是，「法律優先，在司法上是被認為是當然的道理，對行政則特別予以明確的宣告；法律的保留，則指僅限於執行權的活動的一定對象，法律是必要條件」。[75] 由此，我們可以簡單地揭示二者的區別：如果在所有的行政領域中 A 是法律保留的領域，那麼，當在這一領域中存在法律時，行政權便可進入這一領域，如果沒有法律的存在，行政權進入這一領域便「於法無據」。在 A 之外的領域，如果沒有法律的存在，行政主體也是可以行使行政權的，當然前提是憲法或組織法對其進行了總體的授權；如果有法律的存在，行政權便依照法律的規定行使，不能與之抵觸。就法律保留而言，存在的問題是行政權之行使可能「於法無據」，而對於法律優先而言，存在的問題則是行政權的行使可能「與法律相抵觸」，或者說「與法律相違背」。從上面簡單的分析中，我們可以發現，上述學者所謂的「『根據』立法必須遵照上位法的目的，嚴格按照上位法的規定來進行，沒有法律的具體依據就不能『創制』，否則，就是於法無據」，正是法律保留的基本內涵。

另外，上述將憲法第89條第1項之規定視為法律優先的表現和應用的觀點，仍須進一步地研究。憲法第89條對國務院權力的授予實

74　參見〔德〕哈特穆特・毛雷爾（Maurer, H.）著，高家偉譯：《行政法學總論》（北京：法律出版社，2000），頁103。

75　參見〔日〕鹽野宏著，楊建順譯：《行政法》，頁50。

際上使用不同的方式，其中第2至17項是明確列舉各種事項，可以稱為「列舉的權限」；第18項是一個兜底條款，可以稱為「授權的權限」。那麼，第1項與後面第2至18項是何關係呢？如果將之理解為法律優先的體現，則意味着凡是全國人大及其常委會沒有和已經制訂法律的領域，都是國務院的權限範圍。這一推論的結論是：國務院和全國人大一樣享有同樣的、無限的權力。這一結論顯然與立憲意圖相違背。憲法第62、63、67條對全國人大及其常委會的權限進行了明確的列舉，其意圖是按重要性的程度分別對二者進行授權，同時也排除了其他國家機關對這些最重要事項的管轄權。換言之，憲法確立了一個法律保留的範圍。不過，由於憲法對全國人大及其常委會的授權是無限的，因此，這個法律保留的範圍並不明確，但這並不意味着這種保留是不存在的。如果沒有這種保留的範圍，憲法第89條也沒有必要在第18項中規定國務院還可以行使「全國人民代表大會和全國人民代表大會常務委員會授予的其他職權」。由此，我們可以推斷，憲法第89條第1項實際是法律保留原則的規範表達和實踐。[76] 憲法第89條第1項是對國務院的另一種授權，即國務院享有這部分權力的前提是全國人大及其常委會制訂了法律，這種授權可以稱之為「法律保留之立法授予的權限」。質言之，憲法第89條第1項上擴展了國務院的權限，這正印證了奧托·邁耶之說：當法律實踐憲法中法律保留的規定時，這一法律不是對執行權的新的限制，而是正好相反，是對執行權的授權。「因為在此之前，執行權是被排除在這個領域之外的，而現在這個領域對執行權打開了大門，執行權從此也得以以相應的方式在其中活動。……執行權依據法律在本來其被禁止作為的範圍內進行了作為。」[77] 在剖析了憲法第89條第1項之基本意涵後，我們可以確定，

---

76 現行憲法在這一項中使用了「和」而不是「或」這一用語，是意圖明確的。

77 ［德］奧托·邁耶（Mayer, O.）著，劉飛譯：《德國行政法》，頁74–76。

憲法關於立法與行政權之分配遵從的基本原則是：全國人大及其常委會原則上可以就一切重要事項進行管轄，但它只對其中部分事項享有排他性管轄權。這也意味着，憲法第89條第2至17項所明確列舉的事項，國務院對之行使管轄權，只須遵守法律優先的原則。當然，由於中國憲法並沒有列舉全國人大及其常委會保留的事項，因此，憲法對國務院的授權，並非是明明確確的，而有賴於解釋憲法和立法，即國務院的權限只會有縮減的可能。2000年出台、2005年修訂的立法法在某種程度上解決了這一問題，這體現在該法第8條、第9條中。第8條共列舉了10項只能制訂法律的事項，在第11項中還有「必須由全國人民代表大會及其常務委員會制訂法律的其他事項」的表述。這一中國立法的特色，在權力之爭並不激烈時，並無特別的意義。該法第9條規定，「本法第8條規定的事項尚未制訂法律的，全國人民代表大會及其常務委員會有權作出決定，授權國務院可以根據實際需要，對其中的部分事項先制訂行政法規，但是有關犯罪和刑罰、對公民政治權利的剝奪和限制人身自由的強制措施和處罰、司法制度等事項除外。」根據這兩條的規定，我們可以確定國務院的權力範圍，它由三部分組成：憲法第89條第2至18項的「列舉的權限」，但要扣除立法法第8條、第9條規定的事項；憲法第89條第1項的「須通過法律保留之立法授予的權限」，其中已經明確的事項是「有關犯罪與刑罰、對公民政治權利的剝奪和限制人身自由的強制措施和處罰、司法制度等事項」，對這些事項，沒有立法，國務院無權干涉，若有立法，國務院只能根據法律行使權力；至於立法法第8條規定的其他事項，若沒有授權國務院行使管轄權，也屬「須通過法律保留之立法授予的權限」；最後是「授予的權限」，這一權限肯定不包括「有關犯罪和刑罰、對公民政治權利的剝奪和限制人身自由的強制措施和處罰、司法制度等事項」，而只能是立法法第8條中另外的一些事項。不過，可以確定的

是，憲法第89條第1項和第18項對國務院的授權，其範圍正是立法法第8條規定的事項。

上面極盡細緻的分析只想證明：現行憲法關於立法權與行政權的分配，遵從兩個原則，一是全國人大享有無限的權力，具有核心地位，在規範的層面，無其不能管轄的（重要）事項；二是國務院的權限為有限列舉，而在列舉的事項中，還要排除法律保留的事項。質言之，在現行憲法中，立法機關與行政權限是重疊的，二者的區別是立法機關的權限明顯大於行政機關，並且掌控一些排他性的權力。申言之，中國憲法確立的是重要性保留原則，而非全面保留。不過，這一結論似乎為立法法第65條所否定。這一條規定，「國務院根據憲法和法律，制訂行政法規。行政法規可以就下列事項作出規定：（一）為執行法律的規定須要制訂行政法規的事項；（二）憲法第89條規定的國務院行政管理職權的事項。應當由全國人民代表大會及其常務委員會制訂法律的事項，國務院根據全國人民代表大會及其常務委員會的授權決定先制訂的行政法規，經過實踐檢驗，制訂法律的條件成熟時，國務院應當及時提請全國人民代表大會及其常務委員會制訂法律。」在這一條中的「（二）憲法第89條規定的國務院行政管理職權的事項」這一部分內容，似乎表達了全面保留的意思。如前所述，憲法第89條正是通過「根據憲法和法律」的句式來實踐法律保留的原則，而通過立法法對法律保留的範圍進行明確，最終確立了部分重要事項保留的原則。當立法法也使用這一句式，並將其範圍擴展到憲法第89條規定的事項時，就完全顛覆了現行憲法的原意，將國務院原本可以依據憲法行使的一部分權力全部塞進法律保留的範圍。換言之，依現行憲法原意，第89條中第2至17項所指的事項，除了一部分是法律保留的範圍，全都可由國務院根據憲法的授權行使管轄權。而立法法第65條則規定，這些事項，國務院若要行使管轄權，前提是全國人大及其

社會主義憲政研究

常務委員會制訂了法律或者對之進行了授權，而在這些事項之外的，國務院並無管轄權，因為憲法沒有明確授權。這一條確立了一種變了味的全面保留原則。在同一立法中，第8條對法律保留的事項進行了明確列舉，第65條則擴展了法律保留的範圍，更關鍵的是，它完全改變了憲法確立的立法與行政權的基本關係。立法中出現的這種矛盾，提示我們，在對立法權與行政權關係進行立法具體化時，以下幾方面是必須弄清楚的：

第一，立法機關是在通過立法擴張自身的權力，還是對憲法原意的不理解？我們以為，更可能是後者。全國人大作為中國的最高國家權力機關，本身即掌控着最為重要並且無限的權力，因此，完全不必通過這種方式擴展自己的權力；如果它要強化對國務院等行政機關的控制，完全可以通過積極的立法來實現。對於全國人大，如果將國務院的全部權力保留在自己手中，使國務院在無自己的立法或者授權時無法動彈，那也是不明智的。在行政主導的現代國家，需要行政機關享有廣泛的權力來適應迅速變化的社會形勢，此時，過分限制行政機關的權力，只會將自己置於社會衝突的中心。至於立法機關對憲法意圖吃不準，則可以在關於立法草案的說明中看出。如上所述，現行憲法使用了「憲法和法律」的表達，而不是用「憲法或法律」。這說明對於一些特定事項，國務院並不能直接根據憲法進行行政立法，憲法這一條款因而具有法律保留的規範意義，即在法律缺失時，行政立法行為不得作出。至於地方性法規與規章，現行憲法第100條規定，在不同憲法、法律、行政法規相抵觸的前提下，省、自治區的人大及其常委會可以制訂地方性法規。憲法使用了「不……相抵觸」的表述，這表明，對於地方性法規的審查，要遵循上位法優先的原則，而不是法律保留原則。當法律和行政法規沒有制訂時，省、自治區人大及其常委會有權根據憲法來制訂本轄區所需要的地方性法規。現行憲法第90

條規定，國務院部委根據法律和行政法規制訂部門規章。現行憲法在規定規章的立法根據時，並不包括憲法，而且使用的是「和」，這說明這些規章制訂主體在制訂規章時，必須遵守法律保留原則，如果沒有相關的上位法作為依據，就不能制訂規章。綜上所述，憲法的規定表明，行政立法行為也是法律保留的範圍，沒有法律授權，行政立法不應該作出。事實上，這一點可以從2000年《關於〈中華人民共和國立法法（草案）〉的説明》中得到證明。該草案指出，「除草案中規定只能由全國人大及其常委會制訂法律的事項外，對其他事項，尚未制訂法律的，原則上行政法規、地方性法規可以先作規定」。在這裏，草案說明使用了「原則上」這個狀語。為什麼不是直接使用「行政法規、地方性法規可以先作規定」的表述，而要加上一個狀語？這表明「説明」的操刀者其實對相關法定主體是否可以在上位立法缺失時依據憲法制訂行政法規和地方性法規，並不是十分的確定。實際上，依上文中對「和」與「不⋯⋯相抵觸」這兩種不同用語的分析，省、自治區、直轄市的人大及其常委會可以在上位立法缺失時依據憲法來制訂地方性法規，而國務院則不能直接根據憲法制訂行政法規。由此可見，立法機關是因對憲法原意的理解不當而造成這種失誤的，並非權力擴展的結果。事實上，立法法第8條的規定，與其説是確保全國人大的專有立法權，不如說是對全國人大權力的限制。在這個範圍之外的事項，國務院可以依據憲法授權進行管轄。這種立法意圖和模式，顯然是立基於現代社會對行政權之需求的考慮。

第二，如何處理立法法中的矛盾？我們以為，該法第8條明確列舉了法律保留的範圍，而第65條則只能通過解釋和推斷，才可推導出法律保留的範圍，二者間的輕重關係是一目了然的，即法律保留的範圍當以第8條為準。

社會主義憲政研究

　　第三，如何理解立法法第 8 條對立法權與行政權界分的意義？立法法出台後，針對其第 8 條、第 9 條確立的法律保留的批評並不少見。[78]其理由是這一條所列舉的內容既缺少邏輯，又缺少較為重要的憲法權利的內容，對人權保留和行政權的制約並不利。這一批評可謂全面而允當。但如果我們在中國語境下來思考這一問題，答案可能不同。如所周知，由於各種原因，中國的立法機關立法效率和質量並不樂觀，許多社會所需要的法律尚未能及時制訂，因此，一個必然的結論是，在當下，法律保留的範圍愈廣泛，社會發展和權利保障所需而實際上缺失的法律就愈多。因此，窄化法律保留的範圍，將之留待行政機關通過行政法規來彌補社會規則缺失的不足，不能不說是當下的無奈之舉。當然，這一舉動也潛藏着無盡的風險和危險，即行政權可能濫用而侵犯公民的權利。但是，在立法機關之全面改革牽涉憲政體制之筋骨的時候，選擇限制立法機關的權力，擴展行政機關的權力，並建立行政法規審查的制度，當然是次中之優了。立法機關無力制訂全面可行的法律，但卻是有能力對合理的法律進行憧憬並要求行政機關修正行政法規的。在議會主導已經過渡到行政主導的今天，[79] 立法法第 8 條、第 9 條之規定的意義應當得到重新而慎重的評估。

2.　行政合法性的中國語境

　　依法行政作為法治的基本要求，意在通過對行政行為合法性的追問來保障行政權的有效性和合法律性。在長久的憲政實踐中，各國均

78　參見劉連泰：〈評我國《立法法》第八條、第九條關於「法律保留」制度〉，《河南省政法管理幹部學院學報》第 3 期（2003）。

79　參見許崇德、王振民：〈由「議會主導」到「行政主導」──評當代憲法發展的一個趨勢〉，《清華大學學報》（哲學社會科學版）第 3 期（1997）。

形成了一些對行政行為進行審查的基本原則。在中國，這些原則即是行政合法性和合理性原則。行政法學界對這二原則的基本內容進行了比較充分的探討，但不可否認的是，作為評價行政行為的標準，這些原則概括性有餘操作性不足。因此，有學者嘗試用法律優先、法律保留和比例原則等更為具體、直觀和具有可操作性的原則來表達這兩個原則的基本內容。[80]而周佑勇教授則在其博士論文中將行政法的原則總結為行政法定、行政均衡和行政正當三個大原則和九個小原則。[81]這些研究對於促成中國依法行政自然意義重大。我們認為，在當下研究行政法的基本原則，應當強化國情意識。申言之，在當代中國憲法建設這一主題之下的依法行政建設，可能要承擔與西方國家並不相同的使命。下面分別以法律保留原則、比例原則和程序正當原則論之。

起源於德國的法律保留原則，自然是以對行政權進行限制為要旨。它本身具有界分行政權與立法權的功效，但其初衷卻並非如此。在當代中國憲政建設中引入法律保留原則，當然不應當拋棄法律保留的原始功能，即限制行政權。但在當下的中國，立法機關立法遲緩，許多領域都缺少重要的立法，此時，強調法律優先和法律保留原則，並不具有多少實際的意義，對法律保留的研究不妨突出其權力界分的衍生功能。在立法法制訂之前，法律保留的範圍並不確定，從理論上講，這一範圍完全憑由立法機關來確定。這樣，行政機關與立法機關的權力分配就極為模糊。也許，這種模糊的狀況會成為行政機關推脫管理責任的潛在理由。立法法關於法律保留的規定，顯然對於行政權與立法權的分配具有里程碑式的意義。考慮到憲法第89條對國務院的授權極為抽象和廣泛，國務院的管理權限可謂涉及國家和社會生活的方方面面。立法法中關於法律保留的規定，確立了法律保留的範

80　參見應松年主編：《行政法與行政訴訟法學》（北京：法律出版社，2005），第二章。

81　參見周佑勇：《行政法基本原則研究》。

圍，也就確立了行政權行使必須以立法為前提的範圍，可以説，在這些範圍之外，行政權都應當根據社會公共利益之需要而主動地行使。簡單地説，憲法確立了一個權力龐大的政府。這固然是令人擔憂的問題，但這一問題的另一面是行政機關肩負着巨大的憲法和法律責任。當我們關注到法律保留對全國人大及其常委會權力進行限制的意義時，責任政府和行政責任的概念隨之而出。可以説，當下社會中種種違法現象的存在，責任不在立法機關而在行政機關。現行行政訴訟法將目標確定為對行政權的限制及其濫用的救濟，並無不當，但忽視了如何來確保行政權的積極行使。其確立的不作為之訴固然可以促使行政機關在依申請的行政領域積極行使行政權，但對那種行政機關應當依職權進行管理的領域的不作為，卻未能建立有效的監督和救濟制度，這是行政訴訟法修改時應當重點考慮的問題。這一問題的正當性，是通過法律保留的中國式解釋而發現的，即憲法更多地將管理責任課予行政機關，而非立法機關。質言之，我們可以通過法律保留的研究來建立行政責任的憲法基礎和依據。

上文對法律保留的另一番解讀，既揭示了通過諸如公益訴訟的方式來確保行政權的積極行使的憲法依據，也發現了現行憲法之下的行政機關是一個權力極為寬泛的權力行使者。如何來保證其權力行使符合憲法的授權意圖和精神，自然是一個緊迫的問題。事實上，中國的行政機關正在行使極為廣泛的行政權，也呈現給世人形形色色的違法現象。但我們可以發覺，這些違法行為許多無法通過人大的立法來進行衡量。由於一個完備的法律體系尚未建立，對這些行政行為進行合法性審查的願望，總是會因法律的缺失而落空；而這些權力的行使在憲法和組織法上能夠找到依據，又總不能説其「於法無據」。因此，對於這種因為憲法和組織法的抽象授權而產生的廣泛的自由裁量權，只能通過均衡或者比例原則進行限制。換言之，在中國，均衡和比例原則的重要性，可能遠遠勝過行政權法定原則或者説法律優先原則。

這是比例原則或者均衡原則在中國語境下的特色。值得慶幸的是，在「匯豐實業公司訴哈爾濱市規劃局」一案中，法院在判決中引入了比例原則。[82] 殊為可惜的是，對於這一「著名」案例，我們似乎重視不夠，研究也不多。這種局面的出現，恐怕與我們對中國立法現狀、權力配置模式的認識不足不無關聯。

程序正當原則對於行政權濫用的制約功能不言而喻。在中國，如上所述，立法機關作為民主意志的表達和凝集者，由於其自身組織結構和程序安排的原因，並不能及時地表達人民的意志，而現行憲法和立法法又將更多的管理責任置於行政機關的身上。因此，行政機關在作出行政行為時，並不總是根據表達人民意志的法律作出。這一點一經指出，就讓我們意識到一個重大的問題，即人民意志在國家權力行使中某種程度的缺位，而這種缺位在對人大制度作出憲政性的變革之前，是一直存在的。因此，在中國，民主的夢想不應當完全安放在選舉和代議的制度框架之中。質言之，行政法中的程序正當原則，可以建立在民主價值的基礎之上。建立在民主理想之上的行政程序正當原則，其內容應當在公開的基礎上強調參與。這種行政參與，不僅僅局限於行政立法的領域，而要擴展到行政行為作出的過程中。過去，行政法研究對行政立法的民主性原則強調較多，現在對行政上的聽證程序也頗為關注，這些都是強化中國行政程序正當的可喜而有待深入之處。

基於上述的分析，我們認為，中國行政法的基本原則，與西方國家行政法的基本原則是極為不同的。立足於中國的國情，行政法治原則（如職權法定、法律優先和法律保留）作為法治方略在行政領域的貫徹，並不能成為中國行政法的獨特原則，它只是法治原則的另一個版本和重複。當然，由於直到1999年憲法修正案才將法治方略載入憲

---

82 參見胡錦光主編：《行政法著名案例》（北京：中國人民大學出版社，2004），「匯豐實業公司訴哈爾濱市規劃局案」。

社會主義憲政研究

法，法治在國家和社會中的地位是極為脆弱的，行政法合法性原則的
研究，在某種程度上是在宣揚這一基本的憲法原則，不能簡單否定其
意義。但作為獨立學科的行政法，必須根據中國的憲政體制來建立行
政法的體系和原則。具體而言，中國行政法的基本原則應當從行政責
任、行政均衡和程序正當三個方面入手，而這三個原則的理論基礎，
應當是中國憲法已經確立的法治、民主和人權原則。

當代中國憲政建設的根本問題：
政黨法治

社會主義憲政研究

　　在憲政發生史上，政黨與憲法和憲政間存在緊密關聯。在現代國家，政黨在政治生活中扮演着舉足輕重的角色，但其在憲法文本中的地位卻未能與之相匹配。事實上，直到二戰後，德國才率先在憲法中直接規定政黨的相關問題，並隨後制訂了政黨法，而在此前的憲法中，政黨只是被裹括在結社自由這一基本權利的內容之中。[1] 當然，這一西方憲政史上的基本現象卻未出現在二戰後新型民族國家。新型民族國家憲法的誕生，與在國家、民族危亡時挺身救國、塑造新民族國家的特定政黨密不可分。自然，這些政黨也在其領導人民制訂的憲法文本中，濃墨重彩地回顧和安排了自身在歷史和未來國家生活中的地位。這些國家的憲法自產生始就與政黨結下了不解之緣，這些特定的政黨也在這些國家的憲政建設中發揮着決定性的作用。政黨在憲政發展史上並不總是發揮着讓人稱道的影響。眾所周知，臭名昭著的法西斯政黨就將世界拖入戰爭的漩渦，並完全摧毀了德意日等國的憲政秩序。因此，二戰後，德國為首的若干國家在憲法中規定了政黨自由、民主和人權原則，並有多個國家制訂了專門的政黨法，試圖將政黨行為納入憲法和法律調控的範圍，達成政黨法治的圖景，[2] 促成政

1　參見陳新民：《德國公法學基礎理論》（上冊）（濟南：山東人民出版社，2001），頁254–255。

2　對於二戰後出現的通過憲法和法律來規制政黨這一憲法現象，學者們在進行描述時並達成共識，使用」「政治法制（化）」、「政黨法治（化）」等術語，大致描述的是同一憲法現象。此處採用「政黨法治」的用語。

黨與憲政的合力。[3] 在中華民族面臨亡國滅種之際，於上世紀20年代初和第三次國內戰爭前後成立的中國政黨，共同締造了新中國和新中國的憲法，並決定着中國憲政建設的進程。中國共產黨領導人民制訂的新中國憲法，確立了中國憲政的基本類型和理想（社會主義憲政），[4] 是中國憲政建設史上值得特別書寫的一筆，但同時我們也當牢記，由於各種原因，中國憲政建設中斷了多年。在當代中國，政黨的依法執政和政黨立憲，構成中國憲政建設的一個核心議題和中心任務。[5]

一、政黨主治的規範與事實

政黨是結社自由的衍生物，其存在即是憲法人權價值實踐的表徵。政黨亦被作為特別的憲法制度而負載着實現民主價值的重任，[6] 在現實生活中，政黨作為凝集民意的基本機構，是民主價值實現的重要裝置。一般而論，政黨的存在會促進憲政的自由和民主價值。當然，政黨也會對人民的自由和民主構成威脅（阻撓新政黨之成立的制

---

3 《成文憲法的比較研究》一書對世界142部憲法的比較研究顯示，共有10部憲法明確規定了結社自由，略佔7.0%；共有93部憲法涉及政黨的內容，略佔65.5%。參見〔荷〕亨利‧馬爾賽文（Maarseveen, H.）、格爾‧唐（Tang, G.）著，陳雲生譯：《成文憲法的比較研究》（北京：華夏出版社，1987），頁292。

4 關於社會主義憲政這一課題，似乎為中國學人所忽視。學者在探討憲政時，通常並不加上「社會主義」的限定語，也更多地是在西方語境中探討中國憲政的基本問題。這必然遭遇憲政研究的文化困境，並同樣會遭受「五四」時人們無法擺脫的文化情結的折磨。

5 依法執政乃憲政建設的核心，並不是一個普遍性的命題。在西方憲政國家，儘管政黨行為為禍憲政秩序之事曾有發生，但政黨依憲法和法律而行並不是一個需要特別強調的話題。事實上，由於西方政黨多產生於憲法制訂和法治觀念確立之後，故政黨依法行為乃是法治的基本要求之一而被人們視為當然。這與中國的情況是完全不同的。

6 如法蘭西共和國憲法第4條規定：「各政黨和政治團體協助選舉表達意見，它們可以自由地組織並進行活動。它們必須遵守國家主權原則和民主原則。」

社會主義憲政研究

度,是對公民結社自由的否定,政黨的規模化發展會導致黨內寡頭統治的出現),[7]這種威脅在歷史上和當下曾經並且依舊存在。因此,在一般國家,依法執政是憲政秩序的必然要求。不過,與大多數西方憲政國家不同,基於政黨在中國政治生活中的特殊地位(本書將之總結為「政黨主治」),依法執政構成了當代中國憲政建設的核心。[8]

1. 政黨主治的基本含義

所謂政黨主治,是指特定政黨在政治上,以及憲法、法律上獲得既定的領導地位,黨對國家權力架構可以產生決定性、支配性影響,政黨成為建立和運用民主的主要力量。中國社會主義民主的建設目標是實現共產黨的領導、人民當家做主和依法治國的有機結合,中國共產黨作為執政黨在國家、社會生活中的領導地位具有憲法和法律的保證,人民民主必須堅持、接受、服從其領導。當代中國乃是一個由政黨主治的國家。按照學者劉松山的觀點,這種治理方式具有以下特點:[9]第一,表現為一種民主制度對另一種民主制度的嵌入和滲透,即黨內民主的根本制度民主集中制被直接運用於人民民主的政權組織中。[10]第二,表現為一種永久性的執政地位。中國實行中國共產黨一

7　羅伯‧米謝爾斯提出了「寡頭鐵律」。這一理論認為,所有的政黨必然形成寡頭領袖的組織,政黨愈大,這一現象也就愈嚴重,距離民主的理念也就愈遠,黨員對黨內事務就愈無發言權。參見〔法〕羅伯特‧米謝爾斯(Michels, R.)著,任軍鋒等譯:《寡頭統治鐵律——現代民主制度中的政黨社會學》(天津:天津人民出版社,2002)。

8　下文將重點探討政黨主治的基本問題。如果政黨對於憲法的正面價值和負面影響是客觀存在的,而依法執政是應對政黨這一雙刃劍的根本性選擇,那麼在這一邏輯前提下,如果政黨在一國居於核心地位,依法執政就當然的成為該國憲政建設中的核心問題。

9　參見劉松山:〈發展黨內民主是對人民民主最深刻、最有效的領導〉,《檢察風雲》第16期(2005)。

10　見中國現行憲法第3條之規定。

黨執政，由中國共產黨永久性地派出自己的代表到國家機構中執政，行使國家權力。共產黨的執政地位不接受其他政黨的挑戰。依法治國，不僅從制度上、法律上保證人民當家做主，也從制度上、法律上保證黨的執政地位。第三，表現為一種義務性的服從要求，即要求人民群眾及各方面社會力量在人民民主實踐中，要自覺堅持、服從、接受黨的領導。第四，表現為被領導一方對領導一方意志的貫徹落實。依法治國要求人民民主從制度上和法律上貫徹落實黨的基本路線和基本方針，把黨的意志上升為國家意志後規範人民民主的實踐，或者在人民民主實踐中直接貫徹落實黨的意志。第五，表現為一種核心作用的不變性態勢。實行依法治國，要保證黨始終發揮總攬全域、協調各方的領導核心作用。這種核心作用的要點在於：黨在人民民主實踐中處於核心領導地位，總攬全域，協調各方；這種領導地位是「始終的」，永久性的，不得造成領導權的旁落。政黨主治乃是當下中國政治生活中的基本事實。這一事實的存在，既具有特定的歷史、現實背景和理論支撐，又充分地體現於國家生活的方方面面，並決定了當代中國憲政建設的核心任務是如何實現依法執政。

2.　政黨主治的機理

政黨主治成為中國憲法的基本原則和現實政治運行的「原理」，具有多方面的原因。

第一，社會層面的原因。薩托利 (Giovanni Sartori) 認為，「把字面上的民主概念作為有關權力來源和權力之名義權利的理論，也意味着我們對民主形式的希望和要求是，社會優先於國家，『民』優先於『主』。只有當受治者同治者的關係遵循國家服務於公民而不是公民服務於國家，政府為人民存在而不是相反這樣的原則時，才有民主制度

存在。」[11] 這既是關於民主政治的判斷標準，也描繪了民主的理想。不過，「民主」這一字眼卻不僅僅是指理想。「民主的概念注定會產生混亂和歧義」，「民主一詞不但有描述和指謂的功能，它也有規範和勸導的功能，在描述和規定之間難以劃出嚴格的界線」；「民主的理想不能界定民主的現實，反過來說，現實的民主不是，也不可能同理想的民主一樣；民主是從其理想和現實的相互作用中，從應然的推動力和實然的抗拒力的相互作用中產生和形成的。」[12] 民主的理想和民主的現實之間的隔分，為民主政治的建設提供了努力的方向，—— 我們應在民主理想的牽引下來對民主的現實做一持續性的革新，也為我們解釋各國的民主實踐提供了方式 —— 各國民主政治的現狀必決定於其社會的基本現實，其中之一即是，作為政治和社會最高組織形式意義上的民主與公民的質素密切相關。憲政民主雖為當下最優勢的治理制度，也會受制於中國的國情，中國當然不可能一開始就實行民主憲政。因此，由執政黨代為聚集民利、表達民意具有歷史和現實的合理性。同時，中國要步入憲政民主的殿堂，必須棄除社會中實然的抗拒力對民主理想的排斥。這也決定了在中國這樣的後發展國家，一黨執政的模式是政治現代化中的一種可行選擇。落後國家在實行社會變革、推進現代化的進程中，需要相對穩定的社會環境。執政黨透過控制國家中樞可以對社會力量和社會關係進行強而有力的干預和調節，以維護國家的統一、政治和社會的穩定，從而為現代化大業的進程創造有利條件。[13] 尤其是在20世紀80年代中國改革開放的初期，中國的落後、停滯和現代化期求的「共時性」，要求集中盡可能多的政治資源實現

---

11 ［美］薩托利（Sartori, G.）著，馮克利、閻克文譯：《民主新論》（北京：東方出版社，1998），頁38。

12 同上註，頁3–9。

13 參見郭寶平、朱國斌：《探尋憲政之路》（濟南：山東人民出版社，2005），頁7。

「超常規」發展。而在社會發展力量被長期弱化的情勢下，希望中國
社會內部短期間聚集一股自發的變革力量，逐漸、從容地推進現代化
進程斷無可能。於是合理地利用強勢的執政黨政治資源，以外力掣動
社會轉型成當然之理。

第二，政黨主治成為憲法原則的實質合法性在於：近百年中國歷
史和人民的選擇。[14] 馬克思法哲學認為，一個政黨、一個政權、一個
制度的合法性總是與社會必然性和規律性相聯繫，依賴於一定的社會
主客觀條件而存在。它必須遵循社會生產力 —— 生產關係 —— 上層建
築的客觀互動規律；必須服從人民群眾的主體選擇規律。中國共產黨
在中國取得執政黨地位，恰在於她符合這些基本條件。申言之，中國
共產黨的領導地位是靠她基於人民利益的考量，在領導人民長期浴血
奮戰，與各種反對勢力進行艱苦卓絕的革命鬥爭實踐中自然形成的，
而決不是從天上掉下來的，更不是自封的。中國共產黨在上世紀 70
年代所主導的經濟改革取得了世人矚目的績效更強化了她的執政地
位，進一步提高了它的社會認同度。[15] 這種社會轉型和變革是自 19
世紀以來整個中國深刻變革的一部分，其突顯的合法性問題也是具有
典型意義的中國問題，而執政黨不斷創造的理論符號及不斷調整的政
策，都在延續這一政黨主治模式的歷史合法性。

第三，政黨主治成為中國憲法原則是憲法本身規範性的要求。建
國以來中國歷部憲法都直接或間接體現執政黨領導的精神。1954 年憲
法雖然沒有明確規定黨的領導，但黨對人民民主領導的精神是深潛
於憲法典之中的。首先，憲法明確規定：「中華人民共和國是工人階

---

14 新中國憲法對中國共產黨領導人民建立新中國的歷史進行了全面地回顧和回味，其間流露的
正是其自身對這種歷史合法性的重視。

15 當然，經濟的發展也會喚醒民眾對政治的新意識，提出新的政治合法性要求。參見［美］S•
亨廷頓（Samuel, P. H.）著，劉軍寧譯：《第三波——二十世紀末的民主化浪潮》（上海：三聯
書店，1998），頁68–83。

社會主義憲政研究

級領導的，以工農聯盟為基礎的人民民主專政的國家。」人民代表大
會制度是國家的根本政治制度，而在理論上工人階級的領導是通過共
產黨的領導加以實現的，又由於國家經濟體制的急速演變，[16] 把權力
集中到黨的系統中的政黨主治模式便漸漸確立。其次，1954年制憲的
指導思想是既要保證共產黨在國家生活中的核心領導地位，又要使黨
和黨員不在國家生活中享有任何特殊的權利，[17] 因此在制憲技術上採
取了正文不規定執政黨的地位和權利的體例，但在憲法序言中明確闡
釋「我國人民在建立中華人民共和國的偉大鬥爭中已經結成以中國共
產黨為領導的各民主階級、各民主黨派、各人民團體的廣泛的人民民
主統一戰線。」這一宣示與憲法正文的相關規定，一起產生憲法約束
力。[18] 再次，中國憲法權威表徵的一個重要途徑，在於總結歷史中行
之有效的經驗，宣示憲法制度具有的深刻社會認同，並將這種認同上
升為國家意志。毛澤東關於五四憲法草案的論述中就明確指出，五四
憲法之所以得到擁護，主要是兩條：一條是總結了經驗，一條是結合
了原則性和靈活性。[19] 這裏所指的經驗就是中國共產黨領導革命和建
設的經驗，而原則基本上是兩個原則，即民主原則和社會主義原則。
這兩個原則的內容都與共產黨的領導密不可分。[20] 1975年憲法第2條

---

16 參見劉吉主編：《中國共產黨七十年》（上海：上海人民出版社，1991），頁514。

17 當時黨的領導人強調中國共產黨的黨員必須在遵守憲法和一切法律方面起模範帶頭作用。參
    見劉少奇：〈中華人民共和國憲法草案的報告〉，《中國憲法文獻通編》（北京：中國民主法
    制出版社，2004）。

18 關於憲法序言的效力，學界歷來觀點不一。相關論述請參見何華輝：《比較憲法學》（武漢：
    武漢大學出版社，1988），頁43–44。顯然，不同的觀點對於我們認識中國共產黨在現行憲法
    中的特殊地位是有實質性影響的。

19 參見毛澤東：〈關於中華人民共和國憲法草案〉，《中國憲法文獻通編》（北京：中國民主法
    制出版社，2004）。

20 將憲法的權威與歷史相關聯的努力可能帶來雙重效應：正面效應在於表徵憲法權威不是突然
    降落的，是自然形成的，有深刻社會基礎的。其負面作用在於，如果以動態、發展的觀點來
    看待歷史，那麼憲法的權威就會淪為歷史實用主義的奴僕，就會成為沒有恆定性的空殼。

明確規定：中國共產黨是全中國人民的領導核心。工人階級通過自己的先鋒隊中國共產黨實現對國家的領導。馬克思主義、毛澤東思想是中國指導思想的理論基礎。[21] 第16條規定：全國人大是在中國共產黨領導下的最高國家機關。從憲法典的經典功能而言，憲法只是規定公民與國家之間的關係及相關事項。馬克思主義理論也認為不應把無產階級政黨降格為暴力國家機關，因此從立憲技術上觀察，上述條款似乎混淆了黨與政的區別。但如果從憲法要反映和確認一個國家政治權力的真實狀況的角度，上述規定又有着某種「實質合理性」。1978年憲法保留了1975年憲法第2條的規定，取消了其第16條關於「人民代表大會要在中國共產黨領導下」的表述，直接規定全國人大是最高國家權力機關。1982年在憲法正文中不再涉及「中國共產黨」這一語詞表達，而在憲法序言中增加了一段專門性的敍述，這就是「今後國家的根本任務是集中力量進行社會主義現代化建設。中國各族人民將繼續在中國共產黨領導下，在馬克思列寧主義、毛澤東思想指引下，堅持人民民主專政，堅持社會主義道路，不斷完善社會主義的各項制度，發展社會主義民主，健全社會主義法制……」國內學者幾乎一致認為這段表述構成了中國憲法的指導思想，並與憲法正文一起具有法律效力。[22]

---

21 與1982年憲法規定有區別。1982年的序言規定中國各族人民要「在馬克思列寧主義、毛澤東思想指引下……」從憲法解釋學的角度，許多學者認為，馬克思主義、毛澤東思想就是中國的指導思想。但1975年卻認為它們是指導思想的理論基礎，個中差異值得研究。

22 在彭真同志直接主持憲法修改工作後，明確地提出要以四項基本原則作為修改憲法的指導思想。在憲法中怎樣體現四項基本原則，有人主張像1978年修改憲法第2條那樣，把它寫到條文中去。討論中多數人主張寫到序言中比較好，因為它是憲法的總的指導思想，寫在序言裏可以統率條文；而馬列主義、毛澤東思想屬意識形態，主要靠思想教育，不能寫在條文裏強制人們信仰。參見全國人大常委會辦公廳研究室政治組編：《中國憲法精釋》（北京：中國民主法制出版社，1996），頁82–83。從這段註釋可以做以下合理推論：立憲者認為四項基本原則是中國憲法的指導思想，雖然表述在憲法序言中，但有法律效力；中國共產黨的領導雖然沒有像前兩部憲法直接規定於憲法正文，並不是這種憲法體例有什麼不當，僅僅因為四項基本原則要作為一個整體規定，才必須採取序言表述的體例。

社會主義憲政研究

3. 政黨主治的現實表現

中國共產黨是執政黨，這是中國政治生態環境大變遷後，對共產黨的最正確的角色定位。中國共產黨作為執政黨，對國家政權體系和全社會具有不可替代的控制力和影響力。以中國共產黨對立法的控制與影響為例，其途徑與形式就有以下幾種：

第一，黨中央提出立法建議。中國現行憲法第64條規定，全國人大常委會或者1/5以上的全國人大代表有權提議修改憲法。而在實踐中，通常由中國共產黨中央委員會首先提出修改憲法的建議案，然後由全國人大常委會接受，再向全國人大提出正式的憲法修改草案。1995年中國共產黨十四屆五中全會通過了《中共中央關於國民經濟和社會發展「九五」計劃和2010年遠景目標的建議》，國務院根據這個精神，廣泛徵求各方面的意見，制訂了《國民經濟和社會發展「九五」計劃和2010年遠景目標綱要（草案）》，提請1996年3月召開的八屆全國人大四次會議審議。這次全國人大會議經過審議，通過了這個綱要。而且，1985年司法部部長鄒瑜在第六屆全國人大常委會第十三次會議上，對《關於在公民中基本普及法律常識的決議（草案）》所做的説明也清楚地描述了第一個五年全民普法運動出台提出建議的原因，是由於「幾年來，胡耀邦、鄧小平、彭真等中央領導同志多次強調了這個問題」。[23] 因此，黨可以通過這種立法決策的權力使得黨的立法主張可以進入立法程序，並成為國家意志。

第二，黨中央對重要法案的事先批准和審查。黨中央一直遵循着慣例所確定的模糊原則，即全國人大及其常委會審議的法律，凡帶重大原則性質的，事先報黨中央批准；黨中央主要確定所立法案的指導

23　全國人大常委會辦公廳：《中國人民代表大會文獻資料彙編：1949–1990》（北京：中國民主法制出版社，1990），頁327–328。

思想及重大原則問題，而不是事無巨細也審議。這可以在1991年黨中央《關於加強對國家立法工作領導的若干意見》的文件中得到某種程度的肯定。這是黨的歷史上第一份確定黨中央立法介入的範圍和程序的文件。黨中央對立法過程介入分四種情形：(1)憲法的修改、某些重大政治方面和特別重大的經濟、行政方面的法律草案，在提請全國人大審議前，都須經過黨中央政治局(或黨委)與中央全會的審議；其他法定機關提出的修憲議案，也須經全國人大常委會黨組或全國人大中的黨的領導小組報送黨中央審定；(2)政治方面的法律在起草前應由全國人大常委會將立法思想和原則呈報黨中央審批；(3)政治方面的法律和重大經濟、行政方面的法律，在提交全國人大或常委會審議前，由全國人大常委會黨組呈報黨中央政治局或其常委會審批；(4)中央對法律起草工作實行統一領導，凡由全國人大及其常委會起草的法律，一律由全國人大常委會黨組報中央審批，其他部門起草的法律草案須報全國人大審議的，也由全國人大常委會黨組統一報中央審批。[24] 從決策上講，這一文件規定的都是「立什麼法，怎樣立，為什麼立」的問題。該文件顯然有將黨在立法中的地位、功能明確下來甚至正式固定下來的意圖。

第三，控制人大代表的比例與名額。中國選舉制度的運行是在中國共產黨領導下發揮其作用和功效的，「在全國和地方各級人大代表中，共產黨在比例上佔優勢，而民主黨派與非黨人士所佔比例，原則上反映了我國黨派關係的實際」。[25] 筆者從《人民日報》統計的歷屆人大代表比例分析表中發現，無論哪屆人大，中共黨員所佔比例總是絕對多數，第一屆為54.49%，第二屆為57.75%，第三屆為54.83%，

---

24 參見蔡定劍：《歷史與變革——新中國法制建設的歷程》（北京：中國政法大學出版社，1999），頁165–166。

25 張友漁：《張友漁文選》（下）（北京：法律出版社，1997），頁401–402。

第四屆為76.8%，第五屆72.78%，第六屆為62.5%，第七屆為66.9%，第八屆為68.4%，第九屆為71.5%。而人大代表中的黨員「必須遵守黨的紀律，發言、表決都不能違反黨的方針、政策、決議、指示」。「代表……首先是黨員，不能因為當了代表就可以不遵守黨紀。黨當然不能對所有代表發號施令，但作為黨員，不管你是代表也好，政府組成人員也好，都得按黨的方針政策辦事。」[26] 而事實上，在每次人大開會前，人大代表中的共產黨員都被要求參加「組織生活」，聽取黨組織傳達的中央精神，領會中央立法意圖。而中國共產黨是依前蘇聯模式建立的高度集權的政黨，沒有對黨的絕對忠誠是不可能成為黨員的，所以黨員在政治上是絕對服從上級的。儘管近些年黨對人大中黨員代表的紀律約束有所鬆動，但仍未妨礙黨在立法時貫徹其意圖。所以至今全國人大及其常委會從未否決一項黨中央授意的法律，也沒有哪一部重要法律未經黨中央批准而在全國人大或常委會中通過。

第四，黨中央向國家機構推薦重要幹部擔任重要公職。黨中央直接進入人大立法程序畢竟「名不正言不順」，為了實現黨對立法工作領導的合法化，就需要一個公開的途徑。這一制度即是「推薦」制度。「推薦」一直是執政黨實現其在當代中國政治、經濟和文化領域的領導地位的基本手段，而「作為國家機構的首長，可以不接受黨委的命令；作為黨員，不能不接受黨委的命令」。[27] 黨把經過考察後的優秀黨員選派到各部門、各級政府，以及重要的人民團體、社會團體擔任領導幹部，而且在「推薦」、「選派」日益演化為「人事任免」的趨勢下，黨不僅實現了其對立法的影響力，而且也實現了對這些重要部門的合法領導。在全國人大中，由中共中央委員會「推薦」的幹部名單

---

26 同上註。

27 同上註，頁401。

包括委員長及副委員長，秘書長、副秘書長及委員，各個專門委員會的主任和副主任；而在全國人大立法中佔據核心地位的委員長會議正是由委員長、副委員長和秘書長組成，委員長會議決定所有提交給代表大會和常委會的議案，決定常委會的立法程序，決定常委會的人事任免。[28] 當然，起立法核心作用的委員長會議，實際上也只是程序性地討論常委會黨組已經決定的事項，而作為非黨人士的副委員長並不能參加黨組會議。近年來，執政黨逐漸在地方各級人大中推行由同級黨委書記兼任人大主任的制度，其初衷可能是為了加強對人大的領導和提升人大的政治地位，但若沒有相應制度的法制化和程序化，則可能導致黨的領導權與決策權的合一，導致黨的權力邊際不明，從而可能既損害黨的領導，又妨礙國家民主。[29]

　　第五，黨中央直接領導各級國家機構中的黨組織。黨組制度是中國共產黨創立的重要制度之一。現行黨章規定：在中央和地方國家機關、人民團體、經濟組織、文化組織和其他非黨組織的領導機關中成立黨組，由該機關中負責工作的黨員組成；黨組成員不由黨員代表大會產生，而是由批准黨組成立的上級黨委指定，黨組成員服從上級黨委的領導。因此，無論在立法機關、司法機關、行政機關均有各級黨

28　參見蔡定劍：《歷史與變革──新中國法制建設的歷程》。

29　不過，由於黨組這一形式的存在，法律法規與黨的政策有時很容易被混同，黨中央可以把全國人大常委會黨組的「意見」、「報告」以「轉批」、「轉發」形式，迅速將人大立法變為黨內文件或將黨內文件變為法律規範。例如，1986年12月8日《黨中央辦公廳轉發〈關於縣級以下人民代表大會換屆選舉工作若干問題的意見〉的通知》實際上就是把人大的立法轉變為黨內文件。1986年11月8日全國人大常委會黨組提出《意見》，對1986年換屆選舉作出非常詳細的規定，內容就是對當時選舉法和地方組織法的解釋與修改（其中甚至包括與當時選舉法和地方組織法相衝突的內容），而在同年11月15日至12月2日召開的第六屆全國人大常委會第十八次會議上，就通過了關於修改選舉法和地方組織法的決定。而後的12月25日黨中央辦公廳、全國人大常委會辦公廳聯合發佈《關於縣、鄉兩級換屆選舉工作一些問題的緊急通知》，要求當年的選舉「堅決按照中辦發［1986］36F號文件精神」（即12月8日的「通知」）辦理。如此做法使得中辦［1986］36號文件在法律和事實上有了法定約束力。

組存在。具體到人大來講，各級人大雖然是所轄區內最高權力機關，但人大常委會都由黨組領導，黨組又受同一級黨委領導，各級人大是在同級黨委的領導之下開展工作。同級黨委可以對同級人大及其常委會黨組發佈指示、命令並指導工作，而同級人大及其常委會的黨組須得向同級黨委積極彙報、請示和報告工作。因此，當人大及其常委會在立法時，對黨中央意圖不清楚，可用「請求」方式要求黨中央對該政策或指導進行明示、再肯定或解釋含義，從而形成「自上而下」的過程，以實現執政黨的領導地位。

第六，黨的主張經過法定程序變為國家意志。中共十三大的政治報告提出，黨的領導是政治領導。黨對國家事務實行政治領導的基本方式，是使黨的主張經過法定程序轉變為國家意志。所以，作為中國最高權力機關的全國人大，雖然在法理上能制訂憲法和法律並有權追究政黨違反憲法和法律的行為，但是在實際政治體制中人大卻必須接受黨領導人大的「默示權力」。所以，有些學者認為「法律」只不過是「政策」這個巨人的影子。例如，黨的十一屆三中全會上提出了健全社會主義法制的目標；到了黨的十二大，黨提出了「黨必須在憲法和法律範圍內活動」這一重要的基本政治原則；1982年憲法修改時就將各政黨都必須守法的法治原則確定在憲法中。近年來，人大的領導人在談到黨與立法關係時總是強調，「要以黨的重要指導思想為指導」，自覺接受黨的領導。前全國人大常委會委員長李鵬在2000年9月28日「全國省級人大常委會主任研討班」講話時強調，「三個代表」也是做好人大工作的指導思想。他回顧了十一屆三中全會以來憲法的幾次修改後說，每次黨的全國代表大會之後，全國人大都把大會提出的黨的重要主張和方針政策通過法定程序載入憲法，變成國家和人民的意志。這充分體現了黨對人大工作的領導，也體現了人大工作自覺接受

黨的領導，[30] 並在隨後的「全國人大常委會工作會議」中也要求「立法工作自覺接受黨的領導」。[31]

總之，中國共產黨作為執政黨和領導黨，享有對全國一切重要事項的領導和控制權，這種領導權和控制權貫穿於國家的立法、行政和司法領域，決定着中國政治、經濟和文化的發展與變化。這是政黨主治的現實含義。

二、依法執政的基本問題

近代中國面臨着嚴峻而複雜的時代挑戰，中國共產黨正是在這一國難當頭的時刻誕生並領導中國人民步入自主建立中華人民共和國的歷史新時期。但中華人民共和國的成立並不意味着中國社會近現代歷史課題的完成，直到今天，我們依舊糾纏在民族國家認同、經濟發展、政治現代化和文化繼承等近代或者現代課題之中。在一個社會自組織機制完全被破壞或者不完備的後發展國家，這些課題的完成，首先需要一個強有力的領導組織來整合社會資源，平衡各階層、集團

---

30 參見李鵬：〈用「三個代表」重要思想指導人大工作〉，《人民日報》2000年9月29日。

31 李鵬：〈加強和改進立法工作，提高立法水平和質量〉，《人民日報》，2000年11月3日。需要說明的是，作為中國立法機關的全國人大，雖然在中國政治過程中不斷增強其作用，但是其威望的提高、作用的增強並不是在共產黨作用和權威缺失的條件下發生的。恰恰相反，這種地位的提升是執政黨重視並提攜的結果。但是，我們應該看到，這種立法機構的活躍只是為了更好地實現執政黨政治、經濟和社會統治的功能，人大和執政黨的關係一直沒有跳出「形式和內容」的範疇。中國的執政黨實際上已把國家機關的權力統一於全身，而且掌握着軍事力量，決定着利益表達、綜合、決策和執行的全過程，它已不同於世界各國一般意義上的政黨，相當於國家組織卻又超越了國家組織。這是社會主義國家的一般特徵，當然也有中國自己的特點。

社會主義憲政研究

間的利益衝突，維繫國家的統一和穩定，而這些重擔都歷史性地落在中國共產黨的肩上，中國共產黨當然地成為法定和事實上的執政黨和領導黨，政黨主治遂構成當代中國憲法的基本原則和政治現實。在此一歷史語境中的依法執政，其根本的意義在於其對確保執政黨充分發揮其領導功能的保障和促進意義。依法執政這一功效的產生本身源於「領導黨」、「執政黨」這些概念的有限內涵。質言之，一個政黨成為領導黨和執政黨，其扮演的這種角色定位也是對其自身行為和權力範圍的一種描述，依法執政所要保障和促進的，正是這種角色內在要求的權力要素和行為能力。因而，這裏的「確保」和「促進」是一種基於「限制」的「確保」和「促進」。換言之，法律只保障「領導黨」和「執政黨」這種角色內在要求範圍內的權力，執政黨若逾越此一法律所界定的範圍，法律將拒絕為其提供法律保障，並作出否定性的評價。在規範解釋學上，法律不僅僅是作為執政黨權力的規範淵源，這種關於權力的規範也內含着對權力主體的限制。這是我們分析依法執政時的基準。在此基礎上，我們擬從三個方面邏輯地確定依法執政的基本內涵。

1. 依法執政的主體

依法執政的主體是誰？這並不是一個難以回答的問題。源自政黨主治模式對於公民日常生活的深刻影響，稍具備一點生活常識的公民都會脫口而出，「當然是中國共產黨執政」。但這一問題的提出仍具有深刻的理論和現實意義。

在現實生活中，關於何者為執政的主體，並非不存在爭論：全體黨員、執政黨委派到國家政權機關中擔任領導職務的黨員代表、各級國家政權機關中的黨組乃至所有的黨組織，都曾分別被視為執政的

主體。[32] 這一認識上的分歧揭示了現實生活中必須謹慎處理的一個基本憲法問題，即在執政過程中執政黨委派到國家政權機關中擔任領導職務的黨員代表、各級國家政權機關中的黨組與執政黨間的關係。黨員和黨組並不具有執政主體資格，也不能以自己的名義來行使國家權力，基本成為共識。[33] 更為關鍵的問題則是，立法機關、行政機關和司法機關中的黨員，作為執政黨委派到國家機關中實現執政目的的黨員代表，應如何處理其與法律、黨的意志的關係。換言之，在立法機關中的黨代表，該如何處理代表民意與服從黨的決議之間的關係；在行政機關和司法機關中的黨代表，該如何處理適用法律和服從黨的決議間的關係。中國共產黨作為代表全中華民族全體人民利益的先進政黨，其意志自然表達着人民的利益，當其意志通過立法成為法律時，當然還是表達了黨的意志，此時，行政和司法機關中的工作人員，無論其是中共黨員還是非中共黨員，只要其依法律辦事，都是在服從以法律形式表現的黨的意志。因此，從邏輯上講，在行政和司法機關中要求黨員必須服從黨的意志，並非絕對必要。如果說這一要求是必要的，它只存在於下述兩種情形，一是法律沒有體現黨的意志，二是沒有法律來體現黨的意志。對於前者，行政和司法機關中的黨員並不具有這種法定的權力判斷某一法律是否體現了執政黨的意志，更沒有權力選擇不服從法律。如果說法律是黨的意志得以實現的重要裝置，那麼，服從法律本身是執政黨執政權力實現的一個內在要求，在黨領

---

32 參見袁曙宏：〈黨依法執政的重大理論和實踐問題〉，《法學雜誌》第2期（2006）。

33 所謂共識是指在理論上成為主導性的觀點，但在政治現實中，經常出現黨的內部組織越過上述界限的情況，而造成許多不必要的困擾。比如許多基層黨組織直接代行行政機關的職能，引起行政訴訟後又以自己是不適格的被告作為規避責任的理由，造成權利受侵害的人無法得到權利救濟。又比如黨委部門與行政部門聯合發文侵蝕了行政法定的原則，亦使行政責任制無法落實。

導人大立法的情形下，一切法律都必須被視為體現了執政黨的意志，一切法律都必須得到遵守。對於後者，一個黨員在宣稱他要依據黨的決議行事時，他必須證明一點，即缺少法律來表達黨的意志，而體現人民利益的黨的意志是必須得到實現的，因此，他服從黨的決議。這當然無可厚非，在歷史上，我們的執法者通常是沒有法律就依政策辦事。這一歷史上的慣例包含的深刻法理是法律優先於政策，政策替補法律。當法律「在場」時，政策必須「缺席」。[34] 由此可知，籠統地要求行政和司法機關中的黨員必須時刻服從黨的意志，是對執政黨權力的誤讀和誤解，不利於執政黨意志的實現，也是不相信黨能夠通過法律客觀準確地表達自身意志的表現。

當然，上述錯誤的認識也違背了國家治理的基本常識。國家行政機關是國家意志和國家公共政策的執行機關，它必須超然於社會的各種利益之上，體現同樣問題、同樣對待和不同問題、不同對待的關懷，才能滿足社會正義的期待，其行為才有公信力。這也是許多國家立法禁止公務員加入某一政黨的原因。中國行政機關固然有自己的特色，它要體現中國政治制度的原則，即接受共產黨的領導，但同時它作為社會之公器行使國家公權的內在品質並沒有改變。在執政黨已把人大作為執政的重要載體的情況下，如果又和行政機關不保持必要的區隔，那麼既可能使人大與行政機關之間的監督與被監督關係落空，使「議」、「行」的科學分立變成不合理的混同，又可能使執政黨本身成為社會矛盾的焦點，改變其先進的性質。因此執政黨對行政機關所掌控的公共權力的影響，要具有無所不在的應然性，同時這種影響要有必要的限度。在西方國家，一個黨一旦成為執政黨，按照公共權力運作的內在規律來開展活動，就成為黨活動的特點。事實上任何國家的公共權力都可劃分為「政權」和「治權」兩部分，前者要解決權力之

---

34 當然，黨的政策也可以當成為法律解釋時的思想和理論淵源。

所在、權力之所屬、權力之所有的問題，要服從人民主權的原則；後者要解決權力之所行、權力之所用的問題，要服從有效與有限相結合的原則。「政權」與「治權」之間的分工實質上是權力所有者與權力行使者之間的法理分工，公共權力的運作不得僭越這種法理關係。執政黨可以通過各種符合法律規範的手段對其運作施加影響，但其底線必須是不改變這種法理關係。執政黨不是直接浮現在政府行為中，而是作為政治制度的靈魂貫徹於政治運作的全過程。換言之，執政黨與國家機關之間只能是政治領導關係，而不存在法律上的組織隸屬關係；行政機關依法行使行政權，不受任何組織和個人的干擾。

至於政黨與司法權之關係，在西方國家，由於司法獨立的原則所決定，政黨的活動在司法權的運行之中是隱而不見的。在中國，執政黨與司法機關之間的關係無論在理論上還是在實踐上一直沒有得到正確解決。這一問題在當下更為突顯，以至於關於司法改革的呼聲此起彼伏，一浪高過一浪。基於中國政治體制的特色，執政黨對司法機關的領導是無可懷疑的，但問題的焦點在於如何實現黨領導司法機關方式的革命性制度創新。黨關於司法體制改革的總體目標是，保障在全社會實現公平與正義，與之相適應的黨的十六大則確定了更為具體的司法體制改革目標。[35]在「依法執政」已被確定為黨的執政方式的前提下，當下關於執政黨與司法機關關係須要解決的制度層面問題是：（1）執政黨如何在實施政治領導過程中維護司法的應有權威，尊重司法自身的運作規律；（2）司法在具體實踐中如何通過法律技術手段，在不損

---

35 這些目標是：按照公正司法和嚴格執法的要求，完善司法機關的機構設置、職權劃分和管理制度，進一步健全權責明確、相互配合、相互制約、高效運行的司法體制；從制度上保證審判機關和檢察機關依法獨立行使審判權和檢察權。完善訴訟程序，保障公民和法人的合法權益，切實解決執行難的問題；改革司法機關的工作機制和人財物管理機制，逐步實現司法審判和檢察同司法行政事務相分離；加強對司法工作的監督，懲治司法領域中的腐敗；建設一支政治堅定、業務精良、作風優良、執法公正的司法隊伍。

害司法基本原則的情況下，貫徹執政黨對社會治理的基本要求，體現執政黨對社會過程的控制與領導的願望；(3)執政黨通過什麼樣的形式對司法實施組織化的、制度化的、常規化的領導；(4)在執政黨的總體方針政策體現於各級黨組織及黨員領導幹部所實施的具體行為的情況下，司法如何既能做到貫徹黨的方針、政策，同時又能辨識進而抵抗個別黨組織、特別是個別黨的領導幹部對司法行為的不正當干預。[36]

　　除了上述問題外，立法機關中的黨員代表自然也具有黨員和人大代表的雙重身份，因此也面臨着如何處理黨的意志和選民意志的關係難題。一般認為，人大代表中的黨員「必須遵守黨的紀律，發言、表決都不能違反黨的方針、政策、決議、指示」；「代表……首先是黨員，不能因為當了代表就可以不遵守黨紀。黨當然不能對所有代表發號施令，但作為黨員，不管你是代表也好，政府組成人員也好，都得按黨的方針政策辦事」。[37] 不過，在當下的制度安排中，人大代表由選民選舉產生，而且選民和選舉單位監督並可以罷免代表。[38] 故，人大中的黨員代表，必須同時服從黨的意志和選民的意志。在理論上，黨的意志當然是無數選民意志的高度綜合和體現，因此，服從黨的意志自然也符合選民的利益大局。但問題的關鍵是，各選區和選民的利益並非總是完全一致的，如果說他們在根本利益上並無差別，但其具體利益卻是千差萬別，立法中的利益之爭在所難免，這也勢必讓一部分代表面臨着艱難的抉擇。人大代表的監督和罷免制度，使得人大代表受制於選民的意志和情緒，而黨的紀律則要求黨員服從黨的決議。

36　參見顧培東：〈中國司法改革的宏觀思考〉，《法學研究》第3期（2000）。

37　張友漁：《張友漁文選》（下），頁401–402。

38　現行憲法第77條規定：「全國人民代表大會代表受原選舉單位的監督。原選舉單位有權依照法律規定的程序罷免本單位選出的代表。」現行選舉法第43條規定：「全國和地方各級人民代表大會的代表受選民和原選舉單位的監督。選民或者選舉單位都有權罷免自己選出的代表。」這一制度在非社會主義國家的憲法中並不多見。

這樣一種二難的處境在立法中並非不存在，並表現為黨員代表在人大中的發言是否應當受到黨的決議的約束和黨規黨紀的制裁。在現實生活中，人大代表中多數的黨員通常偏向於遵守黨的決議，[39] 而被罷免的人大代表多屬違法犯罪分子，並未聞見人大代表因不代表選民之利益而被罷免的實例。在競爭性的選舉尚未在實踐層面全面進行的時候，這種二元角色間的衝突並不會導致黨執政地位的削弱，在某種程度上是一個假問題。不過，一旦進入競爭性選舉的階段，選民將直接根據其自身的利益需求來選擇其認為能夠表達其利益和意志的候選人，或者罷免其認為未能表達其利益訴求和違背其意志的人大代表，那些一味以遵守黨的決議為投票原則的黨員代表，將會面臨着落選或者被罷免的困境，這樣極有可能削減執政黨在各級人大中的議席，進而削弱執政黨對各級人大的控制。因此，片面強調執政黨之決議的絕對約束力，只會導致執政黨執政權力的旁落。[40] 在這一問題上，較為理想的狀態當然是黨的決議獲得選民的贊同，與選民之意志具有同質性，二者間的衝突自然會消失。這正涉及下面要論及的一個關鍵問題，即執政黨執政的合法性問題。

「誰是執政的主體」這一命題，在西方語境下即表明執政者是在不同政黨間輪替。而在中國，執政者是唯一的，即中國共產黨，其他政黨不可覬覦執政者的位置。對「誰是執政者」這一命題的追問，不在於其表層的答案，即中國共產黨是執政黨，而在於它何以是執政黨，並且是永久唯一的執政黨。所以，這一憲法命題在中國具有政治合法性的含義。在既往的歷史中，執政黨十分重視自身的歷史合法

---

39 岳陽市人大在選舉市長時，曾出現被多數代表否決的候選人又被強制性地選舉為市長的醜聞。參見童之偉：〈岳陽市長「二選」風波的啟示〉，載《法學》第2期（2003）。

40 並不是在所有的國家，執政黨的執政都必須控制議會中的多數席位，如在美國，獲得總統選舉的勝利就意味着成為執政黨，但在國會選舉中的失利會使立法權與行政權間形成某種程度的對抗。

社會主義憲政研究

性，這一點也為現行憲法所認可。的確，中國共產黨成為執政黨和領導黨，是歷史的選擇，也源於其自身的先進性特質。但受惠於黨的革命光輝史的那一代人終將會離去，其後代在享受各種福利之時，更多地會將當下社會中的各種矛盾歸咎於執政黨，歷史合法性在後來人的身上並不具有足夠的說服力，執政合法性必須能經受代際更替和代際矛盾的挑戰。這即是一個政黨從革命黨向執政黨轉變之後面臨的現實問題。[41] 所以，政治合法性在當下中國憲政建設中佔據重要的地位，其原因，正如讓•誇克所說，首先在於，中國政府是一個拒絕用武力對待其人民的政權，政治的合法性，在國內是人民關注的問題。其次，中國自19世紀被迫向西方開放以來所經歷的變革的深刻性賦予合法性特殊的意義。中國近代歷史不過是一個連續變革的過程。這些變革或者由外力催生，或者由內力促成，抑或是兩者作用的結果。所有的這些變化把政治的合法性的問題推向了中國政壇的前沿，也使任何一個政治統治共同體的合法性，都與其導引中國強國富民的實際績效聯繫起來。再次，中國在1970年代末進行的經濟改革使中國進入了一個過渡時期，它影響了社會的各個方面，當然也包括了政治體制的合法性。[42] 須要說明的是，將執政黨合法性的證成過分寄託於經濟發展上無疑是一件危險的事情，這差不多等於把執政黨的合法性繫於一種異己的力量上。因為沒有一個執政黨能夠保證經濟永遠向上發展，而且經濟的發展本身不可能普惠於社會的每一分子，經濟的不適當發展可能會引起社會結構失衡、貧富分化、環境質量的下降等一系列負面效應。故合法性問題本身是一個系統性問題，其中價值認同和價值

---

41 黨的十六大報告中關於黨已經從一個革命黨轉變為執政黨的決議，即是對自身合法性的深刻認識。

42 參見［法］讓•誇克（Coicaud, J. M.）著，佟心平、王遠飛譯：《合法性與政治》（北京：中央編譯出版社，2002），頁5。

整合是追求合法性努力的一個重要組成部分。共產黨顯然已經意識到了這一問題。中國執政黨提出的「三個代表」的理論，既是它自身革故鼎新的需要，也是它應對社會階層多元化後，民主參與壓力強化此種情勢（經濟發展的各種負面影響）的重要舉措。但隨之而來的問題是，社會的多元化通常要求社會建立網絡化的組織架構來應對，在社會組織形式不做異動的情況下，僅僅靠執政黨的組織架構是否可以完全吸納和緩解日趨高漲的民主參與要求？不斷提高執政黨執政思想和理念的價值容量以求與社會新型觀念的和諧共處，但這是否會導致執政黨本身的特性被「稀釋」和「淡化」？等等。這都是新時期有關中國執政黨合法性的富於挑戰性的課題。

2. 執政的內容

在任何國家，執政黨執政的目標是推行本黨的基本政策，而這些政策當然地涉及社會和國家事務的方方面面，執政黨的執政能力就體現在執政黨在治理國家和社會事務時推行本黨政策的能力。不過，在近現代憲政國家，治理國家和社會事務乃國家機關之專屬，而國家機關則是通過制訂法律、適用法律來實現治理目標。治理之事是通過國家權力的運行來實現的，任何政黨皆無權直接治理為國家機關管轄的任何國家和社會事務。所以，執政黨執政，其目標是全面控制社會和國家事務的治理，但卻只能採取迂迴的方式，即通過控制國家機關並將之視為推行本黨政策的工具以實現執政地位。質言之，執政黨執掌的只能是國家權力，而通過國家權力治理的則可能是極為廣泛的國家和社會事務。任何政黨要成為執政黨，必須在民主選舉的程序中獲得爭奪某一國家權力席位的勝利。同時，在法治建設極為成熟的國家，任何政黨都不能將本黨的政策置於法律之上，要求依本黨政策而治。

社會主義憲政研究

這一規律在大陸法系國家如此，在英美法系國家亦然。具體言之，在西方競爭性政黨體制之下，執政黨與在野黨的身份輪替完全寄託於選民的意志，各政黨為成為執政黨而爭奪的席位則因各國政權組織形式之差別而各不相同。在英國議會主權的憲政體制之下，佔據下議院多數議席的政黨便成為執政黨，而內閣則主要由該政黨的黨員代表組成，一般而言，執政黨完全控制着議會和行政權，所謂執政便是指執政黨對立法和行政權的強力控制。在法國式半總統制的國家，總統具有特殊的憲法地位，[43] 獲得總統的位置對於任何試圖執政的政黨都至關重要，執政黨亦控制着最為重要的國家權力。在德國式議會民主制的國家，國會享有最正當的民主基礎，奪得議會選舉勝利的政黨，將會成為執政黨，從而控制立法權和行政權。在美國式均衡性的三權分立模式下，議會和總統各自具有不同的民主正當性基礎，一般而言，執政黨以獲得總統選舉之勝利為基本條件，倘若其能進一步獲得國會選舉的勝利，那麼執政黨將強有力地控制行政權和立法權，以推行本黨的基本政策。當成為執政黨後，「獲勝黨就接管政府。於是黨的政策綱領就通過立法、行政指令和任命黨員擔任各級行政部門的首腦而變成政府的行動」。[44] 由是觀之，各國執政黨所執掌的國家權力各不相同，即使在同一國家，不同時期的執政黨各自執掌的權力亦差異巨大。但這些政黨執政地位之獲得完全是通過一種公開化和程序化的民主機制，政黨意志也是通過法律來實現的，而政黨執政地位則具體化為黨員代表執掌國家權力。這些都成為具備法理型合法性基礎的現代憲政國家的基本常識。

43　現行法國憲法第5條規定：「共和國總統監督遵守憲法。他通過自己的仲裁，保證公共權力機構的正常活動和國家的持續性。共和國總統是國家獨立、領土完整和遵守共同體協定與條約的保證人。」

44　〔美〕希爾斯曼（Hilsman, R.）著，曹大鵬譯：《美國是如何治理的》（北京：商務印書館，1986），頁341。

　　中國共產黨作為中國法定的執政黨和領導黨，當然地執掌一國最為重要的國家權力。但執政黨究竟執掌何種權力呢？顯然，執政黨並不具有以政黨名義直接治理國家和社會事務的權力，即執政黨並不能直接對國家和社會事務發號施令。一般來講，執政黨是通過控制人事任命、立法規劃和立法宗旨來控制人大立法，使執政黨的政策內藏、融化於法律之中。當然，無須辯護的是，執政黨在這幾個方面仍須大力改革。如通常會出現黨的政策變化而導致法律急劇變化的現象。執政黨在將自己的黨員代表委派到各國家機關之後，還保留了組織化的黨的機構來控制整個國家機關，從而形成權力雙軌制的現實和模式。[45] 這些都與政黨政治運作的基本要求相去甚遠。但總體上講，中國的政黨治理模式還是集中地反映了當代政黨治理的基本規律。在當下中國，執政黨執掌的，同樣是也只能是某種或某些具體的國家權力，執政黨也只能是將自己的黨員代表委派到各國家機關，來特別的控制人大，通過立法將自己的政策融化於法律之中，然後通過國家權力對法律的適用來實現對國家和社會事務的全面治理，以體現執政黨的角色和地位。考慮到中國特定的憲政體制，這種為執政黨所執掌的國家權力只能是立法權，而通過現行憲法對立法機關權力的廣泛授予，執政黨將控制行政和司法機關中的重要人事安排。這一點，在中央政權系統和地方政權系統中概莫能外。

　　對於上述政黨執政的基本規律，尚存在一些認識誤區。有學者通過對十六大報告的研究指出：「十六大報告將依法執政和實施黨的領導的範圍高度概括為國家和社會兩個方面。也就是說，黨依法執政，不僅包括國家，而且還包括社會。國家即表現為國家機關，社會即表現為民主黨派、無黨派人士、婦聯、共青團、工會，以及企事業單位

---

45 參見周葉中、江國華：〈82年憲法與中國憲政——寫在82年憲法頒佈實施聯絡20周年之際〉，《法學評論》第6期（2002）；袁曙宏：〈黨依法執政的重大理論和實踐問題〉。

社會主義憲政研究

等」。[46] 還有學者指出，2004年9月19日中國共產黨十六屆四中全會通過的《中共中央關於加強黨的執政能力建設的決定》是對十六大報告的精神進行了具體化。其中關於「黨的執政能力，就是黨提出和運用正確的理論、路線、方針、政策和策略，領導制訂和實施憲法和法律，採取科學的領導制度和領導方式，動員和組織人民依法管理國家和社會事務、經濟和文化事業，有效治黨治國治軍，建設社會主義現代化國家的本領」、「當前和今後一個時期，加強黨的執政能力建設的主要任務是：按照推動社會主義物質文明、政治文明、精神文明協調發展的要求，不斷提高駕馭社會主義市場經濟的能力、發展社會主義民主政治的能力、建設社會主義先進文化的能力、構建社會主義和諧社會的能力、應對國際局勢和處理國際事務的能力」[47] 的表述，也表明黨的執政內容是國家和社會事務。[48] 黨的上述報告雖然多論及執政能力和提高執政能力的基本任務，卻明確地將執政能力限定在若干領域，因此間接地表達了黨執政的內容。但是，黨執政能力建設的目標和執政的內容是否同一呢？答案當然是否定的。如上所述，執政目標和目標實現的方式並不是一回事，正是二者的不同之處，決定了執政目標與執政內容也根本不同。那種將執政黨執政的內容確定為國家和社會事務的觀點，至少是對憲政國家法治原則和政黨政治運作規律的失察。我們也承認，執政黨執掌的是國家的政權，但國家政權要通過政體（宏觀上的國家權力構架）和政權組織形式（微觀上的國家權力安排及權力間的關係）來體現，政權的核心要求只能是國家權力，控制了國家權力，才能成為政權的控制者。就此而言，執政黨就是控制了

46　王磊：〈執政黨要帶頭遵守憲法和法律〉，《黨建研究》第2期（2003）。

47　《中共中央關於加強黨的執政能力建設的決定》。

48　參見鄧聯繁：〈依憲執政：依法執政之實質〉，《武漢大學學報》（哲學社會科學版）第1期（2005）。

國家核心權力（在各國，這一核心國家權力可能是立法權，也可能是行政權，各不相同）的政黨。

3. 執政的依據

依法執政作為政黨執政的基本方略，其消極要求是執政權依法而運作，不違法；其積極要求是執政黨依法創制法律，將黨的政策轉化為法律。無論是消極還是積極層面，依法執政都要求執政權接受法律的調控，並在法律的保障下有效地行使。那麼，依法執政所依者為何法？這是實踐依法執政這一執政方略的前提性問題。眾所周知，在一國法律體系中，存在着不同的法律部門，各自調整不同的社會關係。依法執政所依之法，完全取決於執政關係這一社會關係的基本性質。執政黨提出依法執政這一命題，是試圖協調執政黨與國家機關間的基本關係，是對執政權與國家政權（權力）這一社會關係的高度總結。在法理學的視域中，基於執政權與國家權力間關係的性質，依法執政所依之法只能是憲法，依法執政就是依憲法執政。

首先，從執政權的性質來看。從發生學的角度而言，政黨是一個歷史的範疇。一般認為政黨緣起於市場經濟的發展和資產階級民主制度的孕育。前資產階級的政治社會中，政黨是受到排斥的。中國古代社會主張「無偏無黨，王道蕩蕩；無黨無偏，王道平平」。[49] 孔子則說：「吾聞君子不黨。」在一般的語境中，黨都作為貶義詞使用。《說文解字》中，「黨」意即「尚黑」，《論語》指「相助匿非曰黨」。由於「朋」與「黨」兩字有着指涉對象的相似性，從而在歷史的演變中，人們逐漸將兩字連用，以「朋黨」一詞代指那些基於共同的利害關係而

49　《尚書・洪範》。

社會主義憲政研究

結成的集團。封建統治者通常對所謂「朋黨」採取高壓限制並打擊的政策。在西方社會中，政黨（party）意指一部分或社會的一部分。美國早期的治國者也曾以嫌惡的態度看待政黨的出現。傑佛遜（Thomas Jefferson）甚至說過：如果要與政黨一起進天堂，我寧可不進天堂。政黨成為人們所接受的政治現實，並任意操控着國家權力運作的現實，與近現代憲法對公民政治結社自由的全面保障不無關聯。事實上，政黨就是結社權制度的衍生物。在近代憲法史上，政黨被視為與私法團體同樣的社會組織，主要接受私法自治原則的治理，政黨權也被視為如同公民的政治權利般的憲法權利。到了現代憲法時期，政黨直接被納入憲法規制的範圍，接受民主和人權原則的管制。關於政黨和政黨權的性質出現了諸多爭論。綜合學界現有的探討，關於政黨權大概有以下幾種觀點：一是政黨權是人民結社權的衍生結果。人民有權利組成並加入一個政黨，與人民在私法領域內成立公司一樣。因此，政黨權其實就是一個政治性社團權。這種觀點在西方國家的早期政黨理論中較為普遍。[50] 二是政黨權是一種權力。這是許多中國學者所秉持的一種主張。其理據是：其一，列寧認為，「從前，我們黨還不是正式有組織的整體，而只是各種集團的總和，所以在這些集團間除了思想影響之外，別的關係是不可能有的。現在，我們已經成為有組織的政黨，也就說成了一種權力，思想威信變成了權力威信，黨的下級機關應該服從黨的上級機關」。[51] 其二，基於社會主義國家政黨的強大支配力和「類國家機關」的現實。他們認為：在現階段及今後相當長的時期內，中國共產黨對國家的領導離不開權利領導，但黨的領導首先是一種權力，是一種國家權力。[52] 還有的學者雖然認為政黨權屬

50　參見陳新民：《德國公法學基礎理論》（上冊），頁254–255。

51　《列寧全集》（第7卷）（北京：人民出版社，1959），頁360。

52　參見匡克：〈論法治國家與黨的領導法治化〉，《社會科學》第7期（1999）。

於權力的範疇，但在權力體系中，政黨權屬於社會權力的範疇，與政府權力這種國家性質的權力不同。[53] 三是將政黨權視為權利與權力的結合。這一觀點認為，對全體社會而言，政黨權既是思想政治上的領導權威，又是執政黨的政治權利，必須經過法律程序才能轉化為國家權力，但對於黨組織和黨員來說則是一種直接權力。[54] 四是認為政黨權是政治權利。該觀點認為，黨對國家政治生活有領導權，這個「權」不是也不應該是國家權力，但又絕不是權威，主要應當是政治權利。[55] 我們認為，權力一詞儘管有不同的定義，但最廣泛的用法是將權力作為影響、控制、統治和支配的同義詞。憲法學並不泛泛地討論權力問題，它僅從權力與權利的關係的角度來研究權力的來源、權力的分配與授予、權力的制約與控制等問題，而且這種研究實質上涉及公共整體利益與社會局部利益的互動關係，這正是憲法學與倫理學、社會學、經濟學研究權力視角的不同所在。政黨權研究的意旨在於它與國家權力是否具有相近或相同的性質。而這樣一個問題並不具有普適性意義，在西方成熟的代議制民主國家這個問題是不存在的，他們認為政黨權就是政治權利。而在馬克思主義經典作家看來，具有先進性、權威性的政黨權，與具有暴力性的國家權力也是不可同日而語的，不能把政黨權等同於國家權力，不能將政黨組織混同於國家機關。即便是奉行民主集中制的建黨學說，主張黨的下級機關要服從上級機關的政黨，其所擁有的對下級機關和全體黨員的支配權也充其量只是一種社會集體權力。政黨權研究的語境只是某些國家包括中國的政黨，事實上在國家政治生活中擁有支配和統治力的現實，因此

---

53 參見江啟疆：〈執政黨與國家職能權力的三維剝離及執政權的實現〉，《廣東社會科學》第1期（2002）。

54 參見郭道暉：〈權威、權力還是權利——對黨與人大關係的法理思考〉，《法學研究》第1期（1994）。

55 參見童之偉：〈論適應市場經濟社會的憲政秩序調整〉，《法商研究》第1期（1997）。

從價值追求的角度而言，政黨權的良性狀態只能是將其限定為一種政治權利。執政權作為政黨權的一個組成部分，也是一種具體的政治權利，[56] 它與公民所享有的憲法上的基本權利並無性質的差別。執政黨提出依法執政這一命題，其意圖在於通過法律來保障和規範其自身的這一政治權利，而執政權作為憲法賦予某一政黨的一種具體的基本的政治性權利，也只能通過憲法性法律來加以具體化。這如同對憲法所規定的受教育權、勞動權、社會保障權、婦女兒童老人華僑的權利進行具體化一樣，都是憲法性法律的基本任務。依法執政所依之法，當然是這樣一些將執政權進行具體化的憲法性法律。

其次，從執政權的具體構成來看。上文研究顯示，執政黨要將黨的政策轉化為規範現實國家和社會事務的規則，必須控制特定的國家權力，執政黨執掌政權的內容則具體化為這樣一種國家權力。一般來講，這一國家權力主要是國家的立法權，[57] 執政權與國家政權的關係也就此表現為執政權與國家立法權的關係。執政黨執政的首要表現就是執政黨的黨員代表進入立法機關成為人大代表，控制立法機關，提出法律議案，提名重要國家職位的候選人，等等。具體而言，執政權主要體現為如下一些權利，即修憲建議權、領導立法權、指揮軍事權、推薦和管理幹部權，等等。從法規範的實際效力的角度而言，這些權利所約束的對象是一些特定的國家機關，並對之課以不得拒絕的義務。如在執政黨提出修憲建議案後，全國人

---

56 袁曙宏教授認為，「我國執政黨執掌國家政權的權力本質上應當是一種公權力，它雖然不同於傳統意義上直接對公民、法人產生強制力和執行力的公權力，但卻是直接對國家政權產生掌控力和領導力的一種更加重要和更加宏觀的公權力。」袁曙宏：〈黨依法執政的重大理論和實踐問題〉。

57 在美國，總統具有立法否決權。當時的立憲意圖是實現行政權對立法權的制約，但在客觀上為總統通過立法來實現本黨政策提供了機會，總統針對國會的國情咨文對國會立法具有重要的影響。在法國，總統可以要求議會重新審議法律或法律的某些條文，議會不得拒絕此項要求，可以宣佈解散國民議會，等等。這些憲法權力使總統對議會立法具有強大的影響力。

大常委會應當接受這一建議，啟動修憲權進行新的修憲活動，貫徹執政黨的修憲意圖，在執政黨就重要國家職位提供候選人後，全國人大及其常委會應當從這些候選人中選舉國家領導人。執政黨所享有的這些具體權利，無一不直接與特定的國家機關相關聯，執政黨與國家政權間的關係就此表現為特定社會組織與國家立法機關間的權利與權力關係，而這一社會關係，正是憲法調整的對象，也只能通過憲法進行規範。依法執政的具體任務便是通過憲法將二者的關係規範化，確立執政具體權利行使的方式和程序。依法執政所依之法，自然是以二者關係為基本內容的憲法。

依法執政的依據是憲法。這一結論一經闡明，便揭示了另一個值得注意的問題，即執政責任問題。當執政黨的執政權為憲法所規定和保障時，任何國家機關和社會組織都不可抗拒這一基於憲法而具有合法性的權利。而對於執政黨而言，其執政權當然地被局限於憲法確立的範圍之內，逾越這一界限將會產生特定的憲法責任。同時，執政黨也要意識到，其執政權乃為憲法所賦予的一項基本性的權利，這正如公民不可放棄憲法上的基本權利一樣，執政黨必須盡心地實現這一權利設置的基本目標，即領導中華民族全體人民建立一個富強民主和文明的社會主義國家。具體而言，執政黨要積極地推動立法，盡快建立一個當下社會所需要的法律體系，而不可不作為。執政黨制訂的「黨內監督條例」、「黨內處分條例」、黨內法規體系概念的提出及「公務員法」，[58] 都試圖在這些方面有所作為，這當然是回應依法執政這一命題的必要所作出的初步舉措。

---

58 新《中華人民共和國公務員法》將黨的工作人員納入國家公務員的範疇，其間所蘊含的深刻意圖和可能引起的問題，值得我們慎重對待。

社會主義憲政研究

三、當代中國憲政的依法執政建設

　　依法執政只是新近誕生的中國式命題，它深深地被裹脅在中國近現代的歷史變遷之中，是一個政黨從革命黨轉變為執政黨，從封閉條件下建設計劃經濟轉變為在開放條件下建設市場經濟，從權力高度集中依政策之治轉變為依法而治後的必然而尚待深入的選擇。當代中國憲政中的依法執政建設依然任務艱巨，需要關於執政權的理論研究、規範安排和具體實踐層面的重大突破。政黨政治是現代國家政治生活的常態。在政治學中，政黨研究早已是一個比較成熟的領域，[59] 但在憲法學中，關於政黨的研究並未能深入，當下的研究多局限於政黨制度、選舉制度的介紹和比較，並在此基礎上初步地探討政黨與憲政之關聯，而對於政黨權和執政權的研究，幾乎處於空白狀態。[60] 對於憲法學科建設而言，這是建立中國憲法學的一個良好契機。這一主題的研究至少應當回答如下問題：政黨權和執政權的性質、政黨權和執政權的正當性基礎、政黨權和執政權的具體內容、政黨權和執政權與國家權力的關係、政黨權和執政權制度的基本原則、政黨權和執政權的規範表達形式、政黨權和執政權實現的制度要求和程序建設，等等。下面將重點探討執政權及其相關問題。

59　我們可以從國家圖書館收藏的關於政黨研究的書籍窺見一斑。

60　本書作者之一葉海波教授著有《政黨立憲研究》（廈門：廈門大學出版社，2009），全面系統地從政黨立憲的根據、邏輯、內容等方面比較研究了政黨入憲的憲法現象，並對中國從依法執政走向政黨立憲作出展望。

1.　執政權的性質

　　政黨行為可以分為黨內活動和黨外活動，政黨權自然相應地存在於這兩個領域之中。一般說來，執政行為主要是政黨的外部活動。對於政黨權的性質，如上所述，存在激烈而明顯的分歧。我們認為，對於這一問題，應當從邏輯、歷史和實踐的多層面進行探討。基於邏輯和歷史結合的原則，我們可以發現，政黨作為結社自由行使之產物，乃是一個私法上的組織，可以當做被擬制的自然人，享有憲法上的權利。政黨權正是這一憲法權利的表稱。就此而言，政黨權和執政權都是憲法上的權利，而不是權力。而至於政黨內部治理而呈現的要求服從的狀態，是基於私團體自治原則而形成的權利，與公法上的權力並無搭界。當然，近現代憲法史的變遷顯示出一些新的現象，即公法如憲法對政黨進行規制。這一憲法現象的出現，並未能改變政黨權和執政權的屬性。憲法對政黨進行規制，只是基於歷史現實，即政黨權之行使破壞或可能破壞憲法秩序，因而給予其必要的限制。憲法上權利界限的變化並不少見，如財產權的限制即是明證，但這種新的限制的出現並未改變財產權作為權利的性質。當然，以上是理論和歷史的邏輯，並不對應於所有國家的現實。在當下中國，執政黨幾乎掌控着中國社會的所有資源，所具有的威望非其他國家的政黨所能比擬。這些是我們在研究執政權和政黨權時不能忽視的事實。因此，在中國，關於政黨權和執政權的研究就可能出現應然和實然間的尖銳對立。而這種對立將會使中國憲法學的研究處於兩難境地，或者堅守應然之崇高價值而成為玄學，或者融於政治現實而喪失學科的獨立性和品格。在此情景下，不若回歸憲法文本，從中至少我們可以推導出：憲法自身並未將政黨作為一國家機關而承認其權力，憲法承認中國共產黨的執政黨和領導黨地位，憲法並不認可執政黨及其黨員享有超憲法和法律的權利和權力，憲法不接受一個否定憲法權威的政黨政治模式。因

此，無論執政權在價值層面應當是一種權利，還是在實踐中表現為一種權力，執政黨領導人民制訂的憲法是試圖對其進行憲法和法律的約束。這可以成為憲法共識，在此共識之下，關於執政權的法律規範和制度約束當能順利進行。

2. 執政權的正當性基礎

政治合法性是政治生活中的基本主題，當政治權力只能由少數人來行使時，合法性問題便產生了，並在不同的朝代呈現不同的面相。在王政國家的時代，家天下的政治統治模式以君權神授論為其主要的合法性資源；政黨執政權的正當性則是政治合法性問題在近現代歷史上的具體表象，它伴隨着近現代民族國家的誕生而產生，並邏輯地導源於主權在民理念的確立。在現代憲政國家，政黨執政權的合法性問題存在一個二分的邏輯構成，即執政資格獲取的正當性和執政（執政權實現）的合法性。政黨是「由一群人組成的團體，他們通過選舉或革命取得政權並行使政權」，[61] 作為結社權制度的衍生物，是自由權的實踐，政黨執政資格的獲取主要源於結社自由的正當性。政治結社自由天然地導使多個政黨在法律上平等的存在，並形成開放式的政黨格局，政黨政治自然地要充分保障結社自由，特別是政治結社自由。否棄政治結社自由或對其他新政黨的成立進行百般刁難，只會減損執政黨執政的正當性。但是，在現實政治中，只是在競爭性政黨制度的國家，政黨才具有這樣的執政權。在協商性政黨制度的國家，一般只有一個政黨享有執政權，因此，這些國家的執政黨經常遭受以追求結社自由為名的正當性苛責。在當下的中國，結社自由權主要由一部行

61　《不列顛百科全書》（第13卷）（北京：中國大百科全書出版社，1999），頁381。

政法規《社會團體登記管理條例》來進行調整。這部行政法規對公民結社規定了某些實體和程序上的限制。這些限制包括：(1)成立的實體條件，如社團的成員、資產、經費、責任能力（第10條）、[62] 社團的宗旨（第4條）、[63] 負責人或擬任負責人的政治權利能力（第13條）；[64] (2)社團成立的程序性要求（第3條）；[65] (3)社團活動的基本限制（第六章），等等。以行政法規這樣位階的法律來對公民的結社自由進行如上的事前限制，並不符合憲政國家人權保障的基本要求。更為重要的是，在現實生活中，組建政黨的政治性結社被不少人視為「禁區」。現行憲法在文本中只是提及了中國共產黨，並以民主黨派來指稱現有的其他政黨，而並沒有採用列舉中國所有政黨的規範表達形式來描述當下中國的政黨構成和格局。其基本的政治用意並不是限制新的政黨

---

62 第10條規定，成立社會團體，應當具備下列條件：一、有50個以上的個人會員或者30個以上的單位會員；個人會員、單位會員混合組成的，會員總數不得少於50個；二、有規範的名稱和相應的組織機構；三、有固定的住所；四、有與其業務活動相適應的專職工作人員；五、有合法的資產和經費來源，全國性的社會團體有10萬元以上活動資金，地方性的社會團體和跨行政區域的社會團體有3萬元以上活動資金；六、有獨立承擔民事責任的能力。社會團體的名稱應當符合法律、法規的規定，不得違背社會道德風尚。社會團體的名稱應當與其業務範圍、成員分佈、活動地域相一致，準確反映其特徵。全國性的社會團體的名稱冠以「中國」、「全國」、「中華」等字樣的，應當按照國家有關規定經過批准，地方性的社會團體的名稱不得冠以「中國」、「全國」、「中華」等字樣。

63 第4條規定：社會團體不得反對憲法確立的基本原則，不得危害國家的統一、安全和民族的團結，不得損害國家利益、社會公共利益及其他組織和公民的合法權益，不得違背社會道德風尚。

64 第13條規定，有下列情形之一的，登記管理機關不予批准籌備：一、有根據證明申請籌備的社會團體的宗旨、業務範圍不符合本條例第4條的規定的；二、在同一行政區域內已有業務範圍相同或者相似的社會團體，沒有必要成立的；三、發起人、擬任負責人正在或者曾經受到剝奪政治權利的刑事處罰，或者不具有完全民事行為能力的……

65 第3條規定：成立社會團體，應當經其業務主管單位審查同意，並依照本條例的規定進行登記。社會團體應當具備法人條件。下列團體不屬本條例規定登記的範圍：一、參加中國人民政治協商會議的人民團體；二、由國務院機構編制管理機關核定，並經國務院批准免於登記的團體；三、機關、團體、企業事業單位內部經本單位批准成立、在本單位內部活動的團體。

的成立，否則，在立憲的時候，完全可以一一列舉政黨之名稱，來賦予這些政黨的憲法合法性，而阻止其他後來政黨的出現。換言之，「民主黨派」是一個開放性而不是封閉性的憲法表述和制度體系。在中國語境中，「民主黨派」的基本內涵是「接近中國共產黨領導的參政黨」。[66] 因此，新成立的政黨倘若接受「民主黨派」這一概念和定位，這些政黨的出現，只會強化人民政協的代表性和協商能力，並不構成對執政黨執政地位的挑戰，又能彰顯中國共產黨和中國政府「尊重和保障人權」的決心和意圖。在當代中國憲政背景之下的依法執政建設，可以也應該在這些方面形成突破。

執政權正當性的第二層含義是執政黨何以能夠成為執政黨。這一追問直接源於主權在民的基本憲法理念。無論是在競爭性政黨國家，還是在協商性政黨國家，政黨執政（執政權的實現）都必須接受其執政合法性的追問。在競爭性政黨國家，執政黨之輪替完全寄託於選民的意志，獲得多數選民同意者自然具有執政的合法性。在協商性政黨國家，執政黨的執政資格和執政權的享有，主要源於其作為革命黨時的優異表現和歷史功勞；到了和平時期，執政黨則面臨着角色置換和執政合法性強化的任務。這也是當代中國執政黨面臨的時代問題，並構成了執政權正當性基礎研究的客觀基礎。執政黨歷來重視黨自身的建設，試圖從指導思想、組織建設和執政能力等多方面來強化黨自身的先進性，進而增進執政的合法性。這些舉措具有相當的實效，執政黨無論是在人民心中的地位，還是實際治理國家、駕馭市場經濟的能力都明顯增強。但是，在依法治國作為治國的主要方略已經載入憲法的新時代，執政權的正當性也必須嵌入法治和憲政的體制之中，而不

---

66 中國共產黨1989年頒佈的《中共中央關於堅持和完善中國共產黨領導的多黨合作和政治協商制度的意見》，事實上是指導中國政黨關係的「基本法律」，可以將其融入將來的政黨法之中。

能僅僅滿足於歷史的選擇和人民的默示性同意，執政權的合法性應當主要立足於民主選舉的法律程序。由於中國政黨主治的基本現實，執政權民主合法性的滿足，自然不是以削弱甚至取消執政黨執政地位為目的，而是以此為前提。基於這一要求，在實行民主選舉時，應當確保執政黨特殊的候選人提名權，但即使如此，執政黨也應當推動差額選舉，而不可拘泥於等額選舉。

3. 執政權的規範表達 —— 制訂政黨法的相關問題

執政權的規範化與政黨立法並不相同，客觀而論，這是中國式的問題，但我們不可輕視政黨立法的基本經驗。根據學者的統計，目前世界上大約有七十多個國家在憲法中明確規定了專門的關於政黨的條款。[67] 這其中既有德國、法國、意大利等發達國家，又有新加坡、南朝鮮等新興的中等發達國家，也有一大批發展中國家。值得注意的是，不管宗教信仰、文化背景、民族構成和文化傳統有如何的差異，它們均共同地表示出了對政黨制度入憲的重視。綜觀上述國家關於政黨問題的憲法規定，其在內容上既有共性的層面，又有特殊性的層面。國外憲法關於政黨規制的共性內容主要包括：[68] (1) 政黨依法自由組建。許多國家的憲法都從「基本人權」或「公民權利保障」的角度明確對這一原則加以確認，甚至在伊朗這樣政教合一的國家，其憲法也規定了公民組織政黨的權利。不過，明確規定這一原則的國家，其

---

67 參見［荷］亨利•馬爾賽文（Maa Rseveen, H.）、格爾•唐（Tang, G.）著，陳雲生譯：《成文憲法的比較研究》，頁1。

68 參見何力平：〈外國憲法中的政黨條款及其對建立我國政黨法治的啟示〉，《杭州商學院學報》第2期（2004）。

憲法的條文表述不盡相同。[69] 另外一些國家雖然沒有明確規定這一原則,但它們都規定了公民的結社自由權,並從法理上推定組織政黨也是公民結社自由權的當然衍生。(2)政黨的法律地位平等。通常認為政黨作為一個社團法人,它具有類似自然人的人格,基於自然人的人格平等和法律面前人人平等之規定,政黨的法律地位必然平等,同時這也是政黨自由組建的必然要求。[70](3)政黨內部必須實行民主制度。在憲政的架構下,政黨的外部組織與活動可能對憲政法律關係產生影響,自然要被納入憲法的規制之下。而政黨的內部組織與活動在新的社會情勢下,日益對公民權利和公共權力產生重大作用,所以諸多學者主張政黨內部的組織與運行機制不能單純由政黨自決,而應遵循民主的原則。[71] 二次世界戰爭之後制訂的新憲法大多數都規定了政黨內

69　法國憲法第4條規定:「政黨自由地組建和開展活動。」意大利憲法第49條規定:「所有公民都有權通過政黨自由結社,以通過民主的方式推動國家政策的制訂。」亞美利亞憲法第7條第2款規定:「黨派自由地組建並促進人民政治意願的形成與表達。」伊朗憲法第26條規定:「在不違反獨立、自由、國家團結、伊斯蘭準則或伊斯蘭共和國基礎的前提下,准許建立黨派、社團、政治或職業協會、伊斯蘭教或受到承認的少數派宗教社團,不得妨礙或強迫任何人加入上述團體。」

70　委內瑞拉憲法第114條第2款規定:「立法規定政黨的組成和活動以保證其民主性及法律面前各政黨平等。」俄羅斯憲法第13條規定:「俄聯邦承認政治多樣性和多黨制;所有公眾社團在法律面前一律平等。」葡萄牙憲法第40條第3款則從技術操作角度體現了政黨法律地位平等的原則,它規定:「在選舉期間,候選人有在全國和地區電台和電視台定期、平等的播出時間。」

71　比如德國著名學者E. Forshitoff在上世紀50年代前聯邦德國制訂基本法時,就著文專門探討了政黨內部民主原則問題,他認為政黨內部民主原則應包括以下內容:一、擯棄法西斯的領袖政黨之形式,黨之大權不可操縱在黨領袖手中;二、政黨的意見決定應遵循由下至上的方式,政黨不可以只由少數人控制,必須保證黨員能持續地影響黨的決策。參見陳新民:《德國公法學理論基礎》(上冊)(濟南:山東人民出版社,2001),頁261。

部的民主原則問題。[72](4)政黨的經費來源與支出公開並受審查。政黨的經費來源和支出是政黨政治與活動是否民主的重要外顯標誌之一，也是政黨社會基礎的重要表徵。按照憲政民主制度的要求，政黨財務，一方面必須公開透明，另一方面又必須接受公眾監督和專門機構的審計，許多國家憲法都專門做了相應規定。[73]各國憲法的規定證明了當代民主政治首先是政黨政治、政黨是人民行使參政權的重要路徑這一道理。同時，有關政黨職責的規定也為政黨的組建樹立了一道門檻，當一個組織無力履行這些職責的時候，自然也喪失了其作為政黨的權利。(5)不得強迫和限制加入或退出政黨。[74]憲法之所以作出這樣的規定，通常基於兩點考慮：其一，加入或退出政黨是公民政治自由的一部分，任何組織包括政黨本身不得加以限制；其二，如果將此類問題完全委由政黨自決，會導致政黨以意識形態、個人喜好或其他濫

72　比如1950年聯邦德國基本法第21條規定：「政黨內部秩序必須符合民主原則。」韓國憲法第8條第2款規定：「政黨的目標、組織和活動必須民主，要有必要的組織安排使人民參加政治意願的形成。」智利憲法第19條第5款規定：政黨「其內部章程必須規定保證有效的內部民主的宗旨」。亞美利亞憲法第7條第2款則規定：「黨派活動不得違反憲法和法律，其結構和實踐不得違反民主原則。」

73　葡萄牙憲法第51條第6款規定：「法律規定政黨的經費，特別是公共融資的要求和限度，以及財產、帳目透明度的要求。」哥斯達黎加憲法第96條第4款規定：「為了獲得國家資助，黨派須向最高選舉法庭出具支出帳目，對政黨的私人捐助須符合公開原則，並受法律規制。」波蘭憲法第11條第2款規定：「政黨的財務情況應受到公眾的監督。」阿根廷憲法第38條第4款規定：「政黨應公開其經費和資產的來源與去向。」土耳其憲法第69條第4款規定：「應由憲法法院進行對政黨的審計。」(5)規範政黨的功能與職責。泰國憲法第47條第1款規定：「人人有權聯合起來建立政黨以形成人民的政治意願，有權為實現該意願通過憲法規定的以國王為國家元首的民主政府機制進行政治活動。」莫桑比克憲法第31條第1款規定：「黨派體現政治多樣性及以競爭的方式形成和表達民願，黨派是公民民主參與國家治理的根本途徑。」塞拉利昂憲法第35條第1款規定：「政黨建立起來以參加人民政治意願的達成，傳播政治思想、全國性的社會和經濟綱領，贊助總統、國會或地方政府選舉的候選人。」

74　立陶宛憲法第35條第2款規定：「不得強迫任何人加入任何社團、政黨或協會。」烏克蘭憲法第36條第4款規定：「不得強迫任何人加入任何公民社團，不得限制任何公民加入或退出政黨或公民組織的權利。」土耳其憲法第68條第1款規定：「公民有權成立政黨、依據有關程序加入或退出政黨。」

權的方式侵害公民個人的權利。[75] (6)政黨的正常活動受國家的保護和資助。[76] 依照一般法理，憲法或法律只應消極地規定政黨經費的來源或使用開支情況，而不應積極規定贊助政黨活動的內容。一般國家的憲法之所以作出這樣的規定，其理由應該在於：培育國內政黨政治的環境；保護各政黨之間的平等競爭；將政黨活動納入法制化的有序軌道之中。(7)禁止政黨危害國家政體和公共安全秩序。[77] 各國憲法關於政黨制度的共性規定說明：憲法作為人類治理結構的凝縮要反映一些普適性的規律，憲法作為一種文化現象要經受不同文明的激盪和影響，憲法只有反映人類社會先進的政治文化和政治文明才有真正的生命力。

中國尚未制訂政黨法，現行憲法關於政黨制度的安排主要體現在憲法序言、憲法總綱第5條和憲法第4條、第12條修正案之中，如果對憲法第35條關於結社自由的規定做寬泛的解釋，也可以推導出有關

---

75 德國以政黨法這一特別法律形式規定該項問題。德國政黨法第10條第1款和第2款規定，政黨內部的人事機關依黨章的有關規定，可以自由決定黨員的入黨申請。對入黨申請之拒絕可以不附任何理由。經法院判決喪失選舉權和被選舉權者，不得加入政黨為黨員。但政黨不得制訂或公佈概括性或有期間性的不收黨員之政策。參見陳新民著：《德國公法學理論基礎》（上冊），頁264。

76 阿根廷憲法第38條第3款規定：「國家對政黨的活動及領導人的培訓提供經濟支持。」巴西憲法第17條第3款規定：「法律規定政黨有權從黨派基金獲得經費，有權免費使用廣播和電視。」韓國憲法第8條第3款規定：「政黨受到國家的保護，根據法律規定的條件享有國家提供的活動經費。」哥斯達黎加憲法第96條甚至明確規定了國家資助政黨的條件，包括三年內的資金補助不得超過共和國日常預算平均數的2%，獲得贊助的資格為至少獲得全國有效票數的4%、公開帳目等。

77 德國憲法第21條第2款規定，若政黨「試圖破壞或廢除自由民主的基本秩序或危害聯邦共和國的存在」將被視為違憲行為而承擔相應法律責任。俄羅斯憲法第13條第5款規定：「目標和行動旨在強行改變憲法治理的根本原則，破壞俄聯邦完整性，危害國家安全，組建武裝部隊，煽動社會、種族、民族和宗教衝突的公眾社團，其建立和活動須被禁止。」土耳其憲法第68條第4款、第5款規定：「政黨的章程和綱領不得違背國家領土不可分的完整性、人權、國家主權、民主和世俗化的原則。不得組建旨在支持、建立階級或集團統治或任何形式獨裁的政黨。」

政黨制度的憲法安排。憲法序言第7自然段確認：「中國各族人民將繼續在中國共產黨領導下，在馬克思列寧主義、毛澤東思想、鄧小平理論和『三個代表』重要思想指引下，堅持人民民主專政，堅持社會主義道路，堅持改革開放，不斷完善社會主義的各項制度，發展社會主義市場經濟，發展社會主義民主，健全社會主義法制，自力更生，艱苦奮鬥，逐步實現工業、農業、國防和科學技術的現代化，推動物質文明、政治文明和精神文明協調發展，把我國建設成為富強、民主、文明的社會主義國家。」這項內容確認了中國共產黨的領導權和執政地位。憲法序言最後一個自然段確認：「本憲法以法律的形式確認了中國各族人民奮鬥的成果，規定了國家的根本制度和根本任務，是國家的根本大法，具有最高的法律效力。全國各族人民、一切國家機關和武裝力量、各政黨和各社會團體、各企業事業組織，都必須以憲法為根本的活動準則，並且負有維護憲法尊嚴、保證憲法實施的職責。」憲法第5條第3款規定：「一切國家機關和武裝力量、各政黨和各社會團體、各企業事業組織都必須遵守憲法和法律。一切違反憲法和法律的行為，必須予以追究。」上述規定確認了中國各政黨在中國法制總框架中的位置與職責。憲法序言第10自然段確認：「社會主義建設事業必須依靠工人、農民和知識分子，團結一切可以團結的力量。在長期的革命和建設過程中，已經結成由中國共產黨領導的，有各民主黨派和各人民團體參加的，包括全體社會主義勞動者、擁護社會主義的愛國者和擁護祖國統一的愛國者的廣泛的愛國統一戰線」。上述有關政黨制度的憲法安排，基本確立了中國政黨活動的法律框架，為政黨活動的有序化、法制化奠定了重要基礎，但這些安排也存在重要的缺失，表現在：第一，主要以憲法序言來安排政黨制度，存在效力不充分的問題。憲法序言無疑是有效力的，它的效力來自於兩個方面：(1)符合中國政治關係的現實而具有事實的合法性；(2)因為憲法整體應具有法律效力，為整體投射的部分當然不能沒有法律效力。但憲法序言部分通

社會主義憲政研究

常缺乏憲法規範所應具有的邏輯結構，因此其效力不具有直接性和自足性，而只能通過與其他法律規範的結合才能發揮作用。第二，現行憲法的安排過於偏重制度安排本身的政治性，而忽略了政黨制度的憲政安排其實也是政治文明的一部分。政治文明應更多地保持價值寬容和價值中立，注重技術操作的設計，注重對各國先進政治文明成果的借鑒和吸收。第三，現行憲法對多黨合作的規定有待修改和補充。首先，現行憲法沒有規定多黨合作和政治協商是一項基本的政治制度，應該對憲法序言的表述做進一步充實，同時可考慮在憲法正文中明確規定各民主黨派在國家政治生活中的地位、作用和行動準則；其次，要通過一定的條文規定政治協商會議的組織和職權問題；再次，如果中國政黨生態就是一個「執政黨」和八個「參政黨」的固化，那麼在憲法文本已經列舉共產黨的名稱後，也應明確列舉憲法承認的各民主政黨名稱以體現政黨的法律平等地位，如果政黨的架構是開放的，那麼就應以適當的條文來表現政黨開放和發展的空間。第四，現行憲法對共產黨作為執政黨的法律地位、執政組織形式和執政法律程序缺乏明確規定，導致共產黨的執政缺乏法律規則構建的基礎，從而導致執政的權利與義務不甚明確，執政的法律界限也不甚清晰。

憲法落實貫徹的途徑之一是通過普通法律的具體化，加之不少國家已經制訂了專門的政黨法，因此在中國有沒有必要制訂專門的政黨法，成為近幾年來理論界討論的一個熱點問題，並出現兩種絕然不同的兩種意見。[78] 一種意見認為中國目前不宜制訂政黨法，其理據如下：(1)西方國家並非有政黨就有政黨法，相反制訂專門政黨法的僅限於少數國家，其目的在於限制在野黨，尤其是共產黨的活動。中國目前的政黨結構更偏重於黨際協商和合作，沒有根本的利益衝突，制

78　參見孫秀民：〈20世紀80年代以來我國政黨立法研究綜述〉，《學習與探索》第3期（2004）。

訂政黨法來調整並非必需；(2)政黨法的重點在於規管政黨與政權的關係，而中國政黨與國家政權關係成熟狀態是什麼，在理論和實踐上都有待探尋；(3)與「一國多制」的國家政治結構相對應，政黨法如何應對中國不同法域政黨存在的複雜情況，尋找普遍性的調整規範，在立法技術上存在巨大難題；(4)制訂政黨法勢必難迴避組織新黨的問題，如果政黨法僅僅規定現有的「一黨執政和多黨參政」的政治格局，那麼就很難在法理上對限制公民組織政黨的權利自圓其說。另一種意見認為應該制訂政黨法及其實施細則，同時依據修改補充後的憲法和政黨法，對其他與政黨制度相關的法律、法規進行修改、補充。其觀點如下：(1)基於對中國政黨法制基礎的良好評估，認為中華人民共和國成立以來的四部憲法，都在序言部分強調了共產黨的領導地位。除了1975年憲法外，其餘三部憲法都同時強調了中國各民主黨派是統一戰線的重要組成部分。1982年憲法還率先使用了「各政黨」的重要表述，強調包括共產黨和八個民主黨派在內的「各政黨」都必須以憲法為根本的活動準則，並負有維護憲法尊嚴，保證實施憲法的職責。憲法第5條還特別重申：各政黨「都必須遵守憲法和法律，任何組織和個人都不得有超越憲法和法律的特權」。這些規定都是中國政黨制度法律化的重要成果，並為政黨制度的進一步法律化打下了基礎。(2)制訂政黨法是從嚴治黨、遏制腐敗之需。有學者認為中國的腐敗主要發生在執政黨的黨員幹部中間，因而治腐應以治理黨員幹部的腐敗為重點，黨員幹部腐敗的原因除了「內心不清潔」外，更在於其權力不受制約。對前者要以教化為主，對後者則必須制訂政黨法。「只有制訂政黨法，才能確定黨作用於國家事務的邊界，明確黨和政府之間的關係，使黨從那些不該管、也管不好的領域中退出，才有可能從根本上解決黨政不分的政治體制，消滅腐敗產生的體制性因素；也只有制訂政黨法，才能使黨內監督經常化、制度化，減少漏監、弱監、虛

監現象，降低腐敗發生的概率。」[79](3)有學者認為建立健全政黨法制是依法治國的當然之意。中國共產黨和各民主黨派都是由代表不同階級、階層和利益集團的先進分子組成的，都應該積極主動加強自身法制建設，依法設立章程、規章、紀律和制度來組織政黨，進行組織行為和對外發生關係，率先垂範地培育法律信仰，加強法律意識，從而極大地豐富依法治國的內涵。[80]贊成制訂政黨法的學者還進一步對政黨法的內容和結構進行了設計。有人認為政黨法的主要內容應包括幾個方面：(1)政黨活動的基本原則，它是政黨從事各種政治活動及領導、參與國家事務的基本準則，也是政黨法的基本原則，包括守法原則和民主原則。(2)政黨與政府的關係，政黨法應明確界定政黨與政府的職責，理順黨與政府的關係。(3)政黨內部治理結構。[81]還有的學者認為，政黨法應包括三部分的內容。第一部分，明確政黨含義，劃清它與其他社會團體的界限，明確中國共產黨與民主黨派在國家政治生活中的地位、職能和作用。第二部分，規定政黨的組織原則、機構設置、工作程序、經費來源及其使用限度。第三部分，規定各政黨與政權機關、社會團體的相互關係，明確規定共產黨的執政方式和民主黨的參政方式，劃分各政黨的活動範圍和政治權限；規定執政黨的決定、政策等必須經過全國人大的認可，才能產生某種法律效力，為全體人民所遵循，規定全國人大作為最高權力機關有權監督各政黨的活動；規定各政黨不得取代行政機關的日常事務，不得干涉司法機關的獨立辦案，不得干涉各社會團體的正常的獨立活動；規定任何政黨的黨員違法不僅要受到黨紀的處分，而且要受到法律的制裁，不能用黨

79　鄭鵬程：〈反腐敗需要制定政黨法〉，《湘潭師範學院學報》（社會科學版）第3期（2002）。

80　參見王聖誦：〈政黨法制建設論〉，《東方論壇》第1期（2000）。

81　參見鄭鵬程：〈反腐敗需要制定政黨法〉。

紀的處分來取代或沖淡司法的處理，等等。[82] 還有學者認為，中國政黨立法主要是規範中國共產黨領導的多黨合作與政治協商制度，其中涉及人大對黨的監督部分應注意五個要點：(1)各政黨特別是中國共產黨必須遵守憲法所確認的立國四項基本原則和「依法治國，建設社會主義法治國家」的治國方略與目標，堅持以經濟建設為中心和改革開放的方針；(2)領導黨要「依法治國」；(3)執政黨要「依法執政」；(4)對各民主黨派的參政要制度化、法律化；(5)對政黨違憲、違法行為進行追究。[83]

我們認為中國政黨權利的合法性除了建立在歷史事實和人民的民主認同的基礎上之外，更重要的是要嵌入法治的架構之中，解決組織和行為的合法律性，在此意義上，完善政黨法制乃當務之急。不過，中國政黨法的制訂在目前還面臨意識形態的瓶頸和立法技術層面的巨大障礙。另外，憲法序言僅陳述性地敘述了政黨制度的有關內容，憲法的文本並沒有授權人大制訂專門性的政黨法律，人大能否將政黨法的制訂視為自主性職權，換言之，中國人大立法權是否存在邊界？這些都是須要在理論上證成的問題。另外，中國共產黨依法執政實踐的初始展開及中國社會的急劇轉型，這些也似乎預示着立即制訂政黨法並非成熟之舉。當然，這些也意味着，關於依法執政的相關研究存在一個相對充裕的時間，可以有計劃有規模地開展。

---

82 參見徐育苗、梁琴、唐明勇：《當代中國政黨制度研究》（武漢：華中師範大學出版社，1995），頁3。

83 參見郭道輝：〈黨的領導與人大監督〉，《法學》第3期（2001）。

CHAPTER
第十三章

當代中國憲政建設的必備機制：
違憲審查

憲法作為具有實效力的法律的觀念只是在晚近時期才得以全面確立,在此之前,憲法更多地被視為政治宣言、人民的約定。人類社會發展對價值和秩序整合的內在需求,終將憲法置於國家根本法的地位並以之統制一國的法律秩序,這一發展變化通過違憲審查得到制度性的表達。一切法律和權力行為皆以憲法為合法性基點,這是現代憲政國家的基本形態。在從憲法到憲政轉捩的歷史關口,違憲審查是標誌。在此前的憲法,不是名義憲法就是語義憲法,在此後的憲法,概為規範憲法,只不過,各國進入規範憲法的時間迥然有別。我們可以在一定程度上將憲政簡約化為具有實效力的違憲審查制度。當代中國的憲政建設,旨在實現憲法價值合理化的同時,從非規範憲法走向規範憲法,違憲審查制度在當代中國自然是不可或缺。這正是本章要探究的命題。

一、違憲審查與憲政國家

作為立憲政治的指稱,憲政曾被人機智敏銳地稱為「限政」。一個「限」字,讓人對憲政的本原和本質了然在目,更直白地揭示了為政治權力設防的普遍心理和觀念。不過,在當下為人們所普遍稱道的這種限制國家權力,保障基本人權的政治形態,並非自一國制訂憲法之時便能確立,它實際是人們歷經磨難、痛定思痛後的選擇。立下

決心通過憲法來限制國家權力，同時也必須宣告一項基本憲法制度的確立，即違憲審查。違憲審查乃是憲政的內生物，它對於憲政具有不可替代的價值，任何一個試圖在憲政國家的清單上寫下自己名字的國家，都必須接納違憲審查制度，並保證其具備實際的效力。這一關於憲政的原理，在世界第一部成文憲法誕生之際，便在馬伯里訴麥迪遜的案件中得到宣揚。當然，這一憲政原理在多數國家中成為規範政治生活的主導原則，卻是相當晚近的事情，它是憲法變遷的成果。

1. 違憲審查在早期憲政實踐中的表達

英國是率先踐行立憲主義的國家，但這個國家的權力機關並非總是在憲政的軌道上行使。當 1767 年現代化的英國議會宣稱議會之多數可以通過或批准任何它認為適宜的法律的時候，英國不但丟失了自己在自由主義賽場上的領跑身位，也誘引了信奉盎格魯─薩克遜式自由的北美殖民地人民的激烈反抗。在這場運動中，美國確立了自己在憲政領域的示範地位，並揭示了違憲審查作為憲政基本原則的原理。此時的英美，對自由理想的態度區別巨大。在英國，人們似乎忘記了任何權力都不應當是專斷的及一切權力都應當為更高級的法律 (higher law) 所限制的觀念，議會甚至要求享有至上的主權。而在美國，殖民地的領袖人士卻在將那種依更高級的原則對權力進行法律限制的觀念適用於議會本身。殖民地的領袖人士中有不少是思想深刻的政治哲學家，他們通曉古典傳統，對英國思想家的種種理念瞭如指掌。在他們的領導下，美國為法治下自由的實現貢獻了值得稱道的憲政模式——哈耶克評價說：「美國人民能夠通過捍衛他們的聯邦憲法來捍衛自

社會主義憲政研究

由。」[1] 哈耶克的研究顯示，這部在憲法實踐早期出現的憲法，反映了諸多時下為人們所接受的憲法觀念和憲政追求：[2]

一是有限政府的理念，即任何配置和分配權力的憲法，都必須限制所有權力機構的權力。當英國的政治之風背向自由時，北美殖民地人民依舊堅守自己作為英國臣民所享有的權利和特權——這些權利和特權正是自由大憲章以來的自由法律所賦予的。這種歷史傳統促使自由的理想在他們之間形成。當他們發現他們曾經信奉的英國憲法諸原則已經喪失了實質意義，而且不能有效地抵抗英國議會的要求或主張時，他們斷言必須重新建構業已失去的憲法基礎。他們認為，這個基礎性原則就是一部確定的憲法（a fixed constitution）乃是任何自由政府的必要基礎，同時，這樣一部憲法意味着有限政府（limited government）。在殖民地人民看來，配置權力的憲法如果只限於規定程序問題，或者只決定所有權力的淵源問題，僅規定某人或某機構的決議將成為法律，那它根本就不成其為憲法。他們認為，一旦憲法將各種具體權力授予不同的權力機構，它也將限制它們的權力，這不僅是從其應該追求的目的或目標的角度來講，而且也是憲法權力在適用的方式和過程中應該遵循的原則。這種有限政府觀念直接導致了以下兩個結論：一是代議機構的權力應受賦予其特定權力的文獻的嚴格限制。憲法除了規定立法的淵源外，還規定一些一般性原則來調整或支配被授權的立法機構所頒佈的法規法令。所以，憲法理念所涉及的不僅是權威或權力的等級觀，還涉及規則或法律的等級觀。在這裏，那些擁有較高等級的一般性規則或法律，以及那些源出於較高權威機構的規則或法律，控制着那些由被授權立法的機構所通過的較為具體

---

1 ［英］哈耶克（Hayek, F. A.）著，鄧正來譯：《自由秩序原理》（上）（北京：三聯書店，1997），頁243。

2 ［英］哈耶克（Hayek, F. A.）著，鄧正來譯：《自由秩序原理》（上），頁223以下。

的法律內容。二是人民主權原則的含義也因此發生了重大變化。這一原則與其說是指一切權力來源於人民，作為人民的代表的政府人員必須經常重選，不如說意指這樣一個事實，即人民被組成一個立憲的群體，擁有排他性的權利決定代議機構和其他政府機構的權力。美國聯邦憲法較好地貫徹了「有限政府」這一憲法觀念，它絕對不僅僅是規定立法機關、行政機關和司法機關各自應該行使什麼樣的權力的文獻，而且還是一部通過限制政府自由來保障個人自由的憲法，也就是一部能夠保護個人以反對一切專斷性強制的憲法。

二是一項更高級法律（higher law）支配常規立法的觀念。在18世紀，此一更高級的法律通常被認為是上帝之法（law of God），或自然法（law of nature），或理性法（law of reason）。長久以來，人們便主張通過將更高級法予以闡明並載諸文件，使它明確易解，便於實施。這一工作由殖民地美國人民最早付諸實施，美國聯邦憲法遂成為對世界其他國家或地區產生深刻影響的憲法模式。成文憲法的出現這一事實，本身就反映了人們對先在的「高級法」的承認 —— 美國聯邦憲法第九條修正案規定「本憲法對一些權利列舉，不得被解釋為對人民所保有的其他權利的否定或蔑視」，鮮明地體現了這一點。成文憲法的出現，不僅反映了立法機構在制訂具體法律時必須受制於一更高級法律的觀念，同時也反映了人們對理性思考能力的懷疑。「它意味着對人們所具有的審慎思考理性（deliberate reason）的能力之局限性的承認，而且對已獲證明的各項原則的依賴要優於對特定的解決方案的依賴；更有進者，它還意味着規則的等級未必以明確陳述的憲法性法律（constitutional law）的規則為最高等級。……甚至憲法也立基於（或預設了）人們對一些更為基本的原則的根本同意，儘管這些原則可能從未得到明確的表達，但是它們先於成文的基本法（written fundamental laws），以及對這種基本法的同意而存在，而且正是他們的存在，才使這種基本法，以及對它的同意有了可能。……人們之

所以能夠組成一個有能力制訂法律的社會，乃是因為他們早就享有一些共同的信念：正是這些共同的信念使他們有可能展開討論和彼此勸說，而且明確闡述的規則為了被人們承認為合法，亦須與這些共同信念相符合。」³ 基於美國憲法揭示的這種憲法觀念，哈耶克進而認為，「憲政（constitutionlism）意味着一切權力都立基於下述認識，即必須根據為人們所共同接受的原則行使權力，被授予權力的人士須經由選舉產生，然而選舉他們的理由乃是人們認為他們極可能做正確的事情，而不是為了使他們的所做所為成為『應當正確』的事情。歸根結蒂，憲政立基於這樣一種認識，即權力從終極上看終究不是一種物理事實（a physical fact），而是一種使人們服從的觀念狀態（a state of opinion）。」⁴

三是個人權利保障的觀念。眾所周知，《權利法案》只是以修正案的形式才得以成為美國憲法的一部分。圍繞是否在憲法中規定公民權利，人們展開了激烈的爭論。反對派認為《權利法案》會對那些未授予政府的權力作出種種限制性規定，從而為政府要求獲得多於已授予的權力的主張提供藉口；而且美國憲法旨在保護的個人權利，其範圍遠遠超過了任何文獻所能列舉者；而且對某些個人權利的明確列舉，有可能被解釋成未被列舉的權利未得到憲法的保護。而支持者則認為，人民的某些特別權利必須得到特殊的保護。哈耶克評價兩派的爭論說，一開始反對將一項《權利法案》納入美國聯邦憲法之中的各種理由，與後來說服那些反對派人士的種種努力，在美國憲法保障個人權利的規定方面具有同等重要的意義。正是兩派之間的爭論，使人們對權利列舉所帶來的種種危險有了清醒的認識，並試圖通過第九條修正案所謹慎規定的內容來加以防範。這一規定反映了人們對未予闡明

3　[英]哈耶克（Hayek, F. A.）著，鄧正來譯：《自由秩序原理》（上），頁227。

4　同上註，頁228。

的精神的尊重，並為後來的立憲國家在設計公民權利憲法保護制度時提供了一種值得借鑒的範式。

　　四是司法審查的原則。當諸多學者將司法審查喻為美國憲法的獨創時，哈耶克引用一位法律史學家的發現說，司法審查（judicial review）並不是美國人的發明，而是一種歷史悠久的安排；這意味着，沒有司法審查，憲政根本就不可能實現。自從「馬伯里訴麥迪遜」（*Marbury v. Madison*）一案後，司法審查原則很快成為美國的一項法律，以其為基礎的憲法理論也得到了很大發展。人們漸漸認識到，一個以權力分立為基礎的憲政制度，預設了嚴格意義上的法律與那些由立法機構頒佈但並不屬一般性規則的法律之間存在着差異，而且這一區別被視為對立法權的主要權限。憲法規則的目的在於控制實質性立法，而司法審查則為限制立法機關的恣意行為提供了制度支持。

　　無疑，在馬伯里訴麥迪遜的案件中，馬歇爾（John Marshall）大法官是全面忠實地堅守了這些原則。在此案中，馬歇爾大法官將案件的訴爭在邏輯上分解為三個呈遞進關係的問題：馬伯里是否具有擔任治安法官的權利？馬伯里的該項權利受到侵犯時，是否應當得到法律的救濟？馬伯里能不能通過向本院申請令狀的方式獲得權利救濟？這實際上將該案分解為實體權利和程序救濟兩個方面。[5] 在對前二個問題作出肯定回答後，馬歇爾卻拒絕為馬伯里提供執行令狀，其理由是該案不屬最高法院的管轄範圍，授權最高法院對此案件進行管轄的司法法與聯邦憲法第3條第2款相抵觸，法院認為應當遵守憲法的規定。對此，判決書寫道：「立法機關的權力被界定並受到限制，而且，由於是成文憲法，這些限制是不應該被弄錯或被遺忘的。如果這些限制隨時可能被它們所要限制的人逾越，那麼對權力加以限制的目的還

5　參見強世功：〈司法審查的迷霧——馬伯里訴麥迪遜案的政治哲學意涵〉，《環球法律評論》
　　第4期（2004）。

社會主義憲政研究

何在呢？對這些限制予以明文規定的目的又何在呢？如果這限制無法控制他們想要加以限制的人，如果被禁止的行為和被允許的行為對政府來說，都必須承擔同樣的責任，那麼，有限政府與無限政府之間就沒有什麼區別了。由此推出一個顯而易見、毋庸置疑的結論：要麼，憲法制約着任何與其抵觸的立法行為；要麼，立法機關可以通過普通立法來修改憲法。」接着，判決書進一步指出：「在這兩種選擇中，沒有中間道路可走；憲法要麼是一種優先的、至高無上的法律，不能被一般法案修改；要麼與一般法案處於同一層次，並與其他法律一樣，立法機關可以隨時加以修改。如果前種方式是正確的，那麼與成文憲法相違背的立法法案就不是法律；如果後種方式是正確的，那麼成文憲法以人民的名義限制這種本質上無法限制的權力則只能成為一種荒謬的企圖。」然而，「那些成文憲法的制訂者們將憲法視為國家的基礎的、重要的法律，這種政府所堅持的理論是：與憲法相抵觸的立法法案都是無效的」，[6] 法院有權力進行違憲審查，宣告違憲的法律無效。在整個判決中，馬歇爾駕輕就熟地運用了上述憲政原理，作出了一份被人稱為「司法上的創舉和謬誤」[7] 的判決。人們當然對馬歇爾大法官的判決頗有微辭，而對其將違憲審查大權攬入法院之手中，更是斥其於法無據。但拋棄這些所謂的「瑕疵」不談，馬歇爾大法官雖動機不純，卻極為準確地闡明了憲政的精神。所以，哈耶克提醒說，儘管美國憲法的主要特徵形成了人類理解憲法意義的早期，並且美國人極少將可行的經驗及時地納入成文憲法之中，但是美國的憲法實踐為立憲

---

6 北京大學法學院司法研究中心編：《憲法的精神：美國聯邦最高法院200年經典判例選讀》（北京：中國方正出版社，2003），頁20。

7 林來梵：〈司法上的創舉和謬誤──也評「馬伯里訴麥迪遜案」〉，載《中國法律法規網》。張千帆也認為，「對立法的司法審查在美國乃至世界憲政史上是一項開天闢地的創舉」。〔奧〕漢斯‧凱爾森（Kelsen, H.）著，張千帆譯：〈立法的司法審查：奧地利與美國憲法的比較〉，《南京大學法律評論》第1期（2001）。

活動貢獻了一系列值得尊重的基礎性原則。這些原則是：「立法機構須受一般性規則的約束；立法機構必須以這樣一種方式處理特定問題，這種方式就是它在此類情形中適用的基本原則也可以同樣適用於其他情形；而且，如果立法機構侵犯了一項迄至當時一直為人們所遵循的原則（儘管它可能是一項從未得到明確闡述的原則），那麼立法機構就必須承認這個事實且必須遵循一精心構設的程序，以確定人民的基本信念是否真的發生了變化。司法審查對於變革而言，並不是一絕對的障礙，它對於變革所能起到的最糟糕的作用也只是延緩變革的進程，並且促使立憲機構必須就爭議中的原則作出捨棄或重申的決定。」[8]

哈耶克所論及的這項基礎性原則，正是馬歇爾大法官在判決書中反覆證明並據此行事的有限政府、憲法至上和違憲審查的原則。在那個成文憲法剛剛誕生、制憲者甚至都懷疑這部憲法的壽命、[9] 憲政國家尚還稀少的時代，這些原則即便得到思想家鋪天蓋地的宣揚，亦會因為與歷史上長期的專斷和恣意行為方式相異而變得陌生，也需要更多的時間來證明其合理性並為人類社會所接受。但是，它們到底還是戰勝了與其相反的行為方式和心理習慣，為更多的國家所遵從，並在當代社會成為常識。其中，極具戲劇性的是，當初將法治下的自由的理想輸入北美殖民地的英國，在20世紀末制訂了《人權法》，設立了兩個關鍵的機制：法律解釋和宣告抵觸（該法第3條規定，只要有可能，議會立法及次級立法必須按照《人權公約》的精神解釋，賦予其與《人權公約》相一致的含義。第4條規定，法院在必要時，可以宣告議會立法「抵觸人權公約」）。法院的精英們正是利用這兩個機制，

8　[英]哈耶克（Hayek, F. A.）著，鄧正來譯：《自由秩序原理》（上），頁242。

9　參見尹宣：〈聯邦制憲會議記錄的解密與成書〉，[美]麥迪遜（Madison, J.）著，尹宣譯：《辯論：美國制憲會議記錄》（上）（瀋陽：遼寧教育出版社，2003），頁6。

社會主義憲政研究

開始勇敢、甚至極為出位地審查議會制訂的法律。[10]這對於長期浸淫
於英憲議會主權體系之中的民眾和法院而言，無疑是一個重大的憲政
突破。這一突破，與200年前的馬歇爾大法官的判決詞遙相呼應，把
憲政與違憲審查的原理映襯得格外的耀眼。

2. 違憲審查的公理性地位

　　如果說在美國立憲的時期，違憲審查作為憲政的必然要求，只是
通過一次偶然的法律訴訟而得以宣明，那麼，在當代，它已是憲政國
家的公理。違憲審查公理地位確立的過程，既蘊含着憲法觀念的歷史
變遷，更夾雜着種種法制史上的悲劇——這些，都補強了憲政與違憲
審查的本質關聯。

　　憲法政治（立憲主義政治）的理論，是對歷史上專制統治和政治
的全面反動。專制政治下的政府通常恣意妄為，並極力摧毀一切試圖
對政治權力進行限制的普遍規則。在專制政治之下，個體的自治價值
受到嚴重的踐踏，每個人在強制性的他律秩序中失去了自身的基本
價值。憲法政治的目標，恰是要去除社會秩序中的專斷成分，通過
已經確立的合目的性的憲法來約束、規範現實的政治生活，建立一個
以人為本的法律秩序。人本法律秩序的建立，須要借助一部符合人
性的憲法。因此，在憲政實踐的早期，思想家多從其政治和倫理的
理論出發，在立法和立憲的層面探討何為正義的憲法。為人所熟知的
自然法學派，便立足於自然狀態的假設，通過天賦人權、自然法、權
利讓渡、市民社會、政治國家、社會契約等範疇，建立了理想憲法的
標準。這些標準，既有程序上的，如人們自己制訂契約，也包括實體

10　參見何海波：〈沒有憲法的違憲審查——英國故事〉，《中國社會科學》第2期（2005）。

性的，如自然正義、人權和理性的標準。自然法理論，是一種關於政治社會憲法的理論和立憲的理論，屬政治憲法的範疇。在自然法思想中，人們通過讓渡自然權利而形成社會契約，建構政治國家的權力系統，是一個重要的理論。這一理論，既規定了政治權力正當性的民主基礎，又指明了政治權力的目的性在於保障人權，更說明了政治國家成文憲法的核心內容是權力的構造與規制。當傑弗遜在《獨立宣言》中寫下這樣的語句——「我們認為這些真理是不言而喻的：人人生而平等，他們都從他們的『造物主』那裏被賦予了某些不可轉讓的權利，其中包括生命權、自由權和追求幸福的權利。為了保障這些權利，所以才在人們中間成立政府。而政府的正當權力，則係得自被統治者的同意。如果遇有任何一種形式的政府變成損害這些目的的，那麼，人民就有權利來改變它或廢除它，以建立新的政府。這新的政府，必須是建立在這樣的原則的基礎之上，並且是按照這樣的方式來組織它的權力機關，庶幾就人民看來那是最能促進他們的安全和幸福的。」——他只不過是在一個憲法性的法律文件中清楚地表達了自然法學派的理論。自然法思想作為一種政治憲法的理論，其關注的，當然是如何制訂一部良憲。當它認為應當通過權利讓渡的方式來形成一部政治性的契約時，作為訂立契約這一行為之邏輯結果的成文憲法，不可避免地擁有如下的特徵。一是政治性強，法律性弱。自然法理論在描繪憲政理想的同時，也宣佈，契約之制訂，憲法之產生，是市民社會進入政治國家的標誌：人們要開始過政治生活，憲法將把政治帶入每個人的日常生活，也將塑造一個政治國家的模樣。憲法作為政治法的特徵遂為人們所重視。當然，在現實立憲過程中，憲法也確是種種政治力量反覆較量、相互妥協的產物，集中地反映了一國政治力量的對比關係。作為固化一國政治格局圖的法律文件，立憲自然是各派政治力量都積極參與並試圖控制的活動，這從現實的角度證明了憲法與政治之間牽扯不斷的關聯。二是宣言色彩濃，規範色彩淡。自然法

社會主義憲政研究

學派創造了一種旨在反對專斷統治的政治理論，其中對自然權利和天賦人權的揭示，更是為個人在規則面前的平等和個人自治自由確立了理論支柱。在封建勢力與民主力量進行殊死鬥爭的時代，權利的宣告遠比權利的實踐更能激動人心，促人覺醒。而在獨立的宣言性文件中來宣告人們享有的基本人權，更是為人權創造了神聖性的光環。在這種特定的時代背景下，人們特別重視權利的宣示性功能。而在政治力量更替較為頻繁的國家，控制國家統治權的政治團體，也多傾向於在憲法中來宣告自己的政治理想和措施，這也強化了憲法作為宣言的地位。即使在今天，這一做法還依舊為許多新興的民族國家所效仿。

在自由主義勃興的時代，民主理論也得到長足發展。部分地得益於自然法思想對自由主義和人之理性能力的宣揚，以個人自決為核心的民主理念制度化為一種代議的制度。[11] 在推倒王權統治之後，主權順當地被置於議會之手，議會主權理論遂與宣言性憲法聯袂而存在。在宣告民主法治的國家理念的同時，憲法也將人權保障的重任委託給由民主選舉產生的議會，自己則成為對議會的倫理規勸。這種「聯袂而存在」，實在是一曲悲劇，於人權保障是如此，於憲法自身的命運亦同樣。誠以法國和德國為例。在法國，大革命後建立的政體充分體現了盧梭的社會契約理論，[12]「表達了新興資產階級對社會平等和政治民主的嚮往，因而法國政體最顯著的特徵是議會主權和立法至上。在法國人的心目中，法治代表着正義的立法 (loi) —— 而非憲法 —— 的

---

11 薩拉蒙説：「如果説代議制政府是18世紀的偉大發明，而官僚政治是19世紀的偉大發明，那麼，可以説，那個有組織的私人自願性活動也即大量的公民社會組織代表了20世紀的最偉大的社會創新。」代議制在18世紀的獨特地位，由此可見一斑。[美] 萊斯特‧薩拉蒙（Salamon, L.）、赫爾穆‧安海爾（Anheier, H.）：〈公民社會部門〉，載何增科主編：《公民社會與第三部門》（北京：社會科學文獻出版社，2000），頁257以下。

12 《人權宣言》第6條規定：「法律是公共意志的表現。全國公民都有權親身或經由其代表去參與法律的制訂。」

統治」。[13] 1791年憲法就明確宣佈：「法國不存在比法律更高的權威。」公法學家馬爾伯格（Raymond Carré de Malberg）也認為，在第三共和時期，不存在任何超越法律的憲法，「解釋應是立法者行為，這再自然不過了……換言之，審查法律是否符合憲法、並解決可能出現的問題，乃是議會在制訂法律時的任務」。[14] 這種將權利保障的希望完全寄託在立法機關身上，而對議會並不設防的結果，可想而知。哈耶克就曾直截了當地指出，儘管法國大革命原本試圖增進一些個人的權利，但這個目的卻流產了，原因在於法國大革命的人士認為既然所有的權力最終已被置於人民之手，那麼一切用來制止濫用這種權力的保護措施也就變得不再必要了。法國的雅各賓專政，正是因此而來。基本人權不被政治權力所尊重，便會侵及憲法的性命。法國二百餘年的歷史中，憲法更替多達十幾部，正是這一命題的寫照。德國憲政史上的歧行更是讓人驚心動魄，不寒而慄，此處無須多言。自衛式民主在二戰後德國基本法中得以確立，自然是對這段民主至上、議會至上歷史的深刻反思和總結。如上種種，使得早期的憲法與具有實效力的法律的觀念間存在較為疏遠的關係，這種疏遠，也將違憲審查踢出了憲政的殿堂，造就了有憲法無憲政的歷史悖論；[15] 即便立憲主義在憲法文本中依舊高調的存在，它在實際政治生活中卻是蕩然無存，憲法作為根本法，也只是價值性的宣示，而非規範性地獲得實效力。

　　作為政治宣言的憲法，最終全面性地轉為具有實效力的根本法。這在各憲政國家並不同步但卻是同向的，也為憲政後生發國家指明了前進的方向。這種根本性的轉變意味着議會主權理論的破產。如上所

13　張千帆：《西方憲政體系》（下冊・歐洲憲法）（北京：中國政法大學出版社，2001），頁2。

14　轉引自張千帆：《憲法學導論》（北京：法律出版社，2003），頁159。

15　法國《人權宣言》曾宣告：凡人權未獲保障，權力未分立的國家，就沒有憲法。這裏的憲法，當然是指規範憲法。但恰恰是在法國，規範意義的憲法只是在晚近時期才確立。

述，民主力量以摧枯拉朽之勢，首先在世界上主要的資本主義國家確立了代議制度，並漸進地輸入到世界的其他版圖。在民主力量上升的時期，憲法將立憲主義價值具體化的重任委託給議會，自己退身而為對議會的倫理規勸，議會則可以根據社會情勢自由地為一切價值判斷。議會在近代國家佔據着舉足輕重的憲政地位，它固然通過自由立法促成了自由權在相當程度上的受保障狀態，但卻也因為對憲法價值的偏頗認知而製造了人之尊嚴不受尊重的歷史事實。它在堅守個人自主價值，確保更寬廣的個人自治的私域之時，卻也導致了種種弊端，如經濟的凋敝、貧富的鴻溝、社會日益加劇的矛盾，等等。這種種的矛盾，在更為極端的民主運動中被強制性地置於全面、集中的統籌和計劃體系中來加以解決，其結果則是一場場的世界戰爭、憲政體系的崩潰和戰後的新憲政。在這一螺旋上升——立憲、憲政危機、新的立憲——的過程中，極端的民主制度被清除，人的尊嚴的價值被置於憲政價值的核心，人都是目的而不是手段的命題被重新闡釋。如法國1958年憲法一反常態，詳細地列舉了議會的權力，並且明確表明議會的權力以列舉為限。同時，法國在原有行政法院司法審查的基礎之上，建立了憲法委員會的違憲審查機構，新憲法還在序言中載入了人權宣言，表明其價值核心。在這一努力下，法國終於在上世紀70年代實現了憲政史的突破。在1971年的「結社法決定」中，法國憲法委員會明確指出：「受到共和國法律之承認和憲法前言之莊嚴肯定的基本原則，包括了結社自由原則，且這項原則是1971年法律的普通條款之基礎。由於這項原則，社團可以自由形成，並簡單通過事先遞交通告而公開化。因此，除了可針對特殊類型的結社所採取的行動，即使它們可能看起來無效或具備非法目標，社團之形成亦不得受制於事前行政——甚至司法——的控制。……這項法律的第三章之目的是規定程序，使已作出通告之社團的法律資格受制於事前司法控制，藉以審查它們是否合法；因此，即使它並不影響尚未公開的社團之創立，第

三章的規定必須被宣佈違憲。」[16] 在這份決定中，憲法委員會首次指出，憲法序言中關於人權的原則具有法律效力，與之相違背的立法是違憲的。這段表述，遠不及一百六十餘年前馬歇爾大法官的論證那麼勢貫長河，引人注目，也多少有些羞羞答答，但它到底還是宣示了一個公理：只有建立一個獨立行使職權的違憲審查機構，憲法方能獲得效力，人權才能得到保障，分權才可以確立。這個和美國幾乎是同一時間立憲的國家，經歷了長久的動蕩終於收獲了憲政的果實。自此以後，《人權宣言》帶給法國人民的，不再只是一個時代的背影，而是實實在在的權利保障。德國在制訂基本法之時，也設立了一個獨立的憲法法院作為違憲審查機構。1951年的組織法明確規定，聯邦憲法法院的決定約束着聯邦和州的憲法機構，以及所有法院與公共權力。1968年的聯邦議會通過憲法修正案進一步規定，即使在戰備狀態下，聯邦憲法法院的職能的履行，不得受到削弱。德國基本法及其衍生法律對憲法法院獨立和權威的規定和保障，使憲法法院的決定在聯邦德國獲得了各級權力機關的尊重。憲法法院也通過充分行使違憲審查的權力，確保基本法的價值在公私域得到貫徹。

總之，在經歷了憲政征途中的種種曲折之後，馬歇爾大法官在1803年案件中揭示的憲政原則，在二戰以後，已經為多數的國家所接受。儘管並不是每個國家都認可美國的違憲審查模式，但新的違憲審查模式強化而不是削弱了這一原則的效力。世界憲政史上的這種集體性轉變，最終奠定了違憲審查的公理性地位。當代中國的憲政建設，恰發生在世界憲政史的這一階段，對於作為憲政公理的違憲審查，自然應當全盤接受，而將主要精力置於探索中國式的違憲審查模式這一主題之上。多年來，中國憲法學界對違憲審查這一主題執着而逐漸深入的研究，亦正是在這一憲政背景之下，才獲得更多的允當性。

16 張千帆：《憲法學導論》，頁163。

社會主義憲政研究

二、違憲審查的理論結構

違憲審查乃立憲主義的制度支柱，其在憲政國家中的地位和價值無論怎樣評估都不為過。倘若以法國《人權宣言》對憲法的定義來檢視，違憲審查的憲政價值自然就在於其對人權保障和權力制約的積極功效，而這也確是憲政國家違憲審查制度的功效所在。[17] 違憲審查的價值向度，自然構成其自身的理論基礎。當然，這種泛泛而論，並未窮盡違憲審查在民主國家的獨特價值。自美國式司法審查模式確立以來，眾多人指責它是一種反民主的力量，比克爾（Alexander Bickel）也寫道，「根本的困難是，司法審查在我們的社會中是反多數的力量」。[18] 違憲審查權，除非被置於議會自己手中，總是免不了這樣的指責。不過，對違憲審查的這一指責也受到了指責。反「反多數困境論」的觀點，強調了違憲審查機構對於國家政策的參與性，以及其對政策和政府代表性的補強功能。這表明，在多數與少數對抗的假設下來看待違憲審查並不是一個正確的立場。違憲審查機構也是一個國家權力機關，應當從功能分野的角度再認識違憲審查制度的理論基礎。對於這一點，此處不擬詳究，[19] 而將重點置於違憲審查的一些邏輯問題，即違憲審查的主體、依據和對象三個方面。

---

17 人們為違憲司法審查提供的辯護理由有：對政府間與政府內部關係的監督、保護基本價值、保護民主程序的完整。參見［美］保羅・布萊斯特（Brest, P.）等編著，張千帆等譯：《憲法決策的過程：案例與材料》（北京：中國政法大學出版社，2002），頁97–98。

18 同上註，頁94。

19 關於這一問題，可以參考域外學者的相關討論，如達爾〈民主政治中的決策：聯邦最高法院是國家政策制定者〉一文。(Robert Dahl, "Decision-Making in a Democracy: The Supreme Court as a National Policy Maker," *Journal of Public Law*, 6 (1957): 279.)

1. 違憲審查的主體

違憲審查權應當置於何種機關之手，並非是一個具有統一答案的問題。這一權力的重要性勿須贅言，在憲法文本未對該權力的歸屬進行明確規定的國家，任何一個國家機構宣佈自己擁有該項權力，總會引起無休無止的爭論，而任何一個機構擁有這項權力，都將置自己於政治鬥爭和社會爭議的中心。[20] 馬伯里訴麥迪遜一案引發了關於違憲審查權歸屬的長期而激烈的爭論。僅就這一案件的判決來看，其呈現在人們眼前的瑕疵亦包括這一點，[21] 即無法從憲法文本中找到將這一權力授予給聯邦最高法院的任何證據，而馬歇爾大法官為證明這一點所引用的憲法第6條「司法官員，應宣誓或作代誓宣言擁護本憲法」的規定，不乏「牽強」之處。美國聯邦最高法院之所以能牢牢地將這項權力抓在手中，既與其作為普通法系國家的法律傳統及特定的政治環境有關，[22] 也與社會的需要不可分離——後者意味着違憲審查權的歸宿，具有政策決定的面向。換言之，違憲審查權究竟應當由何種機關來行使，並不具有絕對性，而只能從相對優越性的角度加以比較。任何國家均需要一個機關來保證憲法權威受到尊重，這不僅是立憲主義的基本精神，亦是社會發展的內在需求。但立憲主義價值和社會秩序需求只意味違憲審查不可或缺，而非司法審查是唯一選項。也正因為此，在美國式司法審查模式之後，歐洲一些國家選擇了專門機關審查模式。凱爾森（Hans Kelsen）曾批評美國的司法審查模式說：「我們所

---

20 違憲審查機關的判決會激化社會的矛盾，將自己置於社會爭議和矛盾的中心。參見甘陽：〈關於研究美國的一封信〉，《憲法與公民：思想與社會第四輯》（上海：上海出版社，2004）。

21 參見林來梵：〈司法上的創舉和謬誤——也評「馬伯里訴麥迪遜案」〉。

22 參見〔奧〕漢斯•凱爾森（Kelsen, H.）、張千帆譯：〈立法的司法審查：奧地利與美國憲法的比較〉。

能說的只是任何挑戰立法合憲性的法律訴訟，都對立法的有效性及其
法律後果製造了一段懷疑和不定期。從法律技術的角度看，這完全不
能令人滿意。由於缺乏清楚的憲法規定，所有關於違憲立法的效力問
題都可能以矛盾的方式獲得回答。避免這類不確定是導致奧地利立法
的司法審查集中化的理由之一；它把管轄權授予憲政法院，以普遍而
不是僅針對個案廢除違憲立法。美國的實踐具有同樣的目的，但它的
追求手段在法學上是不完美的。」[23] 這段引言證明，目的是絕對的，
但手段則具有相對性；[24] 對美國司法審查模式弊端的認識，促成了一
種新的違憲審查模式，它拋棄了司法審查模式，但繼承了這一模式所
揭示的憲政原理。即使如此，違憲審查權亦不可任意地交由憲法確立
的立法、行政和司法三個機構來行使。邏輯上的多種可能性，總有一
部分會在具體的情境中被否定掉。違憲審查主體的確定，亦是如此。
在立憲主義的語境中，違憲審查主體的確定至少應當遵從如下的價值
原則：

　　一是民主原則。民主原則意味着不能將違憲審查權置於法律試圖
控制的行政機關之手。[25] 在一般的國家，行政機關通常以發佈法令法
規和決定的方式對國家和社會產生重大影響，行政權正是憲法和法
律所要控制和限制的重要權力之一，立法是行政權控制的重要法律淵
源。倘若行政機關行使違憲審查權，無異於授權行政機關取消限制
行政權的民主立法。這是在製造民主的墳墓。縱觀世界各國，也未見
有將違憲審查置於行政機關之手中的冒險。美國聯邦最高法院宣稱自

23　［奧］漢斯・凱爾森（Kelsen, H.）、張千帆譯：〈立法的司法審查：奧地利與美國憲法的
　　比較〉。

24　費孝通先生亦曾指出，一切制度的形式是人在一定的環境之內造下的，不變的並不是它的形
　　式，而是人們用它來滿足的根本需要和滿足時的效力原則。同一目的在不同的環境裏可以用
　　不同的手段來達到。參見費孝通：《生育制度》（北京：商務印書館，1999），頁61。

25　行政法治是法治國家的基本要求，包括法律優先和法律保留等原則。

己擁有違憲審查權並最終為人所接受，可能的一個原因是人們認為聯邦最高法院是一個「既無錢又無劍」的機構，[26] 由它來行使違憲審查權，並不會導使專斷與獨裁。雖然立法的司法審查多被指責為反民主反多數，但這基本上是一個假問題，它源於我們對司法功能的模糊認識和關於民主的極端理念。[27] 民主原則所隱含的一個要求是應保證違憲審查機構的獨立性。若行政機關控制違憲審查機構人員的構成和組成，亦會導致反民主的政治結局，奧地利在上世紀30年代的憲政改革證明了這一點。1920年奧地利憲法規定憲法法院的成員必須由議會選舉產生，正副總統及一半憲法法院成員由眾議院選舉，而另一半法官則由參議院選舉，以使之區別於由行政機構任命的其他法官。凱爾森明確指出，「接受這種組成法院的方式，是為了使憲政法院盡可能獨立於行政機構。這種獨立性是必要的，因為憲政法院對行政的不同行為具有控制，尤其是對國家元首、總理和其他部長們所發佈的法令進行司法審查，而發佈這些法令的權力在政治上是最為重要的。通過誤用這種權力，行政機構能輕而易舉地壓制議會，從而取消國家的民主基礎」。[28] 1929年奧地利憲法改革並沒有改變憲法法院的管轄權，但規定其成員不再由議會選舉，而由行政機構任命（1929年12月7日的聯邦立法第65段），其中幾乎所有成員都是行政機構的政黨追隨者。凱爾森認為，「這是最後不可避免地導致法西斯主義政治演變的開始，並要為納粹對奧地利的兼併未曾遭遇任何抵抗的事實負責」。[29]

---

26 ［美］漢密爾頓（Hamilton, A.）等著，程逢如等譯：《聯邦黨人文集》（北京：商務印書館，1980），頁391。

27 時下的理論認為，民主不僅指多數決定，亦包括保護少數，而違憲審查機關對多數決定的審查恰是實現民主「保護少數」的內涵。換言之，違憲審查機制亦是民主機制之一。

28 ［奧］漢斯・凱爾森（Kelsen, H.）著，張千帆譯：〈立法的司法審查：奧地利與美國憲法的比較〉。

29 同上註。

社會主義憲政研究

　　二是權力制約原則。民主原則表明，將違憲審查權賦予一個權重勢高的機構，無異於是在製造獨裁者，這與權力分立和權力制約的原則相拂。行政機關因而自始便被排除在違憲審查主體的候選名單之外。如果將違憲審查置於立法機關之手，亦無異於取消這一權力。當立法機關同時擁有這二項權力，它自然不願宣佈自己制訂的法律違憲而將之撤消的，其通常的作法是以憲法不符合時代需要為名，將憲法修改得與其立法一致。這樣，立法違憲的問題便不復存在。或者，它乾脆既不修改自己的立法，亦不修改憲法，任由二者的衝突存在，最終的結果是憲法被束之高閣。顯然，將違憲審查權授予立法機關，是在塑造立法主權，亦將在實質上取消違憲審查。依權力制約原則，必須將違憲審查權與修憲權作一分離。這樣的制度裝置，除了制約立法權、保證立法機關的修憲和立法符合憲法外，亦是對違憲審查權設置一種制約機制。違憲審查機構亦會濫用權力，[30] 違憲審查權亦須要受到強有力的制約，而修憲權正是一個可以與之相抗衡的力量。當民主的立法機關認為違憲審查機關的判決是錯誤的，便可以通過將憲法修改至與普通法律一致的方法來推翻違憲審查機構的錯誤判決，以制約違憲審查權。[31] 一般國家皆將憲法修改權授予立法機關，因此，基於權力分立和制約的原則，立法機關不應當同時享有違憲審查權。當然，英國的憲政實踐與上述情形有些差別。但當英國加入歐盟，並在1998年制訂了《人權法》後，英國普通法院開始根據《人權法》第3條和第4條設置的法律解釋和宣告抵觸機制，依據《人權公約》審查議會的立法，[32]《人權公約》儼然成為英國的憲法典（或者說英國借《人

30　事實上，在美國，聯邦最高法院在1954年 *Brown v. Board of Education* 和1973年 *Roe v. Wade* 二案中的判決，直接引發了美國國內的激烈爭論甚至衝突。參見甘陽：〈關於研究美國的一封信〉，載《愛思想網》，http://www.aisixiang.com/data/19123.html

31　美國國會曾四度通過修憲推翻聯邦最高法院的判決。

32　參見何海波：〈沒有憲法的違憲審查——英國的故事〉。

權公約》表達了在本國已經踐行幾百年的不成文憲政原則）。有評論認
為，英國的政治權力已從立法和行政部門向司法部門轉移，法院在重
大的政治爭論中掌握了方向盤。[33] 英國在上個世紀至今的這種變化，
實際上將違憲審查權從議會轉移到法院，實現了違憲審查權與修憲權
的分立。這給議會主權帶來了巨大的衝擊，但反映了當下時代的發展
趨勢。

2. 違憲審查的依據

違憲審查當然是依據憲法來審查。但在憲法學中，「憲法」至少包
括二層含義，一是指憲法典，一是指部門憲法。那麼，作為違憲審查
依據的憲法是憲法典還是部門憲法？這看似簡單的問題，亦充滿爭論
和誤解。如果違憲審查的依據是部門憲法，那麼，違憲審查的依據便
只是憲法典中的一部分規範。如所周知，學者在論及某一部門法的法
律淵源時，憲法典中的某一部分內容常被視為淵源之一，憲法典因此
被肢解為不同的板塊，各自歸入不同的部門法之中。依此理論，如
果國務院根據現行憲法第89條行使了行政權，而該權力之行使又與
該條規定相違背，此時，對之進行的審查就不能說是違「憲」審查，
而是違「行政法」審查。由此類推，真正的違憲審查只是根據被部門
法學者遺棄在民法、行政法等部門法之外的憲法典中的內容進行的
審查，各部門法學者將「發現」一個新的研究領域，如違「行政法」審
查，違「民法」審查，違「刑法」審查，等等。這種將違憲審查之依據
定位為部門憲法的觀點，必將導致如下的結果：在將大部分依據憲法

---

33 See Alison L.Young, "Judicial Sovereignty and the Human Rights Act 1998, 61," *Cambridge Law Journal* (2002): 53.

典進行的合憲性審查排除在違憲審查範圍之外的同時，將一大批違法
審查上升為違憲審查 —— 既然違憲審查的依據是部門憲法，依據憲法
性法律進行的審查便當然是違憲審查。除此之外，這種論調的荒謬之
處還在於，依此理論，根據憲法典中同一規範進行的合憲性審查，可
能是違憲審查，亦可能是所謂的違「行政法」或違「民法」審查。以公
民基本權利為例。基於憲法是法律之母的觀念，憲法典中的部分公民
基本權利規範被認為不但規範國家權力而且調整普通公民間的關係，
同時屬憲法和民法的淵源。[34] 如果將違憲審查的依據確定為部門憲
法，那麼，當國家權力侵犯公民基本權利而導致的合憲性審查，便是
違憲審查；而普通公民侵犯同一項基本權利，則屬民法調整的對象，
只能屬違「民法」審查。總之，將違憲審查的依據確定為部門憲法，
既不符合違憲審查的實踐，亦致使違憲審查的理論混亂不堪。[35]

　　大體而言，違憲審查的依據只能是法典意義上的憲法。任何國家
機關，倘若作為其權力行為之結果的抽象規範或具體決定是根據其自
身對憲法典的解釋而形成，便可能存在違反憲法的情形，哪怕其違反
的憲法規範被部門法學者劃歸某一部門法的範圍；倘若任何一個國家
機關制訂的抽象規範或具體決定是依據其對普通法律的解釋而形成，
對其進行的審查便屬違法審查，哪怕其違反的上位法規範是憲法性法
律，屬憲法部門的範疇。總之，違憲審查即依據憲法典進行的審查。

34　在齊玉苓案中，最高人民法院認為，「陳曉琪等以侵犯姓名權的手段，侵犯了齊玉苓依據憲
　　法規定所享有的受教育的基本權利，並造成了具體的損害後果，應承擔相應的民事責任」。
　　這份解釋表明受教育權的規範對象並非僅是國家權力，亦包括普通公民。該司法解釋是將憲
　　法典視為內含憲法、民法、行政法等部門法規範的綜合性法典，而其直接依據憲法規範裁斷
　　公民間訴爭的憲法私法適用模式，與德國和美國等國家的實踐，頗不相同。

35　於中國而言，這種理論極為有害。由於違憲審查必然涉及對全國人大及其常委會立法的審
　　查，而對之審查尚存在一些體制和觀念障礙。將一些違法審查不分清紅皂白地視為違憲審
　　查，只會將前述障礙順帶地轉移到違法審查改革中，阻礙違憲和違法審查的制度改革，亦會
　　致使人們忽視現有的制度資源。

在立法權與行政權相對抗的時代，依據憲法的審查更多地具有形式的意義，主要是監督憲法關於權力分配的構架不被破壞，是否從憲法中獲得授權，憲法授權之大小及範圍，成為審查的主要內容。但在立法權與行政權走向合作的今天，二者間的權力邊界不再總是那麼清晰，而且這種形式和實質上的嚴格分權，並不能適應社會發展的需要。[36]行政機關經立法委託大量行使立法權的現象十分普遍。這一現象表明，以前為違憲審查機關所守護的權力界限，已經通過立法機關與行政機關的「合謀」而只具有形式的意義。此時，依據憲法進行的審查，主要不是一個國家機關是否侵佔其他國家機關的憲法權力，而更多的是實質性審查，即這種權力的行使是否符合憲法的價值、原則及規範的具體含義。這種變化進一步反映了在日趨複雜化的現代社會，憲法作為基本法地位的確立，以及憲法權威的深入和擴展，其中不變的，則是憲法典作為合憲法審查依據的地位。

3. 違憲審查的對象

違憲審查，審查什麼？這似乎是一個已經達成共識的問題。一般的憲法論著多認為，違憲審查的對象包括抽象的規範和具體的權力行為。這個大概性的結論雖無不當，卻並不精細，特別是涉及到抽象規範的部分。今天，「法律」的範圍極廣，既包括憲法及其修正案，亦包括其他的普通規範。實際上，並非所有這些抽象性的規範均構成違憲審查的對象。下面僅以憲法修正案、議會立法和行政法令為例加以分析。

---

36 在現代政黨政治體系中，執政黨同時控制着議會制政體下的議會和內閣，使「依據分權原則本應各自分立的兩種權力、甚至所有的三種權力合併在一起了」。［法］讓‧布隆代爾（Blondel, J.）、［意］毛里齊奧‧科塔（Cotta, M.）主編，曾淼等譯：《政黨政府的性質——一種比較性的歐洲視角》（北京：北京大學出版社，2006），頁16。

社會主義憲政研究

　　一、憲法修正案。憲法修正案與憲法典具有同等效力，亦被視為憲法典的一部分。[37] 因此，考察憲法修正案是否構成違憲審查的對象，無異於追問是否存在「違憲的憲法」。這看起來是一個荒謬的設問。然而，儘管憲法修正案與憲法典具有同等效力，但憲法乃人民制訂的法律，憲法修正案則是憲法之下的修憲權（主體）所制訂的法律。人民在制訂憲法時亦設立了憲法的基本原則，憲法中存在一般規範與基本原則的區別。憲法修改不得修改憲法的基本原則並受之限制。憲法一般規範與憲法基本原則相區別的最大效應，「就是建立不得以通常修憲程序更改的憲法核心領域」。[38] 此種通過憲法基本原則限制憲法修改權的思想，已經規範化為憲法典中的禁止修改規範。任何憲法必定根據一些基本原則而制訂並試圖維護這些基本原則，一國憲法中是否存在限制憲法修改的規範，與憲法修正案是否可能違反憲法基本原則，並無本質關聯。憲法修改權的行使可能違反憲法中明文的或潛在的限制規範，憲法修正案亦可能破毀憲法基本原則。因此，憲法修正案構成違憲審查的對象之一。[39] 這表明，修憲權作為與違憲審查權相對抗、以修改憲法一般規範為目標的一種權力，自有其憲法上的界限。

　　二、議會立法。議會依據憲法直接立法，是憲政的基本要求，亦是憲法發生效力的形式之一。[40] 議會立法是解釋憲法的過程，議會對憲法的解釋可能與憲法的含義相抵觸，因此可能違反憲法。議會直接根據憲法制訂的法律，構成違憲審查的對象。

37　至於憲法修正案是否被視為憲法典的一部分，存在爭論。如周葉中主編的《憲法》（高等教育出版社、北京大學出版社，2000）和鄒平學等主編的《憲法學》（修訂版）（北京：中國民主法制出版社，2005）在論述憲法的淵源時，前者未將憲法修正案視為獨立淵源之一，而後者則相反。

38　吳庚：《憲法的解釋與適用》（著者自刊，2004），第2版，頁25。

39　在一些西方國家，如德國、意大利土耳其，違憲審查機關審查憲法修正案的合憲性十分常見。參見吳庚：《憲法的解釋與適用》，頁28–34。

40　參見劉向文、宋雅芳：《俄羅斯聯邦憲政制度》（北京：法律出版社，1999），頁39–40。

　　三、中央行政機關制訂的行政法令。行政法令的制訂，有三種情況。一是行政機關直接根據憲法制訂行政法令，即職權立法。儘管有學者提出全面保留的理論，試圖將國家權力全部賦予最具民主正當性的議會，但遭到了否定。這種理論只會導致國家權力的一元化，既不符合憲政的精神，也不能適應社會發展的需要。因此，在各國，憲法在將一部分立法權力授予議會時，同時將另一部分權力授予給行政機關。[41] 直接依據憲法而制訂的行政法令，具有違憲的可能性，當然構成違憲審查的對象。

　　行政法令的第二類是「依據法律」制訂的行政法令。為了執行法律，行政機關一般可以制訂行政法令，但必須依據法律來制訂。一些國家的憲法亦明確規定，行政法令的制訂應當依據法律。[42] 當行政法令未依據法律制訂時，便具有違法性。一般而言，違反法律的行政法令，在形式上肯定與憲法相違背，但只是間接違憲，[43] 與上述議會立法與第一類行政法令完全不能相提並論。值得注意的是，任何一個法令的產生，都包括兩個部分，一是制訂法令的行為，二是作為這一行為之結果的法令。制訂法令的權力源於憲法的授予，法令的具體內容則由法律規定。憲法中「依據法律」制訂行政法令的命令，只針對制訂行政法令的行為發生效力，因其未同時規定行政法令的具體內容，因此並不能針對行政法令的內容而發生直接效力。就此而言，作為結果的行政法令，並不可能直接違反憲法，而制訂行政法令的行為，則可

41　法國憲法第30條規定，「在法律範圍以外的其他事項，屬條例性質」。「行政機構不僅是法律適用而且是法律創制機關，且具有和立法機關特徵相同的權能」。參見［奧］漢斯‧凱爾森（Kelsen, H.）著，張千帆譯：〈立法的司法審查：奧地利與美國憲法的比較〉。

42　如中國憲法第89條規定，「國務院行使下列職權：（一）依據憲法和法律，規定行政措施，制訂行政法規，發佈決定和命令……」

43　參見［奧］漢斯‧凱爾森（Kelsen, H.）著，張千帆譯：〈立法的司法審查：奧地利與美國憲法的比較〉。

能與憲法中「依據法律」制訂行政法令的命令相違背而構成違憲。但時間無法停止，行為恰是在特定的時間作出。任何一個權力行為，在其行使完畢之後，這個行為就結束而不復存在，存在的只是行為的結果。除非憲法不授權行政機關制訂行政法令之權，或者通過審查「制訂」行為的結果，否則，憲法無法控制行政機關的這一法令制訂權——憲法無法通過撤銷不存在的「制訂」行為來控制行政機關。但是，依據法律制訂的行政法令的內容不會直接違憲，不是違憲審查的對象。當然，這並不意味着不可將這類行政法令的違法審查權授予違憲審查機關。在眾多的國家，這二者並不作區分。但我們不能據此就認為上述行政法令是違憲審查的對象，更無須製造「違憲審查」的噱頭。[44]

行政法令的第三類是根據議會的授權而制訂的行政法令。議會授權立法曾經受到法院的抑制，但在今天，議會授權立法是一個普遍的現象。[45] 根據議會授權而進行的行政立法，當然是「依據法律」而進行的立法。這類行政法令固然與第二類行政法令存在相似之處，但二者的區別亦十分明顯：第二類行政法令中所謂的「根據法律」制訂，「根據」的是法律的內容，即行政法令的內容由法律規定，而制訂行政法令的權力卻源於憲法的授權。而在第三類行政法令中，制訂行政法令的權力淵源於法律授權，而行政法令的具體內容則由行政機關根據其對憲法的解釋確定。從形式上看，第三類行政法令是依據法律制訂的，但就實質而言，它無異於立法機關根據憲法制訂相同內容的法律。對這類行政法令的合憲性審查，方法有二，一是審查議會的授權

44　孫志剛案發生後，對《收容遣送條例》的審查到底是違憲審查還是違法審查，存在着爭論。參見馬嶺：〈孫志剛案件的啟示：違憲審查還是違法審查〉，載《國家行政學院學報》第1期（2005）；苗連營：〈中國違憲審查：是否可能，如何可能〉，《鄭州大學學報》（人文社會科學版）第4期（2004）。

45　在美國，議會立法成為例外，授權立法則是通常情形。參見黃舒：〈法律保留原則在德國法秩序下的意涵與特徵〉，《中原財經法學》（台灣）第13期（2004）。中國《立法法》第9條亦有授權立法的規定。

決定。違憲審查機關可以審查議會的授權決定是否明確、授權事項是否屬國會保留事項。如果議會的授權法令被撤銷，行政法令當然會因失去合法性依據而無效。這種方法面臨的問題是，通常議會的授權決定都明確而具體，也在可授權範圍之內，這樣，僅靠此一機制，無法控制行政法令。因此，必須對行政法令的內容進行審查。而這類行政法令的內容是行政機關根據其自身對憲法的解釋而形成，因此，這種審查當屬違憲審查的範圍。考慮到行政機關代替議會立法，應將之等同於議會立法並納入違憲審查對象的範圍。事實上，也只有通過違憲審查，方能真正地控制這類行政法令制訂權。

上述研究只分析了國家立法機關和中央行政機關制訂的普遍性規範。在這類規範中，憲法修正案、議會立法、行政機關的職權立法和授權立法構成了違憲審查的對象。上述分析大致表明，違憲審查對象的確定存在形式與實質二重標準。形式的標準即權力淵源標準，即當規範制訂權源於憲法授權，那麼這類規範可能成為違憲審查的對象，如憲法修正案、議會立法和行政機關的職權立法。當然，這一標準只具有補充的意義，並不具有決定性。前述授權立法並非源於憲法，但同樣構成違憲審查的對象。實質性的標準即法規範內容淵源標準。如果某一法規範的內容源於對憲法的解釋，那麼它當然地構成了違憲審查的對象，如上述議會立法、職權立法和授權立法。如果法規範的內容源於對法律的解釋，那麼這類法規範只是違法審查的對象，如上述行政法令的第二類。

依據上述二重標準，特別是其中的實質性標準，不僅可以確定憲法修正案、立法機關立法和中央行政機關制訂的法令與違憲審查對象間的關聯，亦可以區別國家機關的具體行為是否構成違憲審查的對象。在違憲審查實踐中，作為違憲審查對象的具體行為，大致有二類行為：一是國家機關間的爭議。憲法一般通過在立法行政司法三機關，以及中央與地方國家機關間進行分權，以實現國家治理的有效性

和權力制約的目標。當任何一個國家機關宣告本機關行使的權力淵源於憲法而受到其他國家機關的質疑時，便只能通過違憲審查來確定何方合憲——既然雙方均宣佈自己的權力源於憲法授權。二是基於權利相關性而產生的司法解釋行為，一般出現在類似「單身條款」合同案或者「工傷概不負責」的僱用合同案之中。這些案件中存在着基本權利間的衝突，如合同自由與勞動權、人格尊嚴、人格完善等。此時，法院或者判決合同有效，或者判決合同無效，但法院都可能被當事人指責為誤解了憲法。這類案件上訴到違憲審查機構，通常會導致對法院的釋憲行為進行審查。所以，法院在判決中對憲法的解釋在某種條件下亦構成違憲審查的對象。

三、違憲審查的中國前景

與國際人權公約相比較，中國憲法中的人權規範所認可的人權類型並不少，有學者研究認為，真正需要補入中國憲法文本的人權種類是生命權和遷徙自由權。[46] 但中國人權保障現狀遠不能與西方憲政國家相比較，這其中的差距，固然是中國政治環境、法律傳統、社會民情綜合作用的結果，但中國現行憲法確立的違憲審查制度本身存在重大的缺陷，學界關於違憲審查的理論研究也存在若干誤區和誤解，則是一個不容否認的事實。[47] 上文集中從違憲審查的對象、主體和依據

46　參見劉連泰：〈《國際人權憲章》與我國憲法的相關比較〉，《中共浙江省委黨校學報》第5期（1999）。

47　有學者撰文嚴厲批評了國內學界對「馬伯里訴麥迪遜」一案的流行認識的錯誤。參見劉大生：〈馬伯里訴麥迪遜〉，《法學》第8期（2006）。這些錯誤，如果真的存在，根源於中國學者帶着中國式的理想或者根據中國印象想當然地對這些案例和事例進行解讀，這如同我們將美國總統之辦公地點White Palace譯為「白宮」一樣。參見劉大生：〈美國有「總統」吧——令人尷尬的誤譯〉，載《美國政治與法律網》。

三個方面探討了違憲審查的基本理論。這一部分將根據上述理論來剖析中國法秩序下違憲審查建設的理論、制度，並提出若干建議。

1. 中國違憲審查的對象

中國學者在論及中國違憲審查的對象時，通常將所有的普遍性規範（如基本法律、法律、行政法規、規章、地方性法規及法律解釋）都網羅於其中，[48] 如果依照本章上一節關於違憲審查對象的理論，這種觀點值得商榷。準確地揭示在中國法秩序下違憲審查的對象，並非是一個無關緊要的問題。如所周知，中國違憲審查所面臨的理論和制度障礙，恰在於現行憲法確立了人大主權的憲政價值和制度，眾多學者也多以此為敍説、評判乃至構建中國違憲審查制度的憲法前提和觀念基礎。[49] 而要審查全國人大及其常委會的立法，必將遇到重大的障礙，這些障礙有觀念和心理的。[50] 觀念和心理的變化，需要長久的時間。但是，我們應當意識到，在中國，全國人大及其常委會的立法在數量上並不構成法律體系的主體，在現實生活中調整公民生活和國家權力運作的主要不是全國人大的立法，而是一些低位階法規範；[51] 全

---

48 參見張千帆主編：《憲法學》（北京：法律出版社，2005），頁97–99。

49 眾學者在涉及違憲審查權之歸屬問題時，總是要思量這一享有違憲審查權之機構與全國人大及其常委會的關係。

50 在河南省洛陽發生的「玉米種子案」中，判決書中「《種子法》實施後，玉米種子的價格已由市場調節，《條例》作為法律階位較低的地方性法規，其與《種子法》相衝突的條款自然無效」的表述，立即引起了軒然大波。河南省人大常委會分別向省高級人民法院和洛陽市人大常委會發出通報，認為洛陽中院的「判決實質是對省人大常委會通過的地方性法規的違憲審查，違背了我國人民代表大會制度，侵犯了權力機關的職權……是嚴重違法行為」。此案涉及眾多的憲法問題，河南省人大常委會如此迅捷的作出反應，揭示了當下中國眾人對人大制度的基本態度。這種態度將阻礙對全國人大及其常委會立法的違憲審查。

51 關於各種位階法律的數量比，參見朱景文：〈關於立法發展趨勢的幾個問題——一個比較研究〉，《法學雜誌》第6期（2005）。

國人大及其常委會的立法固然對國家和社會生活產生了重大影響，但影響更大的是比其位階低的其他法規範。現實生活也表明，這些低位階的法規範中，存在大量侵犯公民基本權利的現象，它們才是須要進行審查的主要對象。但是，對它們的審查都是屬違憲審查的範圍嗎？當下的學界基本上持肯定的觀點。這種觀點，對於中國違憲審查的建設，並不是福音。一方面，由於違憲審查必然涉及到對全國人大及其常委會立法的審查，而對之進行審查因目前存在難以逾越的體制和觀念障礙變得不現實。由於學界總是試圖建立一個統一全面的違憲審查機構來全面集中地處理對全國人大及其常委會立法和其他低位階法規範的審查，因此，將這些低位階法規範的審查置於違憲審查的概念之中，只會將前述障礙順帶地轉移到對低位階法規範的審查上。結果，一步不能進，便全盤原地踏步而不可進。質言之，這種違法審查、違憲審查不分的做法，只會阻礙違憲審查和違法審查的制度突破，未能掌握個個擊破的「鬥爭」藝術。全國人大常委會在法工委下設了「法規備案審查機構」，這表明國家領導層對這種漸進改革方式的青睞。學界由於過多地執拗於一種完善的違憲審查之夢想，對於這一制度建設，既關注得不夠，又研究得不深，自然無益於中國法治的發展。另一方面，對違憲審查與違法審查不做必要的區分，也會讓我們忽視現有的制度資源，不能通過對現有制度的改革來實現對低位階法規範審查的目標。以現行行政訴訟法為例，該法第63條規定，「人民法院審理行政案件，以法律和行政法規、地方性法規為依據。」這通常被理解為人民法院在審理行政案件之時，在存在法律、行政法規、地方性法規的具體規定的情況下，法律、行政法規、地方性法規是人民法院直接適用的根據，法院無權也不得拒絕適用。這一規定排除了法院對法規的違法性審查。事實上，現行憲法和立法法將法規的審查權授予全國人大常委會。立法法第99條規定，「國務院、中央軍事委員會、最高人民法院、最高人民檢察院和各省、自治區、直轄市的人民代表

大會常務委員會認為行政法規、地方性法規、自治條例和單行條例同
憲法或者法律相抵觸的，可以向全國人民代表大會常務委員會書面提
出進行審查的要求，由常務委員會工作機構分送有關的專門委員會進
行審查、提出意見。」如果這些主體不提出審查的要求（公民的建議很
少得到重視和答覆），對法規的審查將很難啟動，而法院又必須適用
這些法規，其結果自然可知。因此，我們完全可以通過修改訴訟法，
規定任何案件的當事人皆可向主審法院提出法規審查的建議，主審法
院在接受之後應當中止訴訟逐級或直接上報最高人民法院，要求其向
全國人大常委會提出審查的要求。這種特別的程序安排，既符合現有
的憲政體制，又能利用現有制度資源，促成對法規的審查，還不會引
起重大的體制震蕩，當然比那些強烈要求將法規審查權移轉到一個特
定違憲審查機構手中的觀點可行得多。研究違憲審查具體對象在中國
所具有的獨特價值，自不待言。[52] 那麼，在中國法秩序下，違憲審查
的對象又具體為何呢？這依賴於我們對相關規範的分析。現行憲法第
58條規定，「全國人民代表大會和全國人民代表大會常務委員會行使
國家立法權」，第62條和第67條規定了二者的權力，基本上確定了二
者享有無限的權力。全國人大及其常委會是直接根據憲法行使權力的
機關，嚴格說來，其權力行為中大部分都屬違憲審查的範圍，包括立
法不作為。這是中國違憲審查對象的第一部分內容。

---

52 這種將法規範審查區分為違憲審查和違法審查的嘗試，其價值並不亞於將憲法適用區分為違
　　憲審查和憲法的私法適用的嘗試。有學者基於憲法適用區分為違憲審查和憲法的私法適用
　　的前提，順當地提出中國違憲審查當走憲法司法化和私法化的道路。參見蔡定劍：〈中國憲
　　法實施的私法化之路〉，《中國社會科學》第2期（2004）。對這一點的簡單批評請參見秦前
　　紅、葉海波：〈論立法在人權保障中的地位——基於「法律保留」的視角〉，《法學評論》第2
　　期（2006）。

社會主義憲政研究

　　在中國法體系中，行政法規是一個重要的組成部分。[53] 依據本書
「當代中國憲政建設的的基本要求：依法行政」一章第三節的分析，
國務院的權力由三部分組成，一是該條第1項確立的「法律保留之立
法授予的權限」；二是該條第2至17項確立的「列舉的權限」；三是該條
第18項確立的「授權的權限」。國務院制訂的行政法規相應具有三種
形式，一是根據「列舉的權限」進行職權立法產生的行政法規；二是
根據「授予的權限」進行授權立法而產生的行政法規；三是依據已經
制訂的全國人大及其常委會的法律進行立法產生的行政法規，其中的
一部分是全國人大及其常委會對立法法第8條的內容進行立法後國務
院根據這種法律保留之立法而制訂的行政法規，若國務院在沒有立法
的情況下針對法律保留範圍內的事項制訂了行政法規，可以依據立法
法第8條之規定予以撤銷。另一部分是全國人大及其常委會對非法律
保留的事項進行立法後，因這些事項同樣是國務院「列舉的權限」範
圍內的事項，根據法律佔優原則，國務院根據這些法律來制訂的行政
法規。[54] 在三類行政法規中，第一類根據憲法直接制訂，是違憲審查
的對象；第二類儘管是由立法機關授權制訂，但實際上是代替立法機
關進行立法，也屬違憲審查的對象；第三類行政法規系根據具體立法
的具體條款來制訂，不屬違憲審查的對象。由於中國立法機關立法數
量不多，大部分行政法規的制訂並沒有法律作為上位法。而現行憲法
對國務院職權立法的事項規定得極為籠統，範圍十分寬廣，因此，大
部分行政法規實際上是直接根據憲法制訂的。由此，我們可以說對行

---

53 除了制訂行政法規外，國務院還發佈一些決定、命令和措施，通稱為法規性規範性文件。特
定的地方人大在制訂地方性法規時，還會制訂一些決定之類的文件。部委和特定地方政府在
制訂規章時，還會制訂規章性規範性文件，在文中將其分別與行政法規、地方性法規和政府
規章一並討論，但在表述時並不單列。

54 現行憲法並未確立西方意義上的權力分立制度，原則上全國人大及其常委會可以行使一切權
力。其中若干種權力只能由全國人大及其常委會行使，國務院可以行使第89條規定的一部分
權力，二者在管轄的具體事項上具有重合性。

政法規的審查即是進行違憲審查，[55] 現行憲法也的確是將行政法規之審查權授予享有違憲審查權的全國人大常委會。

地方性法規是中國法體系中的另一個重要組成部分。現行憲法第100條和立法法第72條規定，在不同憲法、法律、行政法規相抵觸的前提下，省、自治區、直轄市的人大及其常委會可以制訂地方性法規；在不同憲法、法律、行政法規和本省、自治區的地方性法規相抵觸的前提下，設區的市的人大及其常委會可以制訂地方性法規。憲法和立法法均使用了「不……相抵觸」的表述，體現了法律優先的原則。在現實生活中，並不是在每個領域皆存在地方性法規的上位法。在上位法缺失時，地方性法規直接根據憲法制訂；在上位法存在時，地方性法規根據上位法制訂。地方性法規也存在三類，一是依據憲法制訂的地方性法規，二是依據普通上位法制訂的地方性法規，三是基於全國人大及其常委會授權而制訂的地方性法規。顯然除了第二類以外，另外兩類地方性法規是違憲審查的對象，現行憲法也是將地方性法規之審查權授予給享有違憲審查權的全國人大常委會。

中國法體系中的另一個不能忽視的組成部分是規章，包括部委規章和地方政府規章。現行憲法第90條和立法法第80條、第82條規定，國務院部委和直屬機構根據法律和行政法規制訂部門規章，省、自治區、直轄市和較大市的人民政府，可以根據法律、行政法規和本省、自治區和直轄市的地方性法規制訂地方政府規章。現行憲法和立法法在規定規章的立法根據時，並不包括憲法，而且使用的是「和」，這說明這些規章制訂主體在制訂規章時，必須遵守法律保留原則，如果沒有相關的上位法作為依據，就不能制訂規章。顯然，規章都應當

---

55 在另一篇文章中，我們基於嚴格的規範主義，認為根據立法法第62條之規定，國務院之立法都必須根據法律，因此，對行政法規之審查只是進行違法審查。做進一步的思考後，我們認為這種嚴格的規範主義不符合《立法法》的本意，遂產生了不同於以前的觀點。參見秦前紅、葉海波：〈論立法在人權保障中的地位——基於「法律保留」的視角〉。

是依據普通上位法而制訂，對其也只須進行違法審查。如果規章在沒有上位法作依據時得以制訂，完全可以依據立法法第80條、第82條之規定對之予以撤銷。

　　解釋法律是法律適用過程中必然會產生的行為，法律解釋也構成了一國法律體系的組成部分。在中國，法律解釋包括立法解釋、行政解釋、司法解釋。1981年《全國人民代表大會常務委員會關於加強法律解釋工作的決議》規定，「一、凡關於法律、法令條文本身須要進一步明確界限或作補充規定的，由全國人民代表大會常務委員會進行解釋或用法令加以規定。二、凡屬法院審判工作中具體應用法律、法令的問題，由最高人民法院進行解釋。凡屬檢察院檢察工作中具體應用法律、法令的問題，由最高人民檢察院進行解釋。最高人民法院和最高人民檢察院的解釋如果有原則性的分歧，報請全國人民代表大會常務委員會解釋或決定。三、不屬審判和檢察工作中的其他法律、法令如何具體應用的問題，由國務院及主管部門進行解釋。四、凡屬地方性法規條文本身須要進一步明確界限或作補充規定的，由制訂法規的省、自治區、直轄市人民代表大會常務委員會進行解釋或作出規定。凡屬地方性法規如何具體應用的問題，由省、自治區、直轄市人民政府主管部門進行解釋」。這些解釋從性質上講，大體上可分為立法性解釋和法律適用性解釋，立法性解釋可以視同為立法，根據所解釋法律的性質來決定對其審查的類別。一般說來，全國人大對法律的解釋是立法性解釋，對其進行的審查是違憲性審查，對國務院關於行政法規的解釋也多屬違憲性審查，法律適用性解釋只是對法律含義的說明，應根據所解釋法律來對之進行審查，屬違法性審查。除了上述獲得「法律」之稱的規範之外，中國還有相當一部分層級不同的行政機關和人大在無權制訂政府規章和地方性法規的情況下，它們還制訂了一些所謂的「紅頭文件」。行政機關制訂的「紅頭文件」在行政法中一般被稱為「行政規範性文件」，主要針對本轄區內的管轄事項。由於這些主體

行政層級不高，並沒有自主的立法權，多是執行性的行為，對這些行政行為的審查，多是違法性審查。對於層級不高的地方人大制訂的文件，立法法並沒有提及，它們也不是法律的組成部分。對於這些實際上發生着效力的文件，可以按照針對地方性法規的要求進行審查。

　　上面探討了對中國法律體系中不同法規範和「紅頭文件」進行的審查的性質。大體而言，凡是能夠依據憲法典和立法機關之授權對特定事項進行立法的機關，對其制訂的法規範進行的審查就是違憲審查，其餘的則是違法性審查。[56] 總體看來，這裏分析後的結論與一般的流行觀點並無太大的差別，也認為法律、行政法規、地方性法規、法律解釋構成了違憲審查的對象，但其分析過程卻與一般論點的「脫口而出」大不相同。這種具體化的分析，將為我們下面對違憲審查主體問題的研究提供基礎。

2.　違憲審查的主體

　　不少論者在談及這一問題時，傾向於認為中國有多個機關享有違憲審查權，其依據是現行憲法、立法法關於「改變、撤銷權」的規定。[57] 這種理解當然成立，但是違憲審查權之歸屬問題中最核心的部分，恐怕不是違憲審查權是否能分散在不同的機關之手，而在於具有終局裁決權的機關為何者。據此，我們應當意識到，違憲審查的

56　嚴格地講，除了上述的法律和文件之外，特定國家機關的行為也構成了中國違憲審查的對象。立法機關的不作為，在前面已經論及，此處略過。立法、行政、司法、國家主席和軍事機關的主要領導人，其行為可能與憲法之規定相悖，就是違憲審查的對象。而對於法院的審判行為，在何種意義上構成違憲，更是尚無研究。不過，在中國，這些問題遠不如法規範和文件違憲違法那樣突出和引人注目，本文也暫且將之置於一邊不深入研究。

57　參見現行憲法第62條第11項，第67條第7項、第8項，第89條第13項、第14項，以及立法法第97條等的相關規定。

社會主義憲政研究

機關是全國人大及其常務委員會。[58] 對憲法確立的這一違憲審查制度，有學者評價說：「如果我們敢於正視憲法監督的現狀，並決心走向法治的話，就應該有勇氣承認，我國現行的憲法監督模式是不可行的。」[59] 這一判斷符合中國違憲審查的現實，自然是允當的，也是基於這一判斷，學界對中國違憲審查問題進行了長久的研究，並開出了各種各樣的藥方。[60] 這些方案，不外乎推倒現有制度設計，一切從新從長計議。這固然表達了一種急切的心理，卻也內藏着根深蒂固的理性設計的圖謀。這種圖謀，是以犧牲現有制度資源為代價的。我們可以預測，其設計的制度的命運，與我們現有的制度的命運並不會有本質的區別。申言之，如果過去設計的制度在當下命運悲慘，那麼，我們又如何保證當下設計的制度在未來不會是命運多舛呢？美國制憲之父華盛頓（George Washington）先生就認為他們設計的憲法能維持20年就不錯了。[61] 富蘭克林（Benjamin Franklin）則說：「我進而相信，這一次有可能治理得好若干年，不過最後還是會以專制收場，就像過去其他的共和形式一樣，人們一旦腐化，就需要專制政府，沒有能力建成其他形式。我也懷疑，不論再開多少制憲會議，未必就能制訂一部更好的憲法。因為，等你再召集一批人來，發揮他們的聯合智慧，不可避免，也會把他們的偏見、他們的激情、他們的錯誤觀念、他們的地方利益、他們的私人之見，連人一起召集起來。從這樣的會議裏，能

58　分別見現行憲法62條第2項和第67條第1項，全國人大的違憲審查權是推論的結果，其常委會的違憲審查權是憲法明確規定的，但對前者的推論極為容易達成，故並無疑問。

59　李樹忠、王煒：〈論憲法監督的司法化〉，載龔祥瑞主編：《憲政的理想與現實》（北京：中國人事出版社，1995），頁216。

60　參見季衛東：〈合憲性審查與司法權的強化〉，《中國社會科學》第2期（2002）；焦洪昌、姚建國：《憲法學案例教程》（北京：知識產權出版社，2004），頁18–28。

61　參見尹宣：〈聯邦制憲會議記錄的解密與成書〉，載〔美〕麥迪遜（Madison, J.）著，尹宣譯：《辯論：美國制憲會議記錄》（上）。

指望產生完美無缺的成果嗎？」[62] 總之，我們認為，現行制度缺陷的客觀存在，並不構成另起爐灶的理由，充分認識這些弊端及其產生原因，提出務實的改進方案，這才是中國法治憲政建設所渴望的。

上文分析了中國違憲審查對象的基本內容，大致來講法律、法規和法律解釋構成了中國違憲審查的主要對象，對這些法規範，現行憲法和立法法確立了不同的審查主體和程序。現行憲法第62條第11項明確規定，全國人大「有權改變或者撤銷全國人民代表大會常務委員會不適當的決定。」這實際上將對基本法律之外的違憲審查權授予全國人大，而對於基本法律的審查，現行憲法並無隻言片語，這是個缺陷。當前，基於對人大主權的絕對和片面認識，這個缺陷一時難以彌補，暫且擱置。儘管全國人大享有對全國人大常委會立法的審查權，但很少行使這一權力，其問題在於缺少啟動這一審查權的程序。立法法對此無任何貢獻，但解決這一問題在當下時機不成熟。學界提出了一些漸進的方案，[63] 需要時間檢驗。我們傾向於這樣一種方案：在時機成熟時將法規備案審查機構升格為違憲審查機構，直接隸屬於全國人大，若其認為全國人大常委會制訂的法律（包括其對法律的解釋）與憲法相違背，[64] 可以自行審查；若其認為全國人大制訂的法律（包括其對法律的解釋）與憲法相抵觸，只能提請下一屆全國人大審議。現行憲法規定全國人大常委會審查法規的合法性和合憲性，立法法也規定了提出審查要求和建議的主體。但這一程序很少啟動，公民提出的審查建議未能得到充分的重視。因此，可以盡快修改訴訟法，規定

---

62 ［美］麥迪遜（Madison, J.）著，尹宣譯：《辯論：美國制憲會議記錄》（下），頁775頁。

63 參見季衛東：〈合憲性審查與司法權的強化〉。

64 如上所述，全國人大及其常委會對法律的解釋、國務院對行政法規的解釋、特定地方人大及其常委會對地方性法規的解釋，都可歸類為立法性解釋，一般適用違憲審查的程序和理論。其他主體對這些法律法規的解釋，係法律適用性解釋，適用違法性審查的程序和理論。下面不再單獨就法律解釋的審查進行討論。

訴訟的當事人皆可向主審法院提出法規審查的建議，主審法院在接受之後應當中止訴訟逐級或直接上報最高人民法院，要求其向全國人大常委會提出審查的要求，法院根據審查結果來裁斷訴爭。在法規審查備案機構升格為違憲審查機構之後，再做進一步修改。具體而言，在將來，可以將立法法第99條的規定修改為：「國務院、中央軍事委員會、最高人民法院、最高人民檢察院和各省、自治區、直轄市的人民代表大會常務委員會認為法律、行政法規、地方性法規、自治條例和單行條例同憲法或者法律相抵觸的，可以向憲法審查機構書面提出審查的要求。」為防止這些主體不提出審查的要求，對法律、法規的審查難以啟動，最終可以通過修改訴訟法，規定任何案件的當事人皆可向主審法院提出法律、法規審查的建議或訴求，主審法院在接受之後應當中止訴訟逐級或直接上報最高人民法院，要求其向憲法審查機構提出審查的要求。[65]

對規章的審查是一種違法性審查，立法法和行政訴訟法建立了一種分散的審查方式。立法法第95條第1款規定：「(三)部門規章之間、部門規章與地方政府規章之間對同一事項的規定不一致時，則國務院裁決」；第97條規定：「(三)國務院有權改變或者撤銷不適當的部門規章和地方政府規章……(五)地方人民代表大會常務委員會有權撤銷本級人民政府制訂的不適當的規章；(六)省、自治區的人民政府有權改變或者撤銷下一級人民政府制訂的不適當的規章」。這些條款確立了國務院、地方人民代表大會常務委員會和省、自治區的人民政府對規章的審查權。《行政訴訟法》第63條規定：「人民法院審理行政案件，參照規章。」根據1989年《關於〈行政訴訟法(草案)〉的說明》，「參照」是與「依據」相對的、具有特定含義的概念，是指「對符合法律、行政法規規定的規章，法院要參照審理，對不符合或者不完全符

---

65 這種制度設計，不可避免地會增加訴訟成本，拖累訴訟的進行，但這是不可避免的代價。

合法律、行政法規原則精神的規章，法院可以有靈活處理的餘地」。
「參照」二字實際賦予了人民法院對規章的「選擇適用權」，[66] 無庸贅
言，「選擇」即意味着「審查」，法院擁有對規章的審查權，但法院不能
撤銷規章或者宣告規章無效。這種將規章審查權授予多個主體的制度
安排，必定會引起法律適用過程中的混亂。比如，當法院認為某一規
章不符合其上位法的原則和精神，不予適用，而若國務院審查後並
不認為該規章與其上位法的原則和精神不符合之時，法院與國務院間
的權力衝突是明顯的，這也將會引起當事人的新一輪的申訴行為。行
政訴訟法原第53條第2款只是規定，「人民法院認為地方人民政府制
訂、發佈的規章與國務院部、委制訂、發佈的規章不一的，以及國務
院部、委制訂、發佈的規章之間不一致的，由最高人民法院送請國務
院作出解釋或者裁決」。這裏並未要求將法院認為不符合上位法的原
則和精神的規章也提交國務院審查決定。修訂後的行政訴訟法刪除了
這一條款，只是規定人民法院審理行政案件，參照規章，並未解決多
頭審查的問題。因此，規章審查的效力具有不確定性，是規章違法
審查制度存在問題的癥結。當下行政法學界對於授予人民法院規章審
查權基本上形成共識，但未能指出這是一種違法性審查而不是一種
違憲性審查，所以許多人對此依舊存在疑慮。我們認為，鑒於規章
在中國法體系中位階不高，數量眾多，對公民權利影響重大（如教育
部制訂的《普通高校學生管理規定》事實上在處分學生的受教育權），
應當將規章審查權授予人民法院，並賦予當事人在法庭上挑戰規章
的權利。這裏面臨的一個問題是，由於眾多主體享有規章審查權，如
果它們間的審查結果不統一，應當如何處理。這一問題的解決之道，
在於一要尊重國務院的權威，二要吸納人民法院解決問題的能力，三

66　姜明安主編：《行政法與行政訴訟法》（北京：北京大學出版社、高等教育出版社，1999），
　　頁371。

要防止凱爾森所指出的美國司法審查模式的弊端，即不確定性和缺乏統一性。[67] 儘管2014年修訂的《行政訴訟法》在第53條規定：「公民、法人或者其他組織認為行政行為所依據的國務院部門和地方人民政府及其部門制訂的規範性文件不合法，在對行政行為提起訴訟時，可以一並請求對該規範性文件進行審查」，以及在第64條中規定：「人民法院在審理行政案件中，經審查認為本法第五十三條規定的規範性文件不合法的，不作為認定行政行為合法地依據，並向制訂機關提出處理建議」。但同時也明確規定此處的規範性文件不含規章。因此，仍然沒有解決前述問題。在今後修改行政訴訟法時，不妨採取這樣一種制度安排，規定：「人民法院認為地方人民政府制訂、發佈的規章與法律、行政法規的精神原則不相符合的，以及國務院部、委制訂、發佈的規章與法律、行政法規的精神原則不相符合的，應當對之作出實質性審查，並由最高人民法院將審查決定遞交至國務院，國務院應當根據人民法院審查的結果作出改變或撤銷的決定。當事人亦可在訴訟過程中提出規章審查的請求。」這一制度安排的優勢在於它既能促成人民法院對規章的審查，亦可以保證規章審查後效力的普遍性，還能解決不同審查主體間權力的衝突。[68]

---

67 參見〔奧〕漢斯・凱爾森（Kelsen, H.）、張千帆譯：〈立法的司法審查：奧地利與美國憲法的比較〉。

68 這種衝突實際上只發生在法院與其他可審查主體之間。儘管立法法也確立了國務院、地方人民代表大會常務委員會和省、自治區的人民政府對規章的審查權，但在本文中的制度安排之下，它們的審查權不可能與人民法院的審查權發生衝突，因為在人民法院審查規章的時候，它享有實質審查權，國務院享有形式審查權，審查決定是以國務院之名義發表，效力自然高於其他主體，如地方人民代表大會常務委員會和省、自治區的人民政府對規章的審查決定。

3. 從法規備案審查走向憲法審查

上文的分析顯示，無論是違憲審查和違法審查，中國均確立了分散的審查模式，而且無必要的程序來啟動這些審查。改革中國違憲審查制度，正是要實現違憲審查權的統一和集中，並建立行之有效的啟動程序。我們認為，在違法審查制度的改革中，應當將審查權逐漸集中到法院手中，但同時要防止分散審查模式審查效力不確定的弊端。因此，可以由法院行使實質審查權，國務院行使形式審查權（國務院當然可以自行審查並作出決定）；在違憲審查權的統一與集中化建設中，應當關注當下已經存在的法規備案審查機構，在時機成熟時將之升格為全國人大領導的違憲審查機構，將違憲審查權逐步集中到這一機構手中。質言之，中國違憲審查改革，應當確立從法規備案審查邁向憲法審查的路向。

3.1 法規審查的特殊意義

學者在論及中國的違憲審查建設時，對未來中國的違憲審查機關，有稱做憲法委員會者，也有稱做憲法法院者，等等。顯然，這不僅僅是一個名稱的問題，它必然涉及的疑問是：這個機構從何而來？是平地起高樓，還是歷史的續接？我們認為，法規備案審查機構是一個值得期待的制度突破。首先，法規備案審查機構的設立，實際上是設立了一個專門的違憲審查機關，是違憲審查權集中化的一個開端。通常認為，法規備案審查機構只不過是一個違法審查機關，這是對法規備案審查機構的誤解。這種誤解來源於我們對一種完美違憲審查制度的渴望，可以説，這種渴望愈是強烈，這種想像中的違憲審查制度愈是完美，就愈發覺得法規備案審查機構難言完備，難當大任。但是，剛設立的法規備案審查機構，任務明確，即對行政法規、地方性

法規、自治條例和單行條例及經濟特區法規進行備案審查。根據前面的分析,對這些法規審查,多屬違憲性審查。由此,我們可以斷定,法規備案審查機構實際上承擔了全國人大常委會的違憲審查工作,行使的就是違憲審查權。這是違憲審查權向專門機構轉移的一個信號。因此,設立法規備案審查室,看似是一小步,卻是中國違憲審查改革的一大步。只要輔以有效的程序,它將會成為一個極為有活力的違憲審查機構。其次,法規備案審查機構的設立,充分利用了已有的憲政資源,是對已有制度的接榫。現行憲法將法規審查權授予全國人大常委會,全國人大常委會將這一權力部分地授予新設立的法規備案審查室,極為順當平穩,易為人接受。事實上,早在2000年10月16日,第九屆全國人民代表大會常務委員會第三十四次委員長會議就通過了《行政法規、地方性法規、自治條例和單行條例、經濟特區法規備案審查工作程序》,2004年設立法規備案審查機構,是全面地實施既有立法,也順理成章。最後,法規備案審查機構的設立,為中國違憲審查制度建設開創了一個可以期待的發展空間。如果相關訴訟法能夠賦予具體訴爭當事人在人民法院挑戰法規的合法與合憲性,那麼,全國人大常委會將被迫接受相當多的由最高人民法院提交的法規審查要求,作為專門為審查法規而設立的機構,法規備案審查機構將會在法規審查中扮演愈來愈重要的角色。若這一機構在未來若干年內能頗有成效的工作,定會在培養民眾憲政意識方面發揮不可小覷的作用,進而為自身的最終獨立(成為違憲審查機關)積累民意基礎。最為關鍵的是,這一切,都是在漸進的過程中發生的,不必擔心制度震盪所帶來的失敗風險。一言以蔽之,法規備案審查機構的設立是中國憲政建設中重要的一步,也應當成為中國憲政建設的突破口。

　　當然,在現行憲法確立的憲政體制之下,服從全國人大的領導,便規定了法規備案審查機構獨立的程度。這當然會引起一個疑問:將違憲審查機構置於全國人大之下,如何保證審查程序的正當性。在程

序正當理念引入中國之後，「任何人不能當自己案件的法官」的正義規則得到廣泛傳播。程序正義的規則，在保證行政和司法裁斷權的公正性方面，功不可沒。但是，違憲審查機構撤銷一個違反憲法的法律，可能是由一個具體的訴訟而引起，但撤銷法律同裁斷不同主體間的權利糾紛不能簡單地等同，這同立法機關自己撤銷一部已經生效的法律，並無本質的區別。[69] 立法機關自己監督自己的立法的合憲性，並不存在程序上的問題，其關鍵問題是，它通常不願意通過撤銷自己的立法的方式來監督自己，而傾向於修改憲法。質言之，完善中國違憲審查制度，要注意的一個基本問題是修憲權與違憲審查權的分離。如果這兩種權力集於一個機關之手，而這個機關又恰恰是立法機關，它多半不會宣佈自己制訂的法律違背了憲法，而是執意於修改憲法，使憲法與其立法相吻合，從而將自己變成一個常設的權力無限的立憲者。當我們將違憲審查機構置於全國人大領導之下，已經部分地實現了這種分離，但顯然還不夠。剩下的，可以通過強化修憲權的程序限制來實現這一點。比方，嚴格限制修憲的提案權主體，提高通過憲法修正案的票決比例。這樣，立法機關可能會希望通過修改憲法來維護自己的立法，但卻不會成為經常的活動。如果法規備案審查機構能夠升格為全國人大領導的違憲審查機構，而且能夠向下一屆全國人大挑戰上屆全國人大立法的合憲性，那麼，在這種民眾憲法意識高漲、憲法權威確立的情景下，通過修憲來限制修憲權，將不會成為問題。此時，修憲權與違憲審查權之間將會達成某種程度的平衡──這恰是一個憲政國家健全穩步發展所必需的。

---

69 「憲政法院撤銷立法的決定和一項立法廢除另一項立法具有同樣的特徵。它是立法的消極（negative）行為」。[奧]漢斯•凱爾森（Kelsen, H.）、張千帆譯：〈立法的司法審查：奧地利與美國憲法的比較〉。

社會主義憲政研究

3.2　最高院的角色

　　當務之急是如何「啟動」中國的違憲審查機制。我們認為，最高人民法院可以在這一過程中有作為的憲法空間。在憲法適用的問題上，人民法院曾經有過各種嘗試。「齊玉苓案」和「河南洛陽種子案」是曾經引發廣泛關注和理論之爭的兩個重要案件。[70] 針對前者，最高人民法院作出《關於以侵犯姓名權的手段侵害憲法保護的公民受教育的基本權利是否應當承擔民事責任的批覆》，認定「陳曉琪等以侵犯姓名權的手段，侵犯了齊玉苓依據憲法規定所享有的受教育的基本權利，並造成了具體的損害後果，應承擔相應的民事責任」。[71] 近六年之後，最高人民法院毫無徵兆地發佈公告，宣佈齊案批覆停止生效。[72] 在後案中，針對洛陽市中級人民法院一審判決中「《河南省農作物種子管理條例》作為法律位階較低的地方性法規，其與《種子法》相衝突的條款自然無效」的表述，河南省人大常委會法制室認為，「洛陽市中級法院在其民事判決書中宣告地方性法規有關內容無效，是嚴重的『違法』行為。」[73] 河南省人大常委會主任會議認為，洛陽市中級人民法院「實質是對省人大常委會通過的地方性法規的違法審查，違背了我國的人大制度，侵犯了權力機關的職權，是嚴重的違法行為。」[74] 承辦該案的法官李慧娟和趙廣雲因此被撤除法律職務。無論是「齊玉苓案」中的批

70　參見韓大元主編：《中國憲法事例研究（1）》（北京：法律出版社，2005），「憲法事例1：齊玉苓案引發的憲法問題」、「憲法事例12：河南洛陽中級法院宣告《河南省農作物種子管理條例》無效事件」；韓大元主編：《中國憲法事例研究（4）》（北京：法律出版社，2010），「事例02：最高人民法院廢止齊玉苓案批覆」。

71　〈關於以侵犯姓名權的手段侵害憲法保護的公民受教育的基本權利是否應當承擔民事責任的批覆〉，《法制日報》2001年8月13日。

72　參見《法學》雜誌2009年第3期和第4期刊載的系列討論文章。

73　〈律師建議全國人大對「洛陽種子案」進行立法審查〉，載《中國法院網》，2003年11月30日，http://www.chinacourt.org/article/detail/2003/11/id/93800.shtml

74　同上註。

覆及其停止生效的公告，還是「河南洛陽種子案」中地方人大的反應及
當事法官的際遇，均引發密集的學術討論。[75] 究其原因，不外乎二案
觸及中國法學界長年不懈探索的核心議題：違憲審查。

中國現行憲法規定，憲法「具有最高的法律效力」，「一切國家機
關和武裝力量、各政黨和各社會團體、各企業事業組織都必須遵守
憲法和法律。一切違反憲法和法律的行為，必須予以追究。」（第5條
第四款）全國人大及其常委會行使憲法監督權（第62條和第67條）。然
則，在現實中，憲法監督機制淪為「沉睡的美人」，憲法權威受到嚴重
侵蝕。「齊玉苓案」被視為中國「憲法司法化第一案」，[76] 開啟了中國憲
法實施的另一扇大門 —— 憲法的司法適用。如果說「齊玉苓案」的核
心議題是法院能否適用憲法基本權利規範裁決私人間糾紛（即憲法的
私法適用），只是部分地觸及了憲法實施的課題，那麼，「河南洛陽種
子案」則高度接近違憲審查的核心 —— 規範的合憲性審查。該案主審
法院宣告《河南省農作物種子管理條例》抵觸《中華人民共和國種子
法》無效，雖然只是一起合法性審查的實例，但卻讓人聯想到司法審
查模式，並進一步地激發了社會對憲法司法化的期待。[77] 這二起案件
契合了理論上關於憲法實施的雙重想像：憲法的私法適用和司法式的
違憲審查，[78] 對二起案件的高密度理論關注，只不過是學術界對違憲
審查累積研究的一次總爆發。

---

75 截至2013年7月2日，以「齊玉苓案」為論文關鍵詞，便可以中國期刊網上搜索到49篇論文，
　　涉及「河南洛陽種子案」的研究則多達百份。

76 黃松有：〈憲法司法化及其意義——從最高人民法院今天的一個批覆談起〉，《人民法院報》
　　2001年8月13日。

77 參見王磊：《憲法的司法化》（北京：中國政法大學出版社，2000），頁1以下。

78 參見蔡定劍：〈中國憲法實施的私法化之路〉。

社會主義憲政研究

在這二起案件中，人民法院的嘗試均告失敗，[79] 其根本原因在於，任何脫離中國現行憲法體制的嘗試，都不可避免地陷入合憲性和合法性缺失的泥潭而不能自拔，徒增改革的政治風險。[80] 憲法的私法適用枉顧現行憲法關於憲法解釋權的安排，而司法式違憲審查則直接侵及全國人大及其常委會的憲法監督權，本身即是違憲之舉。[81] 人民法院通過憲法私法適用和規範審查的方式實施憲法，雖然路徑不通，但並不意味着人民法院、特別是最高人民法院，在推進中國憲法監督、建設法治國家的偉大事業中完全淪為看客。立法法規定，最高人民法院認為行政法規、地方性法規、自治條例和單行條例同憲法或者法律相抵觸的，可以向全國人大常委會書面提出進行審查的要求（第99條）。全國人大議事規則和全國人大常委會議事規則，規定最高人民法院可以向全國人大及其常委會提出議案（第11條和第21條）。循此法規提請審查機制和議案提案權，最高人民法院完全可以扮演違憲審查程序啟動的重要推手，全面激活中國的違憲審查制度。

中國全國人大及其常委會制訂法律的數量不多，法規是中國法律體系的主體，[82] 法規審查的意義重大。法規審查的對象主要包括行政法規、地方性法規、自治條例和單行條例（立法法第99條）。若法規存在「超越權限」、「下位法違反上位法規定」、「違背法定程序」的情形，

---

79 參見張千帆：〈中國憲政的路徑與局限〉，《法學》第1期（2011）。

80 參見童之偉：〈憲法適用應依循憲法本身規定的路徑〉，《中國法學》第6期（2008）。

81 參見熊文釗：〈在人民代表大會制度構架下適用憲法〉，《法學》第4期（2009）。

82 國務院新聞辦2009年9月22日召開的新聞發佈會通報，截止2009年8月底，截至2009年8月底，全國人大及其常委會共制訂了現行有效的法律229件，涵蓋憲法及憲法相關法、民商法、行政法、經濟法、社會法、刑法、訴訟及非訴訟程序法等七個法律部門；國務院共制訂了現行有效的行政法規682件；地方人大及其常委會共制訂了現行有效的地方性法規7,000餘件；民族自治地方人大共制訂了現行有效的自治條例和單行條例600餘件；5個經濟特區共制訂了現行有效的法規200餘件。參見〈中國已制定現行有效法律229件行政法規682件〉，載中國新聞網，http://www.chinanews.com/gn/news/2009/09-22/1878785.shtml

有關機關可以依法予以改變或者撤銷（立法法第97條）。其中，全國人大常委會有權撤銷同憲法和法律相抵觸的行政法規，有權撤銷同憲法、法律和行政法規相抵觸的地方性法規，作為授權機關亦有權撤銷被授權機關制訂的超越授權範圍或者違背授權目的的法規。立法法第99條授予國務院、中央軍事委員會、最高人民法院、最高人民檢察院和各省、自治區、直轄市人大常委會以法規審查要求權，即只要這五個主體提出審查的要求，全國人大常委會應當啟動法規審查程序。這些機關若提請審查法規，便是啟動違憲審查程序。相較而言，最高人民法院的提請審查事關審判公正、司法權威，亦將推進中國的違憲審查。作為行使審判權的機關，最高人民法院具有積極行使法規提請審查權，化解審判實踐中的規範選擇難題的實踐需求。中國現行憲法規定，中華人民共和國人民法院是國家的審判機關，各級人民法院依法獨立審判（第123條和第126條）。作為法律適用機關，面對相互衝突的規範時，人民法院的判決不可置之不理，必須選擇適用法律，並說明規範適用選擇的理據，但在中國，法律之間是否發生抵觸的判斷權並非由人民法院行使，如法規審查權主要屬全國人大常委會。此情形下，若主審法院迴避系爭法規的合法性或者合憲性問題，裁判難言合法公正，若主審法院直接就系爭法規的合法性或者合憲性作出截斷，便明顯地違反了中國現行憲法和法律確定的權力分配原則。河南省洛陽中院主審法官正是如此。要實現公正和依法判決，在法規抵觸上位法時，主審法院除了求助最高人民法院提請全國人大常委會就系爭法規進行審查，別無他法。[83] 因此，即便立法法第99條在授權最高人民法院法規提請審查權時，使用的是「可以」的措辭，最高人民法

---

83 有論者認為，中國法院享有對不一致或者相抵觸的法律規範的選擇適用權，可以直接選擇應當適用的法律規範，無須一概送請有權機關裁決。這一理解忽視了法院判決須要建立在說理的基礎上，必須說明規範選擇的理據。若法院進展到這一步，便在行使規範審查權。參見孔祥俊：〈論法官在法律規範衝突中的選擇適用權〉，《法律適用》第4期（2004）。

社會主義憲政研究

院提請全國人大常委會審查審判實踐中的系爭法規，並非一項完全由之自由裁量的職權。基於依法審判和公正審判的憲法要求，這一提請審查權亦是一項職責。申言之，當主審法院提交法規合法性或者合憲性疑問時，最高人民法院便有法定義務啟動提請全國人大常委會作出審查的程序。當然，主審法院若非最高人民法院，亦可以根據立法法第99條第二款的規定，向全國人大常委會提出法規審查的建議，但此項建議審查權與最高人民法院的要求審查權不可比擬，難以真正啟動全國人大常委會的審查程序。實踐中公民提請審查的實例，早已經證明了這一點，此處不贅言。[84]

相較而言，國務院、中央軍事委員會、最高人民檢察院和省、自治區和直轄市的人大常委會儘管也享有法規提請審查權，但會怠於行使法規審查提案權。如所周知，行政法規是國務院制訂，當國務院發現行政法規同憲法或者法律相抵觸時，自己便可以改變或者撤銷，無須向全國人大常委會提出審查的要求；地方性法規或者由省、自治區、直轄市的人大常委會自行制訂的，或者由其批准生效，省、自治區、直轄市人大常委會無須亦不會對自己制訂或者批准的地方性法規提請全國人大常委會審查。制訂主體或者批准主體若提請全國人大常委會審查行政法規或者地方性法規，或者表明提請者的立法違法或者違憲，或者表明地方性法規的審查、批准和備案者未盡職盡責。提請審查便是自我否定，是濫用職權或者瀆職的表面證據，這極大地弱化了這些主體提請審查的動力。中央軍事委員會是領導全國人民武裝力量的國家機關，可以根據憲法和法律制訂軍事法規，若非法規越權侵及軍事事務 —— 在中國當前的政治體制下，這種情形並不常見，中

---

84 2003年5月，俞江等三位法學博士就國務院於1982年5月12日頒佈的《城市流浪乞討人員收容遣送辦法》的合憲性，向全國人大常委會提出了〈關於審查《城市流浪乞討人員收容遣送辦法》的建議書〉，但未見常委會作出任何回應。

央軍事委員會便不會就法規提請全國人大常委會審查，否則會造成軍政關係的困擾。最高人民檢察院作為國家的法律監督機關，根據《中華人民共和國人民檢察院組織法》的規定，其職權範圍包括對國家工作人員職務犯罪行為的監督、偵查監督、審判監督、刑罰執行監督和代表國家出庭支持公訴（第5條），事實上是刑事、民事、行政訴訟法律監督機關。最高人民檢察院的法律監督權限於專門監督權，並不包括一般監督權。[85] 由於檢察機關的法律監督權限並不涉及法規的合憲性和合法性問題，並且其日常工作限於具體的刑事偵查、訴訟和監所監督，最高人民檢察院亦缺乏提請全國人大常委會審查法規的內在動力。概而言之，最高人民法院是五個享有提請法規審查權主體中最須要提請審查的一方。

最高人民法院提請全國人大常委會審查審判中的系爭法規，可以保證審判的公正，更能全面激活中國的違憲審查程序。在訴訟過程中，主審法院向最高人民法院提交處理系爭法規合法性或者合憲性問題的請示時，必然中斷訴訟程序，最高人民法院提請全國人大常委會審查系爭法規的要求後，全國人大常委會的審查便客觀上受制於案件審理期限的法律限制，可能迫使全國人大常委會盡早完成法規審查。隨着最高人民法院提請審查的法規數量的增長，法規備案審查機構可能在經驗積累的基礎上，改革成為獨立審查機構。[86] 同時，這種變化

---

85 一般監督是指「檢察院代表國家對於地方權力機關、國家管理機關、各部及其所屬機關、所屬企業和合作組織是否確切的執行法律，它們所頒佈的法律性質的文件是否合法，以及公職人員和公民是否確切的遵守法律實行最高監督的活動」。〔蘇〕列賓金斯基（Lebedinskiĭ, V. G.）著，陳華星、張學進譯：《蘇維埃檢察院及其在一般監督方面的活動》（北京：法律出版社，1957），頁69。

86 法國2008年修改憲法，確立了提請審查程序，值得參考。根據新的修訂，在審理刑事、民事、行政等案件的過程中，受理案件的普通法院如果認為確實存在法律條文侵犯當事人憲法權利、自由的情形，可以經最高行政法院或最高法院提請憲法委員會審查該法律條文的合憲性。在憲法委員會裁決期間，訴訟程序中止進行。參見張莉：〈法國2008年憲法修改述評〉，載《國家行政學院學報》2009年第4期。

社會主義憲政研究

亦會向社會發出信號，鼓勵公民通過法院訴訟的方式，在案件成熟時，依託最高人民法院的提請審查權，參與違憲審查，適度冷卻公民等提請法規審查建議的熱情，以免全國人大常委會陷入建議審查爆炸式增長的旋渦。

多年的司法工作中，最高人民法院面臨下級主審法院請求處理衝突規範的適用問題時，一直未根據現行憲法規定的憲法監督機制提請法規審查，而是以犧牲判決公信力的方式，不加説理地指示下級主審法院在衝突規範中選擇適用某類規範。[87] 如果説立法法制訂之前，由於缺乏提請全國人大常委會審查法規的具體機制，最高人民法院自行處置這類問題，尚能理解，在立法法制訂、《行政法規、地方性法規、自治條例和單行條例、經濟特區法規備案審查工作程序》出台、法規備案審查室成立之後，最高人民法院仍未就審判機關系統內部如何處理法規適用爭議、如何提請審查法規的問題形成符合憲法和法律規定的機制，便有違法違憲、擴張權力、怠於行使職權的嫌疑，亦是對中國法治建設的阻礙。

除可以依據立法法規定的法規提請審查程序化解審判中的法規合法性之爭、啟動違憲審查外，最高人民法院亦可以通過全國人大議事規則和全國人大常委會議事規則確立的議案提案程序，解決審判過程中的法律適用和憲法適用問題，推動中國法律的違憲審查和憲法解釋。在審判過程中，人民法院可能面臨憲法適用的問題。齊玉苓案提出的憲法問題是，現行憲法規定的受教育權是否適用於私法主體間的

87　如〈最高人民法院關於人民法院審理行政案件對地方性法規的規定與法律和行政法規不一致的應當執行法律和行政法規的規定的覆函〉（1993年3月11日法函［1993］16號）、〈最高人民法院關於人民法院審理行政案件對缺乏法律和法規依據的規定應如何參照問題的答覆〉（1994年1月13日法行覆字［1993］第5號）。〈最高人民法院關於人民法院製作的法律文書應如何引用法律規範性文件的批覆〉（1986年10月28日法［研］覆〈1986〉31號）一般性地處理了規範衝突下的選擇適用問題。參見最高人民法院研究室：《中華人民共和國最高人民法院司法解釋全集》（北京：人民法院出版社，1994），頁28。

糾紛，涉及憲法對第三人的效力問題。有研究認為，中國現行憲法中有關公共財產和資源保護（第9、10、12條和第15條）、宗教信仰自由（第36條）、人格尊嚴（第38條）、通信秘密（第40條）、婚姻家庭、老人、婦女、兒童的保護（第49條）的規定是顯性的規範第三者行為的條文。以是否存在具體立法及現實中被私人侵犯的可能性等因素，有論者亦認為第33、35、38、42條至第47條和第48條是司法機關直接適用於裁斷私人爭議的憲法依據。[88] 這些研究屬關於憲法的學理解釋和無權解釋，當人民法院在裁決齊玉苓案一類的私人糾紛時，必須依據有權解釋作出判決。現行憲法規定全國人大常委會解釋憲法（第67條），故最高人民法院不得越權解釋憲法[89]──最高人民法院關於齊玉苓案的批覆明顯越權，[90] 必須提請全國人大常委會解釋。立法法並未規定提請全國人大常委會解釋憲法的程序，但最高人民法院可以依據全國人大常委會議事規則的規定，向全國人大常委會提出屬其職權範圍內的議案，由常委會會會議審議（第11條第二款）。全國人大常委會會議一般每兩個月舉行一次；有特殊需要的時候，可以臨時召集會議。全國人大常委會的議事頻率，自然可以滿足審判效率的需要。可以借鑒的經驗是，香港特別行政行政區終審法院就美國FG公司訴剛果（金）案根據香港特區基本法第158條第三款，提請全國人大常委會對基本法第13條和第19條涉及的4個問題作出解釋。[91] 儘管香港終審

---

88 蔡定劍認為，現行憲法中可直接適用的憲法條款有第17、33、35、38、42條至第47條和第48條，李忠、章忱則認為可適用於司法的條款不包括第17條。參見蔡定劍：〈中國憲法實施的私法化之路〉。李忠、章忱：〈司法機關與憲法適用〉，載張慶福主編：《憲政論叢》第3卷（北京：法律出版社，2003）。二者結論略有不同。

89 有論者認為這一批覆並非憲法解釋。參見胡錦光：〈齊案批覆並非解釋憲法最高人民法院不應廢止〉，《法學》第4期（2009）。

90 童之偉教授稱之為「搶灘登陸」。參見童之偉：〈憲法司法適用研究中的幾個問題〉，《法學》第11期（2001）。

91 *Democratic Republic of the Congo and Others v. FG Hemisphere Associates LLC*, FACV5/2010.

法院的提請解釋是根據《中華人民共和國香港特別行政區基本法》第158條而作出，香港特別行政基本法並非憲法典，[92]但這種提請解釋的實踐仍為最高人民法院提請全國人大常委會解釋憲法相關條款提供了示例。

最高人民法院除了在提請憲法解釋方面可以發揮其特殊功能外，最高人民法院亦可以提請審查法律的合法性和合憲性問題。現行憲法規定，全國人大制訂民事、刑事、國家機構和其他的基本法律，全國人大常委會制訂基本法律之外的其他法律，在全國人大閉會期間可以對基本法律進行修改，但修改不得違反基本法律的基本原則（第62條和第67條）。全國人大及其常委會制訂的法律和作出的決定，不得抵觸憲法（第5條）。全國人大監督憲法的實施，可以審查全國人大制訂的法律和作出的決定，亦有權改變或者撤銷全國人大常委會不適當的決定（第62條），包括改變或者撤銷全國人大常委會制訂的不適當的法律，撤銷全國人大常委會批准的違背憲法和法律的自治條例和單行條例（立法法第98條）。全國人大對其自身立法和決定的審查、對於全國人大常委會的立法及決定的審查，既包括違法性審查，如審查全國人大常委會對基本法律的修改是否違反基本法律的基本原則，亦包括違憲性審查，如審查全國人大及其常委會制訂的法律是否直接抵觸憲法。在審判過程中，若人民法院發現全國人大及其常委會制訂的法律和作出的決定違反憲法和法律，主審法院便面臨規範適用的選擇問題。立法法僅規定憲法具有最高的法律效力，一切法律都不得同憲法相抵觸（第78條）。現時未確立法律抵觸憲法的審查程序，基於公正審判的需要，最高人民法院應依據全國人大議事規則的規定，向全國人大提出屬其職權範圍內的法律審查議案，由主席團決定列入會議議程

---

92 關於香港特別行政區基本法法律位階的爭論，參見葉海波：〈特別行政區基本法的合憲性推定〉，《清華法學》第5期（2012）。

（第21條）。全國人大每年只召開一次會議，且會期較短，若啟動法律審查程序，必定難以回應司法審判的效率問題，這可能導致兩個完全相反的結局：一種是全國人大主席團拒絕將最高人民法院提出的法律審查議案列入議程，另一種是全國人大最終決定成立專門機關，行使憲法監督權。在前一種情況下，人民法院的審判活動或者無法完成，或者主審法院強行適用合憲性受到質疑的法律作出判決，司法公正將受到根本性的挑戰，人民法院行使審判權的憲法安排將淪為形式，或者主審法院越位行使違憲審查權，進而引發嚴重的憲政爭議。為了避免這些不確定性情形的發生，全國人大極有可能在現實需要的推動下，開創性地設立憲法監督的專門機構，集中行使全國人大及其常委會的憲法監督權，[93] 將中國違憲審查向前推進一大步。

對於中國違憲審查制度的改革，理論上存在兩種絕然有別的思路。一是激進的建構路徑。有學者評價說：「如果我們敢於正視憲法監督的現狀，並決心走向法治的話，就應該有勇氣承認，中國現行的憲法監督模式是不可行的。」[94] 基於這一判斷，學界對中國違憲審查問題進行了長久的研究，開出了形形色色的藥方，推倒現有制度設計，一切從新從長計議的主張並不少見。[95] 我們認為，漸進的改革更符合當下的情形，而最高人民法院可以在這個改革過程中扮演關鍵推手的角色。各級人民法院在審判過程中均可能面臨規範適用的選擇和憲法解釋問題，人民法院處置不慎，自身便會陷入破壞法制和憲制的泥潭之中，「河南洛陽種子案」和「齊玉苓案」恰是如此。模糊地處理或者迴避規範選擇的釋明問題，便會削弱判決書的說服力，[96] 犧牲司

---

93 這種方案在1982年憲法修改過程中曾有過討論。參見申欣旺：〈繞不過去的憲法監督〉，《中國新聞周刊》第9期（2012）。

94 龔祥瑞主編：《憲政的理想與現實》，頁216。

95 參見季衛東：〈合憲性審查與司法權的強化〉。

96 參見王磊：〈法官對法律適用的選擇權〉，《法學》第4期（2004）。

社會主義憲政研究

法權威。充分利用現有制度資源，依託現行憲法和法律確立的法規提請審查機制、憲法提請解釋機制和法律提請審查機制，化解審判中的規範適用困境，是人民法院突破困境的唯一出路。全國人大常委會已經設立了法規備案審查機構，事實上形成輸出違憲審查決定的終端，而審判過程中的規範合法性和合憲性之爭，則是輸入違憲審查對象的始端，二者間缺乏的，正是首尾相接的中介。最高人民法院享有法規審查提請權、憲法解釋議案和法律審查議案提案權，必須回應下級人民法院的規範適用請求，具備啟動提請程序的內部動力，是最佳的中介。若最高人民法院能夠深刻地認識到公正審判是人民法院權威確立的不二法寶，便應當充分理解和運用法律賦予的提請審查權和議案提案權，化解規範適用問題。若最高人民法院能夠充分理解中國憲法確立的人民代表大會制度，便應當尊重全國人大及其常委會的憲法監督權，棄絕權力擴張的私念。最高人民法院的提請和提案，必然聯結違憲審查的首尾二端，激勵中國違憲審查終端——審查機構——的進化，最終邁向高效率、專門化的獨立機構審查模式，[97] 亦將形塑違憲審查的始端——提出規範爭議的當事人和主審法院——的理性度，激勵案件當事人進行全面和充分的說理，辯明系爭規範的違法或者違憲點，減輕作為提請和提案者的最高人民法院、作為終局裁決者的全國人大及其常委會的裁斷壓力，提升審查效率。可以預見，若最高人民法院能夠首開先河，首先提請法規審查，逐步過度到動議法律審查和憲法解釋，便會在事實上啟動形塑中國違憲審查機制的進程，進而

---

97 現代違憲審查已經表現出一種新的趨勢：在審查主體上，美國模式下的許多國家呈現歐洲模式下違憲審查機構專門化的趨勢，使違憲審查在判例法作用下逐漸凝聚為普通法院的一個專門和獨立的職能。在審查程序上，歐洲模式則引進美國模式普通司法訴訟的傳統，使違憲審查程序走向司法訴訟化。而這又是基於對構築既控制公共權力又保障權力高效運行的憲政制度理性化的選擇。這是憲政審查發展規律的精髓所在。參見李龍：《憲法基礎理論》（武漢：武漢大學出版社，1999），頁302。

在中國憲法實施的偉業中扮演一份關鍵的角色。顯然，這比「齊玉苓案」中的擴張式批覆、「河南洛陽種子案」中的衝動式審查更為理性和務實。[98]

　　概而言之，激活中國違憲審查制度，只須要對訴訟法作出微小的變更，即修改行政、民事和刑事訴訟法，賦予案件當事人質疑法規合法性和合憲性的請求權，使當事人可以將法規是否合法和合憲作為訴訟請求之一向法院提出，然後由受理法院直接上報最高人民法院，由最高人民法院向全國人大常委會提出法規審查的請求，並根據全國人大常委會的審查決定作出相關判決。這一制度設計使法規審查機制可能成為訴訟程序進行的程序的之一。基於訴訟效率的要求，法規審查備案室必須積極行使法規審查權。在法規審查相對成熟之時，再修訂訴訟法，賦予訴訟當事人以法律審查請求權，便能順理成章的激活法律審查權。最終，中國可能形成「最高人民法院—全國人大常委會協同審查」的憲法監督模式。

98　參見董和平：〈廢止齊案批覆是憲法適用的理性回歸〉，《法學》第3期（2009）；黃正東：〈憲法司法化是脫離中國國情的空談〉，《法學》第4期（2009）。

結語：社會主義憲政核心命題的
當下與未來

社會主義憲政研究

　　社會主義憲政是以社會主義國家憲法為依據，遵循權力制約的核心原則，有效平衡作為工人階級先鋒隊組織的共產黨與國家間的權力關係，實現人權保障終極目標的國家狀態。社會主義憲政建設就須要運用法治方式科學處理黨國、黨政、黨際和黨內關係，處理好這四類關係正是社會主義憲政的核心命題。在中共十七大、特別是十八大產生的新領導集體掌舵以後，在處理這四類關係方面出現了一些新內容和新動向，對於當下與未來的社會主義憲政建設及其理論研究而言，無疑值得關注。

一、黨國關係：形成「四個全面」戰略佈局

　　處理黨國關係關涉中國共產黨如何闡釋自己何以是中國的領導黨和執政黨、如何不斷鞏固自己的執政基礎。中共始終強調自己的領導和執政地位是歷史的選擇、人民的選擇。而在意識形態方面，中共十七大把以人為本、全面協調可持續發展的科學發展觀闡釋為發展中國特色社會主義的重大戰略思想；十八大進一步將科學發展觀與馬克思列寧主義、毛澤東思想、鄧小平理論、「三個代表」重要思想一道，列為中國共產黨必須長期堅持的指導思想。「全心全意為人民服務是黨的根本宗旨，群眾路線是黨的生命線和根本工作路線」，從十八大後的 2013 年下半年開始，在全黨自上而下分批開展黨的群眾路線教育實踐活動，其目的在於改進工作作風，贏得人民群眾信任和擁護，夯實黨的執政基礎，鞏固黨的執政地位。然而，在處理執政合法性、

處理黨國關係方面，最新的發展恐怕還是十八大以後逐步形成的「四個全面」戰略佈局。

中共十六大（2002年）提出了「全面建設小康社會」的目標，十八大（2012年）提出了確保到2020年實現全面建成小康社會的目標，要求在建黨100周年之際，建成「發展改革成果真正惠及十幾億人口的小康社會，經濟、政治、文化、社會、生態文明全面發展的小康社會，為實現社會主義現代化建設宏偉目標和中華民族偉大復興奠定了堅實基礎的小康社會」。

中共十八大在提出「全面建成小康社會」同時，還提出「全面深化改革開放」的命題，至十八屆三中全會（2013年）則改為「全面深化改革」。是次會議審議通過了《中共中央關於全面深化改革若干重大問題的決定》，提出「完善和發展中國特色社會主義制度，推進國家治理體系和治理能力現代化」的全面深化改革總目標，對經濟體制改革、政治體制改革、文化體制改革、社會體制改革、生態文明體制改革和黨的建設制度改革進行了全面部署。

中共十五大（1997年）提出「依法治國，建設社會主義法治國家」，將依法治國列為黨領導人民治理國家的基本方略。十八大提出「全面推進依法治國」的命題，宣示「法治是治國理政的基本方式」，突出強調黨治國理政要運用法治方式。十八屆四中全會（2014年）是中共歷史上首次以法治為主題的中央全會，審議通過了《中共中央關於全面推進依法治國若干重大問題的決定》，提出「建設中國特色社會主義法治體系，建設社會主義法治國家」的總目標。

中共十三大（1987年）以來，歷屆中共全國代表大會都強調黨的建設必須堅持從嚴治黨，十五大還提出了從嚴治黨五個方面的要求。2014年10月，中共中央總書記在黨的群眾路線實踐活動總結大會上，提出了「全面推進從嚴治黨」的要求。同年12月，在江蘇調研時提出「協調推進全面建成小康社會、全面深化改革、全面推進依法治

國、全面從嚴治黨，推動改革開放和社會主義現代化建設邁上新台
階」。由此，「四個全面」的戰略佈局初見輪廓。

之所以説「四個全面」戰略佈局是中共處理執政合法性、黨國關
係等問題的新發展、新動向，是因為「四個全面」從更宏大的視野，
從多維角度和空間試圖解決當下中國最現實和迫切的問題，以進一步
鞏固中共的執政地位，延續執政合法性：

——「全面建成小康社會」要求達到經濟持續健康發展，人民民主
不斷擴大，文化軟實力顯著增強，人民生活水平全面提高，資源節約
型、環境友好型社會建設取得重大進展等目標。劃定路線圖、時間表
及特定指標，以期通過發展增加人民群眾的「獲得感」，提高人民生活
水平，增進「政績合法性」。

——「全面深化改革」從經濟、政治、文化、社會、生態和黨建制
度等多方面着手，意在「重大戰略機遇期」和改革深水區實現破冰，
使全民共享「改革紅利」，突出只有社會主義和中國共產黨才能救中
國、才能發展中國的歷史經驗，突顯中共中國特色社會主義事業領導
核心的地位，鞏固「歷史合法性」和「改革合法性」。

——「全面推進依法治國」宣示了中共治國手段的重大轉變：中共
經歷了從取得政權建立法制、強調「以法治國」，到否棄法制、法律虛
無主義大行其道，再到倡行「以法治國」、將法治作為治國理政基本方
式的曲折。此番重申黨必須在憲法和法律範圍內活動，領導幹部必須
運用法治思維和法治方式行使權力，全面推進建設社會主義法治國
家，反映了中共否棄人治，尊重和遵循法治一般規律的政治決心，意
在建立「法治合法性」。

——「全面從嚴治黨」儘管看似是中共的「家務事」，但由於中共
在國家治理和政治資源動員方面的特殊地位，治黨勢必影響治國。
從「從嚴治黨」到「全面從嚴治黨」，要求思想教育從嚴、幹部管理從
嚴、作風要求從嚴、組織建設從嚴、制度執行從嚴，這當然與中共的

政治自覺有關，但更重要的是對積攢多年的反貪腐、反「四風」甚至是「仇官」民意的回應。儘管仍然帶有運動式反腐的意味，但十八大以來「蒼蠅老虎一起打」的反腐行動仍然獲得頗高的民意支持，民眾對中央和中央領導人多有讚譽，明顯提振「民意合法性」。

二、黨政關係：強化領導小組與黨組制度

中共十三大確定的「黨政分開」作為政治體制改革的關鍵，其時將「黨政分開」的意義歸結為四個方面：一是黨政不分實際上降低了黨的領導地位，削弱了黨的領導作用，黨政分開才能更好地實現黨的領導作用，提高黨的領導水平；二是黨政不分使黨顧不上抓自身建設，黨政分開才能保證做到黨要管黨；三是黨政不分使黨處於行政工作第一線，容易成為矛盾的一個方面甚至處在矛盾的焦點上，黨政分開才能是黨駕馭矛盾、總攬全域，真正發揮協調各方面的作用；四是黨政不分使黨處在直接執行者的地位，黨政分開才能是黨組織較好地行使保證監督職能，有效地防止和克服官僚主義。[1] 為此，十三大報告確定逐步撤銷政府各部門黨組等多方面的具體舉措和步驟。

然而，儘管被寫入黨的全國代表大會報告，成為黨的最高權力機關的決議，進入上世紀90年代以後，「黨政分開」愈來愈少地被提及，最終在黨政文獻中消失。究其原因，一方面固然有政治風波和黨的最高領導人更迭的影響，但更多地恐怕是推行黨政分開在理論和實踐上遭遇瓶頸，即理論上似乎沒有取得共識，高層尚有顧慮，而實踐中也發現黨政似乎不易分開，甚至不能分開。中共十八大以後，特別

---

1 馬守良：《黨政關係的歷史考察和改革趨勢》（杭州：浙江人民出版社，1988），頁178–179。

是在十八屆三中全會以後，處理黨政關係的制度機制和方式上出現了兩個值得關注的動向，即空前強化領導小組體制和黨組制度。

領導小組體制是中國特有的動員、組織方式和工作體制，從新中國成立便存在。由於新中國中央政府仿效蘇聯行政機關「小部制」的架構，凡處理綜合性、跨部門事務，就需要多部門共同組織協調，於是就產生了跨部門的議事協調機構。至1950年代後期，中央決定成立財經、政法、外事、科學、文教等五個小組，向中央政治局和書記處負責，對相應的行政事務實行「歸口」管理。廣泛存在於中國黨政系統、企事業單位的領導小組，多屬這類議事協調機構，有常設性的、階段性的也有臨時性的，由牽涉的黨政工作部門組成，並由黨政主要領導人擔任組長。在改革發展階段，領導小組體制被頻頻運用，有統計顯示，國務院在最高峰時設置了85個小組（1993年），而地方黨政系統亦然，例如廣州市最高峰時竟有203個領導小組。2007年，中共十七大報告首次將「精簡和規範各類議事協調機構及其辦事機構」列為行政管理體制改革的內容，其後領導小組在數量上有「消腫」的趨向。

十八大之後成立的兩個領導小組及其運行，使以往的領導小組體制發生了變化。十八屆三中全會對全面深化改革作出部署後，因「全面深化改革是一個複雜的系統工程，單靠某一個或某幾個部門往往力不從心，因此就須要建立更高層面的領導機制」。中央政治局決定成立「中共中央全面深化改革領導小組」（簡稱「中央深改組」），由中共中央總書記擔任組長，國務院總理、國務院常務副總理和主管意識形態的政治局常委擔任副組長，成員由中央黨政軍工作部門負責人組成。領導小組負責改革的總體設計、統籌協調、整體推進、督促落實，並下設經濟體制和生態文明體制改革、民主法制領域改革、文化體制改革、社會體制改革、黨的建設制度改革、紀律檢查體制改革等六個專項小組。因「各級黨委要切實履行對改革的領導責任」，故地方各級黨委也相應地成立了本地方的深化改革領導小組，由本級黨委負

責人擔任組長。中央深改組自成立至今，舉行了近30次會議，會議議題多為研究審議並通過相關領域的改革方案，而這些改革方案涉及各個方面，有的是宏觀部署，有的就是具體的改革方案、工作步驟，有的事項屬行政事項，有的事項甚至涉及法律保留，須要通過立法機關制訂法律。由此，中央深改組的權限實際上已經超出了既有領導小組議事協調的功能，兼具研究決策、統籌協調、推進執行和監督落實等一系列職權。有觀點認為中央深改組的地位和功能與改革開放初期的「體改委」相似，但實際上中央深改組的層級已然觸頂，立意更高、範圍更深更廣、權力更實，不可與之同日而語。

可以印證這一變化的，是十八屆三中全會以後成立的中共中央國家安全委員會。「委員會」與「領導小組」一樣，也是中國黨政系統中議事協調機構的一類組織形態。十八屆三中全會決定設置國家安全委員會，2014年1月，中央政治局研究決定中央國家安全委員會設置，由中共中央總書記、國家主席、中央軍委主席擔任主席，國務院總理和全國人大常委會委員長擔任副主席，下設常務委員和委員若干名。是次會議決定，中央國家安全委員會的定位與2000年設立的中央國家安全工作領導小組不同，是「中共中央關於國家安全工作的決策和議事協調機構」，向中央政治局及其常委會負責，統籌協調涉及國家安全的重大事項和重要工作。2015年7月1日由全國人大常委會通過並生效施行的《國家安全法》第5條規定：「中央國家安全領導機構負責國家安全工作的決策和議事協調，研究制訂、指導實施國家安全戰略和有關重大方針政策，統籌協調國家安全重大事項和重要工作，推動國家安全法治建設。」這一規定實際上明晰了中央國家安全領導機構的法律地位。

與中共中央軍委與國家中央軍委這樣「兩塊牌子、一班人馬」的組織設置和構成不同，中央國家安全委員會作為中共中央的工作機構，其在國家治理、特別是國家安全工作領域的地位和職權直接由

《國家安全法》賦予，而國家機關系統也未再設置相應的機構與之對應，其內部工作制度機制由黨內法規性質的議事規則等文件予以明確，這不得不說是當下中國黨政關係的一大亮點。此外，黨的總書記兼任多個領導小組組長也是一大特色，一些領導小組原本由國務院總理或分管領導人擔任組長，在十八大以後也改由中共中央總書記擔任。現任總書記至少擔任着中央全面深化改革領導小組、中央國家安全委員會、中央網絡安全和信息化領導小組、中央軍委深化國防和軍隊改革領導小組、中央財經領導小組等領導小組的組長。

歸結而言，十八大以後領導小組體制的重大變化就在於在原有的議事協調功能基礎上，拓展到包含決策、推進執行和監督落實等一系列職權功能，並且重要的小組或委員會均由最高領導人執掌。如此設置在何種程度上影響了當今中國的黨政關係，是否影響了立法機關、行政機關等國家機關的職權及其地位，對「三位一體」的最高領導人體制有何發展，的確是值得認真思考的問題。

此外，強化黨組制度也是一大新動向。如前所述，十三大所確定的黨政關係改革方案是包含逐漸撤銷政府各部門黨組的，但實際並未落實，黨組仍然廣泛存在於黨政機關、人民團體等組織中。十八大以後，基於黨組制度「是我們黨從國情出發創造的一項重要制度，是確保黨的理論和路線方針政策得到貫徹落實的重要途徑，體現了我們黨獨特的政治優勢、組織優勢和制度優勢。在革命建設改革各個歷史時期，黨組制度都發揮了重要作用」，以及「貫徹落實全面建成小康社會、全面深化改革、全面依法治國、全面從嚴治黨的戰略佈局，必須牢牢堅持黨的領導，把黨的建設放在更加突出位置」的考慮，中共中央決定進一步完善黨組制度，「提高黨組工作制度化、規範化、程序化水平」，為此2015年制訂頒佈了《中國共產黨黨組工作條例（試行）》，要求在中央和地方國家機關、人民團體、經濟組織、文化組織、社會組織和其他組織領導機關中設立黨組，設立覆蓋面較之前更廣。

　　強化黨組制度，固然有黨組織履行政治領導責任，發揮總攬全域、協調各方的領導核心作用的考慮，但也須要仔細評估一些問題。比如，在經濟組織、文化組織、社會組織和其他組織是非常宏大的範圍，在這些組織中設立黨組是否也需要、有必要覆蓋這些組織中的「私主體」，會否影響這些組織在市場和社會活動中的效率與活力？又比如，黨組討論和決定本單位內部機構設置、職責、人員編制等事項，重大決策、重要人事任免、重大項目安排、大額資金使用等事項，這些事項是否會與行政事項相交疊，是否會侵蝕機關和組織行政管理體系的正常運轉，特別是如何處理國家行政機關黨組的領導與憲法法律規定的首長負責制之間的緊張關係等問題，都是關涉黨政關係甚至黨與社會關係的重大問題，恐怕仍然是全面推進依法治國、實現國家治理現代化無法迴避的議題。

三、黨際關係：加強協商民主與群團工作

　　在過去十餘年的時間內，中國共產黨領導的政治協商與多黨合作制度法制化並無明顯進展，而中共十八大報告第一次把協商民主提高到制度層面加以充分肯定和全面論述，提出「社會主義協商民主是我國人民民主的重要形式，在發展我國社會主義民主政治的進程中，要完善協商民主制度和工作機制，推進協商民主廣泛多層制度化發展」，十八屆三中全會進一步提出「社會主義協商民主是中國社會主義民主政治的特有形式和獨特優勢，是中國共產黨的群眾路線在政治領域的重要體現」。這些新提法意味着中國共產黨對社會主義協商民主的肯定。同時，關於社會主義協商民主定位的表述，也從社會主義民主政治的「重要形式」發展到「特有形式」和「獨特優勢」，更體現出中共對社會主義協商民主的重視。

　　從行為性質而言，協商活動在中國國家治理、特別是基層治理和社會治理等層面都有一段時期、一定形式的實踐，例如政協雙周協商會、基層懇談會等等，但並未被更高層面地予以確認和制度形塑。2015年2月，中共中央印發《關於加強社會主義協商民主建設的意見》，該文件表述了社會主義協商民主的本質屬性和基本內涵，闡述了加強社會主義協商民主建設的重要意義、指導思想、基本原則和渠道程序，對開展政黨協商、人大協商、政府協商、政協協商、人民團體協商、基層協商、社會組織協商等作出相應部署。在此份文件中，對社會主義協商民主的表述除了「中國社會主義民主政治的特有形式和獨特優勢，是黨的群眾路線在政治領域的重要體現」，值得注意的是將社會主義協商民主定位為「深化政治體制改革的重要內容」，這說明執政黨在沒有推進政治協商與多黨合作制度法制化的同時，有意將社會主義協商民主作為政治體制改革的一個重要面向，作為豐富和發展社會主義民主政治的一個着力點。

　　然而，須要注意的是，「中國式的協商民主」與我們所熟知的西方協商民主理論與實踐都不同。西方協商民主是一種從公共利益出發，秉持公共理性，通過平等協商以達致共同目的的民主過程。「中國式的協商民主」之所以被加上「社會主義」的定語，正是因為「中國式的協商民主」必須接受黨的領導這一社會主義制度的內在規定性。也就是說，與西方協商民主不同，社會主義協商民主在實踐過程中，各參與主體的地位在根本上不是平等的。作為領導黨的中國共產黨，其地位自然高於其他參與主體，必須由黨在協商過程中「充分發揮黨總攬全域、協調各方的領導核心作用，把握正確方向，形成強大合力，確保有序高效開展」。那麼，加強社會主義協商民主實效如何，對政黨制度和其他政治制度影響如何，能否帶動其他層面的政治體制改革，能否達到「建設社會主義政治文明，推進國家治理體系和治理能力現代化」的預期目標，都是社會主義憲政建設值得觀察的重要指徵。

　　與此同時，一方面，十八大前後，中國政府一定程度上放鬆了對社會團體設立的管制，比如，新近公佈徵求意見的《社會團體登記管理條例（修訂草案）》明確四類社會團體，即行業協會商會，在自然科學和工程技術領域內從事學術研究和交流活動的科技類社會團體，提供扶貧、濟困、扶老、救孤、恤病、助殘、救災、助醫、助學服務的公益慈善類社會團體，為滿足城鄉社區居民生活需求、在社區內活動的城鄉社區服務類社會團體，可以不再需要業務主管部門同意，而直接在民政部門登記。同時，還取消了所有社團登記的籌備審批環節。從這個層面看，降低社團設立門檻，有利於公民結社權利的行使，有助於激發社會和市場的活力。

　　然而，另外一方面，執政黨也將加強了對群團組織（人民團體和群眾團體）的領導。比如，2015年7月，中共中央印發了《中共中央關於加強和改進黨的群團工作的意見》，提出「堅定不移走中國特色社會主義群團發展道路」，即各群團自覺接受黨的領導、團結服務所聯繫群眾、依法依章程開展工作相統一。同年9月，發佈了《中國共產黨統一戰線工作條例（試行）》，對統戰工作的組織領導與職責、民主黨派和無黨派人士工作、黨外知識分子工作、民族工作、宗教工作、非公有制經濟領域統一戰線工作、港澳台海外統一戰線工作、黨外代表人士隊伍建設作出規定。又如，前述《黨組工作條例（試行）》中也明確要求，要在經濟組織、文化組織、社會組織和其他組織領導機關中設立黨組。再如，前述徵求意見的《社會團體登記管理條例（修訂草案）》就提出，「在社會團體中，根據中國共產黨章程的規定，設立中國共產黨的組織，開展黨的活動，發揮黨組織政治核心作用。社會團體應當為黨組織的活動提供必要條件」，為此，社會團體登記時提交的章程中還必須包含黨建要求。

四、黨內關係：強調全黨守紀律和講規矩

民主集中制是中國共產黨的組織原則、根本組織制度和領導制度。黨章規定，「必須充分發揚黨內民主，尊重黨員主體地位，保障黨員民主權利，發揮各級黨組織和廣大黨員的積極性創造性。必須實行正確的集中，保證全黨的團結統一和行動一致，保證黨的決定得到迅速有效的貫徹執行」，「努力造成又有集中又有民主，又有紀律又有自由，又有統一意志又有個人心情舒暢的生動活潑的政治局面」。十八大以後，執政黨在處理黨內關係上，有兩個方面的動向值得注意，一是純淨黨內關係，二是突出強調全黨要守紀律、講規矩。

黨內關係存在世俗化、庸俗化、媚俗化的問題，這是不可否認的現象，比如官僚主義、家長制作風、特權思想、等級觀念、人身依附關係等普遍存在，稱呼上級領導為「老大」、「老闆」，搞團團夥夥、結黨營私、拉幫結派等。十八大以後，作為黨要管黨、從嚴治黨的抓手，純淨黨內關係成為黨內生活的重要內容。黨的總書記提出總書記「倡導清清爽爽的同志關係，規規矩矩的上下級關係」，因而「黨內關係要正常化，批評和自我批評要經常開展，讓咬耳扯袖、紅臉出汗成為常態」，成為中共黨內監督執紀「四種形態」之首。為此，在十八大以後，中共先後開展了群眾路線教育實踐活動、「三嚴三實」專題教育和「兩學一做」學習教育活動，並將一些落馬的「老虎」作為教育黨員幹部的反面典型。從一個程度上看，黨內關係較之以前確有純淨清爽的趨向，但黨內民主方面似乎又沒有顯著的制度進步。

與此同時，在全黨上下都被突出要求守紀律、講規矩。黨的總書記提出，「我們黨的黨內規矩是黨的各級組織和全體黨員必須遵守的行為規範和規則。黨的規矩總的包括什麼呢？其一，黨章是全黨必須遵循的總章程，也是總規矩。其二，黨的紀律是剛性約束，政治紀律更是全黨在政治方向、政治立場、政治言論、政治行動方面必須遵守

的剛性約束。其三，國家法律是黨員、幹部必須遵守的規矩，法律是
黨領導人民制訂的，全黨必須模範執行。其四，黨在長期實踐中形成
的優良傳統和工作慣例」。中共中央2015年修訂頒佈了《中國共產黨
紀律處分條例》，重申了全黨必須遵循的政治紀律、組織紀律、廉潔
紀律、群眾紀律、工作紀律和生活紀律。而除了明定的黨內法規和紀
律之外，全黨還必須「講規矩」，「規矩」可以是明文規定的，卻也可
以是約定俗成的「慣例」。

　　還有一個值得注意的現象是，2016年初的中央政治局會議首次提
出「增強政治意識、大局意識、核心意識、看齊意識」的概念。「政治
意識」、「大局意識」本就存在與中國政治話語體系當中，而「核心意
識」、「看齊意識」則是新鮮語彙。理解「核心」的意涵則須要根據執政
黨高層和地方黨政負責人之後的系列表態來理解，所謂「核心」，宏觀
層面來看，自然是指中國共產黨；中觀層面而言，則是指中共中央、
中央政治局及其常委會；而從微觀層面來說，就是指黨的總書記，並
且多數語義是指向微觀層面的；「看齊」也自然是向核心看齊。黨章規
定，要保證黨的領導人的活動處於黨和人民的監督之下，同時維護一
切代表黨和人民利益的領導人的威信。突出強調「核心」與「看齊」，
如何處理好與民主集中制之間的關係，處理好黨員個人的公民權利、
黨員權利與黨員義務之間的緊張關係，如何平衡維護領導人威信與反
對個人崇拜之間的關係，恐怕是處理黨內關係需要重點關注的問題。

　　總而言之，十八大以後，執政黨在處理社會主義憲政的核心命題
及黨國、黨政、黨際和黨內關係方面，出現了一些新動向、新現象、
新變化，對於社會主義憲政而言，既顯現了積極的因素，恐怕也出現
了新的滯礙。作為社會主義憲政的研究者和支持者，既沒有盲目樂觀
的本錢，也沒有悲觀哀嘆的資本，唯有冷靜觀察與思考，繼續奔走、
鼓呼，為社會主義憲政建設貢獻心力。

中國共產黨未來長期執政之基 —— 憲法共識下的依憲執政、依憲治國*

憲法共識是最根本的國家共識

依憲治國這一理論主張和治國綱領在當下已取得基本社會共識，但這一共識的取得卻經歷了漫長而艱難的過程。2004年，亦即新中國成立55周年後，國家最高領導人才明確提出：「依法治國首先是依憲治國，依法執政首先是依憲執政」。[1] 2012年，習近平主席再次重申：「依法治國首先是依憲治國，依法執政關鍵是依憲執政。」[2] 依憲治國作為治國執理政的根本理念被確立的艱難，其實深刻表徵了中國民主、法治發展的艱難。

---

* 本文作者為秦前紅，原載於《人民論壇・學術前沿》第15期（2013）（8月上期，總第31期）。

1 胡錦濤：〈在首都各界紀念全國人民代表大會成立50周年大會上的講話〉，《人民日報》2004年9月16日。

2 習近平：〈在首都各界紀念現行憲法公佈施行30周年大會上的講話〉，《人民日報》2012年12月5日。

社會主義憲政研究

　　在一個全新的國家性質之下，國家的治理形式、治理技術是否必須完全推倒重來，這是在經過了長期摸索並付出巨大代價後才逐步認識清楚的。中國共產黨曾經是一個依靠槍桿子取得政權的革命黨，其所抱持的革命理念和意識形態使其懷有一種浪漫主義的使命期許，即：不僅要砸碎一個舊世界，還要建設一個世界。為此她意欲摒棄一切舊的上層建築，這其中首要的是廢除舊的法權。1949年2月22日，中共中央頒佈了《關於廢除國民黨的六法全書與確定解放區的司法原則的指示》（以下簡稱《指示》），全文不長，一千多字，但裏面的幾個核心觀點頗值得關注。第一，「廢除國民黨的《六法全書》，人民的司法工作以人民的新的法律作依據」；第二，「在人民的新的法律還沒有系統地發佈以前，則應該以共產黨的政策以及人民政府與人民解放軍所已發佈的各種綱領、法律、命令、條例、決議作依據」；第三，「司法機關應該經常以蔑視和批判國民黨《六法全書》及其他一切反動法律、法令的精神，以蔑視和批判歐美日本資本主義國家的一切反人民的法律、法令的精神，來從事法制建設」。《指示》發佈以後，1949年3月，華北人民政府發佈的訓令《廢除國民黨的六法全書及其一切反動法律》和同年9月中國人民政治協商會議第一次全體會議通過的《中國人民政治協商會議共同綱領》第17條，也都重申了中國共產黨的這一立場。至此以後很長一段時間內，中國法律界都在為法律的階級性和繼承性爭論不休，法制所蘊含的制度文明要素在這種爭論下被深度遮蔽，由此而決定了新中國法制發展的一種特殊路徑：革命話語籠罩法治話語，最高領導人和主管政法的主要負責人的法理念和法思想，對法制發展的方向和品質發揮着至關重要的作用，這其中領導人的見識和閱歷又成為決定民主、法制的發展態樣的關鍵條件。[3] 1954年，毛澤東主席親自參與起草的憲法頒佈施行，但1954年憲法很快即

3　秦前紅：〈服膺先智，繼往開來——解讀喬石有關法制的論述〉，《中國改革》第8期（2012）。

被虛置。「文化大革命」期間，國家陷入「無法無天」狀態，直到1979年，中共中央才重新強調社會主義民主的制度化、法律化，並提出「有法可依、有法必依、執法必嚴、違法必究」的法制建設方針。可見，建國之後的前30年，整個中國社會對法制的地位和作用認識是十分模糊並且搖擺不定的。只有在經歷了文革十年劫難後，人們才深刻認識到，沒有法制就沒有國家長治久安。

對革命戰爭經驗的路徑依賴，曾經是建國後很長一段時間主導治國理政的基本思維範式。大規模的群眾動員、階段式的戰役總體行動、自上而下的嚴格服從、因情而變的政策驅動、政治動員下的對超常精神意志的重視等，都是極富成效的革命勝利法寶，以至於進入和平建設時期，執政黨乃至整個國家體制很難擺脫對上述經驗模式的尊崇和仿效。運動式執法直至今天還被反覆襲用，其根源也與此種路徑依賴大有關係。

從比較法的角度看，西方政黨的運行是以選舉為中心來展開的，選舉是政黨獲取、執掌權力的「合法性」方式，政黨一旦進入權力體制之中，它自身就成為一個被監視和控制的對象，在嚴格的法治主義背景下，執政黨的權力邊界頗為清晰。中國執政黨執政的「合法性」並不依靠周期性的選舉「授權」，而是來自於「革命成功的事實」和「改革開放的實效」，黨締造軍隊、創立國家的事實即使黨成為國家、軍隊的當然領導者。執政黨的組織和執政黨的領導人的權力由於沒有具體的法律可以依憑，其權力的邊界是極為模糊的，所以立法權、司法權、行政權都可以最終歸結到黨的領導權這一元中，黨對所有國家權力的干預似乎也成為當然之義。但黨的角色與國家機關的角色若無區隔，那麼，通過法治建立權力運行秩序幾無可能，依憲治國更是無從談起。

憲法共識是最根本的國家共識。在中國當下這樣階層眾多、利益多元的社會環境裏，人們的觀念、見解必然形形色色。如何避免因觀

社會主義憲政研究

念的歧見造成行動的衝突，如何防止因利益的紛爭引發彼此的對抗，如何消弭各人自以為是而帶來的社會混沌無序，意識形態、宗教信仰、道德、法律無疑都是重要調節手段。但只有通過理性協商、全民討論並借由一套縝密的立憲程序外化而成的憲法，才能凝聚全民最大的共識，並具有最強的穩定性、權威性。憲法乃一國之根本大法，是治國安邦的總章程。

依照憲法執政，為執政黨提供了最堅實的合法性基礎。打江山、坐江山，改革開放的政績實效曾是執政黨執政的重要依據，但依憲執政則是執政黨未來長期執政的最重要前提。憲法能把執政黨的意志轉化為人民的根本意志，實現黨的意志和人民意志的根本統一；憲法確立黨的民主與人民民主發展的輕重緩急秩序，避免中國民主發展陷於民粹和僵滯；憲法確立了執政黨的憲法地位，使執政黨的領導有了憲法和法律的支撐與保障；憲法要求「一切政黨和社會組織必須在憲法和法律範圍內活動」，從而能夠釐清黨的行為與國家行為的邊界，確保憲法和法律的嚴肅性和權威性。

依照憲法治國能制約權力專橫，防止權力腐敗。絕對的權力導致絕對的腐敗，這是被歷史反覆證明過的普適性真理。法治能夠規約權力，民主能夠讓權力謙卑，這亦是政治文明的一條重要規律。作為民主制度產物的憲法，能夠借由人民代表大會的授權與監督制度、公民言論自由制度、真實的選舉制度，來保證權力源於民、屬民、依於民、歸於民，從而展現社會主義民主的真諦；憲法規定的預算決算制度、審計制度、財政稅收制度，如能嚴格恪守，則可以打造一個廉能政府，防止政府權力無限地擴張；憲法確立的公民基本權利制度，構成政府權力的邊界和政府施政的目的；而司法機關嚴格依照憲法、法律行使職權，則能有效防範公權侵犯公民利益，形塑公平、正義的保護者的高大形象。

依照憲法治國能給予人民關於未來的良好預期，並能為人民提供夢想成真的機會。儘管關於幸福的理解有着強烈的主觀向度，但人格有尊嚴、權利有保障、發展有機會、未來有預期，卻是構成最大公約數的幸福衡量標準。中國有着由法律、法規、條例、政策構成的多種行為準則體系，但只有以憲法為根本的行為準則，才能力避準則林立造成人們行為選擇的無所適從。以憲法為核心的法治統一，實質是引領人民生活的行為判斷標準的統一。憲法能夠把人民當家作主、自由自主支配生活的訴求制度化、法治化，使其「不以領導人的改變而改變，不以領導人看法和注意力的改變而改變」，從而避免因權力的恣意帶來社會生活的彷徨無措；對憲法的忠誠集中表徵了對國家、民族的忠誠，憲法被尊重和恪守，是人民對國家、民族抱有信心的力量源泉。

實現依憲治國亟須解決的問題

依憲治國的最基本意涵是全面嚴格地實施現行憲法，其意涵的合邏輯延伸就是賴以實施的憲法必須是一部優良的憲法。如果憲法存有缺陷或者嚴重落後於現實需要，就必須及時啟動憲法的修改進程。

在當下中國，要實現依憲治國的目標，有幾個緊迫性的問題必須很好地處理：

第一，執政黨必須依法執政。政黨政治是現代政治的基本形態，但中國政黨的產生、發展軌跡與西方政黨卻有着顯然的區別。中國是先有黨，後在這個黨的領導下建立軍隊、奪取政權、建立國家，黨在成立之初就是革命黨、領導黨。西方政黨大多在國家建立之後，由不同的利益派別依循憲法上的結社自由自願設立，然後通過選舉競爭的手段去獲取國家權力，實現政治利益。西方政黨自出生之初就在憲法、法律之下，自然很難完全逸出法律軌道，脫離法律約束。而中

國革命黨最初成立的宗旨，就是推翻一個既存的法律秩序。革命勝利後，由於特定意識形態和價值追求的原因，革命黨又不得不致力於建立自己新的法統，這樣便造成特定情勢下黨與法的緊張關係。在建國初期和高度集中的計劃經濟時期，由於不斷革命論指導下的周期性社會大規模運動，以及國家高度經濟壟斷造成的社會利益的單一性，使得革命黨很自然地形成對戰爭年代管理和動員方式的路徑依賴。當中國開啟以市場經濟為主導的改革開放航程後，社會利益的多元性使得單一的政策管理方式應對起來左支右絀，而政策的模糊多變性又使得社會大眾不能形成關乎利益的安定性預期。國家政權管理者經過歷時態的代際傳替後，僅靠武力征伐、流血犧牲來證成執政的合法性已面臨說服力的不足，必須另闢法理合法性的途徑。尤為重要的是，一個曾經依靠核心意識形態約束、理想主義追求和嚴密的組織性控制來保證自身純潔性的政黨，在和平執政時期，由於執政任務的多樣性、黨員規模的巨大性、意識形態約束的有限性，出現了頻度和廣度很高的腐敗問題。上述因素導致依法執政成為執政黨維持生機和活力必須直面的嚴峻課題。執政黨依法執政必須處理好「黨法」與國法、黨權與國權、黨員責任與公民義務等關係。既要保證黨的意志不能超越於憲法、法律所代表的國家意志，又要保證一切黨組織和黨員個人的活動都要接受法律的約束，還要保證黨的職能與國家機關的職能有明晰的界分。近年來，黨政不分、甚至黨組織包辦代替一切國家機關職能的現象有愈演愈烈之勢，這不僅造成機構疊床架屋、組織效能低下，而且由於現行法律下黨組織司法可訴資格的禁止性，助長了部分地方黨組織領導人權力行使的恣意與專橫，進而助推腐敗的多發與高發，執政黨執政的權威性資源也因之高速流失。在堅持執政黨執政地位與人民當家作主的雙重考量下，一個合理的制度安排應該是執政黨以適度的數量優勢和絕對的質量優勢，支配並領導各級人大，再由人大去產

生、組織並監督其他國家機關。執政黨應尊重政府行政機關自主行政活動，不得干預司法機關獨立行使職權的活動。

第二，要提高人大的地位。人民代表大會制度作為最具根本性的制度安排，其初衷就是為了實現執政黨的領導地位，克服西方國家政治制度的弊端，本來應該是執政黨最具理論自信和制度自信的一項制度設計。但從實踐的角度來看，人大制度一直是命運多舛。姑且不談文革期間一度十幾年不能正常開會，就是在改革開放後，人大的地位和作用也時有起伏。人大制度應然上的崇高地位與事實上的尷尬景況構成極大的反差，其原因所在多有：

人大制度安排的基礎理論籠統模糊。比如代表的選擇應該是精英主義的還是多元主義的，亦即到底是選舉代表時到底是以普遍性、廣泛性、代表性為標準，還是以代表參政履職的素質和能力為標準？人大代表應不應該有任期？人大常委會與人大之間關係的理想狀況是什麼？大量的海外中國公民或者流動的農民工如何產生人大代表？擁有外國戶籍的人可否成為中國代表？執政黨與其他民主黨能否以組織名義各自在人大開展活動？人大與政協良性的關係狀態是什麼？執政黨為了保證對人大的領導地位應保持何種人數比例？在間接選舉為主的模式下，如何證成上級人大較之於下級人大更有合法性？如此等等，不一而足。

人大運行規則粗糙。一個以合議制為主要議決形式的機構，其議事規則的精緻性和嚴密性當然決定了其活動的質量和正當性。在此方面，人大制度表現出巨大缺失。舉例說，人大監督一府兩院，一府兩院以工作報告作為向人大負責的主要形式，但工作報告如不通過其法律後果是什麼？至今仍無規定。又比如，人大組成特別問題調查委員會的職權如何啟動？啟動後如何與其他監督職權銜接？也並無明晰程序規定。

社會主義憲政研究

　　人大組織體系和會議制度行政化的傾向愈來愈嚴重。比如，很多地方黨政領導人竟然可以擔任三級人大代表。黨政幹部在人大組成人員的比例高居不下。人大以地域性的代表團會議、小組會議為主要會議組織形式，造成行政領導可以操控會議議程和代表的表達意志。將人大作為黨政幹部退休的「軟着陸」所在地，造成這些幹部怠於探索人大發揮權威的機制和形式，而習慣於將既往的行政手段、行政思維直接照搬到人大工作中。

　　人大職權與黨委職權劃分不清，導致人大部分職權明有實無。按照憲法和相關法律的規定，人大的職權可大致概括為重大問題決定權、人事任免權、立法權、監督權四項職權。重大問題決定、人事任免權因與黨委決策、黨管幹部的體制相衝突，實際流於形式。監督權的行使也受限於個案是否可以監督、行政主導是否尊重的爭論而大打折扣。即便是表面上看似活躍的立法權，實際上也受到執政黨組織的控制和影響，在立法規劃、具體制度設計等方面均要服從於執政黨組織的意見。

　　未來人大制度的良性改進，應服膺於制約黨政權力、促進決策優化、推進人民民主等階段性目標。而可欲可為的策略性行動大致如下：提升直接選舉的人大層級，落實具有過程真實感的差額選舉，縮減人大代表的規模，甚至可試驗性地探索地方人大與常委會的合併，虛化人大及常委會的決定權，夯實人大的預算、規劃監督權。由於人大的人事任免權與黨委幹部管理權時有抵牾，而執政黨的幹部任免通常是鏈條式的統籌安排，一旦其中一人不通過，則會妨礙到幹部全域性安排，因此可考慮按照政府首長負責制、司法獨立行使職權制的原則和精神，減少人大決定任免人事的範圍。

　　第三，依憲治國，必須尊重司法規律。運用司法規律的能力是衡量執政黨執政能力的最重要標誌之一。一個政黨是否成熟，其執政能力的高低，從其駕馭、運用司法規律的能力可窺其端倪。中國共產黨

在過去的革命戰爭年代和建設時期，曾經對運用行政資源完成社會動員和社會整合駕輕就熟，並取得許多寶貴的成功經驗，但在建國後將近30年的時間裏（十一屆三中全會以前），一直沒能準確認知法律在社會主義國家建設中的應有定位和作用。1999年憲法修正案將「依法治國，建設社會主義法治國家」寫進憲法文本，這一治國方略作為執政黨意志的體現，本應更能凝聚全民共識，堅定人民對法治發展的信心，但在其貫徹的過程中卻出現了動搖和游移，甚至出現「人治回潮」的不正常現象。近多年，我國為「維穩」所支付的巨大成本，除了與社會轉型、社會利益多元化、階層結構衝突等相關聯外，更重要的原因在於法治沒有成為解決社會衝突的底線。所謂「人民內部矛盾用人民幣來解決」、「愈鬧好處愈大」都是嚴重偏離法治精神的典型例證。

中國執政黨多年來一直致力於自身的革新，但由於強大的路徑依賴慣性，這種革新還遠未完成。表現在政黨與司法關係尚未合理定位、政黨的司法政策搖擺不定、司法發展的人治主義色彩濃厚等方面。這說明中國執政黨還未完成對中國司法規律的探索。

法治從學理上說有着很複雜的表徵，但概而言之，法治體現為「政治問題法律化，法律問題制度化，制度問題程序化，程序問題技術化」。沒有法治的權威，社會即無穩定的預期，也無長治久安可言。法治發展經歷了形式法治和實質法治兩個階段，猶如中國市場經濟的形成要補上資本主義商品經濟的課一樣，社會主義法治國的形成也不能逾越形式法治的階段。比如「疑罪從無，難罪從輕」以及「法官自由裁量」，就是形式法治所體現的司法規律，不可以用任何理由加以拒斥和否棄。

當下，中國的法治建設在司法層面須要解決好以下幾個突出的問題。

首先，要保證法院的獨立審判權威。中國現有的政黨制度和人民代表大會體制，既能保證法律體現黨的意志和主張，又能保證法官的

遴選合乎黨確立的標準。在此前提下，應充分支持並保障法院獨立行使審判權，並用制度來約束個別部門、機構及其領導人僭越法律來妨礙法院的獨立審判；應不斷積累和總結通過憲法規定的國家權力體制開展對司法權運行監督的經驗，盡量避免捨棄現有體制另起爐灶，導致國家權力體制運行梗阻。

其次，要正確對待法官的職業化、精英化問題。改革開放30年來，中國法治發展的一個重要成果，就是堅持法學教育的專業化，並用司法考試制度建立法官的准入制度。[4] 本來隨着市場經濟的發展，法律事務的愈趨複雜化，應該更加堅持法官的職業化培養道路。但近年來，中國社會管理出現的新情勢以及司法作為解紛機制顯現的某些不足，使黨內有些同志、甚至政法機關的負責同志對法官的職業化、專業化產生了動搖。對此，應有足夠智慧撥開迷霧，釐清司法人才發展的主流與支流。與此相關聯的是要解決轉業軍人、黨政幹部過多進法院，擠佔專業法律人才進法院空間的問題。片面強調轉業軍人、黨政幹部政治素質過硬而罔顧其專業能力不足的做法是不恰當的，且會透支社會對法院專業品質的信賴成本。

再次，要辯證地看待革命戰爭時期形成的司法經驗。一切以時間、地點為轉移，是馬克思主義辯證法的精髓。延安時期形成的許多司法經驗，比如「馬錫五」審判方式，是在戰爭時期法律事務比較單一、土地空間比較狹小、人口數量不多的環境下形成的，不可無限擴大到一個國家範圍內的法治實踐。黨的工作思維是既要走群眾路線，又不能做群眾的尾巴。以改變工作作風為名，讓司法淪為民粹情緒的工具，只能貶損司法的權威。

最後，要消解法院系統愈來愈濃厚的「行政化」現象。這種現象表現為：用管理、考核行政系統公務員的辦法來對待法院的審判人

4　蔣惠嶺：〈提高司法公信力的十個前提條件〉，《中國法律》第3期（2013）。

員；在法院內部，院長、庭長不審案卻對案件裁判有重大決定權；下級法院院長愈來愈多由上級法院下派，導致憲法、訴訟法所規定審級制度不斷虛化；黨政幹部缺乏基本法律素養卻被安排擔任法院院長，等等。法院系統的過度行政化，會犧牲法院的自主性，損害法官的職業認同感，並忽略實現公平正義必須遵循的程序規則，導致潛規則的盛行，且易引發司法腐敗。去除法院的「過度行政化」，必須堅持審判公開、法官獨立審判等一系列法治原則，並借鑒其他國家、地區有益的司法經驗，改變執政黨對具體司法案件的干預。總而言之，就是將尊重司法的基本規律，提升為執政黨治國理政的一項重要原則。

正名社會主義憲政：社會主義憲政的概念與問題[*]

> 社會主義憲政是一套幫助憲政概念在中國的實際環境中安身立命的理論，是來自歷史、面向現實的一面旗幟，旨在借助社會的力量對公權力進行限制。

> ——題記

「社會主義憲政」早已出現，有學者在1990年代中期即有此表述。筆者自本世紀初期起開始系統思考相關問題，並有過較為深度的論證，但捲入到當前反憲政與挺憲政之爭，則頗為意外。在「憲政」一詞遭遇若干媒體或刊物的猛烈炮轟的情勢下——其實此概念已為國內憲法學界所通用且早已進入憲法學課程的基礎教材——憲法學界很無奈被拖入意識形態爭論的泥沼，而「社會主義憲政」至少以其圓融的表達方式而被許多人用作堅守憲政底線的防禦工事。起碼，社會主義市場經濟曾經幫助中國結束了意識形態上的無謂之爭，讓普適性的經濟規律和經濟政策在極左思潮中暗度陳倉。所以，社會主義憲政被

---

[*] 本文作者為秦前紅，原載於《財經》雜誌（十五年紀念版）2013年10月14日。

寄予的期望甚高。但與此同時，社會主義憲政也因為概念之爭引發了若干擔憂與質疑。

概念

首要的爭議點是，「社會主義憲政」這一概念是否成立？從寬泛的政治思想爭論來看，社會主義憲政的支持者被簡約指代為「社憲派」，與「泛憲派」及「反憲派」相對應。泛憲派與反憲派的定義此處不必贅述了，兩者顯然是居於此輪思想爭論光譜的兩極。而社憲派就處於兩極之間，其最大特徵被認為是：承認現有憲法之有效性，且極力主張積極實施憲法以逐步實現憲政的理想圖景。

可見，無論是反憲、泛憲，還是社憲，其基本命題的提出都逃不開「憲政」這個概念所提供的基本語彙資源和思想資源。也就是説，雖然反憲派與泛憲派貌似水火不容，但根本上乃是因為憲政這一概念上的最大公約數而成為可以對話的兩方。不論贊同或反對，是憲政提供了討論的起點。就如同後現代以現代性作為其批判的標靶，現代性這一概念若被取消，後現代也就無立錐之地了。從這個角度講，「憲政」已然牢固扎根於當下中國憲法學及政治學的話語結構中，社會主義憲政至少不是對憲政予以整體替換的選項。

然而，如果有人提出這樣的質疑，即——給「憲政」加上「社會主義」的前綴是否有必要？社會主義憲政是否偏離了憲政的原初含義？——這樣的質疑是否就完全沒有意義呢？答案自然也是否定的。在學理上，概念的作用是建構話語平台，由此促進溝通且節省時間。對概念的討論乃止爭論，不是為了概念而概念，而是為了更方便更清晰的提出問題和解決問題。一個獲得公認的概念，意味着從此不必限於語義之爭，轉而能夠專注於對問題本身的探討。所以，這就是檢驗某個概念是否有必要存在的標尺——如果問題已然發生了變化，那麼

對概念的修正是可欲的；如果問題的層面是多重的，那麼概念的多元化也是必要的。

因此，社會主義憲政如果作為一個概念能夠被證立，最關鍵之處就在於，其能夠表達出若干個與當下中國憲法實施有實質關聯的真命題。正如筆者在《社會主義憲政研究》一書中所指出的，社會主義憲政試圖闡釋三個方面的問題：「社會主義性」、「社會主義下」，以及「社會主義式」。此處簡要重述一番。

1. 所謂「社會主義性」，因應了「資本主義／社會主義」之意識形態二元對立在我國知識活動中的習慣性影響，在學理上可以用來描述我國與西方成熟憲政國家在歷史與實踐模式上的區別；只要我們承認全世界並非只有一種憲政模式，那麼社會主義憲政至少在憲法模式類型化研究方面是有意義的。

2. 「社會主義下」，強調了在中國發展憲政的一系列前置條件，包括文化傳統、社會基礎、政治體制、經濟背景等。就中國這樣的「後發憲法國家」而言，如何在準確識別本國文化傳統的基礎上有效借鑒他國的經驗，是一個關鍵問題。可以說，中國百年憲政之命途多舛，重要原因即在於未能結合本土條件對症下藥。若無視當下客觀條件而空談憲政理念，仍無異於緣木求魚，因此「社會主義下」的憲政建設尤其值得研究。

3. 「社會主義式」描述了在中國建設憲政的路徑選擇問題，即我們將通過何種道路，以何種方式走向憲政。例如，當下中國的「大政府小社會」結構就注定了政府在推進憲政發展的藍圖中具有舉足輕重的地位，這與某些典型的有限政府國家或曾經的「夜警國家」時代相去甚遠。認清我們所能利用的制度資源，了解我們所遭遇的局限，必然是避免憲政建設南轅北轍的前提條件，這正是「社會主義式」憲政建設的要點。

社會主義憲政研究

　　很顯然，上述三個方面的問題皆是當下中國的真命題，都是「憲政」一詞本土化過程中所繞不開的挑戰。社會主義憲政的提出，與其說干擾了我們憲政概念的統一理解，莫不如說其冷靜地指出了在當下中國走向「憲政彼岸」的路徑以及可能遭遇的坎坷，是連接當前「有憲法而無憲政」狀態與某種理想的憲政狀態的分析工具。

　　更進一步講，與其說社會主義憲政是一個概念，莫不如說是一套理論，是一套幫助憲政概念在中國的實際環境中安身立命的理論。社會主義憲政的提出，不但不會消解憲政所包含的不可克減的核心價值，反而豐富了我們對於「在中國建設憲政」這一命題或歷史使命的理解。同時，社會主義憲政作為一套理論也必須是開放式的，必須不斷地適應憲政建設的變遷，從而保持其鮮活的解釋力——也就是理論的生命力。假如另有一套理論，以同樣犀利的洞察力描述了中國憲政的真問題，社會主義憲政派同樣應當歡迎，而不論其加諸「憲政」一詞的前綴是什麼，因為所有這些辯論都將對憲政話語的不斷豐富有所貢獻。

旗幟

　　憲政說到底就是立約和守約的問題。立約主體不同，決定憲法樣態不同。若君主立約，則是君主立憲。若是人民立約，則是民主憲法。法之不行，猶如無法。憲之不行，憲為具文。社會主義憲政有充分的文本依據。憲法序言明確表述：「中華人民共和國成立以後，我國逐步實現了由新民主主義到社會主義的過渡。生產資料私有制的社會主義改造已經完成，人剝削人的制度已經消滅，社會主義制度已經確立。工人階級領導的、以工農聯盟為基礎的人民民主專政，實質上

即無產階級專政，得到鞏固和發展」。同時憲法序言還提到「今後國家的根本任務是集中力量進行社會主義現代化建設。」

憲法序言既是全體人民的立約，也是執政黨的莊嚴政治承諾，憲法序言承載了立憲的宗旨和根本精神，其同憲法正文一樣具有當然的最高效力。上述憲法序言的表述將當下中國一切政治、經濟、文明、法治的建設都限定為社會主義話域下的建設。因此，當下中國的憲政建設另外一種自然表述無疑就是社會主義憲政。憲法文本較為嚴格地規定了國家機關的職權分工和職權行使的相互制約關係，規定了社會主義法治建設的根本方略，規定了尊重和保障人權的國家義務，並確認了公民廣泛的基本權利，從某種意義上說，現行憲法的全面嚴格實施就是社會主義憲政。反憲政派事實上是用西方標籤下的憲政來否定中國社會主義憲政，泛憲政派則是用極端的蘇式社會主義的失敗事實來否定具有開放理論品格的社會主義。與社會主義市場經濟的概念一樣，社會主義憲政主要是一個面對歷史問題的概念。在計劃經濟或命令式經濟已經千瘡百孔的時候，必須提出一種新的經濟理念，於是就有社會主義市場經濟概念的產生。在一個對社會的治理明顯失敗、權力制約機制明顯缺乏的時候，必須有一種新的政治理念，於是就有相對應的社會主義憲政概念的提出。

就具體的政治問題來說，中國政治最大的挑戰，無疑是難以遏制的腐敗現象。建國後的反腐方式無非是兩種：官僚體制內的反腐和借助於群眾直接力量的反腐。但這兩種方法現在都不堪大任。

官僚體制內的反腐，所憑藉的是層層加碼的監察制度，但古今中外的監察制度無一取得真正的成功。中國幾千年來每一個王朝都曾處心積慮地設計體制內的反腐，全都無一例外地亡於官僚腐敗。較之於傳統社會，現代社會的官僚科層體制內反腐更難取得成功，因為傳統

社會基本上是一個階級隔離——統治階級與被統治階級之間的隔離——的社會，政治上的統治階級並不須要對被統治階級（佔人口絕大多數的鄉村人口）的具體生活負責，所以政府的責任相對較輕。在日趨城市化、工業化的現代社會，任何的社會問題都可能牽連到統治權力的合法性，統治階級無時無刻不面對來自於被統治階級的壓力。

群眾性反腐的效果是毋庸置疑的，但這種反腐卻有着內在的、無法克服的困難。更現實的問題是如何控制群眾的集體無意識，天真的民粹主義往往會帶來災難性的後果。

群眾運動性反腐是借助於直接的政治力量也即底層的民眾意志，官僚體制內反腐是通過行政的命令亦即高層權力的意志。既然這兩種意志的力量表達形式均非完全可行，那就應該依靠超越於意志的規範性力量亦即法律的力量，這意味着要對整個的政治權力進行法律的控制。憲政由此便成為政治體制改革的不二選擇。

如果對概念嚴格地循名責實，社會主義市場經濟恐怕一樣難以成立，對中國是否達到了真正的市場經濟，也會有巨大的爭議。由於並沒有刻板地追求概念的確定性，社會主義市場經濟概念因此能夠成為引領中國走向未來的一面旗幟。社會主義憲政同樣是一個來自歷史、面向現實的概念，對這一概念的爭議，不會影響其旗幟導向性的作用。

土壤

在中國呼籲憲政，不僅僅在於原有的治理方式，也就是體制內監督和發動群眾運動（已經明顯不值得依賴），還在於中國目前已經具備憲政的土壤，也就是從根本上制約國家權力的土壤，這就是社會領域的初步發育。社會領域初步發育的根本標誌，是現代市場經濟的初具規模。與小農經濟不同，市場經濟是一種整合的、社會性的經濟模

式，這種經濟模式不會客居於政治權力之外，而是內在地要求政治權力的服務。市場經濟要求政治權力從屬經濟，不允許權力對經濟的完全控制；而且，市場經濟下的人民在生活上直接仰求的是僱主而非政府權力，這也損害了政府權力的控制能力。事實上，從蘇聯式經濟體制到計劃經濟時代的中國，其全面的政治權力控制，是建立在對民眾的生存權的控制之上的。

社會領域當然不會止於純粹的經濟領域。馬克思認為人們擺脫了物質的控制之後，就會有全方位自由的要求。經濟對於政治權力的自由帶動了其他社會領域對於政治權力的要求。現代社會不但不再允許政權對於社會領域採取全面高壓措施，相反要求政權必須恪守自己的權力畛域，並因應不同的對象和情勢謙卑地行使自己權力。也許囿於客觀的社會條件，歷史上的中國只能在專制的漩渦中打圈圈。在一個經濟相對發達、社會領域初具規模的現代中國，如果對憲政主義再抱以拒斥的態度，那就是有意識地將中國社會推向野蠻狀態了。

力主中國應實行憲政的理由還在於，憲政、民主、人權、法治已是現代國家的准生證和護身符。在地球是平的全球化時代，中國如果輕率地拒斥憲政的口號，不僅造成中國融入國際社會的巨大障礙，而且還會使中國現有的發展道路蒙上塵垢，因而失去道義的正當性。中國執政黨作為一個以追求人類最進步事業為職志的政黨，不應該拱手將憲政這一人類文明進步的旗幟推入敵手的懷抱。憲政在中國必得推行更在於，意識形態性並非憲政的單一面向，憲政還表徵了人類千百年來馴服權力怪獸的不懈探索。憲政不是資本主義的專利，在中西各方的久遠年代人類就有關於制約權力的不同論證和嘗試。其中最負盛名的有希臘亞里士多德主張的國家職能三分、古羅馬的混合政體，以及中國君相相互制衡等多種權力制衡的試驗。憲政所蘊含的以權力組織、權力結構防範權力為惡的元素是最有人類普適性的技術文明，其當然應為全人類所共享的智慧。

　　現行憲法文本中也存在歷史的局限性，如果上世紀80年代初頒佈的憲法能夠完美地符合現代憲政的要求，那倒是一種神話和奇跡了。從羅馬法開始，就會有許多複雜的法律擬制技術，來規避法律規範的不合理。在英國普通法中、包括香港地區所沿用的普通法至今還保留着非常嚴酷的法律規定，由於執法者的寬容大度，這些嚴苛的法律規定並不構成對於法治（實質性法治）的干擾。憲政之達成以對現有法秩序的尊重為前提，憲政要求社會共同體對憲法奉行一種謙卑、保守的態度。即便對於那些嚴苛的、不合時宜的法律規範，也必須通過一套理性的法技術操作手段來予以規避。當然這並不意味着對中國式的「良性違憲」主張的支持，也不意味着執法者可以恣意專橫地選擇性執法。

　　之所以選擇社會主義憲政的話語表達，是因為社會主義憲政是一個和歷史說告別、卻不是立即決裂的概念。華東政法大學童之偉教授的歸納不錯，那就是社會主義憲政是一個可以凝聚各派共識的概念。

運動

　　選擇社會主義憲政，還在於憲政之前的「社會主義」，不但不阻止、反而可能有利於憲政事業。正如社會主義市場經濟的概念，不但不干擾、反而有利於經濟秩序的市場化。事實上，社會主義不但不是污點，反而有可能為憲政大旗增添新的光華。生產方式上與世界各國的接軌，使高權者無力甄別出社會主義的真正內核，而社會的概念本來就意味着國家和社會的二元化，社會主義也自然就意味着對於不受控制的政府權力的否定。更進一步地，在馬克思和恩格斯那裏，憲政乃是社會主義制度（——在馬克思，社會主義的主要組織原則是

資產階級法權）的當然組成部分，即使在列寧那裏，對於國家權力的控制，也是國家政治生活中的頭等大事。被奉為社會主義正統的黨國模式、計劃經濟和國家壟斷，本質上不過是馬克思所稱的「實體性統一」的國家，與真正的社會主義相差十萬八千里。

筆者認為，社會主義憲政只是表明一個政治改革的方向，那就是努力借助社會的力量、但不限於僅憑社會的力量來進行的，對於體制性的政府權力、特別是最高的國家機構（包括執政黨機構）的權力進行限制的一種運動。

既然將社會主義憲政視為一場運動，那就意味着所有以法律限制政府權力的做法，都是對社會主義憲政的推動。落實憲法中的公民權利規範、黨內民主的拓展、財產申報制度的建立、司法體制改革和政府信息公開，這一切都可以歸之於社會主義憲政。如果掌握全權的黨能夠將自己的權力限於規則的制訂，如果黨能夠嚴格地保證法律的公正實施，我們當然應該舉手歡呼這種社會主義憲政事業的推進。

借用伯恩斯坦（Eduard Bernstein）的一句名言：「人們通常稱為社會主義的最終目的的東西，對我來說是微不足道的，運動就是一切。」這個名言翻版過來也是可以用的，那就是：泛憲派稱為憲政的最終目標的東西，對我來說是微不足道的，建立限制體制性權力的結構的運動就是一切。也可以引用馬克思的深刻表達：「一步實際運動要比一打綱領更為重要。」與其將精力花費在語詞方面的爭論，不如研究中國政治制度的具體建設。

社會主義憲政運動有最終的目標嗎？當然有，那就是馬克思的人類徹底解放的目標，就是個體的最大自由、同時也是最大民主的實現。個體自由是憲政的核心價值，因而也是社會主義憲政運動的方向。

　　社會主義憲政最直接的問題面向，是如何防止權力的異化與權力的腐敗。由於權力所有者與權力行使者的二元分離，人民的代表與人民自身行使民主權能的差異，更由於傳統意義上的體制內層層加壓式權力反腐與迷踪幻影式民粹反腐，均有着諸多不可彌補的缺失，因此依靠權力的合理組織與機構安排，強調權力彼此之間的制衡，自然就成為不遑多讓的制度選擇。這種制度選擇的最合理指向便是社會主義憲政。

　　胡適説，多研究些問題，少談些主義。讓社會主義憲政的概念之爭回歸到問題的探討，適之先生估計不會反對。

後記

　　憲法引入中國已歷經百年，但「社會主義憲政」卻是一個晚近的話題。不揣冒昧地說，本書著者於 2003 年發表的〈論社會主義憲政〉一文，差不多是國內學者最早直接以「社會主義憲政」為題而撰寫的文章。當然這一命題的提出只是大海遠處浮現的第一縷霞光，「社會主義憲政」並非不證自明，對之亦遠未形成共識。用胡風的詩來說是「時間剛剛開始」。

　　對社會主義憲政的認知可以從「社會主義性」和「社會主義下」兩個維度展開。前者力圖區分「社會主義憲政」與「資本主義憲政」的質的規定性。但這種研究應力戒把「社會主義憲政」看成「封閉自足的、教條主義的」，避免陷入「用頭走地」的困境。否則，就會津津樂道於對「社會主義憲政」虛幻的概念構造，並以此來塗抹現實、誤導現實。後者是「經驗的、漸進的、現時態的」。它承認憲政的時空制約性，又服膺憲政超越時空的普適性，承認因人性尊嚴、人的價值和人類問題的共同性所導致的制度安排的共同性，從而最終承認憲政也是人類文明的重要組成部分。

　　通常的共識是，憲政是西風東漸的結果，中國是一個後起的法治發展國家，中國把堅持社會主義作為自己的道路選擇。基於上述共識，對「社會主義憲政」的研究與實踐，就成為中國人無法迴避的歷史使命。

　　本書的寫作是一個漫長的過程，參考並引用了眾多國內外學者的研究成果。另外，汪自成、韓樹軍兩位博士對提綱提出了有益的修改意見，邢路陽、李高雅、李今、雷嶼、潘利紅、黃榮、陳軼、羅意、張思思、徐燕華、唐龍影、李炳輝等多位碩士校對了全書的文稿和注釋，在此一併致謝。

　　特別感謝蘇紹龍博士，他全面、細緻、認真地閱讀了書稿，校正了書中的錯誤，增補了鮮活的材料，彌補本書一些內容的缺失。他的付出讓本書更具時代氣息，也更全面和深入。

　　感謝我們的家人，他（她）們承擔了幾乎所有的家務，默默無言地支持我們的研究。

　　本書是師生合作的成果。我們有過長期、愉快、真正的學術合作。過去六年來，我們差不多合作過近十篇作品，並從中獲益良多。

　　本書是司法部重點研究項目「社會主義憲政研究」的最終研究成果。它試圖全面研究社會主義憲政的理論，並將之具體化為如何在當代中國建設社會主義憲政的命題。研究目的是否達到以及成果本身的品質如何，概交由廣大讀者評判。

秦前紅、葉海波

「憲政中國叢書」已出版書目

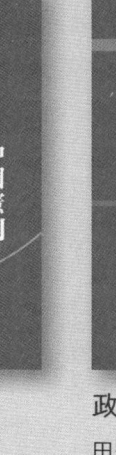

中國憲制之維新

童之偉

ISBN: 978-962-937-254-5
170 x 230 mm • 338 pp

政治憲法的中國之道

田飛龍

ISBN: 978-962-937-296-5
170 x 230 mm • 456 pp

政治憲法與未來憲制

高全喜

ISBN: 978-962-937-291-0
170 x 230 mm • 487 pp

儒家憲政論

姚中秋

ISBN: 978-962-937-292-7
170 x 230 mm • 260 pp

憲政要義——
有限政府的一般理論

王建勛

ISBN: 978-962-937-295-8
170 x 230 mm • 304 pp

憲政常識

張千帆

ISBN: 978-962-937-293-4
170 x 230 mm • 362 pp